教職志望者のための
教育法の基礎

樋口 修資

明星大学出版部

目　　次

はじめに　　1

第1章　教育政策・教育行政と法　　3

Ⅰ　教育行政と教育政策　　3
　　　コラム【法律による行政の原理】　　4
Ⅱ　教育法規の体系と構造　　5
Ⅲ　教育法規の効力　　9

　　◇参照条文（抄）　　13

第2章　日本国憲法の教育条項　　17

1　憲法第26条「教育を受ける権利」　　18
2　憲法第23条「学問の自由」　　30
3　憲法第20条「信教の自由」と「宗教教育の禁止」　　36
4　憲法第21条「表現の自由」──検閲と教科書検定とのかかわり、教
　　職員・子どもの人権と勤務・在学関係上の制約──　　45
5　憲法第28条「労働基本権の保障」──教育公務員の争議権の禁止と
　　のかかわり──　　63

6 憲法第89条「公の財産の支出・利用の制限」──「公の支配」に属しない教育への公金支出等の禁止── 67

　◇参照条文（抄）　74

第3章　教育基本法　77

1 教育基本法の制定　77
2 教育基本法の改正　78
3 教育基本法の趣旨と内容　80

第4章　国・地方の教育行政の組織・機能と法　133

Ⅰ　教育行政の歴史的変遷　133
　1 戦前の教育行政　133
　2 戦後の教育行政　134
Ⅱ　中央教育行政の組織・機能　138
　1 文部科学省の設置　138
　2 文部科学省の任務とその所掌事務　139
　3 文部科学省の組織と各内部組織のつかさどる行政事務　140
　4 審議会の設置　141
Ⅲ　地方教育行政の組織・機能　143
　1 地方公共団体の組織・運営の原則　143
　2 地方公共団体の教育行政の組織と機能　144
Ⅳ　国と地方の役割分担　146

　◇参照条文（抄）　151

第5章　教育委員会制度と法　　157

Ⅰ　教育委員会制度の意義・役割　　157

Ⅱ　教育委員会の設置と組織・運営　　158

　1　教育委員会の設置　　158

　　コラム【旧教育委員会法と地方教育行政法】　　159

　2　教育委員会の組織と運営　　160

　　(1)　教育委員会の組織と所掌事務　　160

　　　コラム【教育委員の公選制から任命制へ】　　161

　　　コラム【県費負担教職員制度】　　164

　　(2)　運営　　164

　　(3)　教育長の地位と職務　　166

　　　コラム【教育長の任命承認制度の廃止】　　168

　　(4)　教育委員会の事務局　　169

　　(5)　首長の教育行政への関与　　170

Ⅲ　文部科学大臣と教育委員会相互の関係　　173

　1　指導・助言・援助　　173

　2　「是正の要求」及び「指示」　　174

　3　改正法による国の関与の見直し　　174

　　◇参照条文（抄）　　178

第6章　教育財政と法　　185

Ⅰ　教育財政の意義とその法制　　185

　1　教育行政と教育財政との関係　　185

　2　教育財政の法制　　185

　　コラム【憲法第89条と「私学助成」】　　192

　　コラム【子どもの貧困対策の推進に関する法律の制定】　　192

Ⅱ　国と地方の予算　　194

　1　国の財政・予算　　194

　2　地方の財政・予算　　195

Ⅲ　教育予算の動向と課題　　197

　1　教育予算の動向　　197

　2　教育予算の課題　　198

　◇参照条文（抄）　　203

第7章　学校制度・就学制度と法　　209

Ⅰ　学校制度　　209

　1　「学校」の意義・役割　　209

　2　学校の設置認可　　210

Ⅱ　学校の種類・体系の枠組み　　211

　1　学校の種類　　211

　2　学校の目的・入学資格等　　212

　　コラム【学校の名称規制】　　215

　3　専修学校・各種学校　　215

　4　入学資格の弾力化　　216

　5　単線型学校制度の弾力化　　218

　　コラム【義務教育の位置付けの明確化】　　219

Ⅲ　学校の設置管理の原則　　219

　1　学校の設置　　219

　2　設置者管理主義の原則　　220

　3　学校の管理　　221

　4　公立学校と指定管理者制度　　222

Ⅳ　就学制度　223

　　1　就学義務と教育義務　224

　　　　コラム【教育機会確保法とフリースクール】　225

　　2　外国人教育と「内外人平等の原則」　225

　　3　就学校の指定と学校選択制　226

　　　　コラム【学校選択制の全国一律導入について】　228

　　　　コラム【教育バウチャー制度について】　228

　　4　特別支援学校への就学と「認定就学」制度　230

　　◇参照条文（抄）　233

第8章　教員免許・養成制度と法　243

Ⅰ　教員免許制度　243

　　1　相当免許状主義の原則と例外　243

　　2　普通免許状　245

　　　　コラム【教育職員養成審議会答申「新たな時代に向けた教員養成
　　　　の改善方策について」（平成9・7・28）】　248

　　　　コラム【教育職員養成審議会答申「教員の資質能力の向上方策等
　　　　について」（昭和62・12・18）】　249

　　3　特別免許状と特別非常勤講師制度　249

　　　　コラム【臨時教育審議会「教育改革に関する第2次答申」（昭和
　　　　61・4・23）】　251

　　4　臨時免許状　251

Ⅱ　教員免許更新制　252

　　　　コラム【教員免許更新講習制度の改正】　253

　　　　コラム【教員免許更新制の廃止と新研修制度の創設】　254

Ⅲ　教員養成制度　255

Ⅳ　免許状の失効及び取上げ　256

Ⅴ　教員免許資格と校長・教頭への民間人登用　257

　　　コラム【中教審答申「今後の地方教育行政の在り方について」（平
　　　成10・9・21）】　258

　　◇参照条文（抄）　259

第9章　学級編制・教職員定数・給与負担制度と法　265

Ⅰ　学級編制・教職員定数について　265

　1　戦前の初等中等学校における学級編制　265

　2　戦後の初等中等学校における学級編制　266

　⑴　学校教育法令に基づく学級編制基準の制定　266

　⑵　「義務標準法」の制定と現行の学級編制・教職員定数　267

　　　コラム【35人学級の実現】　269

　⑶　公立義務教育諸学校教職員定数の計画的改善　270

　　　コラム【学級規模の改善】　270

　⑷　「義務標準法」の改正による学級編制の弾力化　271

　　　コラム【市町村立学校の教職員の独自任用】　272

　⑸　高校標準法の制定と「教職員定数改善計画」　274

　⑹　行財政改革と教職員定数　275

Ⅱ　教職員の給与負担制度　277

　1　「義務教育費国庫負担法」と「地方交付税法」　277

　2　戦前の教職員給与負担制度　279

　3　戦後の教職員給与負担制度　280

　4　「三位一体改革」と義務教育費国庫負担制度　282

　　　コラム【総額裁量制】　283

　　◇参照条文（抄）　289

第10章　学校の管理運営と法　　295

I　教育委員会と学校の関係　　295

　1　学校の設置者と学校の管理　　295

　2　教育委員会の職務権限と校長との役割分担　　296

　3　学校管理規則と学校経営の主体性　　297

　　　コラム【中教審答申「今後の地方教育行政の在り方について」（平
　　　成10・9・21）】　　298

II　学校の管理運営　　299

　1　学校の経営と組織　　299

　2　学校の組織編制　　300

　（1）　校長の職務　　302

　（2）　教諭の職務　　303

　　　コラム【判例―教員の宿日直勤務に関する東京高裁判決（昭和
　　　42・9・29）】　　303

　3　校務分掌と主任制度　　304

　4　学校の組織運営体制の整備　　305

　　　コラム【中教審答申「新しい時代の義務教育を創造する」（平成
　　　17・10・26）】　　307

　5　職員会議　　308

　　　コラム【判例―国旗掲揚妨害による処分の損害賠償事件大阪地裁
　　　判決（平成4・3・29）】　　309

　◇参照条文（抄）　　313

第11章　教員の身分・服務と法　　317

I　教員の身分と資格　　317

  1　教員の身分　317

    コラム【教員の国家公務員化構想】　317

    コラム【法律に定める学校の教員と「全体の奉仕者性」】　319

  2　教員の資格と職務の公共性　319

    コラム【わいせつ行為等の防止と再免許授与の特例】　320

    コラム【「教育をつかさどる」の意義】　321

Ⅱ　教育公務員に関する制度　322

  1　県費負担教職員制度　322

    コラム【政令指定都市への権限移譲】　322

    コラム【同一市町村内の教員の転任】　323

  2　教員の採用　323

  3　教員の研修　324

    コラム【教師の研修の「権利性」について】　326

  4　教員育成指標と教員研修計画　327

  5　教員の給与・勤務条件　328

    コラム【教職員給与と行財政改革】　329

  6　教員の職務の特殊性と「給特法」　329

    コラム【公立の義務教育諸学校等の教育職員の給与等に関する特
      別措置法の改正】　330

  7　教員の勤務評定と教員評価　331

Ⅲ　教育公務員の服務等　333

  1　職務上の義務　334

    コラム【職務命令の効力に関する判例】　334

    コラム【職務専念義務と休業期間中の勤務】　335

  2　身分上の義務　335

    コラム【公務員の中立性と政治的行為の制限】　336

    コラム【職務の公共性と争議行為の禁止】　337

    コラム【ハラスメントの防止】　338

Ⅳ　教育公務員の身分保障と不利益処分　339

1　職員の分限処分　339

　　コラム【「適格性を欠く場合」とは】　340

2　職員の懲戒処分　341

　　コラム【懲戒処分と懲戒権者の裁量】　342

◇参照条文（抄）　343

第12章　学校の説明責任・地域参画と法　351

I　学校の「説明責任」と「学校評価」　351

1　高等教育における「学校評価」　351

2　初等中等教育における「学校評価」　352

3　学校評価のあり方　354

　　コラム【イギリスにおける学校監査】　355

II　学校と地域参画　356

1　学校評議員制度を通じた地域参画　356

2　学校運営協議会制度を通じた地域参画　357

　　コラム【イギリスの学校理事会制度について】　360

◇参照条文（抄）　362

第13章　児童生徒の在学関係・生徒指導と法　365

I　在学関係と校則の制定　365

　　コラム【「校則」における規律権の限界と司法審査】　366

II　生徒指導　367

1　生徒指導の意義　367

　　コラム【学習指導要領における取扱い】　368

2　学校における生徒指導のあり方　368

　　コラム【生徒指導主事の役割】　369

Ⅲ　児童生徒に対する懲戒など　370

1　懲戒の意義とその種類　370

2　退学処分・停学処分について　372

3　出席停止処分について　373

　　コラム【児童の権利に関する条約（平成6・5・16条約2）にお

　　　ける児童の「意見表明権」】　375

Ⅳ　体罰について　376

1　体罰の禁止と体罰の範囲　376

2　体罰に関する裁判例　381

3　体罰を行った教員の責任　383

Ⅴ　「いじめ防止対策推進法」の制定　384

Ⅵ　児童虐待防止と通告義務　386

Ⅶ　懲戒処分の手続と司法救済　387

　　◇参照条文（抄）　390

第14章　教育課程・教科書・教育評価と法　399

Ⅰ　教育課程とその国家基準　399

1　教育課程の意義　399

　　コラム【教育の目標と「学力の3要素」】　400

2　学習指導要領の意義と法的性格　401

　　コラム【学習指導要領の変遷】　402

　　コラム【特別の教科である道徳】　403

3　学習指導要領の「最低基準性」　403

4　各学校における教育課程の編成　405

　　　　コラム【校長の校務掌握と「対外表示権」】　406

　5　教育課程編成の特例　407

Ⅱ　教科書　408

　1　教科書の使用義務　408

　　　　コラム【高等学校等における教科用図書以外の教科用図書の使用】
　　　409

　2　教科書検定制度　410

　　　　コラム【臨時教育審議会第3次答申における「教科書制度の改
　　　革」】　411

　3　教科書の採択　413

　4　教科書以外の教材の取扱い　416

　　　　コラム【デジタル教科書の取扱い】　417

Ⅲ　教育評価　418

　1　教育評価の意義・役割　418

　　　　コラム【学校制度における「年齢主義」と「課程主義」】　419

　2　指導要録の作成とその権限　420

　3　指導要録の様式と教育評価の考え方　421

　　　　コラム【新学習指導要領下での指導要録の改善等】　423

　4　いわゆる「通信簿」の取扱い　425

　5　調査書の取扱い　426

　　　　コラム【調査書のあり方について】　426

　6　指導要録・調査書の情報開示　427

　7　指導要録等の開示に関する裁判例　428

　(1)　非開示を是認する裁判例　428

　(2)　開示を容認する裁判例　429

　(3)　開示にかかる最高裁判決　430

　◇参照条文（抄）　432

第15章　学校保健安全・学校給食と法　439

Ⅰ　学校保健安全　439

　1　「学校保健安全法」の制定　439

　　　コラム【学校の職場環境と労働安全衛生法】　440

　2　学校保健計画　441

　3　学校環境衛生基準と学校の適切な環境の維持　441

　4　養護教諭の役割　442

　5　学校の保健管理　442

　　　コラム【就学時健康診断と特別支援学校への就学の指導】　443

　6　感染症の予防　444

　　　コラム【感染症などの非常時のオンライン学習の取扱い】　445

　7　学校の保健管理の体制　446

Ⅱ　学校安全　447

　1　学校安全計画の策定　447

　2　危険等発生時対処要領の作成　449

　　　コラム【児童虐待防止法と学校の教職員の責務】　449

Ⅲ　災害共済給付制度　450

Ⅳ　食育・学校給食　452

　1　学校給食法の制定　452

　2　改正学校給食法と食育の推進　452

　3　学校給食実施基準及び学校給食衛生管理基準　454

　4　栄養教諭制度と食育の推進　454

　　　コラム【食育基本法と食育推進基本計画】　455

　◇参照条文（抄）　457

第16章　学校事故と法　　461

Ⅰ　学校の安全管理と学校事故　　461

Ⅱ　民事責任　　462

　1　教員の故意または過失による責任　　462

　　コラム【国立大学法人法制定後の国立学校における国家賠償法の
　　　適用の関係】　　462

　2　「公権力の行使」と教員の教育活動　　463

　3　教員の「故意又は過失」　　464

　4　学校の施設設備の瑕疵による責任　　469

Ⅲ　刑事責任　　471

Ⅳ　行政上の責任　　473

　◇参照条文（抄）　　475

主要参考文献　　477

教職志望者のための
教育法の基礎

はじめに

　本書は、最新の教育法令の改正動向等を踏まえて、2015年初出の『最新　教育法の基礎』を大幅に改訂し、教員及び教員志望者が理解しておくべき最新の教育法規の基礎的・基本的知識を全16章にわたってまとめたものです。

　ここで、教員及び教職志望者が教育法規を学ぶ意義と必要性などを簡単に説明しておきたいと思います。

【公立学校教員にとって教育法規を学ぶとは】

　なぜ、公立学校の教員は、教育法規について学ばなければいけないのでしょうか。

　学校の教員は、教材・授業研究等を通じて自らの専門性を高め、児童生徒の学習指導や生徒指導などの教育活動に生かすとともに、さまざまな校務分掌の業務を担い、学校の教育活動を支えています。

　公立学校など法律に定める学校は、公の性質を有し、これらの学校の教育活動は、法令に基づいて適正に運営されることが不可欠です。また、学校に勤務する教員の職務のあり方や服務・権限の範囲等も法令に定められています。

　このため、公立学校教員には、教育法規についての基礎的な知識と理解に基づいて、日常的な教育活動を行っていくことが求められており、このことが教育法規を学ぶことの必要性といえます。

【公教育は、「法律による行政の原理」に基づく】

　国や地方における行政は、法の下に、法の規制を受けながら、法に基づいて執行することが基本です。教育行政においても、この「法律による行政の原理」に基づき、活動が展開されています。

　公教育として組織されている学校教育は、教育行政の一環として実施されており、学校の物的管理・人的管理・運営管理にあたっては、法律に基づいた管理・運営を行わなければなりません。

　具体の法律で見ると、教育基本法第16条1項では、「教育は、不当な

支配に服することなく、この法律及び他の法律の定めるところにより行われるべきもの」と定め、教育行政の法律主義を明らかにしています。

　また、学校制度や学校教育の実施については「学校教育法」で、教育委員会の設置や公立学校の教職員の身分取扱いその他、地方教育行政の組織・運営の基本については「地方教育行政法」で、教員の任免、給与、分限・懲戒、服務、研修等については「地方公務員法」や「教育公務員特例法」で、それぞれ定められています。

【「スクール・コンプライアンス」と公教育への信頼確保】

　今日、民間の企業活動においても、さまざまな不祥事が問題となり法令遵守が強く要請されていることは、ご存知のことと思います。学校教育は、民間企業以上に公共性の高いものであるだけに、学校における法令遵守（スクール・コンプライアンス）が強く求められています。したがって、教員の体罰や飲酒運転、セクハラなどの不祥事や生徒指導等における不適切な対応の防止は、保護者・地域住民などの学校教育への信頼確保の上で、重要な課題となっているのです。

　例えば、体罰や飲酒運転、あるいは児童生徒の個人情報の紛失や職務専念義務違反などの法令違反行為は、地方公務員法上、信用失墜行為として懲戒処分されます。信頼確保のためにはもちろん、教員自身を守るためにも教育法規の知識は欠かせません。また、いじめの防止や対処にあたっては、「いじめ防止対策推進法」に基づき、適切な取り組みを行うなど、学校の事件・事故から子どもを守るという観点からも、一定の法的知識が必要なのです。

　以上のように、教員や教員を目指す教職課程の学生のみなさんには、教育法規を学ぶ意義と必要性を十分に理解していただき、本書がみなさんのお役に立つことができれば幸いです。

2021年11月

樋口修資

第1章　教育政策・教育行政と法

I　教育行政と教育政策

　近代国民国家の勃興と産業革命の発生に伴い、「**私教育**」に代わって、公共的な関与のもとに行われる「**公教育**」なる概念と制度が出現し、この公教育制度を国家の統治権の一環として、国家が自らの一行政作用として取り上げることによって、「**教育行政**」の観念と制度が形成されたといわれている。

　近代的な行政は、立法、司法以外の国家の統治作用の1つであり、「法の下に法の規制を受けながら、現実具体的に国家目的の積極的実現を目指して行われる全体として統一性をもった継続的な形成的国家活動」（田中二郎著『行政法』）として理解されるべきものとされる。

　したがって、行政の一領域である教育行政についても、行政の活動が法律の定めるところにより、法律に従って行われなければならないとする「**法律による行政の原理**」に基づいて、次代を担う国民の育成という公共目的の積極的実現を目指して、教育立法として定立された教育法規を個別具体的に適用し、執行する作用であり、このような作用を通じて教育上の公共目的の実現を図ろうとする活動であるといえる。

　このように、行政の活動が、公共目的の実現に向けて国や地方公共団体が行う作用とすれば、教育行政についても、教育上の公共目的の実現のため、「**教育政策**」として議会によって定立された法に則って、行政主体である国または地方公共団体が教育政策を具体的に実現する作用であると定義することができよう。

　教育行政の作用には、一般的に、規制作用、助成作用、実施作用の3つがある。これらのうち、**規制作用**とは、私人等の行為に対して、国や

地方公共団体が一定の義務を課し、行為に制約を加えたりするものであり、教育行政においては、憲法第26条第2項、学校教育法第17条に規定する「国民の就学義務」や学校教育法第4条第1項に規定する「学校の設置認可」などがこれに該当する。また、**助成作用**とは、私人等の活動を奨励し、援助するために指導、助言、援助を行い、経費の補助を行うものであり、教育行政においては、教育基本法第4条第3項、学校教育法第19条、就学奨励法などに基づく「就学援助」や私立学校振興助成法に基づく「私学助成」などがこれに該当する。さらに、**実施作用**とは、行政主体が自ら必要な事業や事務を実施するものであり、教育行政においては、国や地方公共団体による学校、博物館、研究所などの教育機関の設置運営がこれに該当する。

　教育行政では、教育分野にかかわる行政であるという事柄の性格上、「権力作用」よりも「非権力作用」が、また、「規制監督行政」という性格よりも「給付行政」、「助長行政」という性格が強く、教育行政は、教育目的達成のための助成作用・実施作用を中心とするものであると総括できる。

コラム【法律による行政の原理】

　近代的な行政活動は、法律の定めるところにより、法律に従って行われなければならないとされるが、この「法律による行政の原理」としては、①法律の留保…一定の行政活動に法律の根拠を求め、法律の根拠なしに自由に活動できない、②法律の優先…すべての行政活動は法律に違反することができない、③法規創造力…国民の権利義務にかかわる行政の規制は法律で定めるものであって、行政権は法律による授権がない限り、法規を創造することはできない、とする3つの原則を踏まえながら、行政が行われるべきことを要請している。

Ⅱ　教育法規の体系と構造

　教育行政は、「法律による行政の原理」に基づき、国会の定める法律に基づいて行われることとなるが、教育行政の根拠となる「**教育法規**」は、国や地方公共団体の行う教育行政作用に関して、国・地方公共団体あるいはそれらの教育行政機関の定めた教育ならびに教育制度・組織などに関するさまざまな法令の総称であり、**成文法規を中心**としたものである。

　教育行政を規律する成文法規としては、①国の根本法規である「**憲法**」を頂点として、②国会の議決を経て制定される「**法律**」、③内閣の制定する「**政令**」や各府省大臣の制定する「**省令**」など国の行政機関の定める「**命令**」、④都道府県・市町村など地方公共団体の自主法として地方議会において制定される「**条例**」、⑤知事や市町村長あるいは教育委員会などの行政機関の定める「**規則**」などが挙げられる。

【**憲法**】

　憲法は、「**国民の教育を受ける権利**」や「**義務教育の無償**」などを定めた第26条の教育に関する直接的な規定をはじめ、前文、第13条（個人の尊重）、第14条（法の下の平等）、第19条（思想・良心の自由）、第20条（信教の自由）、第21条（表現の自由）、第23条（学問の自由）など教育行政に密接に関連する条項を掲げており、日本国憲法は、教育行政に関する重要な法源（「法を適用するに当たって法として援用しうる法形式」を意味する）であるといえる。

　また、教育行政に関する法規は、すべてこの憲法を基礎とするものであり、憲法の「条規に反する法律、命令、詔勅及び国務に関するその他の行為の全部または一部は、その効力を有しない」（第98条）ものとされ、**憲法の最高法規範性**が明らかにされている。なお、公立学校に勤務する教育公務員を含め、およそ公務員はこの憲法を尊重・擁護する義務を負うことはいうまでもない（第99条）。

【**法律**】

　法律は、国権の最高機関であり、国の唯一の立法機関である国会（憲法第41条）において制定されるものであり、教育行政は、すべて国会の定める法律に基づいて行われることとなっている。

　教育に関する法律としては、以下が挙げられる。

① 　教育の基本に関する法…「教育基本法」

② 　教育行政の作用に関する法…「学校教育法」、「私立学校法」、「社会教育法」など

③ 　教育行政の組織に関する法…「国家行政組織法」、「文部科学省設置法」、「地方自治法」、「地方教育行政の組織及び運営に関する法律」など

④ 　教育財政の作用に関する法…「義務教育費国庫負担法」、「市町村立学校職員給与負担法」、「義務教育諸学校等施設費国庫負担法」など

⑤ 　学校の教職員の身分に関する法…「国家公務員法」、「地方公務員法」、「教育公務員特例法」、「教育職員免許法」など

⑥ 　その他…「児童福祉法」、「少年法」、「労働基準法」、「国家賠償法」など

【政令・省令】

　命令のうち、内閣が制定する政令は、憲法及び法律の規定を実施するために制定されるものであり（憲法第73条第6号）、さらに、法律の委任があれば、その委任された事項について制定されるものである。

　教育に関する政令の代表的なものとしては、学校教育法施行令、教育公務員特例法施行令、社会教育法施行令などが挙げられる。

　また、各府省大臣は、主任の行政事務について法律もしくは政令を実施するため、または法律もしくは政令の委任に基づいて、それぞれの行政機関として省令・規則等を制定することができる（国家行政組織法第12条、第13条）。

　教育に関する省令の代表的なものとしては、学校教育法施行規則、教育職員免許法施行規則、小学校設置基準などが挙げられる。

　このように、憲法は、国会以外の国家機関によって、法律以外になお

法を定めうることを認めている。ただし、憲法は、憲法及び法律の規定を実施するためにのみ政令を制定することを認め、政令独自に法を定めることは禁じており、**法律の委任**がなければ政令には**罰則**を設けることができないとされている（憲法第73条第6号ただし書き）。さらに、政令には、法律の委任がなければ、義務を課し、または権利を制限する規定を設けることができないこととされている（内閣法第11条）。

　この点については、省令についても同様であり、国家行政組織法第12条第3項では、「省令には、法律の委任がなければ、罰則を設け、又は義務を課し、若しくは国民の権利を制限する規定を設けることができない」と規定している。

　なお、このほか、国家行政組織法第14条第1項の規定に基づき、各省大臣等は、その機関の所掌事務について、公示を必要とする場合においては、**告示**を発することができることとされている。告示は、官報に掲載することによってなされる。教育における告示の代表的なものとしては、学習指導要領、学校給食実施基準、学校環境衛生基準などが挙げられる。

　また、国家行政組織法第14条第2項の規定に基づき、各省大臣等は、その機関の所掌事務について、命令または示達するため、所管の諸機関及び職員に対し、**訓令または通達**を発することができることとされている。

　次に、憲法は、地方公共団体に対しては、「法律の範囲内で条例を制定することができる」（憲法第94条）とし、**自治権に基づく自主的な立法**の権能を広範囲に認めている。地方公共団体の自主法には、「**条例**」と「**規則**」の2種類がある。

【条例】

　地方公共団体は、「**法令に違反しない限り**」（地方自治法第14条第1項）、独自に自主法たる条例を地方公共団体の議会によって制定できる

ものとされ、国の行政機関の定める政令・省令などとは異なり、国民の権利義務の規制や罰則についても、法律に反しない限り、法律の委任を要せずして自主法により定めうることとされている（地方自治法第14条第2項・第3項）。

　教育に関する条例の代表的なものとしては、学校設置条例や学校職員給与・勤務条例などが挙げられる。

【規則】

　地方公共団体の執行機関の定める法である規則は、法令に違反しない限りにおいて、地方公共団体の長は、その権限に属する事務に関して制定することができることとされている（地方自治法第15条第1項）。

　地方公共団体の長と並び、地方公共団体の執行機関である教育委員会についても、「法令又は条例に違反しない限りにおいて、その権限に属する事務に関し、教育委員会規則を制定することができる」（地方教育行政の組織及び運営に関する法律［以下、「地方教育行政法」という］第15条第1項）こととされている。

　教育に関する規則の代表的なものとしては、地方教育行政法第33条第1項の規定に基づき定められる「学校管理規則」などが挙げられる。

　以上のように、教育行政に関する法源は、すべて憲法を頂点とする一体の法秩序をなしており、およそ法源が、段階的、一体的な法秩序を構成していることを示している。

　我が国の教育行政が、成文法を主な法源とする考え方である「成文法主義」に基づいていることはいうまでもないが、必ずしも成文法が整備されていない面もあり、そのような場合には、「**慣習法**」、「**判例法**」、「**行政先例法**」などの「**不文法**」が成文法規の未整備部分についての補充的な意味をもつこととなる。

【慣習法】

　慣習法は、慣行が長い期間継続することによって、国民の法的確信を得るに至ったものであるとされる。行政法においては、「法律による行

政の原理」のゆえに、慣習法の成立の余地は少ないが、「大学の自治」はその一例といえよう。

【判例法】

　判例法は、裁判所の同種の判断の蓄積によって、法的確信をもつようになり法規範となったもの、すなわち、「判例の中から形成された法」をいうとされる。すべての法律上の争訟は、最終的には最高裁判所を頂点とする裁判所において審理され、判断が行われ決着がつく。法令の有権的解釈は裁判所、特にその最終的な解釈は最高裁判所によってなされることから、裁判所の判決の例が重要な不文法源となる。いわゆる「教育権論争」に決着をつけ、法律的判断を行った昭和51年５月21日の永山中学校事件最高裁判決（全国一斉学力調査をめぐって発生した北海道の旭川市立永山中学校における公務執行妨害などの事件に関するもの）はその例といえる。

【行政先例法】

　行政先例法は、法の解釈運用についての法令所管の行政庁の判断を示した通達や照会回答などの行政実例が、一般の法意識に支えられて法的確信を得るようになったものとされる。

【条理】

　不文法でもなお十分でない場合の法の統一的理解の基準として「条理」を挙げることができる。一般社会の正義心に基づいてかくあるべきもの、自然の道理ともいうべきものが条理であり、教育行政の分野では、成文法規の整合的な解釈の基準として、あるいは、不文法も欠いているような分野において、条理の意義が認められる余地があるとされる。

Ⅲ　教育法規の効力

　教育法規の効力についての基本原理としては、「法令の形式的効力の原理（上位法優先の原理）」、「後法優先の原理」、「特別法優先の原理」

の3つが挙げられる。

【法令の形式的効力の原理】

　我が国の教育行政に関する法令は、すべて憲法を頂点とする統一的な法体系をなしており、法令の形式的効力においては、憲法が最上位にあり、法律がこれに次ぎ、以下、政令、省令と続くという段階的、一体的な体系をなしているものであり、これを法令の形式的効力の原理という。

　したがって、国の根本法規である憲法を別とすれば、国権の最高機関であり唯一の立法機関である国会によって制定される法律が最も強い効力をもつものである。憲法の規定に反する法律を制定することができないことはもとより、法律の規定に反する命令（政令や省令）は制定することができない。また、国の法令に違反するような地方公共団体の条例・規則も制定することはできない。

【後法優先の原理】

　同一の法形式間（すなわち、たとえば法律と法律という同じ法形式）では、「後法」（時系列的に後に制定された法令）が「前法」（時系列的に前に制定された法令）に優先するという原理である。後で制定された法令で前の法令に定めてあることと異なる定めをするときは、前の法令で定めてあることを削除あるいは修正して、前の法令と矛盾しないように後の法令を作るのが通例であるが、仮にそういう手続きが講ぜられなかったとしても必ず後の法令のほうが優先するという原則である。

【特別法優先の原理】

　法の適用領域が限定されている「特別法」が、法の適用領域を広く包摂する「一般法」に対して、同一の法形式間では、特別法が一般法に優先するという原理である。

　教育法規においては、教育公務員特例法は地方公務員法に対する特別法の関係にある。教育公務員特例法は、地方公務員法が適用される地方公務員のうちでも公立学校の校長や教員、教育長や教育委員会の専門的教育職員という特定の職種の者についてだけ適用されるものである。し

たがって、例えば、公立学校の教育公務員の政治的行為の制限は、地方公務員法第36条の特例が、教育公務員特例法第18条（政治的行為の制限は国家公務員の例によるとするもの等）に定められており、特別法の当該規定が優先するのである。

　また、後法優先の原理と抵触する場合には、一般法の後法は、特別法の前法を廃さないとされ、特別法優先の原理が優先するとされる。

　なお、以上の法令の効力に関連して、教育基本法の位置付けが長い間課題とされてきた経緯があるが、昭和51年の最高裁判決で以下のような判断が示されたところである。

　すなわち、教育基本法は、「新しい教育理念を宣明する教育宣言であり、今後制定されるすべての教育法令の根拠法、いわば教育憲法ともいうことのできる』（『教育基本法の解説』教育法令研究会著）ものとして制定された法律であり、「準憲法的存在」ともいうべきものではあるが、教育基本法における定めは、形式的には、通常の法律規定として、これと矛盾する他の法律の規定を無効にする効力をもつものではなく、したがって、上位法優先の原理が適用されるものではないが、「**一般に教育関係法令の解釈および運用については、法律自体に別段の規定がない限り、できるだけ教育基本法の規定及び同法の趣旨、目的に沿うように考慮が払われなければならない**」（最高裁判決　昭和51・5・21）と解されている。

教育関係主要法律体系図

日本国憲法

教育基本法

〔学校教育に関する法律〕

学校教育法【各学校種やその目的・目標・修業年限・入学資格など学校教育制度の基本や義務教育制度について定める法律】

公立義務教育諸学校の学級編制及び教職員定数の標準に関する法律
公立高等学校の適正配置及び教職員定数の標準等に関する法律
【公立学校の学級編制や教職員定数の標準について定める法律】

義務教育諸学校の教科用図書の無償に関する法律
義務教育諸学校の教科用図書の無償措置に関する法律
教科書の発行に関する臨時措置法
【小・中学校等の教科書の無償措置や教科書発行について定める法律】

学校保健安全法
学校給食法
【学校における保健安全管理・給食などを定める法律】

就学困難な児童及び生徒に係る就学奨励についての国の援助に関する法律
独立行政法人日本学生支援機構法
【就学援助や育英会奨学金などについて定める法律】

学校図書館法
高等学校の定時制教育及び通信教育振興法
へき地教育振興法
理科教育振興法
産業教育振興法　　　【その他、学校教育について定める法律】

市町村立学校職員給与負担法
義務教育費国庫負担法
義務教育諸学校等の施設費の国庫負担等に関する法律
公立学校施設災害復旧費国庫負担法
【公立小・中学校等の教職員給与や施設整備の一部国庫負担などを定める法律】

教育公務員特例法【教職員の任免・服務・研修などについて定める法律】
教育職員免許法【教員免許制度について定める法律】
学校教育の水準の維持向上のための義務教育諸学校の教育職員の人材確保に関する特別措置法
公立の義務教育諸学校等の教育職員の給与等に関する特別措置法
【学校教職員の給与について定める法律】

私立学校法
私立学校振興助成法【私立学校制度や私学助成について定める法律】

国立大学法人法【国立学校の設置や運営等について定める法律】

高等学校等就学支援金の支給に関する法律

〔社会教育に関する法律〕

社会教育法【社会教育に関する法律】
図書館法【図書館の設置及び運営について定める法律】
博物館法【博物館の設置及び運営について定める法律】

〔生涯学習に関する法律〕

生涯学習の振興のための施策の推進体制等の整備に関する法律
【生涯学習の振興施策の推進体制などについて定める法律】

〔教育行政に関する法律〕

文部科学省設置法【国の教育行政を担う文部科学省の設置、任務、所掌事務等について定める法律】

地方教育行政の組織及び運営に関する法律
【教育委員会の設置など地方公共団体における教育行政の組織及び運営の基本について定める法律】

参照条文（抄）

［憲法］

第11条　国民は、すべての基本的人権の享有を妨げられない。この憲法が国民に保障する基本的人権は、侵すことのできない永久の権利として、現在及び将来の国民に与へられる。

第13条　すべて国民は、個人として尊重される。生命、自由及び幸福追求に対する国民の権利については、公共の福祉に反しない限り、立法その他の国政の上で最大の尊重を必要とする。

第14条　すべて国民は、法の下に平等であつて、人種、信条、性別、社会的身分又は門地により、政治的、経済的又は社会的関係において、差別されない。

第23条　学問の自由は、これを保障する。

第26条　すべて国民は、法律の定めるところにより、その能力に応じて、ひとしく教育を受ける権利を有する。

②　すべて国民は、法律の定めるところにより、その保護する子女に普通教育を受けさせる義務を負ふ。義務教育は、これを無償とする。

第41条　国会は、国権の最高機関であつて、国の唯一の立法機関である。

第65条　行政権は、内閣に属する。

第73条　内閣は、他の一般行政事務の外、左の事務を行ふ。

　一　法律を誠実に執行し、国務を総理すること。

　六　この憲法及び法律の規定を実施するために、政令を制定すること。但し、政令には、特にその法律の委任がある場合を除いては、罰則を設けることができない。

第76条　すべて司法権は、最高裁判所及び法律の定めるところにより設置する下級裁判所に属する。

第81条　最高裁判所は、一切の法律、命令、規則又は処分が憲法に適合するかしないかを決定する権限を有する終審裁判所である。

第83条　国の財政を処理する権限は、国会の議決に基づいて、これを行使しなければならない。

第86条　内閣は、毎会計年度の予算を作成し、国会に提出して、その審議を受け議決を経なければならない。

第92条　地方公共団体の組織及び運営に関する事項は、地方自治の本旨に基いて、法律でこれを定める。

第94条　地方公共団体は、その財産を管理し、事務を処理し、及び行政を執行する権能を有し、法律の範囲内で条例を制定することができる。

第98条　この憲法は、国の最高法規であつて、その条規に反する法律、命令、詔勅及び国務に関するその他の行為の全部又は一部は、その効力を有しない。

第99条　天皇又は摂政及び国務大臣、国会議員、裁判官その他の公務員は、この憲法を尊重し擁護する義務を負ふ。

［内閣法］

第11条　政令には、法律の委任がなければ、義務を課し、又は権利を制限する規定を設けることができない。

［国家行政組織法］

第12条　各省大臣は、主任の行政事務について、法律若しくは政令を施行するため、又は法律若しくは政令の特別の委任に基づいて、それぞれの機関の命令として省令を発することができる。

3　省令には、法律の委任がなければ、罰則を設け、又は義務を課し、若しくは国民の権利を制限する規定を設けることができない。

第14条　各省大臣、各委員会及び各庁の長官は、その機関の所掌事務について、公示を必要とする場合においては、告示を発することができる。

2　各省大臣、各委員会及び各庁の長官は、その機関の所掌事務について、命令又は示達をするため、所管の諸機関及び職員に対し、訓令又は通達を発することができる。

［地方自治法］

第14条　普通地方公共団体は、法令に違反しない限りにおいて第2条第2項の事務に関し、条例を制定することができる。

②　普通地方公共団体は、義務を課し、又は権利を制限するには、法令に特別の定めがある場合を除くほか、条例によらなければならない。

③　普通地方公共団体は、法令に特別の定めがあるものを除くほか、その条例中に、条例に違反した者に対し、2年以下の懲役若しくは禁錮、100万円以下の罰金、拘留、科料若しくは没収の刑又は5万円以下の過料を科する旨の規定を設けることができる。

第15条　普通地方公共団体の長は、法令に違反しない限りにおいて、その権限に属する事務に関し、規則を制定することができる。

②　普通地方公共団体の長は、法令に特別の定めがあるものを除くほか、普

　通地方公共団体の規則中に、規則に違反した者に対し、5万円以下の過料
　を科する旨の規定を設けることができる。

［地方教育行政の組織及び運営に関する法律］

第15条　教育委員会は、法令又は条例に違反しない限りにおいて、その権限
　に属する事務に関し、教育委員会規則を制定することができる。

第24条　教育委員会及び地方公共団体の長は、それぞれ前3条の事務を管理
　し、及び執行するに当たつては、法令、条例、地方公共団体の規則並びに
　地方公共団体の機関の定める規則及び規程に基づかなければならない。

第2章　日本国憲法の教育条項

　教育行政作用を含め国家作用のうち、国民の権利義務に関する規律を定めるものは、すべて立法として国会が行うという考え方、すなわち、国会で制定された法律に基づいて行政が執行されるという原則は、「法治主義」と呼ばれ、現在の日本国憲法の下においては、この法治主義の原則に立って、「国権の最高機関であつて、国の唯一の立法機関である」（憲法第41条）国会において、教育行政に関する数多くの法律（教育法）が制定され、これらに基づき、教育行政の作用が営まれている。

　日本国憲法は、「国の最高法規」（憲法第98条第1項）であり、我が国の法体系は、この憲法を頂点として、法律、命令（政令、省令、規則）、地方公共団体の制定する条例、規則等により統一的な法体系が構成されており、このことから、教育行政においても、その作用の根拠となる教育法規としては、日本国憲法がその筆頭に挙げられることはいうまでもない。

　日本国憲法においては、教育に関して、第26条の「国民の教育を受ける権利」、第23条の「学問の自由」、第20条第3項の「国の宗教教育の禁止」、第89条後段の「公の支配に属しない教育への公金支出の禁止」の直接的な規定を置いているが、これらの規定のほかにも、教育における機会均等・平等原則に関連する第14条（「法の下の平等」）、児童生徒等の自己決定権や自由権と在学関係とのかかわりで問題となる第13条（「個人の尊重、生命・自由・幸福追求の権利の尊重」）、第19条（「思想及び良心の自由」）や第20条（「信教の自由」）などの自由権の規定、さらには、公立学校の教職員の争議行為や政治的行為の制限とのかかわりで問題となる第15条第2項（「公務員の全体の奉仕者性」）、第21条（「表現の自由」）や第28条（「勤労者の労働基本権」）などの規定も教育に関連す

る規定としてとらえることができよう。

　さらに、戦後の教育改革においては、教育は「国の事務」から「地方の事務」へと転換され、憲法上は、第92条（「地方自治の基本原則」）の規定により、地方自治の本旨に基づいて、法律で、地方教育行政を含む地方公共団体の組織及び運営に関する事項が定められることとなったことは特筆されよう。

1　憲法第26条「教育を受ける権利」

第26条　すべて国民は、法律の定めるところにより、その能力に応じて、ひとしく教育を受ける権利を有する。
②　すべて国民は、法律の定めるところにより、その保護する子女に普通教育を受けさせる義務を負ふ。義務教育は、これを無償とする。

【本条の趣旨】

　憲法第26条の「教育を受ける権利」は、憲法で定める基本的人権のうち、その性質上、「社会的基本権」に属する。憲法第25条第1項において「すべて国民は、健康で文化的な最低限度の生活を営む権利を有する」と規定し、国民の基本的人権として社会的基本権の中核的権利ともいうべき「生存権」を保障しているのに対して、この生存権の文化的側面として、第26条の規定は、国民がひとしく教育を受ける権利を有することを宣言し、それを保障するものである。

　憲法第26条第2項は、第1項で保障されている「教育を受ける権利」を最低限度実現させる手段として、国民に対し、その子女に普通教育を受けさせる義務を負わせ、かつ、その費用を国において負担すべきことを宣言したものであり、国は、国民に課せられた子女を就学させる義務が現実に履行され得るよう、義務教育制度の整備等必要な措置を講ずべき責務を負うものである。

第１項にいう「教育を受ける権利」は、その保障のために、国が法律を定め、適切な公教育制度の確立など積極的な措置を採るべき旨を、国家に義務付けるものであり、かかる国家の責務の遂行により利益を享受する国民の側から見てこれを「権利」としてとらえ表現したものである。したがって、国が現実に教育に関する立法をなすことにより初めて、国民の教育を受ける権利は具体的かつ現実的なものとなる。このため、国は、教育基本法、学校教育法などを制定し、これらの法律に基づき、学校教育制度の整備等を講じることにより、国に課せられた責務を遂行しなければならないのである。

　なお、第１項では、国民は、「法律の定めるところにより」教育を受ける権利を有するとされているが、国の責任において確立される公教育制度は、「法律の定めるところにより」その基本構造が規定されることとなるのであり、国民主権の下での公教育制度は、国会が定める法律に基づき維持運営されるという憲法の基本的な立場（教育行政の法律主義）がここには表明されている。

【本条の内容】

① 「教育を受ける権利」の法的性格

　この権利は、「国民が『幸福追求権』の一環として教育の自由を有することを前提に、国に対して合理的な教育制度と施設を通じて適切な教育の場を提供することを要求する権利である」（佐藤幸治著『憲法』）と解される。

　国民は、すべて教育を受ける権利と自由（自由権的権利の側面）を有しており、この権利が充足されるためには、国家に対して適切な教育制度の実施など積極的な国家的配慮を求める権利（請求権的権利の側面）を持っているが、この権利は、あくまでも第26条第１項に規定する「法律の定めるところにより」具体的に担保されるものである。第25条の「生存権」規定と同様に、第26条の規定は、国民の教育を受ける権利を充足すべき国としての立法の指針ないし国の政治的・道義的責務を宣言したものであり、個々の国民に対して直接に具体の権利、具体の請求権

を保障したものではないとする、いわゆる「プログラム規定」の性格を
有するものとされる（**参考1**）。

　したがって、国民の教育を受ける権利は、それを具体化する学校教育
法をはじめとする教育立法によって具体的な権利となるといえよう。

　なお、国民の教育を受ける権利は、まず何よりも、子どもに対して保
障されるものであり、この権利保障の背景には、子どもの「学習権」を
保障するという理念があるといえる（**参考2**）。

　この点に関し、最高裁判所判決では、「この規定（第26条）の背後に
は国民各自が、一個の人間として、また、一市民として、成長、発達
し、自己の人格を完成、実現するために必要な学習をする固有な権利を
有すること、特に、みずから学習することのできない子どもは、その学
習要求を充足するための教育を自己に施すことを大人一般に対して要求
する権利を有するとの観念が存在していると考えられる」とし、教育を
受ける権利を子どもの「学習をする固有の権利」ととらえている。ま
た、この権利を確保する責務についても、「子どもの教育は教育を施す
者の支配的権能ではなく、何よりもまず、子どもの学習をする権利に対
応し、その充足をはかりうる立場にある者の責務に属するものとしてと
らえられている」と判示している（永山中学校事件最高裁判決　昭和
51・5・21）。

　（**参考1**）**生存権の法的性格について**

　　プログラム規定説、抽象的権利説、具体的権利説といった学説が展開されてい
るが、最高裁は、<u>憲法第25条は健康で文化的な最低限度の生活を保障する国の責
務を宣言したに止まり、個々の国民に対して具体的な権利を与えたものではない</u>
し、何が健康で文化的な最低限度の生活であるかの認定は<u>政府の合目的的な裁量
に任されており</u>、その判断は、<u>当不当の問題として政府の政治責任が問われるこ</u>
とがあっても裁量権の限界を超えたり、また、裁量権を濫用したりしない限り<u>直
ちに違法の問題を生ずることはない</u>とした。（生存権の具体的請求権としての性格
を否定）（最高裁判決　昭和42・5・24）

　（**参考2**）**教育を受ける権利と外国人児童生徒の就学について**

　　憲法第26条は、国民に対して教育を受ける権利を保障しているが、我が国に在
住する外国人の児童生徒が我が国の学校教育を希望する場合には、公立の義務教
育諸学校等への就学の機会を保障しており、その場合、就学義務に関する規定な

ど特に憲法が日本国民に対してのみ付与している権利義務に関する規定等を除き、一般に学校教育法等が適用される。国際人権規約（A規約）第13条では、「教育についてのすべての者の権利を認める」旨規定しており、「内外人平等」の原則に立って、外国人の就学についても可能な限り積極的な対応が要請されており、外国人児童生徒には日本国民の場合とは異なり、「就学義務」が課されていないものの、小中学校への就学を希望する場合には、その入学を認め、日本国民と同様に、授業料は徴収せず、また、教科用図書も無償給付する措置を講じる取扱いとなっている。

② 「その能力に応じて、ひとしく」と教育の平等

国民に「ひとしく教育を受ける権利」があるとするのは、憲法第14条にいう「すべて国民は、法の下に平等であつて、人種、信条、性別、社会的身分又は門地により、政治的、経済的又は社会的関係において、差別されない」との「平等原則」の要請を教育においても宣明するものであり、教育の機会均等を保障し、人種、信条、性別、社会的身分または門地による教育上の差別を禁止するものである。教育基本法第4条においても、「すべて国民は、ひとしく、その能力に応じた教育を受ける機会を与えられなければならず、人種、信条、性別、社会的身分、経済的地位又は門地によつて、教育上差別されない」旨規定され、憲法第26条第1項にいう、「ひとしく教育を受ける権利」の内容を敷衍している。

「その能力に応じて」とは、教育を受けるに適するかどうかの能力に応じての意（宮澤俊義著　芦部信喜補訂『全訂日本国憲法』）とされるが、個々人の教育を受ける能力とは関係のない事情によって差別されないことは自明である。特に、経済的理由によって、適切な教育の利益を享受できない者に対しては、国は、教育の機会均等を実現するための経済的配慮をすることが求められる。このため、教育基本法は、第4条第3項において、「国及び地方公共団体は、能力があるにもかかわらず、経済的理由によつて修学が困難な者に対して、奨学の措置を講じなければならない」と規定し、この規定を受けて、学校教育法第19条では、経済的理由によって就学困難と認められる学齢児童生徒の保護者に対する市町村の援助を法律上義務付けるとともに、特別支援学校等への就学奨励、育英奨学事業の実施など、各種の就学奨励の措置が講じられてい

る。

　なお、「その能力に応じて」とは、「すべての子どもが能力発達の仕方に応じてなるべく能力発達ができるような（能力発達上の必要に応じた）教育を保障される、という意味」にとらえる考え方（兼子仁著『教育法』）もあるが、この考えは、たとえば、特別支援教育の対象となる心身に障害のある児童生徒への教育に対し適切で手厚い教育を施すなど、「能力に応じて」の意を「教育の実質的平等化」の要請のコンテクストで読み取ろうとするものである。

③「普通教育を受けさせる義務」

　第26条 2 項では、すべて国民は、「その保護する子女に普通教育を受けさせる義務」を負うことを規定しているが、この「就学義務」といわれるものは、法文上明らかなように、子どもが就学する義務のことではなく、保護者が、その子女に普通教育を受けさせる義務（学校教育法第17条）のことであって、これにより、子どもの教育を受ける権利を保障しようとするものである。この義務を履行する者は、「子に対して親権を行う者、親権を行う者のないときは、未成年後見人」（同法第16条）である。また、子女に受けさせる対象としての「普通教育」とは、専門的な教育や職業的な教育ではなく、子女の将来の社会的自立にとって必要な、その基礎となる共通的な教育を意味するものである。

　第26条第 2 項の規定を受けて、旧教育基本法では、このような義務教育についての年限を 9 年と規定していたが（旧法第 4 条第 1 項）、平成18年12月の改正教育基本法では、義務教育の年限は「別に法律で定めるところにより」（改正教育基本法第 5 条第 1 項）とされ、具体には、学校教育法にゆだねられ、同法第16条において「保護者は、子に 9 年の普通教育を受けさせる義務を負う」旨規定されたところである。学校教育法では、保護者は、満 6 歳から満15歳までの間、子女を小中学校等または特別支援学校の小中学部のいずれかに就学させることを義務付けるとともに（同法第17条）、親の就学義務に対応して、市町村はその区域内にある学齢児童生徒を就学させるに必要な小中学校を設置すべき義務が

課せられ（第38条、第49条）、これらにより、子どもの教育を受ける権利が具体的に保障されることとなる。

　なお、子女を使用する者がある場合には、その使用によって、子女が義務教育を受けることを妨げてはならないこと、いわゆる避止義務を課していることは、教育上、当然のことといえるが（学校教育法第20条）、その保護する子女が、病弱・発育不完全その他やむをえない事由のため、就学困難と認められる場合には、公立小中学校の設置者である市町村の教育委員会は、就学義務を猶予・免除することができること（同法第18条）については、憲法第26条第2項に反するものではないといえる。

　また、就学させる親の義務は、一義的には、子どもの教育を受ける権利を保障するためのものであることは明らかであるが、その義務が国に対する公法上の義務であることも疑いないものであって、この就学させる義務は、学校教育法第144条によって、就学義務を履行しない者に対する罰則による強制を伴うものであることからも、公法上の義務の1つと捉えることができる。

　一般的に、子どもの教育は、第一義的には親の果たすべき責務であり、この親の「教育を施す権利」は、親子という自然血縁関係に基づく「親族上の原権」ともいうべきものであり、前国家的権利の性格を持っているといえる。実定法上、親の教育権については、民法では、「親権を行う者は、子の利益のために子の監護及び教育をする権利を有し、義務を負う」（第820条）と規定され、また、憲法では、第13条の個人の「幸福追求権」が「親の教育の自由」の根拠と解されている。

　しかしながら、親は、「子どもの教育に対する一定の支配権、すなわち子女の教育の自由を有すると認められるが、このような親の自由は、主として家庭教育等学校外における教育や学校選択の自由にあらわれるものと考えられる」（永山中学校事件最高裁判決　昭和51・5・21）とされる。周知のように、近代国家の成立発展に伴い、教育の有する社会的機能が強く認識され、教育を単なる個人的利益にかかわる「私事」と

して個々の親にゆだねていたのでは必ずしも十分ではなく、社会の基本的な共同利益にかかわる国民的な関心事として、国家的規模でこれを組織し、運営することが必要であると認識され、ここに現代の公教育制度が確立したことからしても、親の教育権や「教育の自由」は一定認められつつも、全く無制約のものであるとはいえず、上述の現代公教育の制度的要請に基づく制限に服さざるを得ない「限定的な権利」であるといえよう。

　このことに関連して、憲法第26条第2項の「普通教育を受けさせる義務」については、学校教育法で定める義務教育諸学校への「就学義務」に代えて、親の教育権あるいは教育の自由に基づいて、家庭教育や私塾などでの教育による「就学義務」の履行、いわゆる「教育義務」への転換が認められるかどうかという問題が浮かび上がるが、現行制度上は学校教育を受けさせる義務に代えて私教育を行う権利までも認めているとはいえないことは明らかである。

　なお、アメリカなど一部の諸外国では、子どもの義務教育課程の履修を原則として学校ではなく一定の条件の下に家庭等で行う、いわゆる「ホーム・スクーリング」が容認されている現状にあり、また、我が国でも、不登校の児童生徒の増加に伴い、これらの子どもたちに対して学校外での教育施設（フリースクールなど）での「教育」や家庭での「ホーム・スクーリング」の動きもあり、「就学義務」の取扱いは今後の教育行政上の課題の1つといえよう。

④義務教育の無償

　国民に対し、その保護する子女を就学させる義務を課す以上、義務教育が「無償」であることは当然といえよう。

　憲法第26条第2項では、「義務教育は、これを無償とする」と宣言し、これを受けて、教育基本法では、「国又は地方公共団体の設置する学校における義務教育については、授業料を徴収しない」（第5条第4項）と定めている。

　義務教育の無償範囲については、ⓐ無償範囲法定説、ⓑ授業料無償

説、ⓒ修学費無償説の考えがあるが、最高裁判所は、授業料無償説の立場を採り、「義務教育はこれを無償とするという意義は、……子女の保護者に対しその子女に普通教育を受けさせるにつき、その対価を徴収しないことを定めたものであり、教育提供に対する対価とは授業料を意味するものと認められるから、同条項（第26条第2項）の無償とは授業料不徴収の意味と解するのが相当である」旨、判示している（義務教育費負担請求事件最高裁判決　昭和39・2・26）。

　授業料無償説の背景となる考え方としては、普通教育の義務制は、主権者である国民の育成を通じて民主国家の存立・繁栄を図るために必要であるという国家的要請だけによるものではなく、他面において、子女の人格の完成に必要不可欠なものであるということから、親の本来有している子女を教育すべき責務を全うしようとする趣旨のものでもあることから、義務教育に関する一切の費用を当然に国が負担しなければならないものではないとするものである。

　上記の最高裁判所判決は、憲法第26条後段に授業料無償の範囲内において裁判規範としての効力を認めたものと解することができ、憲法第26条第2項に規定された「義務教育の無償」の規定に基づき、国民は、授業料無償の範囲内において、国・公立の義務教育諸学校において教育を受ける場合の無償教育を具体的に請求できる権利を保障されているといえよう。

　なお、憲法第26条後段の規定は、授業料のほかに、教科書、学用品その他教育に必要な一切の費用まで無償としなければならないことを定めたものではないことは最高裁判所判決により明らかであるが、憲法がすべての国民に対してその保護する子女をして普通教育を受けさせることを義務として強制していることから、国が保護者の教科書等の費用の負担についてもこれをできる限り軽減するよう配慮することが望ましいことは当然といえよう。ただし、このことは、国の財政事情等を考慮した国の立法政策の問題として解決すべき事柄であって、憲法に規定された無償ではないとされる（授業料無償以外の部分については「プログラム

規定」の意と解される）。

　義務教育の無償に関連して、義務教育諸学校の教科用図書については、「義務教育諸学校の教科用図書の無償に関する法律」（昭和37年）及び「義務教育諸学校の教科用図書の無償措置に関する法律」（昭和38年）に基づき、昭和38年度より、憲法第26条に定める義務教育無償の精神をより広く実現するものとして、国の負担による無償給付が実現され、現在に至っている。これは、国の立法政策の問題として義務教育無償の精神を幅広く実現しようとするものであり、教科書の無償給付措置は、我が国の学校教育の発展を支える重要な教育政策といえる。

　授業料の不徴収については、学校教育法では、国立・公立の義務教育諸学校では徴収することができないと定め（第 6 条）、私立の義務教育諸学校における授業料徴収が容認されている。これは、市町村はその区域内の学齢児童生徒を就学させるに必要な小中学校の設置義務を負っており（同法第38条、第49条）、親がこのような教育機会を放棄してまでその子女を私立学校に就学させる場合には「就学機会の選択の放棄」として授業料を徴収されることはやむをえないと考えられるからである。ただし、今日、公立学校と私立学校との間の親の教育費負担の格差が問題となる中で、国としても、昭和50年制定の私立学校振興助成法に基づき、私立の幼稚園及び小・中・高等学校等を設置する学校法人に対し、都道府県が当該学校の教育にかかる経常的経費について補助する場合には、国は都道府県に対しその一部を補助することとしており、これにより、児童生徒等の修学上の負担軽減を図っている。

⑤「教育権」をめぐる問題

　現代における公教育制度は、教育基本法第 1 条にも規定されているように、個人の人格の完成と国家社会の形成者の育成を目的とするものであり、この目的の実現のためには、教育を単なる個人的利益にかかわる「私事」にとどめることなく、社会の共同の利益にかかわる国民的な関心事として、国家的規模で公教育制度を組織し、運営することが強く要請されている。このことについては、大方の賛同が得られると考える

が、問題は、憲法第26条の「国民の教育を受ける権利」の保障に対応して、それでは、現行の公教育制度の中で、一体誰が教育内容や方法を決定する権能や権限を持っているのかということであろう。

これについては、いわゆる「**国家の教育権説**」と「**国民の教育権説**」の２つの相反する立場からの説がある。

「国家の教育権説」といわれているのは、国民全体の教育意思は議会制民主主義の下では意思決定の唯一のルートである国会の法律制度を通じて具体化されるべきとの立場から、議会民主制に則り、国民の負託を受けて教育意思の具体化が図られるとし、国は法律に則り教育内容に関与する権限を有するとするものである（**参考３**）。

これに対して、「国民の教育権説」といわれているのは、子どもの教育を受ける権利に対応する責務を負うのは、親を中心とする国民全体であり、国の任務は教育外的事項である教育諸条件の整備に限られ、教育内容・方法の決定はその実施に当たる教師がその教育専門家としての立場から国民全体に対し教育的、文化的責任を負うべきものとするものである（**参考４**）。

この「教育権論争」は、教科書検定の違憲・違法性が問題となった、いわゆる「家永教科書裁判」において大きくクローズアップされた経緯があるが、この論争は、最終的に、昭和51年５月21日の永山中学校事件最高裁判所判決において司法的な決着をみた。

すなわち、最高裁判決では、「二つの見解はいずれも極端かつ一方的であり、そのいずれをも全面的に採用することはできない」とし、「子どもの教育が、専ら子どもの利益のために、教育を与える者の責務として行われるべきものであるということからは、このような教育の内容及び方法を、誰がいかにして決定すべく、また、決定することができるかという問題に対する一定の結論は、当然には導き出されない。すなわち、同条（憲法第26条のこと）が、子どもに与えるべき教育の内容は、国の一般的な政治的意思決定手続きによって決定されるべきか、それとも、このような政治的意思の支配、介入から全く自由な社会的、文化的

領域内の問題として決定、処理されるべきかを、直接一義的に決定していると解すべき根拠は、どこにもみあたらないのである」と判示している。

　その上で、最高裁判決は、普通教育における教師には、限定された範囲において「教育の自由」が、また、子どもに対する自然的関係により、子どもの将来に対して最も深い関心を持ち、かつ配慮すべき立場にある親には、一定の範囲において「親の教育の自由」がそれぞれ認められるとしつつも、「一般に社会公共的な問題について国民全体の意思を組織的に決定、実現すべき立場にある国は、国政の一部として広く適切な教育政策を樹立、実施すべく、また、しうる者として、憲法上は、あるいは子ども自身の利益の擁護のため、あるいは子どもの成長に対する社会公共の利益と関心にこたえるため、必要かつ相当と認められる範囲において、教育内容についてもこれを決定する権能を有するものと解さざるをえず、これを否定すべき理由ないし根拠は、どこにもみいだせないのである」とし、国は、「必要かつ相当と認められる範囲において」教育内容を決定する権能を有していることを認めている。

　なお、最高裁判決では、教育は、本来人間の内面的価値に関する文化的ないとなみであり、党派的な政治的観念や利害によって支配されるべきではない性格のものであって、教育にそのような政治的影響が深く入り込む危険があるときは、教育内容に対する国家的介入はできるだけ抑制的であることが要請される旨示していることも留意されてよかろう。

　このように「国民の教育を受ける権利」に対応して「教育を施す権能・権限」としての「教育権」の所在をめぐる問題は、**要するに、国民全体の教育意思を組織的に決定・実現すべき立場にある「国家」が、公教育における教育内容・方法に関してどの程度まで関与しうるか、また、その限界はどこにあるのかの問題として整理されるべきものである**といえる。

　その意味で、この問題に関して、<u>最高裁判決は、国は、許容される目的のために必要かつ相当の範囲で教育の内的事項について決定する権能</u>

があるとするものであり、現在、各学校における教育課程の国家基準と<u>して文部科学大臣が定めている「学習指導要領」は、全国的な観点から</u><u>の教育の機会均等と教育水準の確保を図るために「必要かつ相当の範囲</u><u>において」定められた教育課程の「大綱的基準」</u>といえる。

（参考3）「国家の教育権説」に立つ判決（家永教科書第1次訴訟にかかる東京地裁判決　いわゆる「高津判決」　昭和49年7月16日）

　　「公教育における国の立場を考えてみるに、……国又は公共団体の設置運営する今日の学校教育は、親の私事的な子女教育に代わって組織的、機能的に実施される公教育であって、本来親の教育権と矛盾対立するものではないはずである。のみならず、民主主義国家においてはその存立と繁栄は国民各自の自覚と努力に待つものであるから、教育は国家社会の重大関心事となり、特に、現代国家は福祉国家として重要な使命の中に教育の振興を掲げ、次代をになう子どもに対し、適切な教育を施し、その健全な心身の発達と能力の向上開発を期するのであり、今や教育の実施普及は公共の福祉中最重要なものの一つである。……このように見てくると、<u>現代公教育においては教育の私事性はつとに捨象され、これを乗り越</u><u>え、国が国民の負託に基づきみずからの立場と責任において公教育を実施する権</u><u>限を有するものと解さざるをえない。</u>……右にいわゆる「不当な支配」（教育基本法第10条）とは、政党など政治団体、労働組合その他国民全体ではない一部の党派的勢力を指称し、不当な行政権力的支配もこれに含まれると解する。教師の職務は、学校において日常子どもに接し、その教育活動に従事する専門職に属するから、教育は一般行政と異なり、教師の主体的活動がなければ十分な教育効果をあげることはできないのであり、その意味において、教師の自主的な創意と工夫が尊重されなければならないとともに、不当な外部的勢力の支配から独立であることを要するのである。……しかしながら、さればといって、公教育の場における教育方法や教育内容に対する国の教育行政が原則として排除され、ただ全国的な大綱的基準の設定や指導助言をなしうるにとどまるほど右の教師の教育の自由ないし独立が排他的、絶対的でありうるはずはないのである。……<u>適法に制定さ</u><u>れた法令による行政権の行使は、それがかりに教育内容にわたることがあっても、</u><u>その内容が教育基本法の教育目的（同法第1条）に反するなど教育の本質を侵害</u><u>する不当なものでないかぎり、右にいわゆる不当な支配に該当せず、許されるも</u><u>のと解するを相当とする。</u>……本来教育を含む国政全体が国民の厳粛な信託によるものであって（憲法前文）、<u>公教育における国の教育行政についても民主主義政</u><u>治の原理が妥当し、議会制民主主義のもとでは国民の総意は国会を通じて法律に</u><u>反映されるから、国は法律に準拠して公教育を運営する責務と機能を有するとい</u><u>うべきであり、その反面、国のみが国民全体に対して直接責任を負いうる立場に</u><u>あるのである」</u>と判示。

（参考4）「国民の教育権説」に立つ判決（家永教科書第2次訴訟にかかる東京地

裁判決　いわゆる「杉本判決」　昭和45年7月17日）

　「この規定（憲法第26条第1項のこと）は、憲法第25条をうけて、いわゆる生存権的基本権のいわば文化的側面として、国民の一人一人に等しく教育を受ける権利を保障し、その反面として、国に対し右の教育を受ける権利を実現するための立法その他の措置を講ずべき責務を負わせたものであって、国民とくに子どもについて教育を受ける権利を保障したものということができる。……教育の本質にかんがみると、前記の子どもの教育を受ける権利に対応して子どもを教育する責務をになうものは親を中心として国民全体であると考えられる。……国民は家庭において子どもを教育し、また社会において種々の形で教育を行うのであるが、しかし現代において、すべての親が自ら理想的に子どもを教育することは不可能であることはいうまでもなく、右の子どもの教育を受ける権利に対応する責務を十分に果たし得ないこととなるので、公教育としての学校教育が必然的に要請されるに至り、前記のごとく、国に対し、子どもの教育を受ける権利を実現するための……学校教育を保障することになったものと解される。してみれば、国家は、右のような国民の教育責務の遂行を助成するためにもっぱら責任を負うものであって、その責任を果たすために国家に与えられる権能は、教育内容に対する介入を必然的に要請するものではなく、教育を育成するための諸条件を整備することであると考えられ、国家が教育内容に介入することは基本的には許されないというべきである。

　憲法第26条は、……戦前におけるごとく勅令主義あるいは法律に基づかない恣意的な教育行政を否定し、国の行う教育行政が法律によるべき旨を定めたものではあるが、法律によりさえすればどのような教育内容への介入をしてもよい、とするものではなく、また、教育の外的な事項については、一般の政治と同様に代議制を通じて実現されてしかるべきものであるが、教育の内的事項については、すでに述べたようなその特質からすると、一般の政治とは別個の側面をもつというべきであるから、一般の政治のように政党政治を背景とした多数決によって決せられることに本来的に親しまず、教師が児童、生徒との人間的なふれあいを通じて、自らの研鑽と努力とによって国民全体の合理的な教育意思を実現すべきものであり、また、このような教師自らの教育活動を通じて直接に国民全体に責任を負い、その信託にこたえるべきものと解せられる」と判示。

2　憲法第23条「学問の自由」

```
第23条　学問の自由は、これを保障する。
```

【本条の趣旨】

「学問の自由」は、かつての大日本帝国憲法下では保障の規定はなく、公権力による学問研究への干渉（例えば、滝川事件（1933年）や天皇機関説事件（1935年）など）がたびたび行われ、このような学問の自由を否認する事件の再発を防止する趣旨で、日本国憲法は第23条において特に「学問の自由」の保障を定めている。

【本条の内容】

①「学問の自由」の範囲

「学問の自由」とは、「学問的活動の自由」を意味するものであり、それは、まず、「学問研究の自由」とその「研究結果の発表の自由」とを含み、広くすべての国民に対してそれらの自由を保障するとともに、大学が学術の中心として深く真理を探求することを本質とすることにかんがみて、特に大学におけるそれらの自由及び大学における「教授の自由」を保障するものである。

「学問研究の自由」は、憲法第19条の「思想・良心の自由」の一部、また、「研究結果の発表の自由」は、第21条の「表現の自由」の一部ともいえるものである。

「教授の自由」については、判例では、学問の自由と密接な関係を有するけれども、必ずしもこれに含まれるものではないとしながらも、「大学は学術の中心として、広く知識を授けるとともに、深く専門の学芸を教授研究し、知的、道徳的及び応用的能力を展開させることを目的とする」（学校教育法第83条第1項）ものであることから、「大学において教授その他の研究者がその専門の研究の結果を教授する自由は、これを保障されると解するのを相当とする」（東大ポポロ事件最高裁判決昭和38・5・22）とされ、大学における「教授の自由」については、学問の自由の保障を確保するために、公権力の干渉から自由であるべきとされる。

②大学の自治

大学における学問の自由を保障するために、日本国憲法上明文の規定による保障はないものの、伝統的に「大学の自治」が認められている。

「学問の自由」の制度的保障としての性格を有しているといえよう。

　「大学の自治」は、ⓐ大学の教授その他の研究者の人事に関して認められ（教員人事の自治）、さらに、ⓑ大学の施設と学生の管理についてもある程度で認められ（施設管理の自治及び学生管理の自治）、これらについて一定程度で大学に自主的な秩序維持の権能が認められている。なお、判例では、大学の学生が一般国民以上に「学問の自由」を享受し、また大学当局の自治的管理による施設を利用できるのは、「大学の本質に基づき、大学の教授その他の研究者の有する特別な学問の自由と自治の効果としてである」（東大ポポロ事件最高裁判決）としている。すなわち、「大学の自治」は構成員である教授等の自治であり、学生は大学という営造物の利用関係にある者であって、大学における「学生の自治」は教授等の「自由と自治」の反射的効果にすぎないとする立場に立っているといえよう。

③「学問の自由」と「教育の自由」

　憲法第23条の「学問の自由」は、広く一般国民に研究の自由及び研究結果の発表の自由を保障するものであり、教授ないし教育の自由は必ずしも含まれるものではない。これに対して、大学には、歴史的沿革からみても、学術の中心として、真理を探求することをその本質としていることにかんがみて、研究の自由や研究結果の発表の自由に加え、一般国民に保障される「学問の自由」とは異なり、特に、「教授ないし教育の自由」が認められている。

　このように大学には、「学問の自由」の内容として、「教授ないし教育の自由」が認められているが、普通教育機関（小・中・高等学校）にこの「教授ないし教育の自由」が及ぶものであるかどうかが問題となる。

　東大ポポロ事件最高裁判決が、普通教育機関における「教育の自由」について消極説に立つのに対して、家永教科書第2次訴訟第1審判決（いわゆる「杉本判決」）では、学問と教育との密接不可分性などを根拠に普通教育機関にも「教育の自由」が認められるとの積極説が展開された。

杉本判決では、「教育は、発達可能態としての児童、生徒に対し、主としてその学習する権利（教育を受ける権利）を充足することによって、子どもの全面的な発達を促す精神的活動であり、それを通じて健全な次の世代を育成し、また文化を次代に継承するいとなみであるが、児童生徒の学び、知ろうとする権利を正しく充足するためには、必然的に何よりも真理教育が要請される」とした上で、「教育は児童、生徒の心身の発達段階に応じ、児童が真に教えられたところを理解し、自らの人間性を開発していくことができるような形でなされなければならず、また、子どもが事物を批判的に考察し、全体として正しい知識を得、真実に近づくような方法がなされなければならないわけであるが、いわゆる教育的配慮は右の点を内容とするものでなければならない。そして、このような教育的配慮が正しくなされるためには、児童、生徒の心身の発達、心理、社会環境との関連等について科学的な知識が不可欠であり、……こうした教育的配慮をなすこと自体が一の学問的実践であり、学問と教育とは本質的に不可分一体というべきである」と判示されている。このことから、「憲法23条は、教師（普通教育機関の教師のこと）に対し、学問研究の自由はもちろんのこと学問研究の結果自らの正当とする学問的見解を教授する自由をも保障していると解するのが相当である」とし、普通教育機関における教師の教育の自由を容認しつつ、この自由が憲法第23条の「学問の自由」に根拠付けられるものであるとするものである（**参考5**）。

　これに対して、学力テストにかかる永山中学校事件最高裁判決では、普通教育機関にも一定の範囲における「教授の自由ないし教育の自由」を認めつつ、普通教育機関の教師に完全な教授の自由を認めることは到底許されない旨明らかにしている。

　すなわち、最高裁判決は、「確かに、憲法の保障する学問の自由は、単に学問研究の自由ばかりでなく、その結果を教授する自由をも含むと解されるし、更にまた、専ら自由な学問的探求と勉学を旨とする大学教育に比してむしろ知識の伝達と能力の開発を主とする普通教育の場にお

いても、例えば教師が公権力によって特定の意見のみを教授することを強制されないという意味において、また、子どもの教育が教師と子どもとの間の直接の人格的接触を通じ、その個性に応じて行われなければならないという本質的要請に照らし、教授の具体的内容及び方法につきある程度自由な裁量が認められなければならないという意味においては、一定の範囲における教授の自由が保障されるべきことを肯定できないわけではない」とし、憲法第23条が普通教育機関における「教育の自由」を一定の範囲において含むものであることを認めている。

　しかしながら、一方において、最高裁判決では、「大学教育の場合には、学生が一応教授内容を批判する能力を備えていると考えられるのに対し、普通教育においては、児童生徒にこのような能力がなく、教師が児童生徒に対して強い影響力、支配力を有することを考え、また、普通教育においては、子どもの側に学校や教師を選択する余地が乏しく、教育の機会均等をはかる上からも全国的に一定の水準を確保すべき強い要請があること等に思いをいたすときは、普通教育における教師に完全な教授の自由を認めることは到底許されないところといわなければならない」とし、教育の自由の濫用等による弊害のおそれがあり、また、教育の中立性や全国的な教育の機会均等・教育水準の確保等の観点から、教師の「教育の自由」に明確に限定を付している。

　「教育の自由」は、高等教育の場であれ、普通教育の場であれ、「教師が公権力によって特定の意見のみを教授することは強制されない」という意味においては、否定されるべきものでないことは明らかであるが、問題は、普通教育では、①児童生徒に授業を批判する能力がないこと、②子どもの側に学校や教師を選択する余地が乏しいことから、教師が児童生徒に対して強い影響力、支配力を有していることは紛れもない事実であり、教師の一方的判断による誤った意見を子どもに植え付けることを避けることはもとより、③教育の機会均等をはかり全国的に一定の教育水準を確保するうえからも、教師の教育の自由は子どもに対する公共の福祉を実現する中で、一定の制限を課されなければならない性格のも

のであるということである。つまるところ、教師の教育の自由は、全国的な教育の機会均等及び教育水準の確保の観点から、教育内容・方法の国家基準として文部科学大臣が定める「学習指導要領」に則り、児童生徒に対して教育指導を行う責務が教師には課されており、その意味で、教師には、学習指導要領の範囲内において、一定程度の教育の自由が認められるものといえよう。

（参考5）教師及び親の「教育の自由」の憲法上の根拠

　教育法学の一部には、「教師の教育の自由」は、憲法上①第23条の「学問の自由」、②第26条の「国民の教育を受ける権利」（その実現のための教師の「教える自由」）、③憲法的自由ないし第13条の「幸福追求権」、④これらの複合説などによって認められるとする。実定法上は、学校教育法第37条第11項「教諭は児童の教育をつかさどる」という規定が教師の教育における専権的権利の根拠とみることができるが、教師の教育の自由とは、教師の権利の問題というよりも、それ自体「職務権限」の問題といえるものである。つまるところ、教師の教育指導へのかかわりは、「教育上の権限」の行使に当たるものであり、公立学校における教師の教育指導の職務権限の行使にあたっては、「法令、条例、地方公共団体の規則及び地方公共団体の機関の定める規程に従い、且つ、上司の職務上の命令に忠実に従わなければならない」（地方公務員法第32条）のであって、各学校の教育課程の国家基準であり「法的拘束力」を有する学習指導要領に則り児童生徒への指導にあたることはもとより、職務上の上司である校長などの命令に従うことが求められているのである。

　また、「親の教育の自由」は、子どもの教育に対して第一義的な権利と責任を有する親としての本源的な権利であり自由であるが、この自由は、国家や他者から子どもの教育に際し妨害されないことも当然ながら含まれており、その具体的内容としては、①家庭教育の自由、②学校選択の自由、③私学の自由などが考えられる。「親の教育の自由」の根拠としては、①「憲法的自由」説、②憲法第13条（幸福追求権）説などがあるが、いわゆる「国民の教育権説」が主張するような、「公教育」は、私事の組織化であり、「親義務の共同化」であるとの観念は、現実具体的に、親の教育の自由を、教師の「教育権」や「教育の自由」に白紙委任の形でゆだねることを意味するものであり、妥当とはいえない。

　なお、合理理由のない「教育的措置＝教育処分」によって子どもが学習権を奪われたり、著しく不適切な教育を受けることを強いられる場合などには、親には是正要求の権利の行使が認められようが、他面において、親はその子どもの教育の自由を有すると同時に「その保護する子女に普通教育を受けさせる義務」を負っており、義務違反には学校教育法上罰金刑が科されることは当然ともいえ、親の教育の自由は恣意的なものではなく、あくまでも子どもの最善の利益のため

に行使されるべき性格のものである。

3　憲法第20条「信教の自由」と「宗教教育の禁止」

> 第20条　信教の自由は、何人に対してもこれを保障する。いかなる
> 宗教団体も、国から特権を受け、又は政治上の権力を行使しては
> ならない。
> ②　何人も、宗教上の行為、祝典、儀式又は行事に参加することを
> 強制されない。
> ③　国及びその機関は、宗教教育その他いかなる宗教的活動もして
> はならない。

【本条の趣旨】

「信教の自由の問題は、近代人権思想の展開において、中心的な役割を果たしたものと理解されており、その自由の保障のあり方は、精神的自由の保障のあり方を示すバロメーターの意義をもっている」（佐藤幸治著『憲法』第3版）ものであり、「信教の自由」は、「超自然的、超人間的本質の存在を確信し、畏敬崇拝する心情と行為」について公権力に妨げられない「個人の精神的基本権」とされる。

大日本帝国憲法においても、「信教の自由」を保障していたが、「安寧秩序ヲ妨ケス及臣民タルノ義務ニ背カサル限ニ於テ信教ノ自由ヲ有ス」（第28条）とされ、実際上は、「神社ハ宗教ニ非ス」とされる中で、国家と神道との結合による「国教的地位」が国家神道に与えられたように、大日本帝国憲法は、信教の自由の保障において徹底さを欠いていたことは否めず、日本国憲法においては、その反省に立って、憲法第20条により「信教の自由」とその制度的保障としての「政教分離の原則」を明確に規定したものといえる。

憲法第20条は、何人に対しても「信教の自由」を保障するとともに、その実現のための手段ないし制度的保障として国家と宗教との分離の原

則ともいうべき「政教分離の原則」を定め、国家の「宗教的中立性」を宣明している。

【本条の内容】

①「信教の自由」の内容・範囲

「信教の自由」は、宗教の自由を意味し、ⓐ内心における宗教上の信仰の自由、ⓑ宗教的行為の自由、ⓒ宗教的結社の自由により構成される。

ⓐには、宗教を信じる自由はもとより、その信仰を変える自由、宗教を信じない自由も含まれ、憲法第19条の「思想・良心の自由」の一種ともいえる。

ⓑには、宗教的信仰の目的で行う礼拝や祈祷などの宗教上の行為や祝典、儀式、行事を行う「自由」（憲法第20条の「表現の自由」の一種といえる）があることはもとより、これらに参加する自由もあれば、宗教的儀式等に参加することを「強制されない自由」もあることが明らかにされている。

ⓒの宗教的結社は、一般的には、「宗教法人法」によって法人格を取得している「宗教団体」が考えられるが、憲法にいう「宗教団体」は、より幅広い概念であって、法人格を取得していなくとも宗教的結社として活動でき、その活動は憲法上の保障を受ける。

「信教の自由」は、公権力によって信教の自由を侵害することを禁ずることを意味し、国家が特定の宗教を国民に強制したり、宗教的信仰の告白を強制したりすることは、信教の自由の明白な侵害であることは言を待たない。また、宗教的信仰や信条によって差別することも信教の自由を侵害するものとして許されないことは、憲法第14条「法の下の平等」の規定からも明白である。

②政教分離の原則

憲法第20条第1項後段では「いかなる宗教団体も、国から特権を受け、又は政治上の権力を行使してはならない」、また、同条第3項では「国及びその機関は、宗教教育その他いかなる宗教的活動もしてはなら

ない」と規定するほか、憲法第89条では「公金その他の公の財産は、宗教上の組織若しくは団体の使用、便益若しくは維持のため、……これを支出し、又はその利用に供してはならない」と規定し、「信教の自由」の保障のために国と宗教との分離を制度的に担保する原則（政教分離の原則）を憲法上明らかにするとともに、この政教分離原則を財政面から裏付けるものとして、宗教団体への公金の支出を禁止する憲法第89条の規定を定めている。

　政教分離の原則については、国家が宗教に対してどのような態度をとるかは、国により時代により異なるが、「国教制度を建前としつつ国教以外の宗教に対して広範な宗教的寛容を認めるイギリス型」や「国家と宗教とを厳格に分離し、相互に干渉しないことを主義とするアメリカ型」などの多様な形態がある中で、我が国の憲法は、アメリカ型の政教分離原則に属し、国家と宗教との厳格な分離を定めているとされる（芦部信喜著『憲法』新版）。

　憲法第20条の規定が、厳格な政教分離の原則を定めているとはいえ、問題は、国家と宗教とのかかわりは一切否定されるのかということであろう。

　このことについて、最高裁判決は、三重県の津市体育館の起工式における神道形式による地鎮祭の挙行をめぐって提起された住民訴訟において、「宗教は、信仰という個人の内心的な事象としての側面を有するにとどまらず、同時に極めて多方面にわたる外部的な社会事象としての側面を伴うのが常であって、この側面においては、教育、福祉、文化、民俗風習など広範な場面で社会生活と接触することになり、そのことから来る当然の帰結として、国家が、社会生活に規制を加え、あるいは教育、福祉、文化などに関する助成、援助等の諸施策を実施するにあたって、宗教とのかかわりあいを生ずることを免れえないこととなる」とし、現実の国家制度として、国家と宗教との完全な分離を実現することは、実際上不可能に近いと示している（昭和52年7月13日）。最高裁判決では、政教分離原則を貫こうとすると、かえって社会生活の各方面に

不合理な事態が生ずることの事例として、例えば、ⓐ特定宗教と関係のある私立学校に対し一般の私学と同様な助成をしたり（私学振興の目的）、ⓑ「文化財」である神社、寺院の建築物や仏像等の維持・保存のため国が宗教団体に補助金を支出したり（文化財保護の目的）することも問題となり、かえって宗教とのかかわりがあることによる不利益な取り扱いを結果として招くとしている。

　最高裁判決では、このような認識に立って、憲法第20条第3項にいう「宗教的活動」については、「およそ国及びその機関の活動で宗教とのかかわり合いをもつすべての行為を指すものではなく、そのかかわり合いが右にいう相当とされる限度を超えるものに限られるというべきであって、当該行為の目的が宗教的意義をもち、その効果が宗教に対する援助、助長、促進又は圧迫、干渉等になるような行為をいうものと解すべき」と示した。このように、最高裁判決では、国家と宗教とのかかわりがどの程度まで許されるかについての判断基準として、いわゆる「目的・効果基準」を採用し、「本件起工式のように宗教とのかかわり合いをもつものではあるが、その目的は建築着工に際し土地の平安堅固、工事の無事安全を願い、社会の一般的慣習に従った儀礼を行うという専ら世俗的なものと認められ」るとし、本件起工式を「習俗」化した行事としてとらえ、憲法第20条第3項により禁止される「宗教的活動」にあたらないとしたのである（例えば、学校教育活動で、給食で「いただきます」を言う、クラスでクリスマス会を開く、運動会で自製の御神輿を担ぐといった行為は、宗教的儀式というよりも、宗教に源を持つことを一般人に感じさせない程度にまで慣行化したと認められるものであり、許容されるといえよう）。

　このように、憲法の政教分離原則は、国家が宗教的に中立であることを要請するものではあるが、国家が宗教と一切のかかわり合いを持つことを禁止するものではなく、宗教とのかかわりをもたらす行為の目的・効果にかんがみ、そのかかわりが我が国の社会的・文化的諸条件に照らして、信教の自由の保障の確保という制度の根本目的との関係で相当と

される限度を超えるものと認められる場合にこれを容認しないとするものと解される。

③宗教教育の禁止

　憲法第20条第 3 項では、国及びその機関に対して、「宗教教育その他いかなる宗教的活動」もしてはならないことを規定しているが、当然のことながら、「国及びその機関」とは、国または地方公共団体により設置、管理・運営される学校を含むすべての機関を意味するものであり、また、「宗教教育」とは、「およそ宗教を宣伝し広めることまたは宗教を排斥することを目的として行われる教育」（佐藤幸治著『憲法』第 3 版）のことをいう。この規定は、政教分離の原則の背景にある「**国家の宗教的中立性**」の立場について、教育をはじめとする国家活動の取扱いにおいて宣明するものであり、公教育制度の面から見れば、近代教育における基本原理ともいうべき「**公教育の世俗性**」（いわゆる「ライシテの原則」）を明示したものといえよう。

　この趣旨を受けて、教育基本法第15条第 2 項では、「国及び地方公共団体が設置する学校は、特定の宗教のための宗教教育その他宗教的活動をしてはならない」と規定し、学校教育における宗教教育の禁止を定めている。

　「宗教教育の禁止」は、教育基本法第15条が規定するように「特定の宗教」のためでなく、すべての宗教のための宗教教育も憲法第20条第 3 項によって禁止されると解される。すなわち、「宗教を信じない自由」も不利に取り扱われないことの制度的な保障の規定ともいえるのである。しかしながら、教育基本法が第15条第 1 項において、「宗教に関する寛容の態度、宗教に関する一般的な教養及び宗教の社会生活における地位は、教育上尊重されなければならない」と定めているのは、何人にも、宗教を信じる自由もあれば、宗教を信じない自由もあることについての理解を図ること、すなわち、こうした「宗教に対する寛容の態度」を育成するとともに、社会生活において宗教が実際上果たしている役割の大切さを「宗教に関する教養・知識」として教えることは、憲法第20

条に反するものではないといえよう（例えば、学校の行事として神社、寺院、教会等を訪問することは、児童生徒に強要せず、かつ宗教的儀式に参加する目的ではなく、歴史・文化を学ぶことを目的とするものであれば、許容されるといえよう）。

　また、「宗教教育の禁止」は、公立の学校に対してのみ認められるものであって、家庭や私立学校における宗教教育はむしろ信教の自由の一部として保障される。たとえば、私立学校における宗教教育については、学校教育法第33条の規定（小学校における教育課程に関する事項の定め）に基づき定める学校教育法施行規則第50条の規定（教育課程の編成）において、「私立の小学校の教育課程を編成する場合は、前項の規定にかかわらず、宗教を加えることができる。この場合においては、宗教をもつて前項の特別の教科である道徳に代えることができる」（同条第2項）と定め、私立学校における宗教教育を認め、公立学校とは異なる教育課程の編成実施を許容している。これは、一般国民の「教育の自由」の発現の一形態としての「私立学校（設置）の自由」により、建学の精神に基づく私立学校の設置を行い、こうした学校の教育理念として、宗教教育を通じて子どもたちの人格の陶冶を図ろうとするいとなみは、「信教の自由」として保障されるといえる。

　また、親の「教育の自由」との関連においては、宗教は人間の精神生活の究極に連なるものであり、親がその子どもにどのような宗教的信条や情操を育てるかについては親の教育の自由と捉えられ、その意味で、宗教教育の自由が認められることは当然の事理であろう。親の教育の自由は、一般的に家庭教育の自由として、家庭においてそれぞれ自由に自己の信念に基づく宗教教育を施す自由としてとらえられるが、**世界人権宣言（1948年）**では、「**親は、子に与える教育の種類を選択する優先的権利を有する**」（**第26条第3項**）と規定し、公教育における宗教教育の選択の自由が含意されている。これについては、例えば、ドイツのように公立学校における「宗派的宗教教育」の選択が認められている国々もあるが、我が国では、公立学校における宗教教育が一切禁止される憲法

上の取扱いの中で、家庭教育における宗教教育に加え、特定の宗教教育を行う私立学校の選択という形で、親の「宗教教育の自由」が行使されることとなる。

④公教育と「信教の自由」とのかかわり

公立学校の教育活動において、「信教の自由」の主体たる児童生徒の個人の宗教的価値観や信念に基づく行為と、「政教分離の原則」を遵守し、「宗教的中立性」を確保すべしという価値理念を掲げる公立学校との間で衝突が起こり、裁判で争われる事例が生じてきている。

憲法第20条の「信教の自由」のうち、「内心の信仰の自由」の保障は、ほぼ絶対的なものとされる。問題は、信仰の自由に基づき行った外部的行為（宗教的行為の自由）は、一般的には「公共の福祉」の制約に服するとされるが、宗教上の外部的行為は内面的な信仰の自由と密接にかかわるものであり、安易な規制が許されるものではなく、必要不可欠な目的を達成するための最小限度の手段でなければならないとされ、「信教の自由」の保障の上からも慎重な配慮が要請される。

宗教的行為と公立学校の教育活動をめぐって裁判となった事例としては、まず、宗教的理由に基づく日曜日の学校授業参観欠席事件が挙げられる。

この事件は、牧師である両親の主宰する教会学校に出席したため、日曜日に行われた公立小学校の授業参観に欠席した子どもと両親が、指導要録への「欠席」記載処分の取消しと損害賠償を求めて争った事件である。

そもそも、公立学校では、学校教育法施行規則第61条により、日曜日は休業日とされているが、授業参観のための授業を日曜日に行うことは、「特別の必要がある場合」として、学校長の裁量的な判断においてなされるものであり、適法であることは当然である。その上で、まず、裁判所は、宗教団体がその宗教活動として宗教教育の場を設け、集会を持つことは憲法に保障された自由であり、そのこと自体は国民の自由として公教育上も尊重されるべきであるが、公教育を受けさせることもま

た憲法が国家及び国民に対して要請するところであるとする。このこと
から、宗教教育に参加する児童に対して授業への出席を免除すること
は、⒜宗教・宗派ごとに、重複・競合の日数が異なることから、結果的
に宗教上の理由によって個々の児童の授業日数に差異を生じることを容
認することになり、公教育の宗教的中立性を保つ上で好ましくないこ
と、また、⒝公教育が集団教育として上げるはずの成果をも損なうこと
にならざるを得ず、公教育が失うところは少なくないことから、「公教
育上の特別の必要性がある授業日の振替の範囲内では、宗教集団の集会
と抵触することになったとしても、法はこれを合理的根拠に基づくやむ
をえない制約として容認していると解すべき」（東京地裁判決　昭和
61・3・20）とし、請求を棄却した。

　公教育において個人の宗教教育に対する教育上の特別の配慮義務が要
請されたり、あるいは、宗教上の理由に基づく「欠席権」なるものが保
障されるとはいえず、本件のように宗教的理由による授業参観の欠席に
より被る不利益の程度（日曜日授業参観の学校教育上の意義に比して、
指導要録にわずか一日の欠席の記載がなされるという不利益）を勘案す
れば、その不利益は、当該本人が受忍すべきものと考えられる。このよ
うに、個人の精神的基本権である「信教の自由」であっても、それが内
心にとどまる限り（「内心の信仰の自由」）絶対的な保障を受けるが、宗
教的行為として外形的行為となって現れる（「宗教行為の自由」）以上、
法が許容する合理的根拠に基づく一定の制約・制限を受けざるを得ない
ことを判決は示しているといえる。

　次に、公立の工業高等専門学校において、宗教的理由により必修科目
の体育の剣道実技に参加しなかった学生の体育の単位の不認定に伴う原
級留置処分及び2年連続の原級留置による退学処分について信教の自由
を侵害するものであるとして、処分の取消しを求めて裁判になった事例
である。

　一審判決（平成5・2・22）では、義務教育ではない高等専門学校に
自由意志で入学した以上、学則等の内部規律により制約を受けることが

あり、その上で、入学に際し、剣道が必修科目との説明を受けており、学生には剣道実技を履修する義務があり、自己の宗教上の信仰に反することを理由として拒否することは許されないと判示し、原告学生側の請求を棄却した。

　控訴審判決（平成6・12・22）では、学校は信仰上の理由で剣道実技の授業に参加できない学生に対して教育的な裁量を適切に行使して、障害がない限り代替措置を講じる必要があり、これを全く講じないまま、退学処分等したことは裁量権を著しく逸脱したものであり、違法とした。

　上告審判決（平成8・3・8）では、最高裁は、学校側の「所論は、代替措置を採ることは憲法第20条3項に違反するとも主張するが、信仰上の真摯な理由から剣道実技に参加することができない学生に対して、代替措置として、例えば、他の体育実技の履修、レポートの提出等を求めた上で、その成果に応じた評価をすることが、その目的において宗教的意義を有し、特定の宗教を援助、助長、促進する効果を有するものということはできず、他の宗教者又は無宗教者に圧迫、干渉を加える効果があるともいえないのであって、およそ代替措置を採ることが、その方法、態様のいかんを問わず、憲法20条3項に違反するということができないことは明らかである」とした上で、「信仰上の理由による剣道実技の履修拒否を、正当な理由のない履修拒否と区別することなく、代替措置が不可能というわけでもないのに、代替措置について何ら検討することもなく、体育科目を不認定とした担当教員らの評価を受けて、原級留置処分をし、更に、不認定の主たる理由及び全体成績について勘案することなく、2年続けて原級留置となったため進級等規程及び退学内規に従って学則にいう「学力劣等で成業の見込みがないと認められる者」に当たるとし、退学処分をしたという上告人の措置は、考慮すべき事項を考慮しておらず、又は考慮された事実に対する評価が明白に合理性を欠き、その結果、社会観念上著しく妥当を欠く処分をしたものと評するほかなく、本件各処分は、裁量権の範囲を超える違法なものといわざるを

得ない」と結論付けている。公立学校教育の宗教的中立性の確保という要請から、学校側が体育の剣道実技について宗教的理由による履修拒否を認めず、また、学校が代替措置をとることが目的・効果基準に照らしても憲法第20条第3項に違反するものでもなく、さらに、代替措置によって他の学生の人権を侵害するものではないことからすれば、宗教上の理由に基づく履修拒否の結果としての原級留置及び退学処分の不利益は著しく重大であり、「教育的配慮」を全く行わないまま、退学処分等したことは、学校長の裁量権の濫用であり違法との最高裁の本件判断は妥当なものといえよう。

4 憲法第21条「表現の自由」──検閲と教科書検定とのかかわり、教職員・子どもの人権と勤務・在学関係上の制約──

憲法第21条　集会、結社及び言論、出版その他一切の表現の自由は、これを保障する。
②　検閲は、これをしてはならない。通信の秘密は、これを侵してはならない。

【本条の趣旨】

本条は、いわゆる表現の自由を保障するものであるが、この権利は、現代民主主義国家の憲法における基本的自由権の最も中核的な権利をなすものであり、民主主義社会を支える基礎となる権利である。

憲法第19条に規定する「思想・良心の自由」がいわゆる「内心の自由」として人の内心における精神活動の自由を保障するのに対して、憲法第21条に規定する「表現の自由」は、「人の内心における精神作用を、方法の如何を問わず、外部に公表する精神活動の自由をいう」（佐藤幸治著『憲法』第3版）ものとされる。

表現の自由を含む精神的自由権は、原則としてその制限は許されず、例外的に制約が課される場合においても、この権利の優越的地位にかん

がみ、経済的自由権に比してより厳格な審査が必要とされる。ただ、精神的自由権のうち、「思想・良心の自由」が、絶対的で無制約のものであるのに対して、「表現の自由」は、憲法第13条にいう「公共の福祉」の制約を受けることはやむをえないが、その場合においても、表現の自由への制約は必要最小限にとどめられるよう解されなければならない。

「表現の自由」の保障のため、本条では、あわせて「検閲の禁止」と「通信の秘密」を規定し、表現の自由に対する公権力による思想内容の事前審査や通信の秘密の侵害を禁止している。

【本条と「教育」とのかかわり】

①「検閲」と「教科書検定」

憲法第21条第2項前段は、「検閲は、これをしてはならない」と規定しているが、教育においては、文部科学大臣が行う教科書の「検定」がこの「検閲」に該当するかどうかが従来争われてきた経緯がある。

憲法第21条第2項前段にいう「検閲」とは、「行政権が主体となって、思想内容等の表現物を対象とし、その全部又は一部の発表の禁止を目的として、対象とされる一定の表現物につき網羅的一般的に、発表前にその内容を審査した上、不適当と認めるものの発表を禁止することを、その特質として備えるものを指す」（輸入禁制品該当通知処分等取消事件に関する最高裁判決　昭和59・12・12）と解されている。このように「検閲」とは、公権力が事前審査という手段によって、外部に発表されるべき思想の内容等をあらかじめ審査し、必要があるときは国民に広く発表されることを禁止することをいうものであって、憲法は、このように言論出版の自由を不当に圧迫する「検閲」を禁止することを宣明している。したがって、行政権による網羅的一般的な事前審査は禁止され、特に思想内容等の審査に立ち入ることは許されないものといえる。

一方、我が国の実定法は、教育政策として、学校教育法において国が教育課程の国家基準となる「学習指導要領」を定める（第33条、第48条など）とともに、教科書について「検定制度」を採用し、検定に合格した教科書の使用義務を課しており（第34条など）、これらは、我が国の

初等中等教育の適正な教育内容を確保していく上で一体となって機能している。

　とりわけ、教科書は、小・中・高等学校等において、「教育課程の構成に応じて組織排列された教科の主たる教材として、教授の用に供せられる児童又は生徒用図書であつて、文部科学大臣の検定を経たもの又は文部科学省が著作の名義を有するもの」（教科書の発行に関する臨時措置法第2条）と定義されており、このような教科書の使用が学校教育法第34条等により学校において義務付けられている。これらのことは、教科書が教育の機会均等の確保と教育内容の全国的な一定水準の維持という要請にこたえるべく、公教育制度を円滑に実施していく上で重要なものとして制度の中に位置付けられていることを示すものである。このような教育制度の目的達成のために、その具体的実現の手段となる教科書の作成は何にもまして重要であり、教科書の著作を民間にゆだねることによって著作者の創意工夫に期待するとともに、検定を行うことによって適切な水準と内容の教科書を確保することを趣旨とし、この趣旨の実現のために、我が国において検定制度が採用されているといえる。

　しかしながら、元東京教育大学教授家永三郎氏が、高等学校用の教科書『新日本史』の検定不合格処分に対して、その取消しと損害賠償を求めて提起した訴訟、いわゆる「家永教科書裁判」においては、検定不合格処分（昭和42年3月29日付）の取消しを求めて争った教科書裁判第2次訴訟の一審判決（いわゆる「杉本判決」）において、「教科書検定は、……国の行政機関である文部大臣が教科書の発行に先立ち、申請教科書について審査を加え、その結果検定において不合格とされた図書を教科書として出版することを禁止するものであって、その法的性格は事前の許可と解されるのであるが、しかし出版に関する事前許可制がすべて検閲に該当するわけでないことはいうまでもない。してみると、右の審査が思想内容に及ぶものでない限り、教科書検定は検閲に該当しないものというべき」としつつ、教科書検定制度の運用を誤るときは、憲法の保障する表現の自由を侵害するとのそしりを免れないものと判示し、当

該検定不合格処分についてみると、「教科書執筆者としての思想（学問的見解）内容を事前に審査するものというべきであるから、憲法21条第2項の禁止する検閲に該当し、同時に教科書の誤記、誤植その他の著者の学問的見解にかかわらない客観的に明白な誤りとはいえない、記述内容の当否に介入するものであるから、教育基本法10条（旧教育基本法）に違反するものといわざるをえない」（東京地裁判決　昭和45・7・17）と結論付けた。

　要するに、教科書検定は、「事前許可制」ではあるが、それが、思想内容の審査、すなわち、政治思想の審査のみならず広く精神活動の成果に対する審査にわたらない限り、児童生徒の発達段階に応じ、必要かつ適切な教育を施し、教育の機会均等と教育水準の維持向上を図るという国の責任を果たすための制度として教科書検定制度が設けられている趣旨から、教科書検定は憲法第21条2項にいう「検閲」には直ちには該当しないけれども、教科書検定の運用を誤るときには「表現の自由」を侵害するとし、具体的に本件検定不合格処分についてみると、教科書執筆者の思想内容を事前に審査するものであるから、憲法第21条第2項にいう「検閲」に該当し、その処分は取り消されるべきと判示したものである。

　これに対して、家永教科書裁判のうち、検定不合格処分にかかる損害賠償請求訴訟の一審判決（いわゆる「高津判決」）においては、教科書検定では国民がすでに一般市販図書として出版・発行している図書を教科書として検定申請することも現行法制上可能であるし、また、検定申請図書が検定不合格となった場合でも、当該図書が「教科書」として出版・使用することが許されないだけであって、これを「一般図書」として出版・発行することは全く自由であることから、「教科書検定は思想審査を本来の目的とするものでもなく、また、あらかじめ審査する制度でもないから、思想審査を主眼とし、出版物などの事前抑制を本質とする憲法21条第2項にいういわゆる検閲にはあたらないものというべき」（東京地裁判決　昭和49・7・16）と判示した。

さらに、本件に関する最高裁判決では、教科書検定による審査は、単なる誤記、誤植等の形式的なものにとどまらず、記述の実質的な内容、すなわち、教育内容に及ぶとしつつ、「普通教育の場においては、児童、生徒の側にはいまだ授業の内容を批判する十分な能力は備わっていないこと、学校、教師を選択する余地も乏しく教育の機会均等を図る必要があることなどから、教育内容が正確かつ中立・公正で、地域、学校のいかんにかかわらず全国的に一定の水準であることが要請されるのであって、……また、このような児童生徒に対する教育の内容がその心身の発達段階に応じたものでなければならないことも明らかである。そして、本件検定が、右の各要請を実現するために行われるものであることは、その内容から明らかであり、その審査基準……も、右目的のための必要かつ合理的な範囲を超えているものとはいえ」ないと示した（最高裁判決　平成5・3・16）。

　その上で、最高裁判決では、ⓐ検定では、一般図書としての発行を何ら妨げるものではなく、発表禁止目的や発表前の審査などの特質がないから、憲法第21条2項にいう「検閲」には該当しないこと、また、ⓑ「表現の自由」といえども無制限に保障されるものではなく、公共の福祉による合理的で必要やむをえない限度の制限を受けることがあり、その制限が容認されるかどうかは、制限が必要とされる程度と制限される自由の内容及び性質、これに加えられる具体的制限の態様及び程度等を較量して決せられるべきであり、本件検定についてみると、普通教育の場においては教育の中立・公正、一定水準の確保等の要請があり、これを実現するためには、これらの観点に照らして不適切と認められる図書の教科書としての発行・使用等を禁止する必要があること、その制限も右の観点からして不適切と認められる内容を含む図書のみを教科書という特殊な形態において発行を禁ずるものにすぎないことなどを考慮すると、検定による表現の自由の制限は合理的で必要やむをえないものというべきであること、ⓒ本件検定の審査は、申請図書について、内容が学問的に正確であるか、中立・公正であるか、教科の目標等を達成する上

で適切であるかどうか、児童生徒の心身の発達段階に適応しているか、などのさまざまな観点から多角的に行われるもので、<u>学術的・教育的な専門技術的判断であるから、事柄の性質上文部大臣の合理的な裁量にゆだねられるものというべき</u>であり、本件検定処分には文部大臣の裁量権の範囲の逸脱の違法があったとはいえないことから、教科書検定制度が憲法第21条第2項にいう「検閲」には当たらないし、また、検定制度に基づく不合格処分にも違法性がないとした。

　以上のことから明らかなように、教科書検定制度は、学校において使用される教科書が、児童生徒の発達段階に応じた理解能力に合わせた教科の系統的、組織的学習に適するように組織排列され、一定水準の内容がきちんと担保されているかどうかを、あくまでも「教育的観点」から審査し、専門技術的に判断するものであり、申請図書の思想内容等を網羅的に審査し、規制することを目的とするものではなく、「教科書」としての特性上、中立・公正保持の観点から審査するものであることからして、教科書検定制度は、憲法第21条第2項に規定する「検閲」に該当せず、憲法上も許容されているというべきである。

②「表現の自由」と学校の内部規律

　憲法第11条は、「国民は、すべての基本的人権の享有を妨げられない。この憲法が保障する基本的人権は、侵すことのできない永久の権利として、現在及び将来の国民に与へられる」と規定し、憲法が保障する基本的人権は、すべての国民が享有するものであることを明らかにしており、この基本的人権の保障は、成人のみならず、人権の享有主体として子どもにも基本的に及ぶものである。

　したがって、民主主義社会の維持・発展にとって不可欠な基礎をなすともいえる「表現の自由」についても、基本的人権における最重要な権利の1つとして、子どもも含めすべての国民に保障されているものであり、この権利は最大限尊重されるべきものである。

　しかしながら、子どもの人権の保障は、当然のことながら、それぞれの基本的人権の性質に応じて、取扱いが異なる側面を有しており、参政

権（憲法第15条第3項）などのように成人と同等の権利保障を受けることができない権利があることはもとより、子どもたちの心身の未成熟等がゆえに、子どもたちの保護の観点から権利への一定の制約がなされる場合や、あるいは、子どもたちが在学する場合には、子どもの在学関係からもたらされる内部規律とのかかわりで一定の制約が課されることがありえるといえよう。

「思想・良心の自由」（憲法第19条）は、個人の「内心の自由」であり、個人の内心にとどまる限りは、絶対的にその自由が保障され、それへの制約は許されないが、一方、「表現の自由」は、個人の思想や知識等を外部に向けて発表する行為であることから他の個人等に対し影響を与え、表現の内容や方法等によっては、他人の人権を侵害したり、他の社会的法益と衝突したりすることがありうる。このため、「表現の自由」といえども、あらゆる場合に無制限に保障されなければならないものではなく、「公共の福祉」による必要かつ合理的な制限を受けることがあることはやむをえない。

表現の自由は、民主主義社会における重要な基本的人権の1つとして特に尊重されなければならないことから、この自由を制限する場合には、精神的自由権が経済的自由権に対して占める「優越的地位」にかんがみ、規制立法が合憲か違憲かを判定するための厳格な審査基準が重要とされる。

その審査基準としては、ⓐ「明白かつ現在の危険」の基準…個人の表現行為や活動によって社会的害悪の明白かつ差し迫った危険が存在する場合、表現の自由を制約しうるとするもの、ⓑ「より制限的でない他の選びうる手段」の基準…同じ目的を達成するのに、よりゆるやかな他にとりうる規制手段があるのに、より厳しい手段を採用している場合には、必要最小限の範囲を超える制約を課すものとして違憲とするもの、ⓒ明確性の原則…精神的自由を規制する立法は明確でなければならないとするもので、自由の制約の対象や範囲があいまいで不明確な立法では、公権力による濫用の危険性があり、国民から見ても、どのような行

為類型が禁止されているか不明確なため、表現の自由の行使に「萎縮効果」を生むので、このような立法は違憲とするもの、が挙げられる。

　なお、最高裁は、表現の自由に対する制限が必要かつ合理的なものとして是認されるかどうかは、「制限が必要とされる程度と、制限される自由の内容及び性質、これに加えられる具体的制限の態様及び程度等を較量して決せられるべきものである」（最高裁判決　昭和58・6・22）と判示しており、事案に即して、制限を受けずに表現行為がなされた場合の利益と、制限して得られる利益を「比較衡量」して当該制限が合憲かどうかを判断しようとする「比較衡量論」も重要な審査の考え方といえる。

　子どもたちの基本的人権、とりわけ「表現の自由」の保障に関連しては、これまで、例えば、丸刈りなどの髪型への規制、制服着用など服装への規制、バイク運転の禁止など生徒指導ないし生活指導にかかわって問題となる事例や高校生・大学生などの政治的活動など子どもたちの「市民的自由」への規制の問題などが争訟となり、学校教育における子どもたちの「精神的自由権」の取り扱いは、教育上の1つの課題となっている。

　学校は、子どもたちの心身の発達段階に応じて適切な教育を施す場であり、この教育の目的の実現のため、学校の校長は、児童生徒等を規律する「校則」を定める包括的権能を有するものとされている。この「校則」は、それぞれの学校の内規として定められるものであり、法律上特段の根拠等があるものではない。しかしながら、校則は、学校が集団生活の場であること等から、児童生徒等の日常生活についての一定の決まりを定め、これを遵守させることを通じて、児童生徒等が健全な学校生活を営み、よりよく成長・発達していくことができるということにその意義があり、他方、このような校則による児童生徒等への具体的制約に伴いこれに違反する者に対しては、場合によっては懲戒処分など児童生徒等の身分上の措置を行うといった機能をも有している。

　この「校則」の法的性格については、国公立学校のそれは、従来、ⓐ

学校という営造物の利用関係を規律する営造物管理規則であり、校長は、行政権に伴う当然の権能により、特段の法令上の根拠に基づくことなくこれを制定することができ、その内容についても裁量権を有するものであるとするもの、ⓑ公立学校における児童生徒等の在学関係も、私立学校の場合と同様に契約関係であるとして、校則は、この在学契約関係に根拠を有するものであるとするもの、などの見解が見られる。この問題に対して、最高裁は、国立大学の学生にかかる単位不認定等違法確認請求訴訟において、「大学は、国公立であると私立であるとを問わず、学生の教育と学術の研究を目的とする教育研究施設であって、その設置目的を達成するために必要な諸事項については、法令に格別の規定がない場合でも、学則等によりこれを規定し、実施することのできる自律的、包括的権能を有し、一般市民社会とは異なる特殊な部分社会を形成している」（最高裁判決　昭和52・3・15）と判示している。「校則」は、学校という特殊な部分社会における「自律的法規範」であり、校長は、社会観念上合理的と認められる範囲内において、校則を定めて児童生徒等を規律する包括的な権能を有するものであり、児童生徒等の権利等を具体的に侵害する等の一般市民法秩序と直接の関係を有しない限りは、内部規律の問題として、学校における自主的、自律的な判断にゆだねられるものであり、司法審査の対象から除かれるべきものと結論付けている。

　校則違反を理由として懲戒処分等が行われる場合、児童生徒等の基本的人権とのかかわりが問題とされ、争訟となる事例が生じる。

　第一に、学生・生徒にかかる政治的活動に対する校則による規制及び校則に違反した場合の懲戒処分を取り上げる。

　この事例で代表的なものとして、某私立大学において、学生が政治的目的の署名運動に参加し、または政治的活動を目的とする学外団体に加入するのを放任しておくことは好ましくないとする大学の教育方針に沿って制定された学則等に基づき、このような学生の行動につき届出制あるいは許可制による規制を加え、これに違反した学生に対し説諭等を

行っても反省の実があがらなかったとして、「学校の秩序を乱しその他学生としての本分に反したもの」に該当するとして退学処分とした事案で、これを不服として最高裁まで争われた事例が挙げられる（**参考6**）。

本件訴訟では、学生の政治的活動に対する学則等による規制、あるいは、当該規制に従わなかった場合の学生への懲戒処分という教育上の措置が、憲法第19条「思想良心の自由」、第21条「表現の自由」、第23条「学問の自由」等に違反するかどうかが問題となった。最高裁判決では、まず、大学の「学則」は、法律に格別の規定がない場合でも、<u>設置目的を達成するために必要な事項を学則等により一方的に制定し、これによって在学する学生を規律する包括的権能を有するとしつつ、この包括的権能は無制限なものではなく、在学関係設定の目的と関連し、かつ、その内容が社会通念に照らして合理的と認められる範囲においてのみ是認される</u>ものと示した。その上で、「大学の学生は、その年令等からみて、一個の社会人として行動しうる面を有する者であり、政治的活動の自由はこのような社会人としての学生についても重要視されるべき法益である……しかし、他方、学生の政治的活動を学の内外を問わず全く自由に放任するときは、あるいは学生が学業を疎かにし、あるいは学内における教育及び研究の環境を乱し、本人及び他の学生に対する教育目的の達成や研究の遂行をそこなう等大学の設置目的の実現を妨げるおそれがあるのであるから、大学当局がこれらの政治的活動に対してなんらかの規制を加えること自体は十分にその合理性を首肯しうる……<u>大学がその教育方針に照らし学生の政治的活動はできるだけ制限するのが教育上適当であるとの見地から、学内及び学外における学生の政治的活動につきかなり広範な規律を及ぼすこととしても、これをもって直ちに社会通念上学生の自由に対する不合理な制限であるということはできない</u>」と結論付けた（昭和女子大学事件に関する最高裁判決　昭和49・7・19）。

また、東京都の区立中学校の生徒が、在学中政治活動を行ったことにより、高等学校への進学にあたって、「内申書」（学校教育法施行規則第78条にいう「調査書」）に不利益となる記載がなされたことについて、

当該生徒の思想・信条に関する内申書記載は教師の教育評価権の濫用による進学妨害であるほか、当該生徒を分離して卒業式を挙行したこと等は、憲法第26条の「学習権」の侵害であると主張し、損害賠償を請求した事案について、最高裁まで争われた事例がある。

一審判決では、生徒の言論・表現の自由は、教育の目的にかんがみ、最大限尊重されるべきであり、当該生徒の政治的活動の行為は、中学生としての真摯な政治的思想・信条に基づく「言論・表現の自由」にかかる行為であって、中学校側の教育の場としての使命を保持するための利益を侵害したとはいえないことから、本件調査書の評定は教育評価権の裁量の範囲を逸脱した違法なものと示した（麹町中学校内申書事件に関する東京地裁判決　昭和54・3・28）。

これに対して、二審判決では、本件調査書における評価は、本来相対的な価値判断であって、中学校長の自由裁量にゆだねられており、判断の前提となった事実の認識に誤りがあったり、前提となった事実関係から導き出された判断結果が一見明白に不合理なものであったり、あるいは、内心的判断と外部に表現された判断結果に齟齬があるなど特段の事情のない限り、校長の裁量権の行使が違法とされる理由はないと示された。その上で、判決は、調査書の記載が、当該生徒の思想信条そのものを問題とし、これにマイナスの評価を加えたものでなく、生徒の特定の思想信条が単に思想信条にとどまる限り、これを理由として教育上の差別取扱いをなしえないことはもちろんであるが、一定の思想信条から発したものであるとしても、生徒会規則に反し、校内の秩序に害のあるような行動にまで及んできた場合において、中学校長が高校に対し、学校の指導を要するものとして、その事実を知らしめ、入学選抜判定の資料とさせることは、思想信条の自由の侵害でもなければ思想信条による教育上の差別でもないと断じた（東京高裁判決　昭和57・5・19）。

さらに、最高裁判決では、「表現の自由といえども公共の福祉によって制約を受けるものであるが、（当該生徒の）行為は、……いずれも中学校における学習とは全く関係のないものというのであり、かかるビラ

等の文書の配布及び落書きを自由とすることは、中学校における教育環境に悪影響を及ぼし、学習効果の減殺等学習効果をあげる上において放置できない弊害を発生させる相当の蓋然性があるものということができるのであるから、かかる弊害を未然に防止するため、右のような行為をしないよう指導説得することはもちろん、前記生徒会規則において生徒の校内における文書の配布を学校当局の許可にかからしめ、その許可のない文書の配布を禁止することは、必要かつ合理的な範囲の制約であって、憲法21条に違反するものでないことは………明らかである」とし、当該生徒の性格、行動を把握しうる客観的事実として調査書に記載したとしても、当該生徒の表現の自由を侵し、または違法に制約するものではないと示した（最高裁判決　昭和63・7・15）。

　以上、生徒・学生等についても、基本的には、他の成人等と同様、表現の自由をはじめとする基本的人権を享有する主体たりうるが、学校が教育の場としての使命を保持するための利益を侵害するような場合には、学校という社会の「自律的法規範」である校則に基づき、在学関係設定の目的に照らし、社会通念上合理的な範囲において、生徒・学生等に対して必要かつ合理的な規制を加えることは、憲法上許容されているものということができる。

　次に、子どもたちの人権とのかかわりで、生徒等の髪型、服装、バイク運転等にかかわる校則の規制あるいは校則違反による懲戒処分などの措置についてみる。

　髪型、服装の自由は、憲法第21条の「表現の自由」にかかわるものととらえる考え方もあるが、これらの自由は、本来、憲法第13条後段の「幸福追求権」の 1 つとしての「自己決定権」として理解され、保障される基本的人権といえよう。ただし、学校においては、教育の場としての内部規律や秩序を維持し、学校教育の目的を達成するため、必要かつ合理的な範囲において、規制を加えることができ、具体的に生徒等の服装や髪型等にいかなる程度、方法の規制を加えることが適切であるかは、それが、教育上の措置に関するものであるだけに、必ずしも画一的

に決することはできず、実際に教育を担当する者、最終的には学校長の専門的、技術的な判断にゆだねられるべきものであるといえる。

中学校の校則に定める丸刈りなどの髪型への規制について争われた事例においては、「本件校則は、個人の感性、美的感覚あるいは思想の表現である髪形の自由を侵害するものであるから憲法21条に違反する」として裁判に訴えたものであるが、判決では、「髪形が思想等の表現であるとは、特殊な場合を除き、見ることはできず、特に中学生において髪形が思想等の表現であると見られる場合は極めて希有であるから、本件校則は、憲法21条に違反しない」としつつ、「本件校則の定めるいわゆる丸刈りは、……時代の趨勢に従い特に都市部では徐々に姿を消しつつあるとはいえ、今なお男子児童生徒の髪形の一つとして社会的に承認され、特に郡部においては広く行われているもので、必ずしも特異な髪形とはいえないことは公知の事実であり、……校則違反者である（生徒）に対しても処分はもとより直接の指導すら行われていないことが認められ……丸刈りの社会的許容性や本件校則の運用に照らすと、丸刈りを定めた本件校則の内容が著しく不合理であると断定することはできない」と判示した（熊本地裁判決　昭和60・11・13）。

要するに、丸刈りを定めた本件校則はその教育上の効果については多分に疑問の余地があるというべきであるが、その内容が著しく不合理であるとまでは断じることはできないから、本件校則自体は違法とはいえないとするものである。

次に、学校が定めた「生徒心得」などの内規に基づく制服の着用等の規制について争われた事例においては、「生徒心得における制服についての定めの内容は、中学校に在学すべき生徒に対する教育上の配慮に沿うものとして、社会通念に照らし合理的であるというべく、教育的見地からする学校長の裁量を超えるものではないし、あるいはまたその裁量の範囲を逸脱する類のものでもない」と判示している（東京高裁判決　平成元・7・19）。教育目的の達成の場である学校において、教育的配慮の観点からする教育指導上の指針として定める生徒の行動基準として

の生徒心得等を定めてこれを明らかにすることは、社会通念に照らして著しく不合理であるなど不適当・不適正なものでない限り、違法とはいえない。

　さらに、高等学校において、バイクについて免許を取らない、乗らない、買わない（いわゆる「三ない原則」）を定めた校則に違反したことを理由とする生徒への懲戒処分について争われた事例においては、「高等学校の生徒は、一般国民としての人権享受の主体である点では、高校生でない16歳以上の同年輩の国民と同じであり……高校生の原付免許取得の自由を全面的に承認すべきである」としつつも、「生徒に対する懲戒処分の一環として、生徒の原付免許取得の自由が制限禁止されても、その自由の制約と学校の設置目的との間に、合理的な関連性があると認められる限り、この制約は憲法13条に違反するものでないと解すべき」と判示されている（高松高裁判決　平成2・2・19）。

　要するに、高校生のバイク運転等を規制する校則の定めは、仮に生徒の権利自由を束縛することとなったとしても、当該校則の定めが学校の設置目的との間に合理的な関連性があり、また、校則が校長の教育的・専門的見地からの裁量の範囲を逸脱した不合理なものでない限り、違法ではないといえよう。

（参考6）私人間における基本的人権の保障について

　基本的人権は、一般的には、もっぱら国家権力による侵害に対して個人の自由と権利を擁護するものととらえられるが、一般の私的自治における個人間における人権侵害、特に社会的権力による人権侵害のそれについてどのように考えるかは大きな問題である。そのことは、教育においても、国立・公立学校と私立学校における学校と学生生徒等との関係において基本的人権の保障の取扱いは異なるものであるのかという問題でもある。

　憲法の基本的人権の保障は、原則として私人間にも及ぶものか、また、及ぶとしたらどのような仕方でなされるべきかについては、①憲法の人権保障は私人間には及ばないとする「無効説」、②憲法の人権保障は私人間にも直接適用されるとする「直接適用説」、③人権保障の精神は民法第1条、第90条などの私法の一般条項の適切な運用によって私人間にも及ぼされるとする「間接効力説」の諸説がある。

　これらに対して、最高裁は、昭和48年12月12日の三菱樹脂事件最高裁判決にお

いて、「憲法の右各規定（憲法第14条、第19条の規定のこと）は、……その他の自由権的基本権の保障規定と同じく、国または公共団体の統治行動に対して個人の基本的な自由と平等を保障する目的に出たもので、もっぱら国または公共団体と個人との関係を規律するものであり、私人相互の関係を直接規律するものではない。……もっとも、私人間の関係においても、相互の社会的力関係の相違から、一方が他方に優越し、事実上後者が前者の意思に服従せざるを得ない場合があり、このような場合に私的自治の名の下に優位者の支配力を無制限に認めるときは、劣位者の自由や平等を著しく侵害または制限することとなるおそれがあることは否み難いが、そのためにこのような場合に限り憲法の基本的人権保障規定の適用ないしは類推適用を認めるべきであるとする見解もまた採用することはできない。……私的支配関係においては、個人の基本的な自由や平等に対する具体的な侵害またはそのおそれがあり、その態様、程度が社会的に許容しうる限度を超えるときは、これに対する立法措置によってその是正を図ることが可能であるし、また、場合によっては、私的自治に対する一般的制限規定である民法１条、90条や不正行為に関する諸規定等の適切な運用によって、一面で私的自治の原則を尊重しながら、他面で社会的許容性の限度を超える侵害に対し基本的な自由や平等の利益を保護し、その間の適切な調整を図る方途も存するのである」と示しており、「間接効力説」に理解を示していると受け止めることもできる。

なお、私立大学と学生との関係にかかわってリーディング・ケースとなる昭和女子大事件最高裁判決では、「いわゆる自由権的基本権の保障規定は、国又は公共団体の統治行動に対して個人の基本的な自由と平等を保障することを目的とした規定であって、専ら国又は公共団体と個人との関係を規律するものであり、私人相互間の関係について当然に適用ないし類推適用されるものでない」とし、大学の学則の細則の性格をもつ「生活要録」の規定について直接憲法の基本権保障規定に違反するかどうかを論ずる余地はないと断じている。

③「表現の自由」と教員の職務とのかかわり

教員の職務は、人間の心身の発達にかかわっており、その活動は、子どもたちとの人格的ふれあいを通じて、子どもたちの社会的自立と人格形成に大きな影響を与える性格のものである。それゆえ、教員の活動によっていとなまれる教育は、きわめて高い公共性を有しており、旧教育基本法第６条においても、「法律に定める学校の教員は、全体の奉仕者」であると規定していたところである（改正教育基本法においては同規定は削除）。

したがって、国公立の学校であれ私立の学校であれ、教員の職務につ

いては、教育といういとなみの特性にかんがみ、特に公正・中立性が要請され、このような観点から、ⓐ教育基本法第14条に規定する「学校における政治教育その他政治的活動の禁止」、ⓑ義務教育諸学校における教育の政治的中立の確保に関する臨時措置法第3条に規定する「特定の政党を支持させる等の教育の教唆及び扇動の禁止」、ⓒ公職選挙法第137条に規定する「教育者の地位利用の選挙運動の禁止」の措置が講じられている。

　さらに、公立学校に勤務する「教育公務員」たる教員については、憲法第15条が規定するように、「すべて公務員は、全体の奉仕者であつて、一部の奉仕者ではない」ことから、公務員法において、その職務の公正・中立性の確保のため、政治的行為が制限されているほか（地方公務員法第36条）、一般の公務員とは異なり、公立学校教員独自の制限として、その政治的行為の制限は、当分の間、国家公務員の例によることとされ、より厳しい制約が課されている（教育公務員特例法第18条。この規定により、公立学校教員の政治的行為の制限は、一般の地方公務員よりも広範囲で、かつ活動の制限される地域の限定がなく、全国にわたる制限となっている。ただし、国家公務員法に定める罰則の規定は適用されない）。

　このような教員の政治的行為の制限については、憲法に定める「表現の自由」等との関係が問題となる。すなわち、憲法第21条では、「集会、結社及び言論、出版その他一切の表現の自由は、これを保障する」と規定し、この表現の自由の保障の対象には、当然、国民の政治的な意見表明の自由に対する保障も含まれており、このような基本的人権の享有主体たる国民が、公務員の故をもって、その自由が制限されるのかということが論争となる。

　この論争については、昭和49年11月26日の全逓猿払事件に関する最高裁判決で決着をみたが、この判決では、「行政の中立的運営が確保され、これに対する国民の信頼が維持されることは、憲法の要請にかなうものであり、公務員の政治的中立性が維持されることは、国民全体の重要な

利益にほかならないというべきである。したがって、公務員の政治的中立を損なうおそれのある公務員の政治的行為を禁止することは、それが合理的で必要やむをえない限度にとどまるものである限り、憲法の許容するところであるといわなければならない」と示した。

　公務員関係法令は、公務員のすべての政治的行為を制限・禁止しているのではなく、公務員としての地位からして必要な限度においてのみ制限を行っているのであり、憲法の保障する精神的自由権に抵触するような制約とはいえないであろう。

　なお、教員の「思想・良心の自由」、「表現の自由」とのかかわりで、近年、学校の入学式や卒業式などにおける国旗掲揚・国歌斉唱をめぐり、問題となる事例が生じており、その代表的なものとして、東京都下の市立小学校の入学式における国歌斉唱に際してのピアノ伴奏の職務命令を拒否した音楽科教員への戒告処分の適否が争われた事例が挙げられる。

　憲法第19条は、「思想及び良心の自由は、これを侵してはならない」と規定し、この規定は、思想・良心の自由を保障し、信教の自由（第20条）、表現の自由（第21条）、学問の自由（第23条）を保障する諸規定と相まって、精神の自由を保障しようとするものである。思想・良心の自由を「侵してはならない」とは、ⓐ人がどのような思想や良心を内心にもとうとも自由（「内心の自由」）であり、国家は特定の「思想」を強制したり、禁止したりすることは許されないし、また、ⓑ「思想」を理由とする不利益取扱いを禁止するとともに、ⓒ自己の思想・良心について沈黙を守る自由（「沈黙の自由」）を含むものであって、思想及び良心の発表（それ自体、「表現の自由」である）を強制することも許されないものと解されている。

　まず、本件事例において戒告処分を受けた教員は、「公務員であっても思想良心の自由が保障されていることには変わりなく、教育が児童に自らの頭で考え、解決する力を養うことを主要な要請の一つとしていることからすれば、教育をつかさどる教育公務員の思想良心の自由は一般

の公務員の思想良心の自由よりも一層保障されるべきである。したがって、その制約に関する違憲審査基準は、制約が重要な利益を追求した結果であること、選択した制約手段が必要不可欠であることという、思想良心の自由の重要性に応じた厳格な合理性の基準によるべきである」とした上で、校長の職務命令で本人の意に反して国歌の伴奏を強要することは憲法第19条に違反すると主張した。

　これに対して、判決では、「もとより公務員であっても思想良心の自由はあるから、原告（処分を受けた教員のこと）が内心においてそのような思想良心を抱くことは自由であり、その自由は尊重されなければならない」としつつ、「原告のような地方公務員は、全体の奉仕者であって（憲法第15条2項）、公共の利益のために勤務し、かつ、職務の遂行に当たっては、全力を挙げて専念する義務があるのであり（地方公務員法第30条）、思想良心の自由も、公共の福祉の見地から、公務員の職務の公共性に由来する内在的制約を受けるものと解するのが相当」と示した（東京地裁判決　平成15・12・3）。

　このように、教員の思想良心の自由は十分尊重されなければならないが、公立学校の教員は、公務員として全体の奉仕者であって、公共の利益のために勤務すべきものであり、職務の遂行に当たっては、法令等の定める規程に従い、かつ、上司の職務上の命令に忠実に従わなければならない（地方公務員法第32条）ものとされており、教員の思想・良心の自由も公共の福祉の見地から、公務員の職務の公共性に由来する内在的制約に服するものである。また、本件のように、校長の発した職務命令は、そもそも校長に一定の裁量権があり、命令自体は目的・手段とも合理的な範囲内のものであることから、仮に教員の思想・良心の自由を制約するものであっても、これを受忍すべきものであり、憲法第19条に違反するとはいえないといえよう（参考7）。

（参考7）君が代ピアノ伴奏職務命令拒否処分事件最高裁判決
　　本件の君が代ピアノ伴奏職務命令拒否戒告処分事件については、最高裁まで争われ、平成19年2月27日、本件上告審判決がなされた。

この判決では、「上告人に対して本件入学式の国歌斉唱の際にピアノ伴奏を求めることを内容とする本件職務命令が、直ちに上告人の有する……歴史観ないし世界観それ自体を否定するものと認めることはできない」としつつ、「客観的に見て、入学式の国歌斉唱の際に「君が代」のピアノ伴奏をするという行為自体は、音楽専科の教諭等にとって通常想定され期待されるものであって、上記伴奏を行う教諭等が特定の思想を有するということを外部に表明する行為であると評価することは困難」と指摘した上で、「本件職務命令は、……上告人に対して、特定の思想を持つことを強制したり、あるいはこれを禁止したりするものではなく、特定の思想の有無について告白することを強要するものでもなく、児童に対して一方的な思想や理念を教え込むことを強制するものとみることもできない」との見解を示した。その上で、判決は、憲法第15条にいう公務員は「全体の奉仕者」であること、また、教員の地位の特殊性及び職務の公共性にかんがみ、地方公務員法上、地方公務員たる公立学校教員は「全体の奉仕者」として公共の利益のために勤務し、かつ、職務の遂行に当たっては法令等に従うとともに、上司の職務上の命令に忠実に従わなければならないのであって、本件職務命令が「その目的及び内容において不合理であるということはできないというべき」ことから、本件職務命令は、上告人の思想及び良心の自由を侵すものとして憲法19条に反するとはいえないと解するのが相当であると示した。

5　憲法第28条「労働基本権の保障」──教育公務員の争議権の禁止とのかかわり──

> 第28条　勤労者の団結する権利及び団体交渉その他の団体行動をする権利は、これを保障する。

【本条の趣旨】

　本条は、勤労者に対して団結権、団体交渉権（団体協約締結権を含む）及び争議権の三権（いわゆる労働三権）を保障するものである。勤労者の団結は、団体交渉を通じて勤労条件の維持改善を図ることを目的としており、団体交渉は、争議権を裏付けとすることによってその実効性を担保しうるものであって、勤労者の団結権、団体交渉権、争議権は、一体となって、勤労者に保障されるべき性格のものである。

　本条に規定する、いわゆる「労働基本権」は、社会的基本権の１つで

ある。この労働基本権は、憲法第25条に定める「生存権」の保障を基本理念とし、勤労者に対して人間に値する生存を保障すべきものとする見地に立ち、従属的労働関係の下、使用者よりも経済上劣位に立つ勤労者を使用者との関係において実質的に対等の立場に置こうとする手段として保障されるものであり、その意味で、本来の自由権のごとく絶対的なものではなく、本質的に手段的なものである。

【本条と「教育公務員の争議権」とのかかわり】

　憲法第28条に保障する労働基本権は、単に私企業の勤労者だけに保障されるのではなく、国・地方公共団体の公務員も、憲法第28条にいう「勤労者」にほかならない以上、原則的には、その保障が及ぶものと解される。

　しかしながら、このように憲法によって保障されている勤労者の労働基本権は、民間企業の労働者について制限されることはないが、公共の利益のために勤務している公務員に関しては、その職務の公共性に対応する何らかの制約を当然の内在的制約として内包しているものとされ、実定法においても、具体に公務員の労働基本権の制限が課されている。

　すなわち、国家公務員法第98条第2項前段では、「職員は、政府が代表する使用者としての公衆に対して同盟罷業、怠業その他の争議行為をなし、又は政府の活動能率を低下させる怠業的行為をしてはならない」と規定しており、同様に、地方公務員法第37条第1項前段においても、「職員は、地方公共団体の機関が代表する使用者としての住民に対して同盟罷業、怠業その他の争議行為をし、又は地方公共団体の機関の活動能率を低下させる怠業的行為をしてはならない」と規定し、公務員の争議行為を禁止しており、また、国家公務員法、地方公務員法いずれにおいても、「何人も、このような違法な行為を企て、又はその遂行を共謀し、そそのかし、若しくはあおってはならない」（国公法第98条第2項後段、地公法第37条第1項後段）と規定し、この規定の違反者に対しては刑罰をもって臨むものとしている。

　このような公務員に対する労働基本権の制約について、憲法で保障さ

れている勤労者の労働基本権を法律によって制限することが憲法上許容されるものであるかどうかについて、従来幾度も問題とされたが、国家公務員については昭和48年4月25日の最高裁判決（全農林警職法事件）において、また、地方公務員については昭和51年5月21日の最高裁判決（岩教組事件）において、国家公務員、地方公務員いずれの争議行為についても、その制限は合憲であると判断する基本的見解が示され、結着をみた。

すなわち、全農林警職法事件に関する最高裁判決では、「公務員は私企業の労働者とは異なり、使用者との合意によって賃金その他の労働条件が決定される立場にないとはいえ、勤労者として、自己の労務を提供することにより生活の資を得ているものである点において一般の勤労者と異なるところはないから、憲法第28条の労働基本権の保障は公務員に対しても及ぶもの」としつつ、この労働基本権は勤労者の経済的地位向上のための手段として認められたものであって、それ自体が目的とされる絶対的なものではないから、おのずから勤労者を含めた国民全体の共同利益の見地からする制約を免れないものであると判示している。その制約の理由としては、ⓐ公務員は、私企業の労働者と異なり、国民の信託に基づいて国政を担当する政府により任命されるものであるが、実質的にはその使用者は国民全体であり、その労務提供義務は国民全体に対して負うものであること、また、ⓑ公務員は、公共の利益のために勤務する者であり、公務の円滑な運営のためには、その担当する職務内容の別なく、それぞれの職場においてその職責を果たすことが必要不可欠であって、公務員が争議行為に及ぶことは、その地位の特殊性及び職務の公共性と相容れないばかりでなく、多かれ少なかれ公務の停廃をもたらし、その停廃は勤労者を含めた国民全体の共同利益に重大な影響を及ぼすか、またはそのおそれがあることが挙げられている。

さらに、ⓒ公務員の勤務条件の決定面においても、その給与の財源は主として税収によって賄われ、その勤務条件はすべて政治的、財政的、社会的その他諸般の合理的な配慮により適当に決定されなければなら

ず、しかもその決定は、国民の代表者により構成される国会の制定した法律、予算によってなされること（いわゆる「**勤務条件法定主義**」）となっており、公務員の争議行為は、民主的に行われるべき公務員の勤務条件決定の手続き過程を歪曲するおそれがあり、議会制民主主義に背馳し、国会の議決権を侵すおそれすらあること、⑩しかしながら、公務員の労働基本権の保障と国民全体の共同利益の擁護との間の均衡が保たれることは憲法の趣旨であることから、<u>労働基本権の制限に当たっては、これに代わる相応の代償措置が講じられる必要があり</u>、このため、公務員の身分、任免、服務、給与等勤務条件についてその利益を保証するような法律等の定めがされていることや、さらには、公務員による公正かつ妥当な勤務条件の享受を保障する手段としての人事院を設ける等、**労働基本権の制約に見合う周到な代償措置の制度等**を設け、公務員はこのような生存権擁護のための措置による保障を受けていることなどを、労働基本権制約の合理的な理由として判示している。

　要するに、この判決では、公務員の地位の特殊性とその職務の公共性にかんがみ、労働基本権制約に代わる相応の代償措置が講じられていることから、国民全体の共同利益の見地からする労働基本権の制約として公務員の争議行為を一律禁止したとしても、必要やむをえない限度の制約というべきであって、憲法第28条に違反するものではないとするものである（昭和51年5月21日の岩教組事件最高裁判決も、地方公務員について同様の判旨であり、全農林最高裁判決の考え方を踏襲している）。

　地方公務員である公立学校の教員についても、公立学校における授業放棄という形でなされる争議行為が教員の地位の特殊性と職務の公共性と相容れないことはいうまでもなく、したがって、地方公務員法第37条に規定する争議行為の禁止は、憲法第28条に何ら違反するものではなく、公務員としての公立学校教員の労働基本権については、他の一般の公務員と同様、地方住民全体ないしは国民全体の共同利益のために、これと調和するように制限されることはやむをえないところといえよう。

　なお、地方公務員たる公立学校の教員の争議行為は、地方公務員法第

37条に違反するものであることから、それを行った者は、刑事上、行政上の責任を免れえない。

　このうち、刑事上の責任については、争議行為を企てたり、あおったりした場合には、これらの行為が争議行為の原動力をなすものであり、より強い反社会性が認められることから、その者は刑事上の責任を問われるが（地方公務員法第61条4号）、争議行為に単純に参加した者は、他の刑罰条項に該当する行為をしない限り、単に参加したという理由だけで刑事責任を問われることはない。

　このように、地方公務員法では、第37条に規定する禁止される争議行為を企てる等の特に反社会性の強い行為を行った者だけを処罰しようとする取扱いとなっており、必要最小限の刑事制裁であるといえる。

　また、禁止される争議行為に参加した者の行政上の責任については、地方公務員法第37条第2項において、「職員で前項の規定（争議行為の禁止規定）に違反する行為をしたものは、その行為の開始とともに、地方公共団体に対し、法令又は条例、地方公共団体の規則若しくは地方公共団体の機関の定める規程に基いて保有する任命上又は雇用上の権利をもつて対抗することができなくなるものとする」と規定し、この規定は、争議行為の開始以降は、これを理由として勤務関係において不利益な取扱いを受けても、職員の側からは任命上または雇用上の権利を主張できないという意味に解されており、争議行為を行った職員に対する懲戒処分の措置等により行政上の責任を問うことは、法令の定める手続きに則り、行われることとなる。

6　憲法第89条「公の財産の支出・利用の制限」──「公の支配」に属しない教育への公金支出等の禁止──

第89条　公金その他の公の財産は、宗教上の組織若しくは団体の使用、便益若しくは維持のため、又は公の支配に属しない慈善、教育若しくは博愛の事業に対し、これを支出し、又はその利用に供

してはならない。

【本条の趣旨】

　本条前段は、憲法第20条の信教の自由及びその制度的保障である「国家と宗教との分離の原則」である「政教分離」を財政制度上保障しようとするものである。

　また、後段は、慈善・教育・博愛の事業については、これらの名目の下に国から不当な財政支援がなされないようにし、国費の濫費を防止するとともに、特に、教育事業について財政援助の形で国家の支配に置かれ、事業の自主性が損なわれることを防ぐ趣旨から、「公の支配」に属しない教育などの事業への公金等の支出を禁止するものである。

【「公の支配」と私立学校への助成】

　教育基本法第6条では、法律に定める学校は「公の性質」をもつと規定した上で、国または地方公共団体のほか、法律に定める法人のみがこれを設置することができることとしており、この法律に定める法人として私立学校法第3条にいう「学校法人」の制度が設けられ、この法人が設置する学校である私立学校が、国公立学校と並び、我が国の「公教育」の一翼を担うことを宣明している。

　私立学校法第1条では、私立学校は、その特性にかんがみ、その「自主性」が尊重されるとともに、「公共性」を不断に高めることが要請されており、このような、私立学校教育の公共性にかんがみ、同法第59条においては、「国又は地方公共団体は、教育の振興上必要があると認める場合には、別に法律で定めるところにより、学校法人に対し、私立学校教育に関し必要な助成をすることができる」旨の規定を置いている。

　ここでいう「別に定める法律」としては、私立学校振興助成法をはじめ私立学校への助成関係法が挙げられるが、私立学校振興助成法では、第4条において、私立大学及び私立高等専門学校の教育研究にかかる経常的経費についての国の補助が、また、第9条において、私立の幼稚園、小学校、中学校、義務教育学校、高等学校、中等教育学校、特別支

援学校、幼保連携型認定こども園における教育にかかる経常的経費について都道府県が補助する場合には、国がその一部を補助することができる旨の明文の規定をおき、法律に基づく私学助成が整備充実され、今日に至っているところである。

このような私立学校への助成は、憲法第89条後段にいう「公の支配」に属しない教育の事業への公金の支出の禁止の規定に反しないかどうかが、私立学校法制定（昭和24年）以来種々論じられてきたところである（**参考8**）。

憲法第89条後段にいう「公の支配に属しない」慈善、教育、博愛の事業に対する公金の支出等の禁止の規定の趣旨については、大別して、2つの説に解釈が分かれる。

1つは、「**自主性確保説**」ともいえるものであり、本条後段の規定の趣旨は、「主として、私的な慈善または教育の事業の自主性に対し、公権力による干渉の危険を除こうとするにある」とし、「公金の使い道や、公の財産の利用方法を厳重にコントロールすることが、国または地方公共団体が国民に対して負う責任であること、しかも他方において、国または地方公共団体がそういう支配権を持つことは、慈善または教育の事業の私的自主性を失わせるものであることにかんがみ、本条は、「公の支配」に属しない慈善または教育の事業に対し、公金その他の公の財産の支出または利用を禁ずることにした」と解するものである（宮澤俊義著　芦部信喜補訂『全訂日本国憲法』）。

この説においては、公の「支配」とは、「その事業の予算を定め、その執行を監督し、さらにその人事に関与するなど、その事業の根本的な方向に重大な影響を及ぼすことのできる権力を有することをいう」とし、公の支配の解釈に関して、厳格な立場を採っている。この説の立場から、慈善・教育等の事業ならびにそれらへの公金の支出等をみると、「国または地方公共団体が、それらの事業を自ら経営すると同じようにしなくてはいけない、というにある。私立学校法および社会福祉事業法が、学校法人および社会福祉法人に対して、どこまで活動の自主性を認

めつつ、これに補助金または貸付金を与えようとしているのは、本条に違反するとみるのほかはない」（『全訂日本国憲法』）とする私学助成等への違憲論が導かれる。

これに対して、2つ目の説は、憲法第89条後段の規定の趣旨は、「公の財産が、慈善、教育、博愛の私的事業に支出され利用に供された場合、完全に私的事業の自由にゆだねられるものとすると、公共の利益に反する運営が行われる可能性がある。そこで、国は、財政的援助をなす限度において、その援助が不当に利用されることのないように監督することを要する。これをいいかえると、かかる監督に服しない私的事業に、公の財産を支出し、利用させてはならない。これは、あわせて国費の濫用を防ぐという意味もあろう」とするものであり、「公費濫用防止説」といえるものである（橋本公亘著『日本国憲法』）。

この説では、「89条前段の趣旨目的と後段のそれとの間には、大きなちがいがある。前段においては、厳密な意味で、国家と宗教との分離が規定されているが、後段の慈善、教育、博愛事業などは、国家との厳密な分離を本質的に必要とするものではない。これらの事業に対する公金等の支出を厳禁する理由を発見することはできない」と第89条前段と後段の趣旨を区別して解釈すべきとしつつ、「教育事業のごときは、国の事業として行われているものについても、政治からの独立を強く要請されることは私立学校と異なるところはないし、私立学校といえども、国家からの干渉を完全に排斥しうるものではない。私立学校振興助成法に定める程度の監督をもって公の支配に属すると認めることが妥当である」とし、私学への助成が現実の立法としてこの説にしたがって行われていることを例示し、前記「厳格説」が「事業の本質と現実の必然性に照らして明らかに無理がある」としている。したがって、この説は、「公の支配」についての「緩和説」の立場をとるものである。

このように、憲法第89条後段の規定をめぐっては、さまざまな解釈が出されているが、現行法制上、私学への助成と公金の支出とのかかわりについては、結論的には次のように解されている。

すなわち、憲法第89条後段の「公の支配」の規定は、私立学校の行う教育の事業については、その人事、会計等につき公の機関の特別の監督関係の下になければ公金の支出等をしてはならないという意味のものであるが、私立学校については、ⓐ学校教育法における私立学校の設置や廃止の認可（第4条）、大学等の設備・授業等の改善勧告・変更命令（第15条）、学校閉鎖命令（第13条）など、ⓑ私立学校法における学校法人の寄付行為の認可（第25条・31条）、収益事業の停止命令（第61条）、解散命令（第62条）など、ⓒ私立学校振興助成法における学校の収容定員是正命令ならびに学校法人の予算変更勧告、役員解職勧告（以上第12条）など、**私立学校振興助成法、私立学校法及び学校教育法に定める所轄庁（監督庁）の監督規定により「公の支配」に属しており、これに対する助成は、憲法第89条に照らし合憲である（参考9）。**

　なお、憲法第89条後段についての「厳格説」の立場からは、「すくなくとも宗教教育その他宗教的活動を行う私立学校……に補助金等を出すことは、本条前段によって違憲とされなくてはなるまい」（『全訂日本国憲法』）との考えが出されているが、これに対しては、第89条前段の規定は、信教の自由を保障し、国及びその機関が宗教的活動を行い、または宗教団体に特権を与えることなどを禁じている憲法第20条の趣旨を財政面から規定したものであり、憲法第89条は、宗教団体を特別に援助することとならないような補助金の支出までを禁止する趣旨のものでないと解される。したがって、宗教系私立学校への助成についても、それが、学校教育法に規定する学校教育を行う機関である性格に着目して、その学校教育を補助の対象として、一般の私立学校と同様の条件の下に助成を行う限り、憲法第89条前段の規定に抵触するものではないと解され、現行制度上、私学助成が実施されている。

　また、憲法第89条後段の「公の支配」に属しない教育の事業にいう「教育」の意義について、昭和32年2月の法制局見解では、「教育の事業とは……教育される者についてその精神的又は肉体的な育成を図るべき目標があり、教育する者が教育される者を教え導いて計画的にその目標

の達成を図る事業でなければ教育の事業ということはできない……社会
教育団体の行う事業が教育の事業に該当するかどうかはそれぞれの事業
について個別に判断するほかない」（法制局一発第八号　昭和32・2・
22）との考え方が打ち出されている。

　我が国の教育において、「社会教育」は、学校教育と並ぶ重要な「教
育領域」であり、社会教育法上、「社会教育」は、第2条において、「学
校教育法……に基づき学校の教育課程として行われる教育活動を除き、
主として青少年及び成人に対して行われる組織的な教育活動（体育及び
レクリエーションの活動を含む）をいう」ものとされ、さらに、第10条
において、「『社会教育関係団体』とは、法人であると否とを問わず、公
の支配に属しない団体で社会教育に関する事業を行うことを主たる目的
とするものをいう」と規定され、このことから、社会教育を事業として
実施する団体は、「公の支配」に属しない団体であり公金の支出ができ
ないことは、明らかである。ただし、上記の「教育」の事業の範囲に該
当しないもの、例えば、社会教育関係団体の研修などの事業に対する公
の援助は適法であり、現行制度上もその範囲において助成が行われてい
る。

（参考8）法務庁調査意見長官回答「憲法89条の解釈について」（昭和24年2月11
日）（抄）

　「憲法89条にいう『公の支配』に属しない事業とは、国または地方公共団体の機
関が、これに対して決定的な支配力を持たない事業を意味するのであると解する。
換言すれば、『公の支配』に属しない事業とは、その構成、人事、内容および財政
等について公の機関から具体的に発言、指導または干渉されることなく事業者が
自らこれを行うものをいうのである」。

（参考9）「幼児教室」事業に対する公金支出についての合憲判決（東京高裁判決
平成2・1・29　最高裁判決平成5・5・27で上告棄却）

　「同条（第89条）前段については、国家と宗教の分離を財政面からも確保するこ
とを目途とするものであるから、その規制は厳格に解すべきであるが、同条後段
の教育の事業に対する支出、利用の規制については、もともと教育は、国家の任
務の中でも最も重要なものの一つであり、国ないし地方公共団体も自ら営みうる
ものであって、私的な教育事業に対して公的な援助をすることも一般的には公の
利益に沿うものであるから、同条前段のような厳格な規制を要するものではない。
同条後段の教育の事業に対する支出、利用の規制の趣旨は、公の支配に属しない

教育事業に公の財産が支出又は利用された場合には、教育の事業はそれを営む者の教育についての信念、主義、思想の実現であるから、教育の名の下に、公教育の趣旨、目的に合致しない教育活動に公の財産が支出されたり、利用されたりする虞れがあり、ひいては公の財産が濫費される可能性があることに基づくものである。このような法の趣旨を考慮すると、教育の事業に対して公の財産を支出し、又は利用させるためには、その教育事業が公の支配に服することを要するが、その程度は、国又は地方公共団体等の公の権力が当該教育事業の運営、存立に影響を及ぼすことにより、右事業が公の利益に沿わない場合にはこれを是正しうる途が確保され、公の財産が濫費されることを防止しうることをもって足りるものというべきである。右の支配の具体的な方法は、当該事業の目的、事業内容、運営形態等諸般の事情によって異なり、必ずしも、当該事業の人事、予算等に公権力が直接的に関与することを要するものではないと解される」と判示し、私学助成は、憲法第89条に違反しないとした。

第2章　日本国憲法の教育条項

参照条文（抄）

［日本国憲法］

昭和21年11月3日公布
昭和22年5月3日施行

　日本国民は、正当に選挙された国会における代表者を通じて行動し、われらとわれらの子孫のために、諸国民との協和による成果と、わが国全土にわたつて自由のもたらす恵沢を確保し、政府の行為によつて再び戦争の惨禍が起ることのないやうにすることを決意し、ここに主権が国民に存することを宣言し、この憲法を確定する。そもそも国政は、国民の厳粛な信託によるものであつて、その権威は国民に由来し、その権力は国民の代表者がこれを行使し、その福利は国民がこれを享受する。これは人類普遍の原理であり、この憲法は、かかる原理に基くものである。われらは、これに反する一切の憲法、法令及び詔勅を排除する。

　日本国民は、恒久の平和を念願し、人間相互の関係を支配する崇高な理想を深く自覚するのであつて、平和を愛する諸国民の公正と信義に信頼して、われらの安全と生存を保持しようと決意した。われらは、平和を維持し、専制と隷従、圧迫と偏狭を地上から永遠に除去しようと努めてゐる国際社会において、名誉ある地位を占めたいと思ふ。われらは、全世界の国民が、ひとしく恐怖と欠乏から免かれ、平和のうちに生存する権利を有することを確認する。

　われらは、いづれの国家も、自国のことのみに専念して他国を無視してはならないのであつて、政治道徳の法則は、普遍的なものであり、この法則に従ふことは、自国の主権を維持し、他国と対等関係に立たうとする各国の責務であると信ずる。

　日本国民は、国家の名誉にかけ、全力をあげてこの崇高な理想と目的を達成することを誓ふ。

第3章　国民の権利及び義務

第11条　国民は、すべての基本的人権の享有を妨げられない。この憲法が国民に保障する基本的人権は、侵すことのできない永久の権利として、現在及び将来の国民に与へられる。

第12条　この憲法が国民に保障する自由及び権利は、国民の不断の努力によつて、これを保持しなければならない。又、国民は、これを濫用してはならないのであつて、常に公共の福祉のためにこれを利用する責任を負ふ。

第13条　すべて国民は、個人として尊重される。生命、自由及び幸福追求に対する

国民の権利については、公共の福祉に反しない限り、立法その他の国政の上で、最大の尊重を必要とする。

第14条　すべて国民は、法の下に平等であつて、人種、信条、性別、社会的身分又は門地により、政治的、経済的又は社会的関係において、差別されない。

② 華族その他の貴族の制度は、これを認めない。

③ 栄誉、勲章その他の栄典の授与は、いかなる特権も伴はない。栄典の授与は、現にこれを有し、又は将来これを受ける者の一代に限り、その効力を有する。

第15条　公務員を選定し、及びこれを罷免することは、国民固有の権利である。

② すべて公務員は、全体の奉仕者であつて、一部の奉仕者ではない。

③ 公務員の選挙については、成年者による普通選挙を保障する。

④ すべての選挙における投票の秘密は、これを侵してはならない。選挙人は、その選択に関し公的にも私的にも責任を問はれない。

第19条　思想及び良心の自由は、これを侵してはならない。

第20条　信教の自由は、何人に対してもこれを保障する。いかなる宗教団体も、国から特権を受け、又は政治上の権力を行使してはならない。

② 何人も、宗教上の行為、祝典、儀式又は行事に参加することを強制されない。

③ 国及びその機関は、宗教教育その他いかなる宗教的活動もしてはならない。

第21条　集会、結社及び言論、出版その他一切の表現の自由は、これを保障する。

② 検閲は、これをしてはならない。通信の秘密は、これを侵してはならない。

第23条　学問の自由は、これを保障する。

第25条　すべて国民は、健康で文化的な最低限度の生活を営む権利を有する。

② 国は、すべての生活部面について、社会福祉、社会保障及び公衆衛生の向上及び増進に努めなければならない。

第26条　すべて国民は、法律の定めるところにより、その能力に応じて、ひとしく教育を受ける権利を有する。

② すべて国民は、法律の定めるところにより、その保護する子女に普通教育を受けさせる義務を負ふ。義務教育は、これを無償とする。

第2章　日本国憲法の教育条項

第28条　勤労者の団結する権利及び団体交渉その他の団体行動をする権利は、これを保障する。

第7章　財政

第89条　公金その他の公の財産は、宗教上の組織若しくは団体の使用、便益若しくは維持のため、又は公の支配に属しない慈善、教育若しくは博愛の事業に対し、これを支出し、又はその利用に供してはならない。

第3章　教育基本法

1　教育基本法の制定

　国民主権、基本的人権の尊重、平和主義を基調としつつ、「福祉国家」、「文化国家」の建設の政治理想を宣明した日本国憲法を受けて、我が国の教育及び教育制度全体を通じる基本理念と基本原理を明らかにすることを目的として制定されたのが、「教育基本法」（昭和22年3月31日法第25号）である。

　教育基本法は、戦後の我が国の政治、社会、文化の各方面における諸改革中最も重要な問題の1つとされていた教育の根本的改革を目途として制定された諸立法の中で中心的地位を占める法律であり、その後に続く教育関係諸法令制定の根拠となる教育の基本を確立する重要な法律である。

　したがって、この法律の基本的性格は、「新しい教育理念を宣明する教育宣言であり、今後制定されるすべての教育法令の根拠法、いわば教育憲法ともいうことのできる」（辻田力、田中二郎監修　教育法令研究会著『教育基本法の解説』）ものであり、このような新しい教育の理念や方針は、これまでのように詔勅や勅令の形式で、上から与えようとするのではなく、国民の盛り上がる総意に基づき、国民自らのものとして定めるべきものとして、国民の代表者をもって構成される議会において法律の形式をもって確立する（教育立法の勅令主義から法律主義への転換）という方針の下に制定されたものである。

　それゆえに、教育基本法における定めは、形式的には、通常の法律規定として、これと矛盾する他の法律規定を無効にする効力をもつものではないが、一般に教育関係法令の解釈及び運用については、法律自体に別段の規定がない限り、できるだけ教育基本法の規定及び同法の趣旨、

目的に沿うように考慮が払われなければならないと解される（昭51・5・21　最高裁判決）。

　また、教育基本法の制定に伴い問題となったのが「教育勅語」（明治23年発布）の取扱いであった。「戦前の教育が国家のために奉仕するものとされ、『皇国民の練成』が主眼とされて、個人のもつ独自の侵すべからざる権威が軽視されてきた」（『教育基本法の解説』）とされる、この戦前期の教育において国民教育の中心的な指導原理の役割を果たしてきた「教育勅語」は、教育基本法制定後の昭和23年6月19日、新憲法下の国会において、衆議院が「教育勅語等排除に関する決議」を、また、参議院が「教育勅語等の失効確認に関する決議」をそれぞれ行い、ここに、教育勅語は日本国憲法第98条第1項の規定（「この憲法は、国の最高法規であって、その条規に反する法律、命令、詔勅および国務に関するその他の行為の全部又は一部は、その効力を有しない」）の本旨に従い、排除され、その指導原理的性格を認めない旨宣言された。

　教育基本法は、前文と11条より構成され、前文には、教育の意義と使命が明示され、また、本文の11か条は、教育の理念に関するものと教育制度の基本に関するものよりなっている。

2　教育基本法の改正

　戦後、教育基本法の理念のもとで構築された教育諸制度は、国民の教育水準を向上させ、我が国の社会発展の原動力となってきたが、他方、制定から半世紀以上が経過し、産業構造の変容をはじめ、科学技術の進歩や情報化・国際化、少子高齢化、家族のあり方など、我が国をめぐる状況が大きく変化する中で、教育の場においても、子どもたちの規範意識の低下や基本的生活習慣の乱れ、学習意欲の低下、学校におけるいじめ・不登校・校内暴力など、さまざまな課題が生じてきている。このため、教育の根本に立ち返って、将来に向けて新しい時代の教育の基本理念を明示し、国民の共通理解の下で、社会全体で教育改革を着実に進め、我が国の未来を切り拓く教育の実現を目指すことをねらいとして、

教育基本法の改正が進められることとなった。

　法改正の経緯としては、平成12年3月、小渕総理大臣直属の検討機関として設置された「教育改革国民会議」において、教育基本法の見直しが提言され（平成12年12月）、これを受けて、平成13年11月文部科学省の中央教育審議会において諮問が行われ、審議の結果、平成15年3月「新しい時代にふさわしい教育基本法と教育振興基本計画の在り方について」答申が行われた。この後、政府与党における検討を経て、平成18年4月、「教育基本法案」を閣議決定し、第164回通常国会へ提出され、平成18年11月16日、衆議院本会議において可決し、さらに、同年12月15日には、参議院本会議において可決・成立し、新しい教育基本法（以下「改正教育基本法」という）が同年12月22日に公布・施行されたものであり、昭和22年の教育基本法（以下「旧教育基本法」という）が制定されて以来、約60年ぶりの全面的な改正が行われた。

　改正教育基本法は、「これまでの教育基本法が掲げてきた普遍的な理念を継承しつつ、公共の精神等、日本人が持っていた『規範意識』を大切に、それらを醸成してきた伝統と文化の尊重など、教育の目標として今日特に重要と考えられる事柄を新たに定めて」（教育基本法改正法成立を受けての文部科学大臣談話　平成18・12・15）いるところに改正の主眼があるといえる。

　また、文部科学大臣による「教育基本法案提案理由説明」にあるように、「国民一人一人が豊かな人生を実現し、我が国が一層の発展を遂げ、国際社会の平和と発展に貢献できるよう、教育基本法の全部を改正し、<u>教育の目的及び理念並びに教育の実施に関する基本を定めるとともに、国及び地方公共団体の責務を明らかにし、教育振興基本計画について定める等</u>、時代の要請にこたえ、我が国の教育の未来を切り拓く教育の基本の確立を図る」ことが法改正の全体像を明示している。

　以下においては、改正教育基本法の前文及び各条について、旧教育基本法と照らし合わせながら、その趣旨と内容等について説明を行うこととする。

3　教育基本法の趣旨と内容

前文

> 　我々日本国民は、たゆまぬ努力によって築いてきた民主的で文化的な国家を更に発展させるとともに、世界の平和と人類の福祉の向上に貢献することを願うものである。
>
> 　我々は、この理想を実現するため、個人の尊厳を重んじ、真理と正義を希求し、公共の精神を尊び、豊かな人間性と創造性を備えた人間の育成を期するとともに、伝統を継承し、新しい文化の創造を目指す教育を推進する。
>
> 　ここに、我々は、日本国憲法の精神にのっとり、我が国の未来を切り拓く教育の基本を確立し、その振興を図るため、この法律を制定する。

（旧教育基本法前文）

　われらは、さきに、日本国憲法を確定し、民主的で文化的な国家を建設して、世界の平和と人類の福祉に貢献しようとする決意を示した。この理想の実現は、根本において教育の力にまつべきものである。

　われらは、個人の尊厳を重んじ、真理と平和を希求する人間の育成を期するとともに、普遍的にしてしかも個性ゆたかな文化の創造をめざす教育を普及徹底しなければならない。

　ここに、日本国憲法の精神に則り、教育の目的を明示して、新しい日本の教育の基本を確立するため、この法律を制定する。

【本条の趣旨】

　日本国憲法には、前文があるが、法律には前文を付さないことが通例である。

　しかし、教育基本法は、①新しい教育理念を宣明する「**教育宣言**」であり、その他の教育関係諸法令の根拠法、いわば「**教育憲法**」ともいうべき性格を有すること、②民主主義、平和主義、基本的人権の尊重を基

調とする文化的な国家建設の政治法律的な基礎をなすものとして制定された「日本国憲法」と関連して教育上の基本原則を明示し、憲法の精神を徹底するとともに、教育本来の目的の達成を期して制定されたことなど、教育基本法が全く新しい、極めて重要な法律であることから、法律の制定の由来と目的とを明らかにするとともに、本法の基調をなす主義と理想とを宣言するために前文を付することとされたものであり、この考え方は、旧法から改正法にも継承されているところである。

　一般的に、前文は、具体的な法規を定めたものではなく、その意味で、前文の内容から直接に法的な効果が生じるものではないが、法律の各条文とともにその法令の一部を構成するものであり、各条項の解釈の基準を示す意義と効力を有するとされる。

【内容】

　改正法前文の第一段では、日本国憲法の基調ともいうべき「民主的で文化的な国家」の一層の発展と「世界の平和と人類の福祉の向上に貢献する」という憲法の根本的な理念と理想が掲げられており、これは旧法に掲げられていた理念と理想を継承するものである。

　前文の第二段では、この理想の実現に果たす教育の役割の重要性を宣明しており、改正法においては、推進すべき教育のあるべき姿として、「個人の尊厳」を重んじ、「真理と正義を希求する」人間の育成の推進を掲げるとともに、旧法の前文にはなかった「公共の精神」、「豊かな人間性と創造性」、「伝統の継承と新しい文化の創造」が加えられている。特に、「個人の尊厳を重んじ」る教育を行うことは、戦前期の教育の弊害を反省しつつ、そのことを背景として新しい教育の基調として旧法に明示されたものであって、改正法においても引き続き教育上の重要な理念として位置付けられている。なお、ここにいう「個人の尊厳」とは、いかなる境遇や身分にあろうとも、すべての個人が、他をもって代えることができない人間として有する「人格の尊厳」が重んじられるものであって、その基礎の上に教育がなされなければならないことを示すものである。なお、この「個人の尊厳」は、憲法第13条の「すべて国民は、

個人として尊重される」の規定、あるいは、憲法第24条第2項の「法律は、個人の尊厳と両性の本質的平等に立脚して、制定されなければならない」の規定の意義と通底するものである。また、「公共の精神」とは、「社会全体の利益のために尽くす精神」をいい、具体的には、「政治や社会に関する豊かな知識や判断力、批判的精神を持って、自ら考え、『公共』に主体的に参画し、公正なルールを形成し遵守することを尊重する意識や態度」（中教審答申「新しい時代にふさわしい教育基本法と教育振興基本計画の在り方について」　平成15・3・20）をいうものとされる。

　前文の第三段では、本法が、旧法に引き続き、「**日本国憲法の精神にのっとり**」、新しい時代における教育の目的の達成を目指すという、教育基本法改正の目的ならびに趣旨を明らかにしており、教育基本法が目指す新しい教育の目的・趣旨が日本国憲法の精神と不離一体のものであることを改めて確認するものとなっている。

第1条【教育の目的】

> 第1条　教育は、人格の完成を目指し、平和で民主的な国家及び社会の形成者として必要な資質を備えた心身ともに健康な国民の育成を期して行われなければならない。

（旧教育基本法）

第1条（教育の目的）　教育は、人格の完成をめざし、平和的な国家及び社会の形成者として、真理と正義を愛し、個人の価値をたつとび、勤労と責任を重んじ、自主的精神に充ちた心身ともに健康な国民の育成を期して行われなければならない。

【**本条の趣旨**】

　本条では、教育の目的は、①「人格の完成」と②「平和で民主的な国家及び社会の形成者」として「心身ともに健康な国民の育成」をめざす

ものであるとしており、旧教育基本法に引き続き、教育のあり方に対する「個人」と「公共」双方からの要請を教育理念として調和的に明らかにしている。

　なお、旧教育基本法では、「平和的な国家及び社会の形成者」として要求される資質として、①真理愛と正義心、②個人の価値の尊重、③勤労・責任を重んじること、④自主的精神の４つを掲げていたが、これらは教育において追求される倫理的な資質のすべてとして考えられたのではなく、「従来我が国の教育の比較的欠陥といわれてきたところや現在においても欠陥と考えられているところを特に強調し、それ以外は『人格の完成』に包含させる」（教育基本法制定時の帝国議会答弁）との考え方により、これら４つの資質が示されたとされる。改正教育基本法では、旧教育基本法に規定されていた「真理と正義を愛し」などの具体的な事柄については、「教育の目的」を実現するための具体的な「教育の目標」と位置付け、新たに、改正教育基本法の第２条において５号にわたる具体の教育目標として整理し、規定している。

【内容】

　「人格の完成」とは、人間の諸特性・諸能力をそれの完全の状態にまで持ちきたすことであり、さらに、この人間の諸特性・諸能力をその内容の全方向に発展せしめ、個人をそれぞれの能力に応じてなるべく完全ならしめることであるとされる。

　また、この「人格の完成」は、調和的に行われなければならないものとされ、「真、善、美の価値に関係する科学的能力、道徳的能力、芸術的能力などの発展完成」であり、「人間の諸特性、諸能力をただ自然のままに伸ばすことではなく、普遍的な基準によって、そのあるべき姿にまでもちきたすことでなければならない」ものとされる。

　次に、「平和で民主的な国家及び社会の形成者」とは、民主主義の国家・社会においてはつくられた社会に順応していくにとどまってはならず、積極的にそれを形成していかなければならないとの含意であり、「形成者」というのは、単なる成員・構成者という消極的なものでなく、

積極的に国家・社会を形作っていく者という意味である。

　「人格の完成」と「平和的な国家及び社会の形成者」とのかかわりについては、人格の完成が単に個人のために個人を完成するというにとどまるものではなく、かかる人間が同時に国家及び社会を形成するよき人間となるように教育が行われることが要請されているが、さればといって、人格の完成とは、個人の尊厳と価値との認識に基づくものであることからして、国家あって個人なく、個人を単なる国家の手段と考えるところには人格の完成はありえないと考えられる（『教育基本法の解説』）。

　教育が何よりも「人格の完成」を目指して行われなければならないという点については、いわゆる「教育裁判」においても言及が行われているところである。たとえば、学力調査事件最高裁判決（昭和51年5月21日）においても、「子どもの教育は、子どもが将来一人前の大人となり、共同社会の一員としてその中で生活し、自己の人格を完成、実現していく基礎となる能力を身につけるために必要不可欠な営み」としつつ、憲法第26条の規定の背後に、「国民各自が、一個の人間として、また、一市民として、成長、発達し、自己の人格を完成、実現するために必要な学習をする固有な権利を有すること、特に、自ら学習することのできない子どもは、その学習要求を充足するための教育を自己に施すことを大人一般に対して要求する権利を有するとの観念が存在している」と示しており、子どもの「学習権」の理念的中核に「自己の人格の完成・実現」が挙げられていることは注目してよい。

　なお、第1条にいう「教育の目的」は、学校教育のみの目的ではなく、社会教育等を含めたあらゆる教育の目的であるとされる。したがって、名宛人は、単にいわゆる学校教育にかかわる教育者のみならず、広く一般国民を含むものとされる（『教育基本法の解説』）。

第2条「教育の目標」（新設）

　第2条　教育は、その目的を実現するため、学問の自由を尊重しつ

つ、次に掲げる目標を達成するよう行われるものとする。

一　幅広い知識と教養を身に付け、真理を求める態度を養い、豊かな情操と道徳心を培うとともに、健やかな身体を養うこと。

二　個人の価値を尊重して、その能力を伸ばし、創造性を培い、自主及び自律の精神を養うとともに、職業及び生活との関連を重視し、勤労を重んずる態度を養うこと。

三　正義と責任、男女の平等、自他の敬愛と協力を重んずるとともに、公共の精神に基づき、主体的に社会の形成に参画し、その発展に寄与する態度を養うこと。

四　生命を尊び、自然を大切にし、環境の保全に寄与する態度を養うこと。

五　伝統と文化を尊重し、それらをはぐくんできた我が国と郷土を愛するとともに、他国を尊重し、国際社会の平和と発展に寄与する態度を養うこと。

（旧教育基本法第2条）

第2条（教育の方針）　教育の目的は、あらゆる機会に、あらゆる場所において実現されなければならない。この目的を達成するためには、学問の自由を尊重し、実際生活に即し、自発的精神を養い、自他の敬愛と協力によつて、文化の創造と発展に貢献するように努めなければならない。

【本条の趣旨】

　本条は、人格の完成を目指し、心身ともに健康な国民を育成するという「教育の目的」（第1条）を実現するために、今日重要と考えられる事柄を新たに「教育の目標」として明示するものである。

　本条は、学校教育（第6条）のみならず、家庭教育（第10条）や社会教育（第12条）など、あらゆる教育主体や教育機関が教育を行うに当たって踏まえるべき「教育の目標」として示されているが、このような教育の目標を踏まえ、具体的にどのような教育を行うかについては、そ

れぞれの教育の特性や教育を受ける者の発達段階等に応じて異なり、あらゆる教育主体にこれら「教育の目標」を一律に取り扱うことまで求める趣旨のものでないことは「教育の本質」からして当然であり、このことについては、改正教育基本法第2章（教育の実施に関する基本）の各条項においても明らかにされている。

【内容】

　本条は、第1条の「教育の目的」を実現するために、今日重要と考えられる具体的な事柄を5つに分類し、「教育の目標」として規定するものである。具体的には、第1号に教育全体を通じて基礎をなすもの、すなわち、「幅広い知識と教養」、「真理を求める態度」、「豊かな情操と道徳心」、「健やかな身体」を、第2号に主として個々人自身に係るもの、すなわち、「個人の価値の尊重」、「能力の伸長、創造性、自主及び自律の精神」、「職業と生活の関連の重視」、「勤労の重視」を、第3号に主として社会との関わりにかかるもの、すなわち、「正義と責任」、「男女の平等」、「自他の敬愛・協力」、「公共の精神」、「主体的な社会形成への参画・寄与」を、第4号に主として自然や環境との関わりに係るもの、すなわち、「生命・自然の尊重」、「環境の保全」を、第5号に主として日本人としての資質及び国際社会との関わりに係るもの、すなわち、「伝統と文化を尊重し、それらをはぐくんできた我が国と郷土を愛するとともに、他国を尊重し、国際社会の平和と発展に寄与する態度」を、それぞれ規定している。

　なお、第1条にいう、平和で民主的な国家及び社会の形成者として「必要な資質」とは、「教育の目標」として第2条各号に掲げられている事柄を指すものである。

　本条では、教育目標の達成に当たって、「学問の自由を尊重」することが規定されているが、これは、「学問の自由」が、人が本来持っている真理探究の要求が自由に行われなければならないという、教育全般に関する重要な理念であることから、教育全体を通じた「教育の目標」を掲げる第2条に規定することとされたところであり、旧教育基本法に引

き続き規定している。

　憲法第23条が保障する「学問の自由」は、一般に①学問研究それ自体が、公権力その他による外部からの干渉を受けずに、自由に行われるべきという「学問研究の自由」、②その成果を発表することもまた自由であるべきという「研究成果発表の自由」、③学問研究の成果を教授することが自由であるべきという「教授の自由」にあるとされる。とりわけ、「教授の自由」については、「大学において教授その他の研究者がその専門の研究の結果を教授する自由はこれを保障されると解するのを相当とする」（東大ポポロ事件最高裁判決　昭和38・5・22）とされ、大学における「教授の自由」については広く保障されているものと解されるが、初等中等教育機関における「教授の自由」のコロラリーとしての「教育の自由」については、「教師が公権力によって特定の意見のみを教授することを強制されないという意味において、また、子どもの教育が教師と子どもとの間の直接の人格的接触を通じ、その個性に応じて行われなければならないという本質的な要請に照らし、教授の具体的内容及び方法につきある程度自由な裁量が認められなければならないという意味においては、一定の範囲における教授の自由が保障されるべきこと」（永山中学校事件最高裁判決　昭和51・5・21）と解される。

　しかしながら、初等中等教育機関の教員に一定範囲の「教授（教育）の自由」が認められるとしても、同時に初等中等教育においては、大学教育の場合とは異なり、普通教育においては、児童生徒には、①教師の教授内容を批判する能力が十分に備わっていないこと、また、②教師が児童生徒に対して強い影響力・支配力を有していること、さらには、③子どもの側に学校や教師を選択する余地が乏しく、教育の機会均等を図る上からも全国的に一定の水準を確保すべき強い要請があること、などから「普通教育における教師に完全な教授の自由を認めることは、とうてい許されない」（前記最高裁判決）とされており、この点に十分留意しながら、その運用・取扱いに配意する必要があろう。

　次に、教育基本法に「教育の目標」を定めることについては、教育の

基本的な目的が、教育基本法第１条にいう「個人の人格の完成」だけで
はなく、「国家社会の形成者の育成」にもあることから、公教育におい
て、子どもたちの社会的自立に必要な知識・技能の習得にとどまらず、
社会の一員として必要な価値・規範意識を涵養することは重要な任務と
いえるものであって、具体的には、個々人の宗教的信仰や生き方・あり
方など内心の世界ともいうべき「個の領域」にかかわるものは格別とし
て、一般的に良識ある公民に必要な憲法的価値観や自律・協同・責任な
どの社会的規範等「公共的な領域」にかかわるものを、法律で「教育の
目標」として定め、学校教育における「教育指導」の重要な指針として
示すことには十分な合理性があるものといえよう。

　この点に関しては、教育基本法の改正において、「教育の目標」を定
め、学校教育などにおいて、子どもたちの内心に立ち入って、これを踏
まえた教育指導を行うことは、憲法第19条が保障する「思想及び良心の
自由」を侵すものではないかとの強い批判が提起されている（**参考10**）。
憲法第19条にいう「思想及び良心の自由」の侵害に該当する場合とは、
①特定の思想の強制、②思想・良心を理由とする不利益取扱い、③思
想・良心の発表の強制が挙げられるが、「教育の目標」として法律に定
められるものが、「特定」の思想やイデオロギーに偏ることなく、国民
の教育意思として合意される共通的・一般的なものであること、しか
も、あくまでも、学校教育における「教育指導上の課題」として位置付
けられるものであって、教育を受ける個々の子どもの内心に立ち入って
いやしくも強制するようなものとならないことが求められるものであ
り、「教育の目標」を定めることの射程がこの範囲にとどまる限りにお
いて、憲法第19条が保障する「思想及び良心の自由」に抵触するものと
はならないと考えられる。

　その意味で、今回の法改正においては、「教育の目標」を定めること
の法形式において、戦前の「教育勅語」のように議会から超然とした天
皇による徳教に関する御言葉としての「勅語」の形式で上から国民道徳
及び国民教育の根本理念が示され、国民に遵守させるという性格のもの

でなく、今回の教育基本法の改正にみられるように、国民の代表者により構成される国会の審議を経て国民の教育意思として制定される「法律」において「教育の目標」が定められることは適切な方法であるといえる。また、その内容についても、「教育の目標」を子どもたちの内心にまで立ち入って強制するような教育指導を行い、子どもたちの内心の自由にかかわって評価することを求めておらず、憲法の定める「内心の自由」に抵触するものではないと解される。

　なお、教員については、学校の教育活動において子どもたちに「教育の目標」として定める内容に関する指導を行うことは、教育基本法の改正を受けて、学校教育法や学習指導要領の定めるところに従って誠実に職務を遂行するという、教員の「職務上の責務」であり、憲法第19条の「思想及び良心の自由」の侵害にはならないものと解される。

　また、教育の目標として、本条第5号においては、「我が国と郷土を愛する態度を養う」旨掲げられているが、教育基本法改正を提言した中央教育審議会答申（平成15年3月）では、「国を愛する心を大切にすることや我が国の伝統・文化を理解し尊重することが、国家至上主義的考え方や全体主義的なものになってはならない」と指摘されており、本条5号の趣旨については、国会審議においても「我が国を愛するという言葉には、歴史的に形成されてきた国民、国土、そして伝統と文化から成る歴史的・文化的な共同体としての我が国というものを愛していくという趣旨であり、その中には、「統治機構」、すなわち、今日の政府や内閣を愛せよということは含まれていない」（衆・教育特委での小坂文部科学大臣答弁　平成18・5・26）旨明らかにされている。また、「我が国を愛する態度」をどう教え、どう教育上評価するのかについては、国会審議において「我が国の伝統や文化等の学習内容について進んで調べたり、あるいは学んだことを生活に生かそうとする関心・意欲・態度を総合的に評価するものであり、具体的には、歴史上の人物などに関心を持っているか、あるいは、意欲的に調べ学んだことを基に、我が国の将来やその発展のために自分に何ができるかといったことについて考えな

がら追求しようとしているのかどうか、そういったことを評価するもの
であって、子どもたちの内心に立ち入って評価するようなものではな
い」（衆・教育特委での小坂文部科学大臣答弁　平成18・5・24）旨具
体の取扱いが示されるとともに、「国を愛する心情を子どもたちが持っ
ているかどうかということで評価をするというようなことをしてはなら
ない」（衆・教育特委での小坂文部科学大臣答弁　平成18・5・31）旨
明確にされている。

　なお、本条に掲げる「教育の目標」は、学校教育のみならず、家庭教
育や社会教育等における「教育の目標」としても示されているものであ
るが、学校教育以外の教育主体や教育機関が教育を行うに当たっては、
本条に示された「教育の目標」は、教育指導上の参考の用に供されつつ
も、具体の教育における取扱いに際しては、それらの教育主体・機関の
主体性を尊重し、その自主性にゆだねられることは自明の理といえよ
う。

（参考10）　教育の目標設定の範囲とその限界

　そもそも、「公教育」においては、個人の人格の完成とともに、国家社会の有為
な形成者を育成するという本来の目的のために、「個人＝市民」の形成と「共同体
の成員＝公民」の育成をともに図っていくべき役割が課されており、平和で民主
的な国家社会を支える共同体の成員＝公民として最小限必要な「規範意識」を培
うことは社会の持続的発展のために不可欠ともいえる課題である。このため、公
教育の実施に当たっては、憲法の保障する「思想及び良心の自由」との調和が図
られるよう、①教育行政機関等による恣意的な教育の目標の設定ではなく、国民
の教育意思としての「教育立法」において必要最小限の「教育の目標」を位置付
けること、②実際の学校における教育指導に際して、「教育の目標」はあくまでも
教育指導上の課題であって、子どもたちの内心にまで踏み入って強制するような
指導は許容されないこと、また、③「教育の目標」が一人一人の子どもに内面的
に定着したかどうかを評価するようなことは、「思想・良心の自由」とのかかわり
において許容される限界を超えるおそれがあることから、これを行わないこと、
などの点に十分に留意する必要があろう。この点で、永山中学校事件最高裁判決
では次のように示していることは当然の事理といえよう。すなわち、「例えば、
誤った知識や一方的な観念を子どもに植え付けるような内容の教育を施すことを
強制するようなことは、憲法26条、13条の規定上からも許されないと解すること
ができる」。

　また、今日の我が国の社会のように「価値多元的な社会」への移行が進んでい

ることを考慮すれば、どのような規範意識や価値意識の培養を公教育において行うかについては、国民一人一人の価値形成の営みの自由とのかかわりにおいて慎重に取り扱われるべきであり、「教育の目標」の法定に当たっては、持続的社会の発展を支える国民として必要な最小限度のものであって、できる限り普遍的なるものとして国民的な合意が形成できるものに止められるべきであろう。この意味で、「本来人間の内面的価値に関する文化的な営みとして、党派的な政治的観念や利害によって支配されるべきでない教育にそのような政治的影響が深く入り込む危険があること」（永山中学校事件最高裁判決）を考慮すれば、教育の目標を含め教育内容への国家的関与については、できるだけ抑制的であることが要請されるといえよう。

第3条「生涯学習の理念」（新設）

> 第3条　国民一人一人が、自己の人格を磨き、豊かな人生を送ることができるよう、その生涯にわたって、あらゆる機会に、あらゆる場所において学習することができ、その成果を適切に生かすことのできる社会の実現が図られなければならない。

【本条の趣旨】

　本条は、科学技術の進歩や社会構造の変化により、人々が絶えず新しい知識や技術の習得を求められており、生涯にわたって学習に取り組むことが不可欠となっていることから、新たに、改正教育基本法においては、国民一人一人が自己の人格を磨き、豊かな人生を送ることができるよう、生涯学習社会の実現を目指すべき旨を教育の重要な基本理念として掲げるものである。

【内容】

　本条は、前段において、「**生涯学習社会**」を実現すべき目的を明らかにしつつ、目指すべき生涯学習社会の内容として、旧教育基本法第2条にいう「あらゆる機会に、あらゆる場所において実現されなければならない」との趣旨を学習者の視点から規定したものである。

　また、後段では、「生涯学習社会」が、各個人が単に学習できるのみ

ならず、その成果を適切に生かすことのできる社会であることを規定
し、個人の能力についての評価が「学（校）歴」という人生の一時期に
おける学習の成果に偏重している状況から脱却し、各個人が人生のいつ
でも、どこでも学ぶことができ、その成果が適切に評価され、かつ生か
されるような社会（「生涯学習社会」）へ転換していくことが要請されて
いるといえる。

　なお、学習の機会と場所とは、時間的制約や空間的制約を超えて、学
習が実現されなければならないことを指摘しているものであり、時間的
には、「ゆりかごから墓場まで」一生涯を通じて学習のいとなみが行わ
れ、また、空間的には、学校という場にとどまらず、家庭、地域、職場
等社会の様々な場において学習が行われなければならないことを意味す
るものである。したがって、「生涯学習」は、①学校教育、②社会教育、
③家庭教育それぞれにおける学習のほか、「自己学習」も含め、生涯を
通じたすべての「学習」を包含した概念であり、その中でも、学校教育
による学習は、基礎基本の基盤の上に、各個人の生涯を通じた学ぶ意欲
の喚起や自己学習のスキル（「学び方を学ぶ」学習）を身に付けさせる
ことにより、生涯学習推進の基盤的役割を果たすものであるといえよ
う。

第4条「教育の機会均等」

> 第4条　すべて国民は、ひとしく、その能力に応じた教育を受ける
> 　機会を与えられなければならず、人種、信条、性別、社会的身
> 　分、経済的地位又は門地によって、教育上差別されない。
> 2　国及び地方公共団体は、障害のある者が、その障害の状態に応
> 　じ、十分な教育を受けられるよう、教育上必要な支援を講じなけ
> 　ればならない。
> 3　国及び地方公共団体は、能力があるにもかかわらず、経済的理
> 　由によって修学が困難な者に対して、奨学の措置を講じなければ

> ならない。

（旧教育基本法）

第３条（教育の機会均等）　すべて国民は、ひとしく、その能力に応ず
　る教育を受ける機会を与えられなければならないものであつて、人
　種、信条、性別、社会的身分、経済的地位又は門地によつて、教育上
　差別されない。
②　国及び地方公共団体は、能力があるにもかかわらず、経済的理由に
　よつて修学困難な者に対して、奨学の方法を講じなければならない。

【本条の趣旨】

　本条は、**教育の機会均等の原則を明示**するものであり、憲法第26条第
１項に規定する「国民の教育を受ける権利」及び憲法第14条第１項に規
定する「法の下の平等」の精神を具体化するものである。

　また、憲法第26条にいう「能力に応じてひとしく教育を受ける権利」
とは、経済的地位によって教育上差別されないことも含まれることを明
らかにし、それを受けて、本条第３項において、経済的理由によって修
学困難な者に対しては、国・地方公共団体が積極的に奨学の措置を講じ
る義務を負うことを旧教育基本法を引き継ぎ、規定している。

　さらに、改正教育基本法では新たに、障害のある者に対して、障害の
状況に応じ、より配慮された教育が実施されるよう、国や地方公共団体
が積極的に必要な支援を講じなければならない旨を規定している。

【内容】

　本条第１項前段は、すべて国民は能力に応じて教育を受ける機会を均
等に与えられなければならないものであり、国は、その国民の権利を妨
げてはならないことはもとより、できるだけ能力に応じた教育の機会均
等の実現に努力すべき国政上の責務を負うものであることを明らかにし
ている。

　本条第１項後段の趣旨は、憲法第14条第１項に規定する「すべて国民
は、法の下に平等であって、人種、信条、性別、社会的身分又は門地に

より、政治的、経済的又は社会的関係において、差別されない」との「法の下の平等の原則」を受けて、教育のあらゆる場合において能力以外の事由によって教育上差別的取扱いをしてはならないことを明らかにしている。なお、憲法第14条１項で示されていない「経済的地位」によっても教育上差別されるべきでないことを宣言している。

　本条第２項は、第１項においてすべての国民がひとしく教育の機会を与えられ、教育上差別されないことを規定している趣旨が「障害の有無」による差別も決して許されるものでないと解されることはもとより、障害のある者に対しては、より積極的に、その障害の状態に応じ、十分な教育が受けられるよう、国や地方公共団体が必要な支援措置を講ずべき旨を規定している。

　本条第３項は、第１項後段にいう「経済的地位」によっても教育上差別されないことを具体的に担保するために、能力がありながら経済的理由によって修学困難な者に対して国及び地方公共団体は奨学の方法を講じる義務を負うことを明らかにしたものである。この規定を受けて、「生活保護法」による教育扶助、「就学困難な児童及び生徒にかかる就学奨励についての国の援助に関する法律」や「学校給食法」等による学用品費、修学旅行費、学校給食費等への必要な援助、あるいは、「特別支援学校への就学奨励に関する法律」による特別支援学校に就学する児童生徒への就学援助、さらには、「独立行政法人日本学生支援機構法」による奨学金の貸与事業などが実施されている。

　なお、本条では、日本国民を対象として教育の機会均等など教育の基本的理念を規定しているが、「外国人」に関しては特段の規定を設けていない。しかしながら、外国人の子どもの就学に関し保護者に「義務を課する」ことは外国人には当然適用されるものではないものの、外国人児童生徒が我が国の学校への就学を希望する場合には、「**経済的、社会的及び文化的権利に関する国際規約（A規約）**」（昭和54年批准）において「この規約の締約国は、教育についてのすべての者の権利を認める」旨規定していることなど（「児童の権利に関する条約」（平成６年批准）

も同様に規定）を受けて、「内外人平等」の原則に立って、日本人児童生徒と同様に無償の義務教育の提供など「教育を受ける権利」が保障されている。

第5条「義務教育」

> 第5条　国民は、その保護する子に、別に法律で定めるところにより、普通教育を受けさせる義務を負う。
>
> 2　義務教育として行われる普通教育は、各個人の有する能力を伸ばしつつ社会において自立的に生きる基礎を培い、また、国家及び社会の形成者として必要とされる基本的な資質を養うことを目的として行われるものとする。
>
> 3　国及び地方公共団体は、義務教育の機会を保障し、その水準を確保するため、適切な役割分担及び相互の協力の下、その実施に責任を負う。
>
> 4　国又は地方公共団体の設置する学校における義務教育については、授業料を徴収しない。

（旧教育基本法）

第4条（義務教育）　国民は、その保護する子女に、9年の普通教育を受けさせる義務を負う。

②　国又は地方公共団体の設置する学校における義務教育については、授業料は、これを徴収しない。

【本条の趣旨】

　憲法第26条第2項前段にいう「すべて国民は、法律の定めるところにより、その保護する子女に普通教育を受けさせる義務を負う」との規定を受けて、改正教育基本法第5条では、旧教育基本法第4条を引き継ぎ、国民がその保護する子に普通教育を受けさせる義務について規定するとともに、憲法第26条第2項後段にいう「義務教育はこれを無償とす

る」との規定を受けて、本条第4項では、「**義務教育無償**」の範囲を、**国公立の義務教育諸学校における「授業料の不徴収」であることを明確**にしたものである。

　また、改正教育基本法では、義務教育の果たすべき役割にかんがみ、これまで規定されていなかった義務教育の目的や、国及び地方公共団体の役割と責任が新たに規定されている。

【内容】

　憲法は、義務教育について、①義務を負うべき者は子女の保護者であること、②義務教育において施されるべきは「普通教育」であること、③義務教育は無償であることの3点を明らかにしつつ、これら以外の事項については、法律によって定めることとしており、旧教育基本法第4条においては、この憲法の規定を受けて、義務教育の具体的な年限として「9年」を定めるとともに、義務教育無償の範囲を国公立の義務教育諸学校における「授業料の不徴収」であることを明確にしていたが、改正教育基本法第5条では、旧教育基本法第4条の規定を基本的には引き継ぎつつ、義務教育の具体的な年限については、今後弾力的に対応できるよう、「別に法律に定めるところ」によるとして、具体的には、学校教育法にゆだねることとされた。

　本条第1項にいう「普通教育」とは、「人たるものすべてに共通に必要な教育であり、人たるものだれもが一様に享受しうるはずの教育」（「教育基本法の解説」）と観念され、通例、①全国民に共通の、②一般的・基礎的な、③職業的・専門的でない教育を指すものとされ、義務教育と密接な関連を有する概念であるとされる。

　次に、本条第1項では、義務教育の年限は、「別に法律に定めるところにより」とされ、具体的には、「学校教育法」に委ねられ、学校教育法第16条において、「義務教育の年限」の定めを置き、保護者は子に9年の普通教育を受けさせる義務を負う旨明らかにするとともに、同法第17条において、満6歳から15歳までの間、小学校、中学校などないし特別支援学校の小学部、中学部のいずれかに法の定めに従って就学すべき

義務として具体的に示している。

　また、憲法第26条第2項後段の「義務教育はこれを無償とする」という意味は、「国が義務教育を提供するにつき有償としないこと、すなわち、換言すれば、子女の保護者に対しその子女に普通教育を受けさせるにつき、その対価を徴収しないことを定めたものであり、教育提供に対する対価とは授業料を意味するものと認められるから、同条項の無償とは授業料不徴収の意味と解するのが相当である」（教科書無償事件最高裁判決　昭和39・2・26）とされており、本条第4項においても義務教育無償の範囲を授業料の不徴収としている。もとより、義務教育無償の精神をより広く実現することは意義のあることであり、この観点から、「義務教育諸学校の教科用図書の無償措置に関する法律」（昭和38年12月21日法182号）等により、義務教育段階の教科書は国公私立学校を通じて無償とされているところである。

　また、改正教育基本法では、新たに、第5条第2項において、「義務教育の目的」は、「各個人の有する能力を伸ばしつつ社会において自立的に生きる基礎を培い、また、国家及び社会の形成者として必要とされる基本的な資質を養うこと」であることを明示しており、このことを踏まえ、憲法により国民に保障された義務教育において実施すべき教育の目的を明確にするとともに、その教育の目的に照らして、それにふさわしい内容を学校教育法や学習指導要領において定めることとされたものである。なお、第5条にいう「義務教育の目的」は、第1条にいう「教育の目的」との関係においては、いずれも「人格の完成」の「基礎」あるいは「国家社会の形成者として必要な資質」の「基本」的な部分を養うことにあることが明らかである。

　さらに、本条第3項では、義務教育が近代国家における基本的な教育制度として憲法に基づき設けられている制度であり、国民に保障されている「教育を受ける権利」、特に無償の義務教育を受ける権利を保障するため、国と地方公共団体が適切な役割分担と相互の協力によって義務教育を円滑に実施する責任を有することを明示している。なお、国は、

義務教育の機会均等や全国的な教育水準の維持向上、無償制という義務教育の根幹を保守する責任を負い、このため、国は、学校教育法等の各種の法律により、①学校制度、教育委員会制度、教員免許制度などの基本的制度の枠組みを設定するとともに、②学習指導要領、学級編制と教職員定数の標準、教科書検定などの全国的な基準の設定を行うほか、③義務教育費国庫負担制度、義務教育諸学校等施設費国庫負担制度、教科書無償給与制度などの教育条件整備に関する財政的支援などの役割を負っている。その上で、市町村は小中学校を設置し、学校教育を直接実施する主体としての責任を負い、また、都道府県は学校の教職員の給与負担や人事など広域的な教育水準の維持確保の責任を負い、それぞれが適切な役割分担の下、地域の実情に応じた義務教育の実現を図る仕組みとなっている。

第6条「学校教育」

　第6条　法律に定める学校は、公の性質を有するものであって、国、地方公共団体及び法律に定める法人のみが、これを設置することができる。

2　前項の学校においては、教育の目標が達成されるよう、教育を受ける者の心身の発達に応じて、体系的な教育が組織的に行われなければならない。この場合において、教育を受ける者が、学校生活を営む上で必要な規律を重んずるとともに、自ら進んで学習に取り組む意欲を高めることを重視して行われなければならない。

（旧教育基本法第6条）

第6条（学校教育）　法律に定める学校は、公の性質をもつものであつて、国又は地方公共団体の外、法律に定める法人のみが、これを設置することができる。

② （略）

【本条の趣旨】

改正教育基本法第6条は、旧教育基本法第6条第1項と同様に、教育基本法第1条の「教育の目的」を実現していく「学校」というものが、一体いかなる性格をもつものであるのか、また、「学校」の基礎を強固にし、学校の性格にふさわしい活動が行われるためには、学校の設置者はいかなる資格を持っているものでなければならないかを明らかにするため、「**法律に定める学校**」の性格を規定し、その設置者を公共的な性格を有する者に限定するとともに、新たに学校教育の基本的な役割や、学校教育において重視されるべき事柄を明確にするものである。

【内容】

本条第1項にいう「法律に定める学校」とは、教育基本法が学校教育法の定める学校制度を念頭において規定していることから、学校教育法第1条に定める「正規の学校」のことを指すものである。

具体的には、ここでいう「学校」とは、幼稚園、小学校、中学校、義務教育学校、高等学校、中等教育学校、特別支援学校、大学及び高等専門学校とされている（したがって、学校教育法第124条で定める専修学校や第134条で定める各種学校などは、教育基本法第6条にいう「法律に定める学校」以外の教育施設となる）。

一般的に、学校とは、「校長、教員その他の職員の人的要素と校地、校舎、校具等の物的要素とからなり一定の教育計画に基づき、被教育者を対象にして継続的に教育という役務を提供する組織体をいう」ものとされるが（鈴木勲編著『逐条学校教育法』）、設置者のいかんを問わず、「国家で定めた学校系統の正系により、法定の規模を備え、法定の課程による教育を行うもの」が、ここでいう「法律に定める学校」の意である（『教育基本法の解説』）。

本条第1項にいう学校のもつ「**公の性質**」がいかなる意味をもつものであるかについては、2つの考え方がある。すなわち、①広義説の立場からは、おおよそ「学校の事業の性質」が公のものであり、それが国家

公共の福利のためにつくすべきものであって、私の利益のために仕えてはならないという意味とするが（宗像誠也編『改訂新版教育基本法』では、「公的事業であり、公共のために行われる学校教育事業は公の性質をもつものであるから、これを実現する場たる学校もまた公の性質を持つと考えるべきである……この（第2の）説は、現在教育法学界の多数説」と指摘）、他方、②狭義説の立場からは、法律に定める「学校の事業主体」がもともと公のものであり、国家が学校教育の主体であるという意味に解するものである（『逐条学校教育法』では、「認可を得ることによってはじめて学校としての法的地位を賦与されるものであるから、学問上の『特許』と考えるのが妥当」と指摘）。

　①の広義説の立場からは、そもそも教育を行うこと自体は、国民が自由に行いうるものであり（例えば、親の子どもに対する教育や私塾の開設など）、ただ学校教育法第1条に定める学校として有効に成立するためには、「認可」が必要なのであって、学校の公共性を確保し、学校教育の適正を継続的かつ安定的に維持することができるかどうかについての審査の上、公の機関の同意を得なければ有効に成立しないと解する。したがって、「認可」とは、そのような学校の設置についての法律的行為を完成させるための行政行為である（行政法学上の「認可」）と解する。

　②の狭義説の立場からは、学校は国家に専属する事業とみなし、国家が自らこれを行うほかは、ただ、国家の「特許」（行政法学上の観念。特定人のために行政庁が新たに法律上の力を賦与する行為をいう）を受けることによってのみこれを設置経営することができるものとし、したがって、私立学校は、国が本来なすべき事業を、設置の認可（学校教育法第4条）を得て、私人が国に代わってなしていることとされる。

　本条は、憲法第89条の「公の支配」との関係を念頭において規定されたものであり、学校が公の性質を有し、またその設置者も公あるいはそれと同等と考えられるものに限定していることから、教育基本法の立案作業に当たった文部省関係者の著作による『教育基本法の解説』におい

ても、本条の解釈としては、この狭義説を妥当としているが、なお、議論の余地のある課題といえる。

　いずれの立場をとるにせよ、学校の「公の性質」をどう解するかは、実務的には「学校の認可」の法的性格（行政法学上の「特許」か「認可」かの問題）の解釈にかかる事柄であり、これについては、実際上、学校教育法第1条に定める学校として有効に成立するためには、いずれの説によるにしても、学校教育法令に基づき、学校設置基準等に適合しているかどうかを審査の上、「学校の認可」という行政行為を要するものであることからして、この議論自体の実益は乏しいものといえる。

　次に、本条では、学校の設置主体として、国または地方公共団体のほかは、「法律に定める法人」に限定しているが、ここにいう「法律に定める法人」とは、学校教育法第2条に定める「学校法人」（私立学校法第3条に定める私立学校の設置を目的として設立される法人のこと）のことを指す。

　学校教育法第1条で定める正規の学校は、国立、公立、私立のいかんを問わず、すべて公の性質をもつものとされるが、ここでは、特に、「公の性質」を有する私立学校の設置者について、組織、資産等の面でそれにふさわしい公共性、継続性、安定性を担保するため、「法律に定める法人」と規定し、具体的には、私立学校法の定めに基づく学校の経営主体にふさわしい公的性格をもった特別の法人たる「学校法人」によって設置されることとしたものである。

　なお、学校教育法附則第6条において、当分の間、私立の幼稚園は、学校法人によって設置されることを要しない扱いとされている。これは、幼稚園が比較的小規模であって学校法人のようにまとまった組織を必要としないことやこれらの学校は発展途上にあるものであってその質的充実よりも量的普及が期待されるという理由から、民法法人、宗教法人あるいは個人などによって設置することが認められているものである（『逐条学校教育法』）。

　本条第2項前段では、学校は人的・物的条件を備え、一定のカリキュ

ラムに基づいて、児童生徒等の心身の発達段階に応じ、組織的・体系的な教育を行う場であり、教育基本法第1条にいう「教育の目的」を実現する上で、中心的な役割を果たすことが期待されていることから、学校において「教育の目標を達成するよう」教育を行うべき旨が特に規定されている。

　なお、第1条に定める「教育の目的」を実現するために、今日重要と考えられる事柄を「教育の目標」（第2条）として定めており、学校教育においては、特にこの「教育の目標」が達成されるよう教育を行うため、改正教育基本法第6条の規定を受けて、学校における教育課程の編成・実施のあり方等について、学校教育法、学習指導要領等においてそれぞれ必要な改正・改訂がなされたところである（平成19年6月学校教育法の改正、平成20年3月学習指導要領の改訂）。

　また、本条第2項後段では、学校教育においては、教育を受ける者が、学校生活をいとなむ上で必要な規律を重んじ、自ら進んで真摯に学習に取り組む意欲を高めることを重視して教育が行われるべき旨を特に規定しているが、このことは、教育を受ける者に規律を重んじ、学習意欲を高める旨の義務を課するものではなく、教育を行う者が教育を行うに際して「留意すべき事柄」を規定したものであると解される。

第7条「大学」（新設）

> 第7条　大学は、学術の中心として、高い教養と専門的能力を培うとともに、深く真理を探究して新たな知見を創造し、これらの成果を広く社会に提供することにより、社会の発展に寄与するものとする。
> 2　大学については、自主性、自律性その他の大学における教育及び研究の特性が尊重されなければならない。

【本条の趣旨】

本条は、特に大学の役割の重要性・特性を踏まえて、高等教育及び学術研究を行う機関のうち中心的な存在としての「大学」の基本的な役割について新たに規定するものである。

【内容】

　本条第１項では、大学の基本的な役割について、学術の中心として、①教育を通じて学生に高い教養と専門的能力を培い、②研究を通じて真理の探究と新たな知見の創造を行うとともに、③これらの教育研究の成果について地域社会を含め広く社会に還元し、その発展に貢献していくことが規定され、これを受けて、平成19年６月の学校教育法の改正において、大学の従来の役割としての教育・研究に加え、社会への貢献が大学の重要な役割として位置付けられた。

　本条第２項では、憲法第23条にいう「学問の自由」は大学が学術の中心として深く真理の探究を行うことを本質とすることにかんがみ、特に大学について保障されるものと解されており、大学における教育研究は公権力による学問研究への干渉を受けることなく、自由かつ自主的に行われることが強く要請されていることから、こうした「大学の特性」について広く一般に認知され、尊重されるべきことを特に規定している。

第８条「私立学校」（新設）

> 第８条　私立学校の有する公の性質及び学校教育において果たす重要な役割にかんがみ、国及び地方公共団体は、その自主性を尊重しつつ、助成その他の適当な方法によって私立学校教育の振興に努めなければならない。

【本条の趣旨】

　我が国の私立学校は、独自の建学の精神に基づく個性豊かな教育研究活動を積極的に展開し、例えば、大学では全学生数の約８割を私立大学の学生が占めるなど、我が国の学校教育の質・量両面にわたる発展に大

きな役割を果たしており、このような私立学校の果たす役割の重要性に
かんがみ、国・地方公共団体が私立学校教育の振興を図るべき旨を新た
に規定したものである。

【内容】

　本条前段では、私立学校が行う学校教育は公共的な事業であり、その
意味で「公の性質」を有し、国公立学校と同様に、我が国の「公教育」
の重要な一翼を担い、学校教育の発展において重要な役割を果たすもの
であることを宣明している。

　本条にいう「私立学校」とは、国、地方公共団体以外の者によって設
置される学校であり、その設置者は、基本的には、私立学校法に基づい
て設立された「学校法人」である。ただし、学校教育法（平成19年6月
改正）附則第6条に基づく幼稚園を設置する学校法人以外の者（例え
ば、宗教法人、社会福祉法人等によるもの）や、構造改革特別区域法に
より学校の設置を認められる学校設置会社ないし学校設置非営利法人も
含まれる。

　本条後段では、私立学校の果たす役割の重要性にかんがみ、国・地方
公共団体が、「助成その他の適当な方法によって私立学校教育の振興に
努めなければならない」旨、その責務を明らかにしている。また、私立
学校の振興に際しては、それぞれの私立学校が独自の建学の精神に基づ
く個性豊かな教育研究活動を積極的に展開できるよう、私立学校法第1
条においても定められているように、「私立学校の特性にかんがみ、そ
の自主性を重んじ」ることが尊重されなければならないこととされてい
る。

　なお、学校法人に対する私学助成は、憲法第89条が「公の支配」に属
しない教育事業に対する公金の支出を禁止しているため、学校教育法、
私立学校法及び私立学校振興助成法に定める各種の監督規定をもって
「公の支配に属している」ものとして、行われているところである。今
回の教育基本法の改正により新たに私立学校の振興に関する条文を規定
したことのみをもって憲法第89条に規定する「公の支配に属している」

ものとして私学助成を行うことが可能となるというものではないことに
留意する必要がある。

第9条「教員」

> 第9条　法律に定める学校の教員は、自己の崇高な使命を深く自覚
> 　　し、絶えず研究と修養に励み、その職責の遂行に努めなければな
> 　　らない。
> 2　　前項の教員については、その使命と職責の重要性にかんがみ、
> 　　その身分は尊重され、待遇の適正が期せられるとともに、養成と
> 　　研修の充実が図られなければならない。

（旧教育基本法第6条）
① 　（略）
② 　法律に定める学校の教員は、全体の奉仕者であつて、自己の使命を
　　自覚し、その職責の遂行に努めなければならない。このためには、教
　　員の身分は、尊重され、その待遇の適正が、期せられなければならな
　　い。

【本条の趣旨】
　「教員」は教育を受ける者との人格的な触れ合いを通じ、単なる知識、
技術の伝達にとどまらず、教育を受ける者の人格の完成を目指してその
育成を促す役割を担うものとされ、このため、教員には専門的な知識や
技術の習得だけでなく、広く豊かな人間性や深い教育的愛情など全人格
的な資質と能力が求められている。このようなことから、教員が常にそ
の崇高な使命を自覚し、絶えず自らの資質能力の向上に努めることが必
要であり、その意味で旧教育基本法第6条第2項の規定を基本的に引き
継ぎつつ、新たに「教員」の条が独立して設けられたものである。

【内容】
　本条第1項では、「法律に定める学校の教員」、すなわち、学校教育法

第1条にいう幼稚園、小学校、中学校、義務教育学校、高等学校、中等教育学校、特別支援学校、大学及び高等専門学校の教員は、国公私立の別を問わず、教員としての自己の崇高な使命を自覚し、その職責の遂行に努めることが規定され、その職責の遂行に当たって、新たに改正教育基本法では、教員は「絶えず研究と修養に励」むことが必要である旨規定されている。

　なお、旧教育基本法第6条第2項では、学校教育が「公の性質」をもち、国民全体の利益のためにその職責を遂行すべきものであることから、国公立学校のみならず、私立学校も含めて、教員を「全体の奉仕者」と位置付けていたところである。しかしながら、憲法第15条では、「すべて公務員は、全体の奉仕者であつて、一部の奉仕者ではない」旨規定されており、また、旧教育基本法制定時に比して、私立学校が学校教育に果たす役割が、質量ともに格段に増加していることから、「公務員」を想起させる「全体の奉仕者」との文言は削除されたところであるが、改正教育基本法の第6条に規定されているように学校教育が引き続き「公の性質」を有することは変わりのないことであり、教員の職務の「公共性」は従来と変わるものではないとされる。

　また、教員の職務の「公共性」からして、学校教育において尊重されるべき重要な原則である「教育の政治的中立性」の確保が教員には強く求められ、具体的には、公職選挙法第137条「教育者の地位利用の選挙運動の禁止」、地方公務員法第36条「政治的行為の制限」、教育公務員特例法第18条「公立学校教員の政治的行為の制限の特例」（国家公務員並みの政治的行為の制限）などによって、教員の政治的行為が制限されていることは合理的な制約と解される。

　さらに、本条第1項にいう「自己の崇高な使命を深く自覚し、……その職責の遂行に努めなければならない」とは、一般の公務員もまた「全体の奉仕者」であるが、教員の場合は、それ以上に教育者としての使命があるはずであり、教育基本法第1条及び第2条に定める教育の目的と目標にしたがって教育を行うことが教員の使命であり、それから必然的

に教育者としての教育的愛情の精神もおのずから出てくるものであり、それらをすべて教員の自覚に待とうとするものである。なお、教育公務員特例法第21条第1項では、「教育公務員は、その職責を遂行するために、絶えず研究と修養に努めなければならない」旨規定されており、教員の職責遂行上、研修の果たす役割の重要なることが明らかにされている。

次に、本条第2項では、旧教育基本法第6条第2項の規定を基本的に引き継ぎつつ、教員の使命と職責の重要性にかんがみ、教員としての身分の尊重と待遇の適正を期すべきことが規定されるとともに、新たに、教員の「養成と研修の充実が図られなければならない」ことが加えられている。

教員について、「その身分は尊重され、待遇の適正が期せられる」旨従来から規定されていることについては、戦前の教員は、「国の官吏」として扱われていたものの、実際には一般官吏に比べて待遇が悪く、給与も低い状況にあったことから、それを踏まえ、私立学校も含めた「公の性質」を有する学校に勤務する教員の「身分の尊重」と「待遇の適正」をはかることを意図して規定されたものである。

当初は、「教員の特殊な使命に鑑み、教員の身分を保障し、待遇の適正を図り、もって教員をしてその職責の遂行を全からしめるため」国公私立の教員を対象とした「教員身分法（仮称）」の立案・制定が企図されていたが（『教育基本法の解説』）、昭和24年に国公立学校の教員を対象とした「教育公務員特例法」が制定され、教育を通じて国民全体に奉仕する教育公務員の職務とその責任の特殊性に基づく教育公務員の任免、分限、懲戒、服務及び研修について規定されることとなった。

さらに、昭和49年には、「学校教育の水準の維持向上に資するための義務教育諸学校の教育職員の人材確保に関する特別措置法」（いわゆる「人材確保法」）が制定され、学校教育にすぐれた人材を確保し、学校教育の水準の維持・向上を図ることを目的として、「義務教育諸学校の教育職員の給与については、一般の公務員に比較して必要な優遇措置が講

じられなければならない」（第3条）こととされ、これに基づき昭和53年4月までの間に3次にわたって教員給与の計画的改善が図られたところである。

　なお、第2項にいう教員の「研修の充実」については、教育公務員特例法第21条第2項において「教育公務員の任命権者は、教育公務員の研修について、それに要する施設、研修を奨励するための方途その他研修に関する計画を樹立し、その実施に努めなければならない」旨規定し、教育公務員の任命権者の研修実施の責務を明らかにするとともに、具体には、初任者研修（第23条）、中堅教諭等資質向上研修（第24条）などの研修が同法において法定されている。

第10条「家庭教育」（新設）

> 第10条　父母その他の保護者は、子の教育について第一義的責任を有するものであって、生活のために必要な習慣を身に付けさせるとともに、自立心を育成し、心身の調和のとれた発達を図るよう努めるものとする。
>
> 2　国及び地方公共団体は、家庭教育の自主性を尊重しつつ、保護者に対する学習の機会及び情報の提供その他の家庭教育を支援するために必要な施策を講ずるよう努めなければならない。

【本条の趣旨】

　家庭教育がすべての教育の出発点であり、基本的倫理観やマナー、自制心や自立心などを育成する上で重要な役割を担うことにかんがみ、父母その他の保護者が子の教育についての第一義的な責任を有することを明らかにするとともに、家庭教育が本来的に保護者の自主的な判断に基づいて行われるべきものであることに十分配慮し、国及び地方公共団体は家庭教育の自主性を尊重しつつ、家庭教育の支援に努めるべき旨を新たに規定したものである。

【内容】

本条第1項では、家庭において、子どもに対して行われる教育は、「生活のために必要な習慣を身に付けさせるとともに、自立心を育成し、心身の調和のとれた発達を図る」ものであって、第一義的には、「父母その他の保護者」の責任において営まれるべきものであることが明らかにされている。

一般的に、子どもの教育は、第一義的には親の果たすべき責務であり、この親の「教育を施す権利」は、親子という自然血縁関係に基づく「親族上の原権」ともいうべき性格のものであって、このような親の子どもの教育に対する一定の支配権は、主として「家庭教育の自由」として表れる。実定法上も、親の教育権は、民法第820条において、「親権を行う者は、子の利益のために子の監護及び教育をする権利を有し、義務を負う」と規定され、家庭教育の実施主体としての「父母その他の保護者」の子どもに対する教育についての権利と義務が明らかにされている。

なお、児童の権利に関する条約（平成6年条約第2号）では、第18条において、「締約国は、児童の養育及び発達について父母が共同の責任を有するという原則についての認識を確保するために最善の努力を払う。父母又は場合により法定保護者は、児童の養育及び発達についての第一義的な責任を有する」と規定されており、国際的にも定着している「家庭教育の原則」の考え方が改正教育基本法にも宣明されていることが理解されよう。また、家庭教育の実施に当たっては、「児童の最善の利益は、これらの者の基本的な関心事項となる」（児童の権利に関する条約第18条第1項）ことが要請されるものであって、子どもたちの「最善の利益」が実現されるよう教育を行うことが「父母その他の保護者」の当然の責務といえよう。

本条第2項では、国及び地方公共団体による家庭教育支援の責務が規定されているが、家庭教育を支援するために必要な措置を講ずるに当たっては、「家庭教育の自主性を尊重」することが特に規定されている。

このことは、子どもに対する教育は本来的に父母その他の保護者の権利であり義務であることから、家庭教育においてどのような内容を、どのように教えるかについては、保護者の自主的な判断に任されるべきものであり、法律において詳細に定めたり、また、義務付けたりするものではないのであって、あくまでも教育行政関係者は家庭教育の自主性に配慮しながら、家庭教育を側面的に支援するという立場に立って、施策を講じ、実施すべきものであることを明らかにしている。

第11条「幼児期の教育」（新設）

> 第11条　幼児期の教育は、生涯にわたる人格形成の基礎を培う重要なものであることにかんがみ、国及び地方公共団体は、幼児の健やかな成長に資する良好な環境の整備その他適当な方法によって、その振興に努めなければならない。

【本条の趣旨】

　幼児期は、生涯にわたる人間形成の基礎が培われる重要な時期であり、このような幼児期に行われる教育は、子どもの心身の健やかな成長を促す上で極めて重要な意義を有するものであることから、幼児期の教育について新たに条を設け、国や地方公共団体がその振興に努めるべきことを規定したものである。

【内容】

　本条前段では、家庭や幼稚園等における教育のみならず、地域社会において幅広く行われる教育（保育所等における教育活動を含む）も含めた幼児期の教育の重要性について規定するとともに、後段においては、本来的に、子育てについての第一義的な責任は保護者が担うべきものであるが、同時に社会全体で子育てを支援することが必要であることを踏まえ、国や地方公共団体が幼児期の教育に関する条件整備など、その振興に努めなければならない旨が規定されている。

なお、改正教育基本法第11条にいう「幼児期の教育」とは、おおむね
生後から小学校就学前の時期の幼児を対象として、幼児が生活するすべ
ての場において行われる教育を総称したものとされる。したがって、本
条は、「場所」ではなく、「幼児期」という発達段階の一時期に着目して
規定されたものといえよう。

第12条「社会教育」

> 第12条　個人の要望や社会の要請にこたえ、社会において行われる
> 　　教育は、国及び地方公共団体によって奨励されなければならな
> 　　い。
> 2　国及び地方公共団体は、図書館、博物館、公民館その他の社会
> 　　教育施設の設置、学校の施設の利用、学習の機会及び情報の提供
> 　　その他の適当な方法によって社会教育の振興に努めなければなら
> 　　ない。

（旧教育基本法第7条）

第7条（社会教育）　家庭教育及び勤労の場所その他社会において行わ
　　れる教育は、国及び地方公共団体によつて奨励されなければならな
　　い。

②　国及び地方公共団体は、図書館、博物館、公民館等の施設の設置、
　　学校の施設の利用その他適当な方法によつて教育の目的の実現に努め
　　なければならない。

【本条の趣旨】

　教育は、単に学校だけでなく、社会のあらゆる場所で実施されるよう
にする必要があることから、本条では、社会教育が学校教育と並ぶ重要
な教育上の位置を占めていることを踏まえ、旧教育基本法第7条の規定
を基本的に引き継ぎ、一般に社会において行われる教育を尊重し、国及
び地方公共団体がこれを積極的に奨励する必要があることを明らかにす

るとともに、国及び地方公共団体が自ら行う社会教育の方法を具体的に
示した上で、社会教育の振興に努めるべきことを規定している。

【内容】

　本条第1項では、社会経済の変容に伴い人々の学習ニーズが高まると
ともに、知識基盤型社会の到来により社会が要請する知識・技能の多様
化・高度化が進む中で、このような個人や社会の要望・要請にこたえる
社会教育の重要性が増大していることを踏まえ、広く社会において行わ
れる教育としての「社会教育」が国や地方公共団体によって奨励される
べき旨規定されている。

　「学校教育」は、学校という特別の施設において、特定の期間におい
て、一定の年齢段階にある特定の者を対象として組織的・系統的に行わ
れるものであるのに対して、「社会教育」は、その主体や対象に関して
特に制限が設けられていないことをその特色としており、それゆえ、本
条第1項において規定されているように、「広く社会において行われる
教育」とのみ定義され、教育の主体と対象を限定するものとなっていな
い。

　また、旧教育基本法第7条では、「社会教育」について、「家庭教育及
び勤労の場所その他社会において行われる教育」と定義され、具体に
「家庭教育」、「勤労の場所その他社会において行われる教育」が例示さ
れていたが、改正教育基本法では、「家庭教育」について新たに条を設
け規定したこと、また、「勤労の場所その他社会において行われる教育」
については、旧教育基本法制定当時の時代背景を反映した規定であった
が、現在ではさまざまな社会教育施設が整備されるなどしていることに
かんがみ、こうした例示は改正教育基本法には規定されていない。これ
らのことからすれば、「社会教育」とは、教育のうち、学校または家庭
において行われる教育を除き、広く社会において行われる教育を指すも
のと解される。要するに、社会教育は、国民の自由な教育活動を前提と
して、国及び地方公共団体は一般的にそれを奨励するとの体制を基本と
しているものであるから、社会教育は、極めて幅の広い、千差万別の内

容を含みうる自主的な教育活動であるということができる。

　なお、「社会教育」との関連において、「生涯学習」の概念が問題とされることが多いが、「生涯学習」とは、学ぶ者に着目した概念であって、一人一人がその生涯にわたって、知識・技能・経験等を獲得するため、それぞれの興味・関心等に応じて多様な学習機会から選択して行うすべての学習活動であり、社会教育による学習を包含する、より広い概念であると解される。

　教育基本法の規定を受けて、「教育基本法の精神に則り、社会教育に関する国及び地方公共団体の任務を明らかにすることを目的」として制定された「社会教育法」（昭和24年法律第207号）では、第3条において「すべての国民があらゆる機会、あらゆる場所を利用して、自ら実際生活に即する文化的教養を高め得るような環境を醸成するよう」、国及び地方公共団体に努力義務を課しており、その際、国等は、「社会教育が学校教育及び家庭教育との密接な関連性を有することにかんがみ、学校教育との連携の確保に努めるとともに、家庭教育の向上に資することとなるよう必要な配慮をする」ことが特に規定されている。

　また、社会教育を担う民間の「社会教育関係団体」は、「公の支配に属しない団体で社会教育に関する事業を行うことを主たる目的とするもの」（社会教育法第10条）とされ、社会教育事業を行う団体の自主性の尊重が基本とされ、「国及び地方公共団体は、社会教育関係団体に対し、いかなる方法によつても、不当に統制的支配を及ぼし、又はその事業に干渉を加えてはならない」（同法第12条）こととされる。あくまでも社会教育においては、国民の自主的な教育・学習活動を尊重しつつ、国や地方公共団体はそれの奨励に努めるという基本的姿勢が要請されているといえよう。

　次に、本条第2項では、社会教育が自主的な教育・学習活動であるとはいえ、その教育の振興を図るためには、国または地方公共団体が自ら社会教育を行うことも必要であり、その際には、①図書館、博物館、公民館その他の社会教育施設の設置を図ること、②学校の施設を社会教育

のために利用させること、③学習の機会及び情報の提供に努めることなどの具体の方法を示しつつ、社会教育の振興に努めるべき旨規定している。

公民館は、「実際生活に即する教育、学術及び文化に関する各種の事業を行い、もつて住民の教養の向上、健康の増進、情操の純化を図」る（社会教育法第20条）ことを目的として、市町村において設置される「公の施設」であり、公民館の各種の事業の企画実施につき調査審議するために公民館に設置される「公民館運営審議会」（同法第29条）については、学校教育・社会教育の関係者、家庭教育の向上に資する活動を行う者などから構成され、その自主性の確保が図られている。

また、博物館及び図書館についても、それぞれ、博物館法、図書館法において、関係する資料等を収集・保管・展示して教育的配慮の下に一般公衆の利用に供し、その教養、調査研究、レクリエーション等に資するために必要な事業を行う施設として設置されるものであり、それぞれ公立の施設については、博物館協議会あるいは図書館協議会が置かれ、博物館・図書館の運営に関し館長への諮問に応じることを目的として学校教育・社会教育の関係者等により構成され、運営されている。

次に、学校施設の利用については、従来、我が国の学校があまりにも閉鎖的であったという反省から、学校施設を社会教育のために提供することを具体的に明らかにしつつ、これを受けて、学校教育法では、「学校教育上支障のない限り、学校には、社会教育に関する施設を附置し、又は学校の施設を社会教育その他公共のために、利用させることができる」（第137条）旨規定するとともに、社会教育法においても、「学校の管理機関は、学校教育上支障がないと認める限り、その管理する学校の施設を社会教育のために利用に供するように努めなければならない」（第44条）と規定しているところである。

さらに、旧教育基本法では社会教育振興の具体の方法として例示されていなかった「学習の機会及び情報の提供」について、改正教育基本法では新たに例示を行っている。これは、社会教育の振興施策として従来

はややもすれば施設の整備等が重視されてきたが、社会教育を取り巻く今日的状況にかんがみ、例えば社会教育の講座などの「学習の機会」や美術展・展覧会などの社会教育に関する情報など「学習に関する情報」の提供などソフト面の施策が重要となっていることから、新たに例示として盛り込まれたものである。

このように、我が国の社会教育の振興については、教育基本法を受けて、社会教育法、博物館法、図書館法などの社会教育関係法律の規定に則り、国または地方公共団体の果たすべき任務が明らかにされ、また、学校教育法においても、学校の施設利用の観点から、社会教育への積極的協力が明らかにされているといえよう。

第13条「学校、家庭及び地域住民等の相互の連携協力」（新設）

第13条　学校、家庭及び地域住民その他の関係者は、教育におけるそれぞれの役割と責任を自覚するとともに、相互の連携及び協力に努めるものとする。

【本条の趣旨】

子どもの健全な育成をはじめ教育の目的を実現する上で、地域社会の果たす役割は非常に大きく、このため、学校・家庭・地域社会の三者が、それぞれ子どもの教育に責任をもつとともに、適切な役割分担の下に相互に緊密に連携協力して、教育の目的実現に取り組むことが重要であることから、その旨を改正教育基本法では新たに条を設け、規定するものである。

【内容】

学校、家庭、地域の三者が、教育におけるそれぞれの役割と責任を自覚した上で、教育の目的の実現に向けて連携・協力すべき旨規定している（参考11）。

こうした連携・協力の推進に当たって、学校としては、「学校に関す

る保護者及び地域住民その他の関係者の理解を深めるとともに、これら
の者との連携及び協力の推進に資する」ため、「学校の教育活動その他
の学校運営の状況に関する情報を積極的に提供するものとする」（学校
教育法第43条）こととされており、学校の運営情報提供義務を定めてい
る。

　また、公立学校の運営に関しては、地方教育行政の組織及び運営に関
する法律第47条の5において、教育委員会が所管する学校ごとに、当該
学校の運営に関して協議する機関として「学校運営協議会」を置くこと
ができることとなっており、学校運営協議会の委員には、①対象学校の
所在する地域の住民、②対象学校に在籍する児童生徒等の保護者、③社
会教育法第9条の7第1項に規定する地域学校協働活動推進員など、④
その他教育委員会が必要と認める者を教育委員会が任命することとなっ
ている（第47条の5第2項）。このように、保護者や地域住民が学校運
営に参画する学校運営協議会を設置可能とするための制度が新たに導入
（平成16年9月施行）されたところであり、地域住民等による、いわゆ
る「学校ボランティア」の活動も含め、その活用が進んでいる。

（参考11）
　　改正教育基本法には、「学校、家庭及び地域住民等の相互の連携協力」（第13条）
　の条項をはじめ、「大学」（第7条）、「私立学校」（第8条）、「家庭教育」（第10条）、
　「幼児期の教育」（第11条）などの規定が新たに設けられているが、これらの規定
　を設けることについては、教育基本法はあくまでも「理念法」の性格を有してい
　ることから、個別具体の教育にかかる施策等は学校教育法をはじめとする教育関
　係の「具体的な施策法」が取り扱うべきものであり、教育基本法に盛り込むべき
　ではないとの批判が提起されている。これについては、近年の教育をめぐる動向
　等にかんがみ、教育を根本から見直し、新しい時代にふさわしい教育の基本を確
　立するとの観点に立って、教育基本法の改正が行われた趣旨を踏まえるとすると、
　上記の規定を盛り込むことは妥当と考えられるが、いずれにせよ、教育基本法の
　改正に当たってどのような条項を設けるかについては、それらの内容は格別とし
　て、立法政策上の当否の問題であるといえよう。

第14条「政治教育」

第14条　良識ある公民として必要な政治的教養は、教育上尊重され
なければならない。
2　法律に定める学校は、特定の政党を支持し、又はこれに反対す
るための政治教育その他政治的活動をしてはならない。

（旧教育基本法第8条）

第8条（政治教育）　良識ある公民たるに必要な政治的教養は、教育上
これを尊重しなければならない。

②　法律に定める学校は、特定の政党を支持し、又はこれに反対するた
めの政治教育その他政治的活動をしてはならない。

【本条の趣旨】

　日本国憲法では、主権が国民に存することを宣言し、国政の権力は国
民の代表者がこれを行使することを明らかにして、民主主義の実現のた
めの法的基礎を築いたが、この基礎の上に民主的な国家の建設を実現し
ていくためには、国民の政治的教養と政治道徳の向上が必要不可欠であ
ることから、本条第1項においては、教育上、「良識ある公民として必
要な政治的教養」が尊重されなければならないことを旧教育基本法の規
定を引き継ぎ、規定したものである。

　また、本条第2項は、学校教育本来の目的を達成するため、学校内に
一党一派の政治的偏見がもちこまれないよう、学校における「政治教
育」の限界として、特定の党派的政治教育を禁止することにより、「教
育の政治的中立」を確保しようとする趣旨の規定であり、旧教育基本法
の規定を引き継ぐものである。

【内容】

　本条第1項にいう「良識ある公民」とは、単なる常識以上に十分な知
識をもち、健全な批判力を備えた「公民」の意味であり、この「公民」
とは、「政治上の能動的地位における国民」（「教育基本法の解説」）を表

しており、このような公民たるに必要な「政治的教養」としては、①民主政治、政党、憲法、地方自治など、現代民主政治上の各種制度についての知識、②現実の政治の理解力及びこれに対する公正な批判力、③民主国家の公民として必要な政治道徳及び政治信念などがあるとされる（『教育基本法の解説』）。

　このような政治的教養を養うことは、学校教育においても社会教育においても努めなければならないものであって、教育行政の面ではそのような政治的教養を養えるような条件整備を図ることが必要であるとされる。

　これに対して、本条第2項では、「法律に定める学校」である学校教育法第1条の「正規の学校」においては、教育の政治的中立性を確保するため、教員による党派的政治教育など政治的活動の禁止を規定している。なお、ここで「学校」とは、「学校教育活動の主体としての学校自体は」という意味であり、党派的政治教育が学校教育活動として行われる限り、学校内外を問わないことはいうまでもない。

　本条第2項の規定は、憲法第21条に保障する「言論・表現の自由」とのかかわりが問題とされるが、学校の教員はその職務の公共性が高いものであり、学校教育における党派的政治教育など政治的活動の実施が教育本来の目的を阻害するものであることは明らかであり、「言論・表現の自由」など憲法の保障する自由権といえども、「教育の政治的中立性」や「教員の職務の公共性」など重要な公共の利益を擁護するためには、合理的で必要やむをえない限度において「言論・表現の自由」が制約されるのは憲法上許容されると考えられる。

　なお、昭和29年制定の「義務教育諸学校における教育の政治的中立の確保に関する臨時措置法」においては、「教育基本法の精神に基づき、義務教育諸学校における教育を党派的勢力の不当な影響又は支配から守り、もって義務教育の政治的中立を確保する」（第1条）ため、何人も、学校の職員を主たる構成員とする団体の組織または活動を利用し、義務教育諸学校に勤務する教育職員に対し、これらの者が、児童生徒に対し

て、特定の政党を支持させ、または反対させる教育を行うことを教唆し、または扇動することを禁止しており（第3条）、その違反に対しては罰則を設け抑止している。

　また、本条第2項は、学生生徒等の「政治的活動」については、直接関係するものではないものの、学生生徒等の「言論・表現の自由」は一般的には憲法上の権利として保障されている一方で、学生生徒等を規律する包括的権能を有する学校が、教育の目的を達成するために、学内秩序を維持すべく一定の制約を加えることはできるものと解される。

　なお、平成27年に公職選挙法が改正され、選挙年齢が18歳以上に引き下げられたことに伴い、次代の主権者となる子どもたちの政治的教養を高めるための「主権者教育」の推進が求められている。

第15条「宗教教育」

第15条　宗教に関する寛容の態度、宗教に関する一般的な教養及び宗教の社会生活における地位は、教育上尊重されなければならない。
2　国及び地方公共団体が設置する学校は、特定の宗教のための宗教教育その他宗教的活動をしてはならない。

（旧教育基本法第9条）

第9条（宗教教育）　宗教に関する寛容の態度及び宗教の社会生活における地位は、教育上これを尊重しなければならない。

②　国及び地方公共団体が設置する学校は、特定の宗教のための宗教教育その他宗教的活動をしてはならない。

【本条の趣旨】

　日本国憲法第20条では、「信教の自由」を保障するとともに、憲法第89条の規定と相まって、国家の宗教的中立性を宣明する「政教分離」の原則を明らかにしている。この規定を受けて、本条第1項では、すべて

の教育を通じて、重んじられるべき最小限可能な「宗教教育」の範囲を示すとともに、第2項においては、憲法の政教分離の規定を踏まえ、国公立学校の宗教的中立性を確保するために、「特定の宗教のための宗教教育その他宗教的活動」の禁止を明らかにし、「宗教教育」の限界を示しており、旧教育基本法第9条の内容を基本的に引き継ぐものとなっている。

【内容】

　戦前、我が国では、「官公立学校ニ於ケル宗教上ノ教育儀式施行ノ禁止ノ件」（明治32年文部省訓令第12号）において、官公立学校における宗教と教育の分離を主義としたものの、「国家神道」は「宗教にあらず」とされ、以来、学校においてその教義が教えられ、その儀式が行われてきたことの反省に立って、教育基本法において、憲法第20条とも相まって、特に学校における宗教的中立性の確保が規定されたものといえる（『教育基本法の解説』では、「かくて神社神道はいわば国教的な地位を占め、進んではそれが政治的目的を達成するための手段に供せられるに至った。他方、そのことが他の宗教を圧迫する結果となったのである」と総括している）。

　まず、本条第1項では、憲法第20条の「信教の自由」の保障の規定を受けて、内心において宗教を信じ又は信じないことに関して、また、宗教のうち一定の宗派を信じ又は信じないことに関して、他の宗教ないし他の宗派をそれと認めつつ、侮蔑、排斥をせず、許し入れ、さらに反宗教者に対しても寛容の態度をとるなど、信教の自由についての「寛容の態度」の育成が教育上尊重されることの重要性を明らかにしている。

　また、本条第1項では、教育上、「宗教の社会生活における地位」の尊重が明らかにされているが、これは、宗教が歴史上・社会生活上において果たしてきた役割、過去の偉大な宗教家の人格、宗教が現在の社会生活に占めている地位及びその社会的機能や宗教の本質等を、一宗一派に偏することなく、客観的態度で教材の中に取り入れることであるとされる。

さらに、本条第1項には、旧教育基本法に規定された「宗教に関する寛容の態度」や「宗教の社会生活における地位」を引き継ぎつつ、新たに、「宗教に関する一般的な教養」を加え、宗教に関する知識などを教育上尊重すべきことが明確にされた。

　この規定の改正の背景には、「宗教は、人間としてどう在るべきか、与えられた命をどう生きるかという個人の生き方にかかわるものであると同時に、社会生活において重要な意義を持つものであり、人類が受け継いできた重要な文化である」との認識に立って、「教育において、宗教に関する寛容の態度や知識、宗教の持つ意義を尊重することが重要であり、その旨を適切に規定することが適当である」（中央教育審議会答申「新しい時代における教育基本法と教育振興基本計画の在り方について」　平成15・3）と提言されたことを受け、新たに「宗教に関する一般的な教養」を規定し、主要宗教の歴史や特色、世界における宗教の分布などの宗教に関する知識などについての教育が今後重要であると考えられたからである。

　なお、平成15年3月の中央教育審議会答申では、「人間形成を図る上で、宗教的情操をはぐくむことは、大変重要である」と提言されたものの、改正教育基本法の条文の中にそれを規定することは提言されなかった経緯があり、改正教育基本法第15条には、「宗教的情操の涵養」の規定が盛り込まれていない。これについては、教育基本法の改正に関する国会審議において「宗教的情操を教えることは、その内容が非常に多義的であって、特定の宗教、宗派を離れて教えることは困難である」旨の政府側の答弁がなされている（例えば、衆・教育基本法に関する特別委員会での小坂文部科学大臣答弁　平成18・5・26）。

　これらが本条第1項で規定されている「宗教教育」として学校教育などにおいて取り扱うことが可能な範囲とされるのである。

　次に、本条第2項では、憲法第20条第3項において「国及びその機関は、宗教教育その他いかなる宗教的活動もしてはならない」とされ、「信教の自由」の制度的保障としての「政教分離」が明らかにされてい

ることから、教育においても、国公立学校の教育は憲法の政教分離原則に基づき、公教育の「世俗性」を原理とし、一切の宗派的宗教教育が禁止されている。

なお、何が国公立学校における「宗教教育」に該当し、禁止されるものであるかについての判断基準として、判例では、当該行為の目的が特定の宗教に関する宗教的意義をもつ行為であって、その効果が宗教に対する援助、助長、促進または圧迫、干渉等にあたるような宗教教育その他宗教的活動は禁止される（津地鎮祭事件最高裁判決　昭和52・7・13）ものとされるが、個々の活動がこれに該当するかどうかは個別具体に判断すべきものといえる。

なお、特定の宗教のための宗教教育の禁止は、国公立の学校に対してのみ認められるものであって、当然のことながら、私立学校における宗教教育や家庭教育における宗教教育は、信教の自由の一部として保障されるものである。すなわち、私立学校においては、私立学校の教育課程の編成の特例として、学校教育法施行規則第50条第2項等では、「宗教」を加えることができ、この場合において「宗教」をもって「特別の教科である道徳」に代えることができる取扱いとなっている。

第16条「教育行政」

第16条　教育は、不当な支配に服することなく、この法律及び他の
　　　法律の定めるところにより行われるべきものであり、教育行政
　　　は、国と地方公共団体との適切な役割分担及び相互の協力の下、
　　　公正かつ適正に行われなければならない。
2　国は、全国的な教育の機会均等と教育水準の維持向上を図るた
　　め、教育に関する施策を総合的に策定し、実施しなければならな
　　い。
3　地方公共団体は、その地域における教育の振興を図るため、そ
　　の実情に応じた教育に関する施策を策定し、実施しなければなら

ない。

4　国及び地方公共団体は、教育が円滑かつ継続的に実施されるよう、必要な財政上の措置を講じなければならない。

（旧教育基本法第10条）

第10条（教育行政）　教育は、不当な支配に服することなく、国民全体に対し直接に責任を負つて行われるべきものである。

②　教育行政は、この自覚の下に、教育の目的を遂行するに必要な諸条件の整備確立を目標として行われなければならない。

【本条の趣旨】

本条は、教育基本法第1条以下に明示されている教育の目的・目標及び教育についての基本的諸原則を実現する手段・方法の基礎としての教育行政のあり方について総括的に規定するものである。その意味で、<u>本条は、教育と教育行政との関係についての基本原理を明らかにした重要な規定である</u>。

本条は、旧教育基本法に引き続き、教育が国民全体の意思とはいえない一部の勢力に不当に介入されることを排除し、教育の中立性・不偏不党性の原則を明確にした上で、新たに、教育行政遂行に当たっての国、地方公共団体のそれぞれの役割・責務について規定するとともに、教育が円滑かつ継続的に実施されるよう、必要な財政上の措置を講じなければならない旨規定するものである。

【内容】

本条第1項では、教育が国民全体の意思に基づいて、教育の中立性、不偏不党性を堅持しつつ行われることが強く要請されていることから、「不当な支配に服することなく」の理念を旧教育基本法に引き続いて規定した上で、教育は、国民の代表機関である国会において制定された「法律の定めるところにより行われるべき」旨を新たに規定し、法律の定めるところにより行われる教育が「不当な支配」に服するものではないことを明確にするとともに、国と地方の適切な役割分担の下に公正・

適正に行われるべきことを求めている。

　本条第1項にいう「教育は、不当な支配に服することなく」とは、戦前の我が国において極端な国家主義的または軍国主義的なイデオロギーによる教育や学問の統制が行われたことの反省に立って規定されたものであり、教育が国民全体の意思とはいえない一部の勢力に不当に介入されることを排し、教育の中立性・不偏不党性を求める趣旨である。

　ここにいう「教育」とは、「国公私立の学校教育はもとより、家庭教育、各種各様の社会教育、さらにはそれらに関する教育行政をも含めて広く教育界の諸事象を包含する」ものと解される（木田宏著『教育行政法』）。したがって、学校教育のみならず、家庭教育・社会教育も含まれるものではあるが、家庭教育・社会教育については、本来自主的に行われるべきものであり、これらに対する「不当な支配」が特に問題とされることはなかったが、教育の中立性・不偏不党性の確保は、教育全体にかかわる基本的原則であることから、本条では、これらの教育も含め「教育」と規定されている。

　また、ここにいう「不当な支配」の主体となるものは、教育は不当な支配を排除して、専ら国民全体に対して責任を負って行われるべきものであることからすれば、主として政党その他の政治団体、労働組合、宗教団体その他の団体等、国民全体でない一部の党派的勢力ないし個人を指すものといえる。この点に関しては、論理的には、国の教育行政機関が、国民全体の意思とかかわりのない一党一派に偏した教育上の介入・干渉をすれば、「不当な支配」の主体に当たる場合がありうることを否定できないものの、「憲法に適合する有効な他の法律の命ずるところをそのまま執行する教育行政機関の行為がここに言う『不当な支配』となりえないことは明らか」（永山中学校事件最高裁判決　昭和51・5・21）である。この点については、今回の改正により、教育が国民全体の教育意思を反映した「法律の定めるところにより行われるべき」旨の規定が盛り込まれることにより、議会制民主主義国家の下において公教育の適切な実施にかかわる教育行政の基本的なあり方が明確になったものとい

えよう。

　なお、旧教育基本法のもとで、第10条第１項及び第２項の規定の解釈をめぐって、一部の教職員団体等が、「国民全体に直接責任を負つて」や教育行政が「必要な諸条件の整備確立」を行うとの規定をもって、教育行政が教育内容や方法にかかわることは「不当な支配」であるとの主張を展開し、国の定める教育課程の基準たる「学習指導要領」を認めず、行政機関や学校長等による適法な命令や指導を拒む根拠とされてきた経緯がある。

　しかしながら、このような主張は、先の最高裁判決（昭和51・5・21）においてみたように、教育行政機関は、憲法に適合する法律の定めるところにより適正かつ公正に行政を行うことが要請され、その要件を満たす限りにおいて「不当な支配」とはなりえないことは明白であり、教育行政機関の行為を不当な支配の主体とする説は、誤った主張であることが確認されているといえる。

　旧教育基本法第10条第２項では、「教育の目的を遂行するに必要な諸条件の整備確立を目標とする」旨の規定があったが、ここにいう「諸条件の整備確立」とは、教育行政として、教育の「制度を整え、組織を設けて、必要な人々を配置し、経費を投入し、行うべき教育内容、教育目的を明示して、教育活動の効果を高め、また、その成果を評価する等の諸々の要件を、目的達成のために整えることをいう」（木田宏著『教育行政法』）と解されていた。

　旧教育基本法第10条第２項に関しては、第１項との関連において、教育を、いわゆる「内的事項」と「外的事項」に区分し、教育行政はこのうち教育の「外的事項」、すなわち、施設設備の整備等の物的諸条件の整備にその任務が限られるとの説がなされていたが、このような説は最高裁判決においても明確に否定されているところである。

　すなわち、国は、一般に社会公共的な問題について国民全体の意思を組織的に決定、実現すべき立場にあることから、国政の一部として広く適切な教育政策を樹立、実施すべく、また、しうる者として、憲法上

は、あるいは子ども自身の利益の擁護のため、あるいは子どもの成長に
対する社会公共の利益と関心にこたえるため、「必要かつ相当と認めら
れる範囲において、教育内容についてもこれを決定する権能を有するも
のと解さざるを得ず、これを否定すべき理由ないし根拠は、どこにもみ
いだせない」（永山中学校事件最高裁判決）とされており、したがって、
「教育に対する行政権力の不当、不要な介入は排除されるべきであると
しても、許容される目的のために必要かつ合理的と認められるそれは、
たとえ教育の内容及び方法に関するものであっても、必ずしも同条の禁
止するところではないと解するのが、相当である」とされる。

　このため、改正教育基本法では、「国民に直接に責任を負つて」や
「必要な諸条件の整備確立」の規定を削除し、代わって教育は「法律の
定めるところにより行われるべき」旨規定したものである。教育が、国
民全体の意思を反映した「法律に定めるところ」により行われるべき
旨、改正教育基本法において規定されることにより、旧教育基本法の趣
旨は維持されているものといえよう。

　なお、永山中学校事件最高裁判決にみられるように、教育内容への教
育行政の関与は、「許容される目的のために必要かつ合理的と認められ
る」範囲においてなされるべきことは当然であり、もとより「政党政治
の下で多数決原理によってされる国政上の意思決定は、様々な政治的要
因によって左右されるものであるから、本来人間の内面的価値に関する
文化的な営みとして、党派的な政治的観念や利害によって支配されるべ
きでない教育にそのような政治的影響が深く入り込む危険があることを
考えるときは、教育内容に対する右のごとき国家的介入についてはでき
るだけ抑制的であることが要請される」ことに留意すべきであろう（**参
考12**）。

　次に、本条第1項後段では、前段における教育の不偏不党性の原則を
踏まえ、教育行政のあり方について規定するものであり、関係法律の定
めるところにより、かつ、教育基本法の掲げる教育の理念・原則が実現
されるよう、国と地方公共団体が適切な役割分担と相互の協力の下で、

教育施策を実施する責務を有するものであり、その実施に当たっては、「公正かつ適正に」行われなければならない旨を明らかにしている。

本条第2項では、教育行政における国の役割と責務を明らかにしており、国は、全国的な教育機会の均等と教育水準の維持向上を図るため、教育に関する施策を総合的に策定し、実施しなければならない旨規定している。具体には、国は、①学校制度、教育委員会制度などの基本的制度の枠組みを設定すること、②学習指導要領などの全国的な基準を設定すること、③義務教育費国庫負担制度など教育条件整備に関する財政的支援を行うことなどに基本的な責任を負っている。

本条第3項では、教育行政における地方公共団体の役割と責務を明らかにしており、地方公共団体は国が設ける一定の制度的な枠組みや基準の下、その地域の実情に応じた教育に関する施策を策定し、実施しなければならない旨規定している。具体には、市町村においては小学校・中学校を設置し、学校教育を直接実施する主体としての責任を負い、都道府県は自ら高等学校や特別支援学校などを設置管理するとともに、公立の義務教育諸学校の教職員の給与負担や人事など広域的な水準確保の責任を負い、それぞれが適切な役割分担を行いながら、地域の実情に応じた教育の実現が図られることが期待されている。

さらに、本条第4項は、教育の機会均等や教育水準の維持向上を確保しつつ、教育が円滑かつ継続的に実施されるよう、国や地方公共団体に対して、義務教育にかかる財政措置はもとより教育全般について必要な財政措置を講じるよう求めるものである。

（参考12）
　教育内容への関与について、中央教育行政機関は各学校における教育課程の国家基準としての「学習指導要領」を定めることなどによりその統制権能を及ぼすことは当然であるとしても、教育の地方分権の趣旨あるいは地域の実情等に応じた教育の創造の重要性や教育現場における教育活動の創意工夫を促す必要性などを考慮すると、その統制権能には自ずと限界と制約があるといえよう。永山中学校事件最高裁判決にもみられるように、中央教育行政機関の教育内容への統制権能は、「許容される目的」、すなわち、全国的な観点からする教育の機会均等及び教育水準の維持確保を図るために、「必要かつ合理的な」範囲において、すなわち、

学校教育においてすべての児童生徒等が共通に履習すべき「最小限必要な教育内容の基準」（ミニマム・エッセンシャル）として設定される基準の範囲（ミニマム・スタンダード）にとどまるといえよう。

第17条「教育振興基本計画」（新設）

> 第17条　政府は、教育の振興に関する施策の総合的かつ計画的な推進を図るため、教育の振興に関する施策についての基本的な方針及び講ずべき施策その他必要な事項について、基本的な計画を定め、これを国会に報告するとともに、公表しなければならない。
>
> 2　地方公共団体は、前項の計画を参酌し、その地域の実情に応じ、当該地方公共団体における教育の振興のための施策に関する基本的な計画を定めるよう努めなければならない。

【本条の趣旨】

　教育改革を実効あるものとするためには、我が国の教育の目指すべき姿を国民に明確に提示し、その実現に向けてどのように教育を振興し、改革していくかを明らかにすることが重要であることから、改正教育基本法により明確にされた新しい教育の目的や理念などを、さらに具体化する施策を総合的かつ体系的に位置付け、実施するため、新たに、政府として、「教育振興基本計画」を策定することの根拠となる規定を設けるとともに、地方公共団体においても、国の教育振興基本計画を踏まえて、当該地方公共団体の教育の振興に関する基本計画の策定に努めることを規定するものである。

【内容】

　本条第1項では、教育の振興に関する施策の総合的かつ計画的な推進を図るため、政府として、教育振興に関する基本的な方針や講ずべき施策等を定める「教育振興基本計画」を策定することを規定し、策定された当該計画を国会に報告するとともに、これを公表しなければならない

旨を規定している（**参考13**）。

改正教育基本法第17条第１項の規定に基づき、平成20年７月１日付けで策定された「教育振興基本計画」においては、「改正教育基本法の理念の実現に向けて、<u>今後おおむね10年先を見通した教育の目指すべき姿と、平成20年度から24年度までの５年間に総合的かつ計画的に取り組むべき施策について示す</u>」こととし、「今後10年間を通じて目指すべき教育の姿」として、①義務教育修了までに、全ての子どもに、自立して社会で生きていく基礎を育てる、②社会を支え、発展させるとともに、国際社会をリードする人材を育てるとの目標を掲げ、このため、「目指すべき教育投資の方向」として、「<u>教育への公財政支出が個人及び社会の発展の礎となる未来への投資であることを踏まえ、欧米主要国を上回る教育の内容の実現を図る必要</u>」があり、「OECD諸国など諸外国における公財政支出など教育投資の状況を参考の一つとして、必要な予算について財源を措置し、教育投資を確保していくことが必要である」旨示している。また、「今後５年間に総合的かつ計画的に取り組むべき施策」として、①社会全体で教育の向上に取り組む、②個性を尊重しつつ能力を伸ばし、個人として、社会の一員として生きる基盤を育てる、③教養と専門性を備えた知性豊かな人間を育成し、社会の発展を支える、④子どもたちの安全・安心を確保するとともに、質の高い教育環境を整備するとの「基本的方向」を掲げ、これらに沿った各施策を示している。

また、平成25年に閣議決定された「第２期教育振興基本計画」では、「社会を生き抜く力の養成」、「未来への飛躍を実現する人材の育成」など生涯の各段階を貫く４つの基本的方向性を設定し、それらに基づいて、「生きる力の育成」など８つの成果目標・指標や「教育内容方法の充実」、「豊かな心の育成」など30にわたる具体の基本施策を体系的に整理し、とりまとめている。

さらに、平成30年６月には第３期計画が策定され、５年計画で実施されている。

次に、本条第２項では、地方公共団体においても、国の教育振興基本

計画を参考にしながら、当該地方公共団体の実情を踏まえ、教育の振興に関する基本的な計画の策定に努めなければならない旨規定している。

　地方公共団体には、改正教育基本法第16条第1項にいう「国との適切な役割分担と相互の協力の下」、教育行政を適正に実施していくべき責務があることを踏まえて、教育の振興に関して、当該地方公共団体の経済的・社会的条件等に応じた総合的な施策を策定し、実施することにより、住民の期待にこたえ、その責任を全うすることが求められていることから、第2項の規定が設けられているものである。

（参考13）
　「政府」が教育振興基本計画を定めるとする改正教育基本法第17条第1項の趣旨は、従来、中央教育行政機関である文部科学省において事実上さまざまな教育振興のための実施プログラムが策定され実施されていたところであるが、今回の改正により、「文部科学省」が政府の一機関として「教育振興基本計画」の策定を行うのではなく、内閣の総意として政府全体の法定の計画としての「教育振興基本計画」を閣議において決定し、これを誠実に具体化し実施していく責務を政府全体が負うということを規定するものである。

第18条「法令の制定」

第18条　この法律に規定する諸条項を実施するため、必要な法令が制定されなければならない。

（旧教育基本法第11条）
第11条　この法律に掲げる諸条項を実施するために必要がある場合には、適当な法令が制定されなければならない。

【本条の趣旨】

　教育基本法が、教育の理念及び制度の基本を宣言したにとどまる、いわば「教育憲章」ともいうべき性格のものであることにかんがみ、ここに規定された諸原則は、別に、法律・命令でもって具体的に敷衍されるものであることを明らかにした実施手続き的な規定であり、旧教育基本法の規定を引き継ぎ規定するものである。

【内容】

　本条の意味としては、まず第一に「今後制定されるべき教育法令は、すべて本法に掲げる原則に従って制定されなければならないということ」であり、「本法に違反した法律は、そのために当然無効となるのではないが、間接に憲法違反となって無効となることもあろうし、またそのような法律を制定することは政治的、道徳的に好ましくない」（『教育基本法の解説』）ものとされる。

　第二に、「本法によって、本法に掲げる諸条項の実施の規定が命令に委任されたものと解してはならない」のであって、ここに「法令」とあるのは、法律命令の意であり、教育に関することはすべて法律でもって規定することが原則であるが、特に法律のほかに命令を加えた理由としては、「基本的でなく、細部にわたる事がらは、これを一々法律で規定することなく、それぞれの法律で命令に委任することが必要である場合が多い」（『教育基本法の解説』）からである、とされる。

　いずれにせよ、日本国憲法、教育基本法の制定を受けて、その後、学校教育法、私立学校法、社会教育法はじめ我が国の教育関係法律が陸続と制定されることとなったところであるが、教育基本法における「定めは、形式的には通常の法律規定として、これと矛盾する他の法律規定を無効にする効力をもつものではないけれども、一般に教育関係法令の解釈及び運用については、法律自体に別段の規定がない限り、できるだけ教育基本法の規定及び同法の趣旨、目的に沿うように考慮が払われなければならないというべき」（永山中学校事件最高裁判決　昭和51・5・21）とされ、本法が、現行の教育関係法令の解釈・運用の基本的指針であることが、本条において明示されているといえよう。

第4章　国・地方の教育行政の組織・機能と法

I　教育行政の歴史的変遷

1　戦前の教育行政

　明治5年の近代的学校制度の創設に先立って、4年に文部省が設置され（初代文部卿大木喬任）、翌5年の「学制」の公布により、全国民を対象とする単一の学校体系を基本として、学校系統を大学・中学・小学の3段階とする近代的学校制度が創設された。

　これらの学校については、学制第1章において「全国ノ学政ハ之ヲ文部一省ニ統フ」とされ、**教育行政の責任は国（文部省）**とされた。

　明治18年、内閣制度の発足に伴い、文部大臣は国務大臣（初代文部大臣森有礼）であるとともに、「教育学問ニ関スル事務ヲ管理ス」る行政長官となり（文部省官制）、地方教育行政とのかかわりでは、明治18年から全国を5地方部に分かち文部省内の「視学部」に「視学官」5人を置き、各地方部の教育視察と指導とを分担させる仕組みが整備された。

　他方、明治21年の「市制及町村制」ならびに23年の「府県制」、「郡制」の制定によって地方自治制度が成立し、23年に「地方学事通則」（法律89）、また「小学校令」（勅令第215号）が新たに公布され、戦前の我が国地方教育行政制度の基本的枠組みが整備された。

　この地方学事通則及び小学校令により、教育が市町村の「固有事務」ではなく「**国の事務**」であることが明確にされるとともに、教育行政に関する文部大臣・地方長官・郡長・市町村長・市町村等の権限と責任が具体的に規定された。

　ここでは、①教育の目的・方法・教則・教科書・教員の服務等などの原則的事項については文部大臣が権限を有すること、②学校の設置と維

持、教員への給与等、学務委員及び郡視学の教育事務などの経費につい
ては、地方団体がそれぞれ分担して責任をもつこととされ、**教育に関す
る内的事項は国に、また、外的事項は地方にあるとする原則が確立され
た。**

　地方教育行政は、国の機関である地方長官（官選の府県知事）・郡長
（及び視学等の補助機関）と、国及び市町村の機関としての市町村長
（及びその補助機関としての「学務委員」）とによって行われることとな
り、また、教員についても、明治16年官吏懲戒令、行政官吏服務規律を
府県立・町村立学校の校長・教員などにも適用すると定め、**公立学校職
員を一般官吏に準ずる官吏待遇者として、「国の官吏」扱いとした。**

2　戦後の教育行政

　戦後、昭和21年３月に来日した「**アメリカ教育使節団**」は、「高度に
中央集権化された教育制度は、仮にそれが極端な国家主義と軍国主義の
網の中に捕えられていないにしても、強固な官僚政治に伴う害悪を受け
るおそれがある。教師各自が画一化されることなく適当な指導の下に、
それぞれの職務を自由に発展させるためには、地方分権化が必要であ
る」との認識の下、「**教育の民主化の目的のために、学校管理を現在の
如く中央集権的なものよりむしろ地方分権的なものにすべきであるとい
う原則**は、人の認めるところである。……文部省は本使節団の提案によ
れば、各種の学校に対して技術的援助および専門的な助言を与えるとい
う重要な任務を負うことになるが、地方の学校に対するその直接の支配
力は大いに減少することであろう。**市町村および都道府県の住民を広く
教育行政に参画させ、学校に対する内務省地方官吏の管理行政を排除す
るために、市町村および都道府県に一般投票により選出せる教育行政機
関の創設を、われわれは提案**する」との勧告を行った（昭和21・３・
31）。

　昭和21年制定（昭和21・11・３公布、昭和22・５・３施行）の日本国
憲法では、第92条において、「地方公共団体の組織及び運営に関する事

項は、**地方自治の本旨に基いて、法律でこれを定める**」と規定し、これを受けて制定された地方自治法（昭和22・4・17）では、「**住民に身近な行政はできる限り地方公共団体にゆだねることを基本**」（同法第1条の2第2項）とする原則が明示された。

教育についても学校教育法（昭和22・3・31）において「**設置者管理主義の原則**」（同法第5条）の下、小中学校については市町村に設置義務が課され（同法第38条、第49条）、**教育事業は基本的に「地方の事務」**とされることとなった。

また、地方の事務（団体自治）とされた教育事業の遂行のため、アメリカ教育使節団の勧告に基づき、昭和23年に「教育委員会法」（昭和23・7・15）が制定され、**地方公共団体の首長から独立した合議制の執行機関として民意を反映する仕組みの下新たに「教育委員会制度」**（住民自治）**が創設**され、教育行政の地方分権化が推進された。

このように、戦後教育改革により、中央集権からの脱却と地方分権の尊重ならびに地方教育行政の民主化を図るため、新たにアメリカから「教育委員会制度」が導入され、昭和23年「教育委員会法」の制定により、公選制の教育委員会が発足した。

教育委員会は、合議制の執行機関として、教育委員の素人支配（レイマン・コントロール）と教育長の専門的な指導（プロフェッショナル・リーダーシップ）により成り立つ仕組みであり、教育委員会の指揮監督の下に教育長が教育委員会の権限に属するすべての事務をつかさどり、教育委員会の事務局の事務を統括し、職員を指揮監督する構造となっている（なお、平成26年の地方教育行政法の改正により、教育長は首長が任免することとなり、教育委員会の教育長への指揮監督権は削除された）。

我が国の独立回復後の昭和31年、公選制教育委員会制度の政治的弊害が顕著となるなどの問題を踏まえ、新たに「地方教育行政の組織及び運営に関する法律」が制定され、任命制教育委員会制度に切り替えられた。その際、教育委員会の予算・条例の原案作成及び議会への送付権も

廃止された。

　なお、教育委員会制度における財政権については、アメリカの教育委員会制度では、教育委員会の財政自主権が確立しており、「教育税」を独自に徴収する仕組みがあるが、我が国の戦後教育委員会制度導入時には、教育予算の歳出に関する自主権には配慮が払われたが、財政自主権の仕組みは整備されなかった。

　また、同法により、市町村立学校教職員の任免について新たに「**県費負担教職員制度**」が導入され、都道府県教育委員会が市町村立小中学校の教職員の給与・任命に関する権限を有することとなり、**教育公務員制度は、一般の地方公務員制度とは異なり、「服務監督権」は市町村教育委員会に、そして「任免権」は都道府県教育委員会にという仕組みに**より、同じ地方公務員の中でも公立小中学校に勤務する教育公務員は極めて変則的な関係性に置かれることとなった。

　さらに、教育長の適材確保の担保措置をそれぞれ教育行政の上級機関の承認にかかわらしめる「**任命承認制度**」の創設も、地方教育行政法の制定に伴い図られたところであるが、この教育長の任命承認制度は、平成11年の地方分権一括法により教育における地方分権の推進の観点から廃止され、都道府県の教育委員会にあっては、首長による任命と議会同意によって選任された教育委員の中から教育長が選ばれる仕組みに移行した（なお、平成26年の地方教育行政法の改正により、教育長は、首長が議会の同意を得て直接任免する仕組みに変更された）。

　一方、戦後、**国家行政組織法**に基づき（第3条に基づく別表第一）、国においては、「**教育**」をつかさどる主任の大臣として「**文部大臣**」が置かれ、教育に関する行政事務を分担管理する役割を担うこととなった。

　昭和24年制定の文部省設置法では、「文部省は、学校教育、社会教育、学術及び文化の振興及び普及を図ることを任務とし、これらの事項及び宗教に関する国の行政事務を一体的に遂行する責任を負う行政機関とする」と任務について規定された。

　戦後教育行政において、国は、法令により教育についての基本的な制度の枠組みの設定や法令による全国的な基準の設定を行うとともに、国は自ら設置する学校の運営に当たるほか、（現在は、「国立学校」は「国立大学法人」が設置管理運営に当たっている）基本的には、地方における教育事業への指導・助言・援助の役割を担うこととなった。このことは、旧文部省設置法第5条第2項において、「文部省は、その権限の行使に当つて、法律（これに基く命令を含む。）に別段の定がある場合を除いては、行政上及び運営上の監督を行わないものとする」と規定し、教育行政における**「監督から指導へ」が教育行政の基本原則**となっている。

　なお、戦後長らく、都道府県知事や市町村長等の地方公共団体の機関を国の機関として位置付け、国の事務を処理させる仕組みとして、地方自治法第148条等に基づき、**「機関委任事務制度」**が存続し、「普通地方公共団体の長が国の機関として処理する行政事務については、普通地方公共団体の長は、都道府県にあつては主務大臣、市町村にあつては都道府県知事及び主務大臣の指揮監督を受ける」（地方自治法第150条）と規定され、教育行政においても、教育委員会が国の機関として管理執行する事務については、この規定が準用され、中央集権の残滓がみられた。

　平成11年制定の**「地方分権一括法」**（平成11・7・16）により、地方分権推進の観点から、①機関委任事務の廃止、②国の関与等の縮減、③権限移譲の推進、④必置規制の整理・合理化などを行うための関係法律の抜本改正が図られた。

　教育事業関係では、①機関委任事務の廃止については、法律で規定される機関委任事務のうち（105件）、「自治事務」としたもの（64件）、「法定受託事務」としたもの（41件）にそれぞれ整理され、学校法人の寄付行為の認可等「私立学校法」関係（12件）、史跡名勝天然記念物の仮指定など「文化財保護法」関係（2件）、宗教法人の設立の際に行う規則の認証など「宗教法人法」関係（15件）などが**「法定受託事務」**（国が本来果たすべき役割にかかる事務であって、国においてその適正

な処理を特に確保する必要があるものとして法律またはこれに基づく政令に特に定めるもの）とされ、それら以外は「地方公共団体の処理する事務」とされた。

　次に、②国の関与等の縮減については、文部大臣による都道府県・指定都市教育長の任命承認及び都道府県教育委員会による市町村教育長の**任命承認の制度**（旧地方教育行政法第16条第2項・第3項）**の廃止**、あるいは旧地方教育行政法第48条における都道府県または市町村の教育事務の適正な処理を図るため「必要な指導、助言、援助を行うものとする」との規定を改め、地方公共団体の判断を過度に制約することのないよう、指導等のあり方を見直し、指導、助言、援助を「行うことができる」としたことなどの改革がなされた。

　平成13年の中央省庁の再編統合に伴い、文部省と科学技術庁が統合され、新たに制定された**文部科学省設置法**（平成11・7・16）では、「文部科学省は、教育の振興及び生涯学習の推進を中核とした豊かな人間性を備えた創造的な人材の育成、学術、スポーツ及び文化の振興並びに科学技術の総合的な振興を図るとともに、宗教に関する行政事務を適切に行うことを任務とする」と規定され、今日に至っている。

II　中央教育行政の組織・機能

1　文部科学省の設置

　憲法第65条では、「**行政権は、内閣に属する**」と規定し、国の教育行政に関する行政権も、内閣に属することとされている。

　しかしながら、内閣が、国のすべての行政に直接携わるというものではなく、憲法第72条にいう「**内閣総理大臣は、……行政各部を指揮監督する**」ということからもわかるように、国は、「内閣の統轄の下に、内閣府の組織とともに、任務及びこれを達成するため必要となる明確な範囲の所掌事務を有する行政機関」（**国家行政組織法**第2条第1項）を設けて、行政権の行使に当たらせるという仕組みとなっている。

　内閣は、内閣総理大臣及び国務大臣により組織されるが（**内閣法第2条**）、各大臣は、主任の大臣として行政事務を分担管理することとされており（同法第3条第1項）、国の教育行政に関する事務については、文部科学大臣がこれを管理執行することとされている（**文部科学省設置法第3条**）。

　行政組織のため置かれる国の行政機関の設置は別に法律の定めるところによるとの国家行政組織法第3条第2項の規定に基づき、文部科学省設置法が制定されている。同法では、**国の教育行政機関として文部科学省を設置するとともに、文部科学大臣は文部科学省の長であり（第2条第2項）、この文部科学大臣という独任制の執行機関の下に補助機関としての事務組織の設置とその所掌事務が定められ（文部科学省組織令）、これらが一体として、国の教育行政事務の管理執行に当たる仕組みと**なっている。

2　文部科学省の任務とその所掌事務

　文部科学省設置法では、**文部科学省の任務**として、「教育の振興及び生涯学習の推進を中核とした豊かな人間性を備えた創造的な人材の育成、学術、スポーツ及び文化の振興並びに科学技術の総合的な振興を図るとともに、宗教に関する行政事務を適切に行うことを任務とする」（第3条）と規定している。

　この任務規定に基づき、**文部科学省の所掌事務**として、同法第4条では、幅広い行政事務が規定されているが、学校教育、特に初等中等教育に限ってその主な所掌事務をみると、①豊かな人間性を備えた創造的な人材の育成のための教育改革に関すること、②生涯学習にかかる機会の整備の推進に関すること、③地方教育行政に関する制度の企画及び立案ならびに地方教育行政の組織及び一般的運営に関する指導、助言及び勧告に関すること、④地方教育費に関する企画に関すること、⑤地方公務員である教育関係職員の任免、給与その他の身分取扱いに関する制度の企画及び立案ならびにこれらの制度の運営に関する指導、助言及び勧告

に関すること、⑥初等中等教育の振興に関する企画及び立案ならびに援助及び助言に関すること、⑦初等中等教育のための補助に関すること、⑧初等中等教育の基準の設定に関すること、⑨教科書の検定に関すること、⑩教科用図書その他の教授上用いられる図書の発行及び義務教育諸学校において使用する教科用図書の無償措置に関すること、⑪学校保健、学校安全、学校給食及び災害共済給付に関すること、⑫教育職員の養成ならびに資質の保持及び向上に関することなどが規定されている。

3　文部科学省の組織と各内部組織のつかさどる行政事務

　文部科学省の組織は、文部科学省組織令に規定されており、大臣官房をはじめ、総合教育政策局、初等中等教育局、高等教育局、科学技術・学術政策局、研究振興局、研究開発局の6局が置かれ、そのほか外局として、スポーツ庁、文化庁が置かれ、それぞれの局などの下には課や室が置かれている。

　学校教育、特に、初等中等教育に関する事務を取り扱っている内部組織としては、総合教育政策局、初等中等教育局、スポーツ庁が挙げられる。

　総合教育政策局は、①豊かな人間性を備えた創造的な人材の育成のための教育改革に関する基本的な政策の企画及び立案ならびに推進に関すること、②教育基本法の施行に関する事務の総括に関すること、③教育基本法第17条第1項に規定する基本的な計画に関すること、④生涯学習にかかる機会の整備の推進に関すること、⑤文部科学省の所掌事務に関する生涯学習にかかる機会の整備に関する基本的な政策の企画及び立案に関すること、⑥地域の振興に資する見地からの基本的な文教施策の企画及び立案ならびに調整に関すること、⑦教育、スポーツ及び文化にかかる情報通信の技術の活用に関する基本的な政策の企画及び立案ならびに推進に関すること、⑧児童及び生徒の学力の状況に関する全国的な調査及び分析に関すること、⑨教育職員の養成ならびに資質の保持及び向上に関すること、⑩地方公務員である教育職員の採用のための選考に関

する指導、助言及び勧告に関すること、⑪学校運営協議会その他の学校の運営に関する学校と地域住民その他の関係者との連携及び協力に関する制度に関すること、⑫学校安全及び災害共済給付に関すること、などを所掌する。

　初等中等教育局は、①地方教育行政に関する制度の企画及び立案に関すること、②地方教育行政の組織及び一般的運営に関する指導、助言及び勧告に関すること、③地方公務員である教育関係職員の任免、給与その他の身分取扱いに関する制度の企画及び立案ならびにこれらの制度の運営に関する指導、助言及び勧告に関すること、④初等中等教育の振興に関する企画及び立案ならびに援助及び助言に関すること、⑤初等中等教育のための補助に関すること、⑥初等中等教育の基準の設定に関すること、⑦教科用図書の検定に関すること、⑧教科用図書その他の教授上用いられる図書の発行及び義務教育諸学校において使用する教科用図書の無償措置に関すること、⑨文部科学省の所掌事務にかかる健康教育の振興及び食育の推進に関する基本的な施策の企画及び立案ならびに調整に関すること、⑩学校保健及び学校給食に関すること、⑪地方公共団体の機関その他の関係機関に対し、初等中等教育にかかる専門的、技術的な指導及び助言を行うこと、⑫教育関係職員その他の関係者に対し、初等中等教育にかかる専門的、技術的な指導及び助言を行うこと、などを所掌する。

　スポーツ庁は、スポーツの振興その他のスポーツに関する施策の総合的推進を図ることを任務とし、学校における体育及び保健教育の基準の設定に関する事務をつかさどる。

4　審議会の設置

　国の行政機関には、重要事項に関する調査審議、不服審査その他学識経験を有する者等に合議により処理することが適当な事務をつかさどらせるための合議制の機関を置くことができるとされている（国家行政組織法第8条）。

　文部科学省には、文部科学省組織令の定めるところにより、中央教育審議会、教科用図書検定調査審議会、大学設置・学校法人審議会などが置かれている（文部科学省組織令第75条）。

　これらの審議会のうち、中央教育審議会は、文部科学大臣の諮問に応じて教育の振興及び生涯学習の推進を中核とした豊かな人間性を備えた創造的な人材の育成に関する重要事項を調査審議する機関である（文部科学省組織令第76条）。

　中央教育審議会には、国家行政組織法第8条の規定に基づき定められた「中央教育審議会令」により、学識経験のある者のうちから文部科学大臣が中央教育審議会の委員として30人以内を任命し、これにより審議会を組織することとされている（第1条第1項、第2条第1項）。

　審議会には、「**教育制度**」、「**生涯学習**」、「**初等中等教育**」、「**大学**」の**4つの分科会**が置かれ、それぞれ当該分野の教育にかかる事項についての審議を行うこととされている。

　また、審議会及び分科会には、「部会」を置くことができることとされており、例えば、初等中等教育関係では、**教育課程の基準の改善について継続的に調査審議する機関**として、初等中等教育分科会の下に「**教育課程部会**」が置かれている。

　また、文部科学省以外にも、教育に関する事項を審議するための審議機関が置かれることがあり、例えば、内閣には教育ならびに教育行政に関する審議会等が設置され、政府を挙げて「教育問題」が審議されることがある。

　その代表的なものとしては、「**臨時教育審議会**」（昭和59〜62年）が臨時教育審議会設置法に基づき総理大臣の諮問機関として（旧）総理府に設置され、「内閣総理大臣の諮問に応じ、教育及びこれに関連する分野にかかる諸施策に関し必要な改革を図るための方策に関する基本的事項について調査審議する」こととされ、4次にわたる「教育改革に関する答申」がなされ、これを受けて、文部省において必要な改革措置が講じられた。

　臨時教育審議会設置以降、法律措置に基づかない総理大臣の私的諮問機関として、「**教育改革国民会議**」（平成11年）、「**教育再生会議**」（平成18～19年）、「**教育再生実行会議**」（平成25年～）などが設置され、数々の教育改革提言がなされたほか、「地方分権推進委員会」、「経済財政諮問会議」、「規制改革会議」などの政府審議機関においても、「教育政策」にかかる提言等がなされる今日的状況となっている。

Ⅲ　地方教育行政の組織・機能

1　地方公共団体の組織・運営の原則

　憲法第92条においては、「地方公共団体の組織及び運営に関する事項は、**地方自治の本旨に基いて、法律でこれを定める**」と規定し、これに基づき、「地方公共団体の区分並びに地方公共団体の組織及び運営に関する事項の大綱を定め、併せて国と地方公共団体との間の基本的関係を確立すること」（地方自治法第1条）を内容とする**地方自治法**が定められている。

　地方における教育行政についても、地方公共団体の行政として執行される以上、地方教育行政の組織及び運営の基本原則は、地方自治法の諸規定に基づくこととなる。

　地方公共団体は、「普通地方公共団体」と「特別地方公共団体」の2種類とされ、「普通地方公共団体」は、都道府県及び市町村とされる（同法第1条の3第1項・第2項）。

　地方公共団体は、一定の地域とその地域の住民からなる公共団体をいい、公の行政主体としての地位を有する「法人」とされる（同法第2条第1項）。

　地方公共団体は、「地域における事務及びその他の事務で法律又はこれに基づく政令により処理することとされるものを処理する」こととされており（同法第2条第2項）、この事務には、「**法定受託事務**」と「**自治事務**」の2種類がある。

　「法定受託事務」は、「法律又はこれに基づく政令により都道府県、市町村又は特別区が処理することとされる事務のうち、国が本来果たすべき役割に係るものであつて、国においてその適正な処理を特に確保する必要があるものとして法律又はこれに基づく政令に特に定めるもの」など（同法第2条第9項）をいうとされ、従前の国の「機関委任事務」を改めたものである。

　「自治事務」は、地方公共団体が処理する事務のうち、法定受託事務を除いた一切の事務である。

　地方公共団体のうち、**市町村**は「**基礎的な地方公共団体**」として、都道府県が処理するものとされているものを除き、地域における事務等を処理することとされ、他方、**都道府県**は「**市町村を包括する広域の地方公共団体**」として、①広域にわたるもの、②市町村に関する連絡調整に関するもの、③その規模または性質において一般の市町村が処理することが適当でないと認められるものを処理するものとされている（同法第2条第3項・第5項）。

　普通地方公共団体の執行機関は、当該地方公共団体の事務を誠実に管理し執行する義務を負うものとされ（同法第138条の2）、その執行機関の組織は、普通地方公共団体の長の所轄の下に、それぞれ明確な範囲の所掌事務と権限を有する執行機関によって、系統的にこれを構成しなければならないものとされている（同法第138条の3）。

2　地方公共団体の教育行政の組織と機能

　地方における教育行政については、地方自治法第180条の5の規定により、「**教育委員会**」を「**執行機関**」として法律の定めるところにより普通地方公共団体に置かなければならないものとされている。

　教育委員会は、「別に法律の定めるところにより」（すなわち、「**地方教育行政の組織及び運営に関する法律**」の定めるところにより）、①学校その他の教育機関の管理、②学校の組織編制、③教育課程、④教科書その他の教材の取扱い、⑤教育職員の身分取扱いに関する事務を行い、

ならびに⑥社会教育その他の教育、⑦学術、⑧文化に関する事務を管理
し、執行するものとされている（第180条の8）。

　地方公共団体における教育行政の組織及び運営の基本に関しては、
「地方教育行政の組織及び運営に関する法律」の定めるところによるこ
ととなる。

　地方教育行政法第1条の2では、「**地方公共団体における教育行政は、
教育基本法の趣旨にのつとり、教育の機会均等、教育水準の維持向上及
び地域の実情に応じた教育の振興が図られるよう、国との適切な役割分
担及び相互の協力の下、公正かつ適正に行われなければならない**」と、
地方における教育行政の基本原則を明らかにしている。

　地方の教育に関する行政事務は、「教育委員会」及び「地方公共団体
の長」が管理し執行する権限を付与されている。

　まず、**教育委員会は、地方における教育事務のうち、公立の学校等の
教育機関の設置管理はじめ教育事務の大宗を担っている**（地方教育行政
法第21条）。

　具体的には、①公立の学校その他の教育機関の設置・管理・廃止に関
すること、②学校その他の教育機関の用に供する財産の管理に関するこ
と、③教育委員会及び学校その他の教育機関の職員の任免その他の人事
に関すること、④学齢児童生徒の就学ならびに幼児児童生徒の入学、転
学及び退学に関すること、⑤学校の組織編制、教育課程、学習指導、生
徒指導及び職業指導に関すること、⑥教科書その他の教材の取扱いに関
すること、⑦校舎その他の施設及び教具その他の設備に関すること、⑧
校長、教員その他の教育関係職員の研修に関すること、⑨校長、教員そ
の他の教育関係職員ならびに幼児児童生徒の保健・安全・厚生及び福利
に関すること、⑩学校などの環境衛生に関すること、⑪学校給食に関す
ることなどが教育委員会の職務権限となっている。

　一方、**地方公共団体の長**は、①大学に関すること、②幼保連携型認定
こども園に関すること、③私立学校に関すること、④教育財産の取得・
処分に関すること、⑤教育委員会の所掌にかかる事項に関する契約を締

結することなどについて職務権限を有している（同法第22条）。

　なお、職務権限の特例として、地方教育行政法第23条では、地方公共団体は、条例の定めるところにより、当該地方公共団体の長が、①図書館、博物館、公民館その他の社会教育に関する教育機関のうち当該条例で定めるものの設置、管理及び廃止に関すること、②スポーツに関すること（学校における体育に関することを除く）、③文化に関すること（文化財の保護に関することを除く）の事務を管理し執行することができることとされており、この場合、地方公共団体の議会は、議決前に、教育委員会の意見を聴取しなければならない取扱いとなっている。

Ⅳ　国と地方の役割分担

　憲法第26条に規定する「国民の教育を受ける権利」を具体的に保障することを目的として、「教育の機会均等」及び「教育水準の維持向上」を図るため、国・都道府県・市町村はそれぞれ連携協力しながら教育行政を遂行し、その責任と役割を果たすことが重要である。

　教育基本法においては、「**教育行政は、国と地方公共団体との適切な役割分担及び相互の協力の下、公正かつ適正に行われなければならない**」（第16条第１項）と規定しているが、国は、全国的な教育の機会均等と教育水準の維持・向上を図るため、教育に関する施策を総合的に策定し、実施しなければならない責務（**ナショナル・ミニマム**）を担い、一方、地方公共団体は、その地域における教育の振興を図るため、その実情に応じた教育に関する最適な施策を策定し、実施しなければならない責務（**ローカル・オプティマム**）を担うこととなる。

　国と地方の役割分担については、地方自治法上、本来的に国が果たすべき事務としては、①**国際社会における国家としての存立にかかわる事務**、②**全国的に統一して定めることが望ましい国民の諸活動**もしくは地方自治に関する基本的な準則に関する事務、③**全国的な規模でもしくは全国的な視点に立って行われなければならない施策及び事業**の実施など

が位置付けられ、一方、「**住民に身近な行政はできる限り地方公共団体にゆだねる**」ことを基本として、国と地方公共団体との間で適切に役割分担を行うとしている（第1条の2第2項）。

　このような観点から、教育行政にかかる国・都道府県・市町村との役割分担は、おおむね以下のようなものとなろう。

①国の役割

○学校制度等に関する基本的な制度の枠組みの制定

　学校教育法などによる学校教育制度（6・3・3・4制や就学義務制度など）の制定や地方教育行政の組織及び運営に関する法律に基づく教育委員会制度の必置規制など。

○全国的な基準の設定

　小・中・高等学校等の設置基準（組織編制、施設設備、カリキュラム、教員等）の設定

　学習指導要領等の教育課程の基準の設定

　教員免許の基準（免許状の種類、授与権者、効力等）の設定

　学級編制と教職員定数の標準の設定

　教科書検定の実施

○地方公共団体における教育条件整備への支援

　市町村立小中学校等の教職員給与費等の国庫負担制度

　公立学校の校舎の建設等に要する経費の国庫負担・補助

　教科書の無償給与

○教育事業の適正な実施のための支援措置

　教育内容や学校運営等に関する指導・助言・援助

②都道府県の役割

○広域的な処理を必要とする教育事業の実施、学校等の設置管理

　市町村立小中学校等の教職員の任命

　高等学校、特別支援学校等の設置運営

○市町村における教育条件整備への支援

　市町村立学校等の教職員の給与費の負担

○市町村における教育事業の適正な実施のための支援措置

　教育内容や学校運営等に関する指導・助言・援助

③市町村の役割

○学校等の設置管理

　市町村立の小中学校や図書館、博物館、公民館、体育館等の教育文化ス
　ポーツ施設の設置管理

○教育事業の実施

　教育・文化・スポーツ等に関する各種の事業実施

文部科学省の組織図

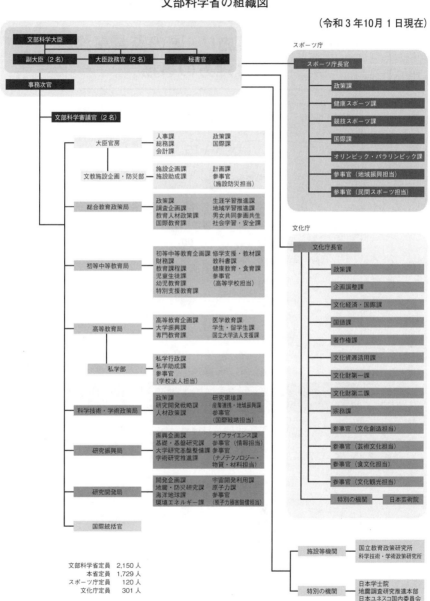

文部科学省定員　2,150 人
本省定員　1,729 人
スポーツ庁定員　120 人
文化庁定員　301 人

出典：文部科学省ホームページ

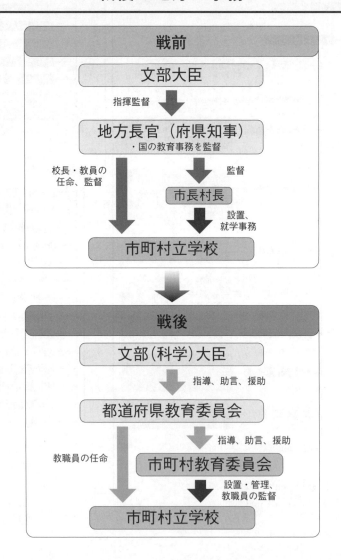

戦前と戦後の教育制度

戦前の教育の実施は、国の監督事務、
戦後は地方の事務

戦前

文部大臣

指揮監督

地方長官（府県知事）
・国の教育事務を監督

校長・教員の
任命、監督

監督

市長村長

設置、
就学事務

市町村立学校

戦後

文部（科学）大臣

指導、助言、援助

都道府県教育委員会

指導、助言、援助

市町村教育委員会

教職員の任命

設置・管理、
教職員の監督

市町村立学校

参照条文（抄）

［憲法］

第65条　行政権は、内閣に属する。

第66条　内閣は、法律の定めるところにより、その首長たる内閣総理大臣及びその他の国務大臣でこれを組織する。

第92条　地方公共団体の組織及び運営に関する事項は、地方自治の本旨に基いて、法律でこれを定める。

［教育基本法］

第16条　教育は、不当な支配に服することなく、この法律及び他の法律の定めるところにより行われるべきものであり、教育行政は、国と地方公共団体との適切な役割分担及び相互の協力の下、公正かつ適正に行われなければならない。

2　国は、全国的な教育の機会均等と教育水準の維持向上を図るため、教育に関する施策を総合的に策定し、実施しなければならない。

3　地方公共団体は、その地域における教育の振興を図るため、その実情に応じた教育に関する施策を策定し、実施しなければならない。

4　国及び地方公共団体は、教育が円滑かつ継続的に実施されるよう、必要な財政上の措置を講じなければならない。

［内閣法］

第3条　各大臣は、別に法律の定めるところにより、主任の大臣として、行政事務を分担管理する。

第5条　内閣総理大臣は、内閣を代表して内閣提出の法律案、予算その他の議案を国会に提出し、一般国務及び外交関係について国会に報告する。

第6条　内閣総理大臣は、閣議にかけて決定した方針に基いて、行政各部を指揮監督する。

［国家行政組織法］

第2条　国家行政組織は、内閣の統轄の下に、内閣府の組織とともに、任務及びこれを達成するため必要となる明確な範囲の所掌事務を有す

る行政機関の全体によつて、系統的に構成されなければならない。

2　国の行政機関は、内閣の統轄の下に、その政策について、自ら評価し、企画及び立案を行い、並びに国の行政機関相互の調整を図るとともに、その相互の連絡を図り、すべて、一体として、行政機能を発揮するようにしなければならない。

第3条　国の行政機関の組織は、この法律でこれを定めるものとする。

2　行政組織のため置かれる国の行政機関は、省、委員会及び庁とし、その設置及び廃止は、別に法律の定めるところによる。

第5条　各省の長は、それぞれ各省大臣とし、内閣法にいう主任の大臣として、それぞれ行政事務を分担管理する。

［文部科学省設置法］

第2条　国家行政組織法第3条第2項の規定に基づいて、文部科学省を設置する。

2　文部科学省の長は、文部科学大臣とする。

第3条　文部科学省は、教育の振興及び生涯学習の推進を中核とした豊かな人間性を備えた創造的な人材の育成、学術、スポーツ及び文化の振興並びに科学技術の総合的な振興を図るとともに、宗教に関する行政事務を適切に行うことを任務とする。

第4条　文部科学省は、前条の任務を達成するため、次に掲げる事務をつかさどる。

一　豊かな人間性を備えた創造的な人材の育成のための教育改革に関すること。

二　生涯学習に係る機会の整備の推進に関すること。

三　地方教育行政に関する制度の企画及び立案並びに地方教育行政の組織及び一般的運営に関する指導、助言及び勧告に関すること。

四　地方教育費に関する企画に関すること。

五　地方公務員である教育関係職員の任免、給与その他の身分取扱いに関する制度の企画及び立案並びにこれらの制度の運営に関する指導、助言及び勧告に関すること。

七　初等中等教育（幼稚園、小学校、中学校、義務教育学校、高等学校、中等教育学校、特別支援学校及び幼保連携型認定こども園における教育をいう。）の振興に関する企画及び立案並びに援助及び助言に関すること。

八　初等中等教育のための補助に関すること。

九　初等中等教育の基準の設定に関すること。

十　教科用図書の検定に関すること。

十一　教科用図書その他の教授上用いられる図書の発行及び義務教育諸学校（小学校、中学校、義務教育学校、中等教育学校の前期課程並びに特別支援学校の小学部及び中学部をいう。）において使用する教科用図書の無償措置に関すること。

十二　学校保健（学校における保健教育及び保健管理をいう。）、学校安全（学校における安全教育及び安全管理をいう。）、学校給食及び災害共済給付（学校の管理下における幼児、児童、生徒及び学生の負傷その他の災害に関する共済給付をいう。）に関すること。

十三　教育職員の養成並びに資質の保持及び向上に関すること。

三十二　社会教育の振興に関する企画及び立案並びに援助及び助言に関すること。

三十三　社会教育のための補助に関すること。

三十九　公立の文教施設の整備のための補助に関すること。

四十一　学校環境の整備に関する指導及び助言に関すること。

［文部科学省組織令］

第85条　法律の規定により置かれる審議会等のほか、本省に、次の審議会等を置く。

　　中央教育審議会

［中央教育審議会令］

第1条　中央教育審議会は、委員30人以内で組織する。

第2条　委員は、学識経験のある者のうちから、文部科学大臣が任命する。

第3条　委員の任期は、2年とする。

2　委員は、再任されることができる。

［地方自治法］

第1条　この法律は、地方自治の本旨に基いて、地方公共団体の区分並びに地方公共団体の組織及び運営に関する事項の大綱を定め、併せて国と地方公共団体との間の基本的関係を確立することにより、地方公共団体における民主的にして能率的な行政の確保を図るとともに、地方公共団体の健全な発達を保障することを目的とする。

第1条の2　地方公共団体は、住民の福祉の増進を図ることを基本として、地域における行政を自主的かつ総合的に実施する役割を広く担うものとする。

第2条

②　普通地方公共団体は、地域における事務及びその他の事務で法律又はこれに基づく政令により処理することとされるものを処理する。

③　市町村は、基礎的な地方公共団体として、第5項において都道府県が処理するものとされているものを除き、一般的に、前項の事務を処理するものとする。

⑤　都道府県は、市町村を包括する広域の地方公共団体として、第2項の事務で、広域にわたるもの、市町村に関する連絡調整に関するもの及びその規模又は性質において一般の市町村が処理することが適当でないと認められるものを処理するものとする。

第180条の5　執行機関として法律の定めるところにより普通地方公共団体に置かなければならない委員会及び委員は、左の通りである。

　一　教育委員会

第180条の8　教育委員会は、別に法律の定めるところにより、学校その他の教育機関を管理し、学校の組織編制、教育課程、教科書その他の教材の取扱及び教育職員の身分取扱に関する事務を行い、並びに社会教育その他教育、学術及び文化に関する事務を管理し及びこれを執行する。

[地方教育行政の組織及び運営に関する法律]

第1条の2　地方公共団体における教育行政は、教育基本法の趣旨にのっとり、教育の機会均等、教育水準の維持向上及び地域の実情に応じた教育の振興が図られるよう、国との適切な役割分担及び相互の協力の下、公正かつ適正に行われなければならない。

第2条　都道府県、市町村及び第21条に規定する事務の全部又は一部を処理する地方公共団体の組合に教育委員会を置く。

第21条　教育委員会は、当該地方公共団体が処理する教育に関する事務で、次に掲げるものを管理し、及び執行する。

（以下略）

第22条　地方公共団体の長は、次の各号に掲げる教育に関する事務を管理し、及び執行する。

　一　大学に関すること。

　二　幼保連携型認定子ども園に関すること。

　三　私立学校に関すること。

　四　教育財産を取得し、及び処分すること。

　五　教育委員会の所掌に係る事項に関する契約を結ぶこと。

　六　前号に掲げるもののほか、教育委員会の所掌に係る事項に関する予算を執行すること。

第23条　前2条の規定にかかわらず、地方公共団体は、前条各号に掲げるもののほか、条例の定めるところにより、当該地方公共団体の長が、次の各号に掲げる教育に関する事務のいずれか又は全てを管理し、及び執行することとすることができる。

　一　図書館、博物館、公民館その他の社会教育に関する教育機関のうち当該条例で定めるもの（以下「特定社会機関」という。）の設置、管理及び廃止に関すること（第21条第7号から第9号まで及び第12号に掲げる事務のうち、特定社会教育機関のみに係るものを含む。）。

　二　スポーツに関すること（学校における体育に関することを除く。）。

　三　文化に関すること（次号に掲げるものを除く。）。

　四　文化財の保護に関すること。

2　地方公共団体の議会は、前項の条例の制定又は改廃の議決をする前に、当該地方公共団体の教育委員会の意見を聴かなければならない。

第5章　教育委員会制度と法

I　教育委員会制度の意義・役割

　戦前においては、教育に関する事務はもっぱら「国の事務」とされ、地方では官選の府県知事及び市町村長が国の教育事務を執行する枠組みであったが、戦後、旧来の中央集権主義的・官僚主義的な教育行政を改め、新たに、「アメリカ教育使節団報告」に基づき、**教育の民主化と分権化を推進するとともに、教育の自主性確保を図るための地方教育行政制度として、「教育委員会制度」**が創設された。

　我が国の初等中等教育や社会教育などの教育行政は、国が定める基本的枠組みや財政的保障の下で、都道府県や市町村が主体となって実施することとなり、国・都道府県・市町村はそれぞれの役割を分担し、協力する体制の下、我が国教育は充実発展してきており、このような中、教育委員会制度は、地方における教育行政の担い手として重要な役割を果たしてきている。

　教育委員会制度設置の意義としては、以下の3点にまとめることができる。

① **中立性と継続性・安定性の確保**…人格の完成を目指して行われる教育においては、その中立性の確保は極めて重要であり、このため、教育行政の執行に当たっても、個人的な価値判断や特定の党派、宗派の影響力から中立性を確保するとともに、特に義務教育については、学習期間を通じて一貫した方針の下に、安定的・継続的に行われる必要があるため、自治体の首長からは独立した合議制の執行機関が行うことが必要である。

② **地域住民の多様な意向の反映**…教育委員会は、住民から選挙された

地方公共団体の長が、同じく住民から選挙された議会の同意を得て任命した、さまざまな分野の知識・経験をもつ委員により構成され、合議により意思決定を行うものであり、住民の多様な意向を反映させながら地域に根差した教育行政を展開していくことが可能となる。

③　**教育行政の一体的推進**…創造的で人間性豊かな人材を育成するためには、教育委員会が生涯学習の推進をはじめ、教育、文化、スポーツの振興など幅広い分野にわたる教育行政を一体的に推進していくことが効果的である。

Ⅱ　教育委員会の設置と組織・運営

1　教育委員会の設置

教育委員会は、地方自治法第180条の5の規定に基づき、執行機関として法律の定めるところにより普通地方公共団体に置かなければならない委員会、いわゆる「**行政委員会**」の1つである。

地方公共団体の執行機関としては、公選制による首長のほか、長から独立した地位と権限を有する合議制の委員会等としての「行政委員会」が設置されており、これにより、**執行機関多元主義**に基づく地方行政の展開が図られている。

行政委員会設置の趣旨としては、

①　一機関への権力の集中を排除し、行政運営の公正妥当を期する。

②　それぞれの機関の目的に応じ、行政の中立的な運営を確保する。

③　住民の直接参加により行政の民主化を確保する。

とされている。

行政委員会における中立・公正などを原則とする運営確保の例としては、

①　政治的中立性の確保→教育委員会、公安委員会、選挙管理委員会

②　公平・公正な行政の確保→人事委員会、公平委員会、監査委員

③　利害関係の調整→地方労働委員会、農業委員会

④　審判手続き等の慎重さの確保→収用委員会、固定資産評価審査委員会

を挙げることができる。

教育委員会は、地方教育行政の組織及び運営に関する法律（以下、「地方教育行政法」という）第2条の規定に基づき、都道府県、市（特別区を含む。以下同じ）町村及び第21条に規定する事務の全部または一部を処理する地方公共団体の組合に置かれるものである。

コラム【旧教育委員会法と地方教育行政法】

　昭和23年制定の教育委員会法においては、「この法律は、教育が不当な支配に服することなく、国民全体に対し直接責任を負つて行われるべきであるという自覚のもとに公正な民意により、地方の実情に即した教育行政を行うために、教育委員会を設け、教育本来の目的を達成することを目的とする」（第1条）と規定し、地方教育行政における団体自治・住民自治の原則が明示された。

　具体的には、教育委員会法に基づく教育委員会は、①教育行政を他の行政から独立させ、②予算案や条例の原案などの議案を議会に提出する権限をもつ独立した機関として位置付け、③合議制の執行機関たる教育委員会の委員の選任は、公正な民意を反映すべく、公選制が採用されるという制度がとられた。

　昭和23年に発足をみた教育委員会は、戦後における新たな教育制度の確立に成果を上げてきたが、昭和31年、「教育委員会法」は廃止され、新たに制定された「地方教育行政の組織及び運営に関する法律」は、行政委員会としての教育委員会の制度を受け継ぎつつ、①教育の政治的中立と教育行政の安定を確保し、②教育行政と一般行政との調和を進め、③教育行政における国、都道府県及び市町村の連携を密にする観点からその実情に即さない点を改善するとともに、さらに所要の整備を加えて、地方公共団体における教育行政の組織及び運営の基本を確立した。

2　教育委員会の組織と運営

　教育委員会制度は、教育における地方分権の下に、地方教育行政において首長の執行する一般行政から独立した「**合議制の執行機関**」として、**教育行政の自主性を確保しつつ、公正中立な教育行政を行うこと**をねらいとするものである。これまで、教育委員会は、原則5人の非常勤の**教育委員の合議による教育事務の基本方針の決定**を受けて、教育行政の専門家である**教育長が事務局を指揮監督して教育事務を執行**するという、いわゆる「**レイマン・コントロール**」と「**プロフェッショナル・リーダーシップ**」の下に運営されてきた。

　しかし近年、教育委員会の審議が形骸化しているとの指摘をはじめ、教育行政における責任体制の明確化、迅速な危機管理体制の構築、首長との連携の強化などが課題となったことから、**平成26年6月に地方教育行政法が改正**され、教育の政治的中立性や継続性・安定性の確保という教育委員会制度の意義・役割は踏まえつつ、教育委員会制度の抜本的な改革が図られたところである（平成27年4月から施行）。

(1)　教育委員会の組織と所掌事務

　これまで、教育委員会は、5人の委員をもって組織することを原則としつつ、条例の定めるところにより、都道府県・市にあっては6人以上の委員、町村にあっては3人以上の委員をもって組織することができることとされていた。また、教育委員長は、教育委員のうちから委員の互選により、教育長は、委員のうちから教育委員会が任命することとされていた。

　平成26年の地方教育行政法の改正により、従来の**教育委員長と教育長は一本化**され、「教育委員会の会務を総理し、教育委員会を代表する」（改正法第13条第1項）職務を担う新「**教育長**」となるとともに、この新しい「教育長」は従来の教育委員会の任命から**首長が任命する方式**に切り替えられ（改正法第4条第1項）、これに伴い、教育委員会の組織は、原則として教育長及び4人の委員をもって組織することとされた（ただし、条例の定めるところにより、都道府県・市にあっては教育長

及び5人以上の委員、町村にあっては教育長及び2人以上の委員をもって組織することができることとされる。改正法第3条）。

　教育委員については、従来と同様に、「人格が高潔で、教育、学術及び文化に関し識見を有するもの」のうちから、地方公共団体の**長が議会の同意を得て任命**することとされ（改正法第4条第2項）、任命に当たってのチェック・アンド・バランスが図られている。

　また、委員の任命に当たり、「委員の年齢、性別、職業等に著しい偏りが生じないように配慮するとともに、**委員のうちに保護者である者が含まれるようにしなければならない**」（改正法第4条第5項）とされ、公平・公正な委員構成に配慮がなされている。

　教育委員の任期は、従前どおり4年とされ、再任は可とされている（改正法第5条第1項・第2項）。これに対し、新しい**「教育長」の任期**については、教育委員の任期とは異なり、**3年**とされ（再任可）、**首長がその任期中に一回は教育長の任命にかかわる**ことができる仕組みとなり、議会のチェック機能も強化できることとなった（改正法第5条第1項）。

　なお、教育委員会制度の政治的中立性を確保する観点から、改正法においても、教育長及び委員の定数の2分の1以上の者が同一の政党に所属することを禁止し（改正法第7条第2項・第3項）、1つの政党の影響力が教育行政の運営に及ぼされ、教育行政の中立と安定性が失われることがないよう規定し、併せて、教育長及び教育委員は、政党その他の政治的団体の役員となり、または積極的に政治運動をしてはならない旨規定し（改正法第11条第6項、第12条第1項）、教育行政に携わる教育長及び教育委員の政治的中立を要請している。

コラム【教育委員の公選制から任命制へ】
　昭和23年制定の「教育委員会法」による「公選制の教育委員会制度」の導入後、教育委員の公選を通じ教育委員会に政治的対立がもち込まれるなど、当時の教育委員会制度の弊害が指摘される中で、①地方教育の政治的

中立と教育行政の安定を確保し、②教育行政と一般行政との調和を進め、③教育行政における国、都道府県及び市町村の連携を密にすることを目的として、新たに、「地方教育行政の組織及び運営に関する法律」が制定された。

　この法律により、教育委員の選任については、公選制が廃止され、地方公共団体の長が議会の同意を得て任命する仕組みとなり、その際、教育長に適材を確保するため、任命に当たり文部大臣や都道府県教育委員会の承認を必要とする、教育長の「任命承認制度」が導入された。

　次に、**教育委員会の管理執行する教育事務**については、改正地方教育行政法においても、①学校その他の教育機関の設置・管理・廃止、②学校その他の教育機関の用に供する財産の管理、③教育委員会、学校その他の教育機関の職員の任免その他の人事、④学齢児童生徒の就学並びに幼児・児童・生徒の入学・転学・退学、⑤学校の組織編制、教育課程、学習指導、生徒指導及び職業指導、⑥教科書その他の教材の取扱い、⑦校舎その他の施設及び教具その他の設備の整備、⑧校長、教員その他の教育関係職員の研修などに関することがその職務権限とされており（改正法第21条）、**職務権限には変更はなく、教育委員会の合議制の執行機関の役割を堅持**している。

　他方、**地方公共団体の長の管理執行する教育事務**は、①大学に関すること、②幼保連携型認定こども園に関すること、③私立学校に関すること、④教育財産を取得し及び処分すること、⑤教育委員会の所掌にかかる事項に関する契約を結ぶこと、⑥教育委員会の所掌にかかる事項に関する予算を執行することとされ（改正法第22条）、公立学校の管理運営等に関する事項以外の地方公共団体における教育行政事務を担い、地方教育行政における教育委員会と首長との教育事務の分担の仕組みが整備されている。

　なお、平成19年の地方教育行政法の改正により、地域行政の一体的推進の観点から、新たに、地方における教育事務の取扱いに関し、①ス

ポーツに関すること（学校における体育に関することを除く）、②文化に関すること（文化財の保護に関することを除く）の２つの事務については、**地方公共団体の長は，条例の定めるところにより自ら管理執行す**ることができることとなった。ただし、条例の制定等において議会は教育委員会の意見を聴取しなければならない取扱いとされ、この規定は改正法に引き継がれている（改正法第23条）。

　また、平成31年の「地域の自主性及び自立性を高めるための改革の推進を図るための関係法律の整備に関する法律」の成立により、地方公共団体の長が管理執行できる教育事務として、「図書館、博物館、公民館その他の社会教育に関する教育機関のうち当該条例で定めるものの設置、管理及び廃止に関すること」が追加されたほか、平成30年の文化財保護法及び地方教育行政法の一部改正により、文化財保護の事務についても首長の管理執行できる教育事務に追加され、その場合、地方文化財保護審議会を必ず置くこととされた。

　さらに、従来どおり、地方公共団体の**教育財産は、地方公共団体の長の総括の下に、教育委員会が管理する**ものとされ、地方公共団体の長は、教育委員会の申出を待って、教育財産の取得を行い、**教育財産を取得したときは、すみやかに教育委員会に引き継がなければならない**とされている（改正法第28条）。

　また、旧教育委員会法（昭和23年制定）では、地方公共団体の長と教育委員会との権限調整を図るため、**予算案、条例案についての、いわゆる「二本建て制度」**（教育に関する予算案・条例案が未調整の場合、首長と教育委員会がそれぞれ予算案・条例案を議会に提出し、議会の審議に任される仕組み）が認められていた。この制度については、昭和31年の地方教育行政法の制定により廃止されたが、その代わり、教育委員会の意思の反映を制度的に担保するため、新たに、**地方公共団体の長が、歳入歳出予算のうち教育事務にかかる部分その他特に教育に関する事務について定める議会の議決を経るべき事件の議案を作成する場合には、教育委員会の意見を聴かなければならない**ものとされ、今日に至ってい

る（改正法第29条）。

> **コラム【県費負担教職員制度】**
>
> 　学校教育法第38条・第49条の規定に基づき、市町村は区域内の学齢児童生徒を就学させるに必要な小中学校を設置する義務を負い、これらの小中学校の設置管理については、学校教育法第5条の定めるところにより、原則として、「設置者管理主義」がとられ、学校の経費は設置者が負担することが制度的な原則とされている。
>
> 　しかしながら、市町村立小中学校の教職員の給与費は多額に上るため、財政力格差の大きい市町村の負担とすると教育水準の格差につながるため、「設置者負担主義」の例外として、市町村立学校職員給与負担法第1条の定めるところにより、市町村立小中学校の教職員給与費等については、都道府県の負担とするものとなっている。これが県費負担教職員制度と呼ばれるものである。
>
> 　地方教育行政法では、第37条において、市町村立学校職員給与負担法に規定する職員（県費負担教職員）の任命権は、都道府県教育委員会に属すると規定し、市町村立学校の教職員の身分が市町村に属するにもかかわらず、その任免権については、都道府県教育委員会が有するという特例的な制度となっている（ただし、服務の監督は市町村教育委員会の権限）。
>
> 　地方教育行政法では、県費負担教職員の任免その他の進退は、市町村教育委員会の「内申」を待って行うものとされ（第38条）、また、県費負担教職員の定数は、都道府県の条例で定めるとともに、これらの者の給与、勤務時間その他の勤務条件あるいは任免、分限または懲戒に関して条例で定めるものとされている事項については、都道府県の条例で定めることとされている（第42条、第43条第3項）。

(2)　運営

　教育委員会は、地方教育行政における「合議制の執行機関」として、その意思決定は、教育委員会議において、出席者の多数決によって決せられる仕組みは、平成26年の地方教育行政法の改正においても引き続き堅持されている。

　教育委員会の会議は、従来、教育委員長が招集するものとされていたが、改正法により教育委員長と教育長が一本化されたことに伴い、**新「教育長」が会議を招集する**こととなった（改正法第14条第1項）。ただし、教育委員の3分の1以上の委員から会議に付議すべき事項を示して会議の招集を請求された場合には、教育長は遅滞なく会議を招集しなければならないとされ（改正法第14条第2項）、教育委員が教育長の事務執行をチェックする仕組みとして、**委員の側から会議の招集の請求を行えるようにされた。**

　教育委員会は、教育長及び在任委員の過半数が出席しなければ、会議を開き、議決をすることができないこととされ（改正法第14条第3項）、会議の議事は、出席者の過半数で決し、可否同数のときは、教育長の決するところによる（改正法第14条第4項）とされる。

　教育委員会議は、原則として公開するものとされ（改正法第14条第7項）、会議の議事録については、教育長が会議の終了後、遅滞なく、教育委員会規則で定めるところにより作成し、これを公表するよう努めなければならないこととされている（改正法第14条第9項）。

　教育委員会は、法令または条例に違反しない限りにおいて、**その権限に属する事務に関し、教育委員会規則を制定する**ことができることとされ（改正法第15条）、教育委員会の会議その他教育委員会の議事の運営に関し必要な事項を教育委員会規則で定めることとされている（改正法第16条）。

　なお、教育委員会の職務権限については、教育委員会の機能の活性化が求められていることから、平成17年10月の中央教育審議会の答申において、「教育委員会の使命は、地域の教育課題に応じた基本的な教育の方針・計画を策定するとともに、教育長及び事務局の職務執行状況を監視・評価することであることを制度上明確化する必要がある」との提言がなされたところである。

　これを受けて、**平成19年の地方教育行政法の改正**では、合議制の教育委員会が自ら管理・執行する必要があり、**教育長に委任することができ**

ない事務を新たに規定したところであり、これについては、平成26年の
改正法においても引き続き規定されているところである。すなわち、改
正法第25条第 2 項では、①教育事務の管理・執行の基本的方針、②教育
委員会規則等教育委員会の定める規程の制定・改廃、③学校その他の教
育機関の設置・廃止、④教育委員会及び学校などの教育機関の職員の任
免その他の人事、⑤教育事務の管理執行状況の点検・評価、⑥地方公共
団体の長からの教育予算の意見聴取に対する意見の申出の 6 つの事項に
関して、教育委員会は教育長に教育事務の執行を委任できないとしてい
る。また、**教育委員会は、毎年、その権限に属する事務の管理執行状況**
について点検・評価を行い、その結果に関する報告書を作成し、これを
議会に提出するとともに、公表しなければならないこととされている
（改正法第26条 1 項）。

　なお、平成26年の地方教育行政法の改正により、新「教育長」の権限
がより強大なものとなることから、合議体としての教育委員会が教育長
の職務をチェックする機能として、改正法第25条第 3 項で、**教育長は、**
教育委員会が教育長に委任した事務につき、教育委員会規則で定めると
ころにより、**教育事務の管理執行状況を報告しなければならないことを**
新たに規定した。教育委員会が教育長に対し教育事務の一部を委任した
場合においても、教育長は合議体の意思決定に基づき事務を執行する立
場にあり、教育委員会の意思決定に反する事務の執行はできないもので
あるほか、教育委員会は必要があれば教育委員会規則を変更し教育長へ
の委任を解除できるものであることから、教育長は独善的に教育事務を
行えるわけではなく、あくまでも合議体である教育委員会のコントロー
ルの下で教育事務を管理執行するものである。

(3)　**教育長の地位と職務**

　教育委員会は、その職務権限に基づき、地方教育行政における重要事
項や基本的な方針を決定し、それに基づいて、教育行政の専門家である
教育長が具体の教育事務を執行する仕組みであり、改正前は教育長につ

いては、首長が議会の同意を得て任命した教育委員のうちから教育委員会が任命を行い、①教育委員会のすべての会議に出席し、議事について助言するとともに、②教育委員会の指揮監督の下に具体の教育事務をつかさどり、③教育委員会の事務局の事務を統括し、所属の職員を指揮監督する立場にあった。

　しかし、「教育の政治的中立性、継続性・安定性を確保しつつ、地方教育行政における責任体制の明確化、迅速な危機管理体制の構築、首長との連携強化を図る」ことなどの趣旨から平成26年に地方教育行政法が改正されたことにより、**教育長の地位・責任と権限については大きな変更**がなされた。

　すなわち、改正法により、「**教育委員会は、教育長及び4人の委員をもって組織する**」（改正法第3条）とともに、教育委員会には、新たに教育委員長と教育長を一本化した**地方教育行政の責任者（新「教育長」）**を置くこととされた。改正前は、教育委員会には、「教育委員会の会議を主宰し、教育委員会を代表する」教育委員長が置かれていたが、この権限は新しい教育長に一元化されることとなり、新**「教育長」の職務権限は、「教育委員会の会務を総理し、教育委員会を代表する」**ものと規定された（改正法第13条第1項）。なお、教育長が「会務を総理する」とは、教育委員会議の主宰と教育委員会事務局を指揮して事務執行を行うことを意味するとされる。

　また、**教育長の任免**については、改正前は教育委員会が教育委員のうちから任命することとされていたが、改正法では新たに、**首長が議会の同意を得て、教育長を直接任命・罷免する**こととなった（改正法第4条第1項、第7条第1項）。新「教育長」は、首長から任命される仕組みに変更されたが、教育長は従来と同様首長から独立した合議制の執行機関である教育委員会の構成員であり、首長から指揮監督を受ける立場ではなく、したがって**首長の「補助機関」ではない**とされる。他方、新「教育長」は、執行機関である教育委員会の「補助機関」ではなく、教育委員会の構成員であり、代表者であることから、改正法では、**教育委**

員会による**教育長への指揮監督権**は規定されていない。法改正により、教育長は教育委員に比して強大な権限を有することとなったことから、教育長の職務執行に対するチェック機能を強化するため、①教育委員が教育長に対し会議の招集を求めることができること、②教育委員会議の議事録の作成・公表の努力義務、③教育委員会から教育長に委任された事務の管理執行状況についての報告義務を課するなどが新たに規定されている。

　また、**教育長**は、合議体の意思決定に基づき教育事務を執行する立場であることに変わりはないことから、**教育委員会の意思決定に反する事務執行を行うことはできないことは自明である。**

　なお、教育長の資格要件については、改正前は教育委員のうちから教育長を任命したときには、「人格が高潔で、教育、学術、文化に関し識見を有するもの」のうちから任命することとされていたが、改正後においては、「人格が高潔で、**教育行政に関し識見を有するもの**」のうちから任命することとされ（改正法第4条第2項）、地方教育行政の責任体制を明確化する趣旨から新「教育長」という新たな職を設けたものであるため、「教育行政に関し識見を有するもの」が要件とされたところである。

　これにより教育委員のレイマン・コントロールと教育長のプロフェッショナル・リーダーシップの整合性が図られている。

コラム【教育長の任命承認制度の廃止】

　昭和31年制定の地方教育行政法では、教育行政における国・都道府県・市町村の連携を密にする観点から、都道府県教育委員会の教育長は文部大臣の、市町村または市町村の組合に置かれる教育委員会の教育長は都道府県教育委員会の「承認」を得て、教育委員会が任命する仕組みとされていた。

　この「教育長任命承認制度」は、平成7年に地方分権推進委員会が設置され、国と地方との関係のあり方が議論される中で、地方分権の一層の推進の観点から、見直しの必要性が指摘され、このような状況の中、中教審

に対しても平成９年「今後の地方教育行政の在り方について」諮問がなされ、平成10年９月には中教審から①教育委員の選任のあり方等の見直し（教育委員の数の弾力化や教育委員の構成分野をより広範にすること、選任の基準・理由・経過等を地域住民に明らかにすることなど）、②教育長の任命承認制度の廃止と適材確保のための議会同意制の導入等について答申が行われた。

　教育長の任命承認制度については、今後ますます多様化する教育行政上の課題に適切に対応し、地域の実情に応じて主体的かつ積極的な教育行政を展開できるようにする観点から、地方公共団体の自らの責任と判断において教育長を選任することが重要であるため、中教審において廃止することが提言されたものである。

　この中教審の答申を受け、平成11年、地方分権一括法の制定に伴う地方教育行政法の改正により、教育長の任命承認制度は廃止され、地方公共団体の長が、議会の同意を得て任命する教育委員の中から教育委員会が任命する仕組みに切り替えられた（改正前同法第４条第１項、第16条第１項）。

(4)　教育委員会の事務局

　教育委員会には、教育委員会の権限に属する事務を処理させるため、事務局が置かれる（改正法第17条）。その内部組織は「教育委員会規則」で定められ、また、事務局の職員の定数は地方公共団体の条例で定められる（改正法第19条）。

　都道府県の教育委員会の事務局には、「**指導主事**」、「**事務職員**」及び「**技術職員**」その他の職員を置くとされている（改正法第18条第１項）。

　また、市町村教育委員会の事務局には、都道府県教育委員会の場合に準じて指導主事その他の職員を置くとされるが、一律にこれらの職員を置くことを法律上義務付けるものではない（改正法第18条第２項）。

　指導主事は、当該の教育委員会が所管する学校における教育課程、学習指導その他学校教育に関する専門的事項の指導に関する事務に従事するものであり、指導主事には、教育に関し識見を有し、かつ、学校における教育課程、学習指導その他学校教育に関する専門的事項について教

養と経験がある者でなければならないとされている（改正法第18条第3項・第4項）。

　指導主事には、大学以外の公立学校の教員をもって充てることができるものとされ（教員身分のまま指導主事の職務に従事させるもの）、いわゆる「充て指導主事制度」が認められている（改正法第18条第4項ただし書き）。

　一般職の地方公務員である事務局職員の身分取扱いについては、地方教育行政法及び教育公務員特例法に特別の定めがある場合を除き、地方公務員法の定めるところによるものとされている（改正法第20条）。

(5)　首長の教育行政への関与

　これまで地方公共団体の首長（都道府県知事または市町村長）は、地方教育行政法に基づき、①大学に関すること、②幼保連携型認定こども園に関すること、③私立学校に関すること、④教育財産の取得・処分に関すること、⑤教育に関する契約に関することなど地方教育行政の権限を有するとともに、教育予算も含め地方公共団体の予算の編成・執行や教育委員の任命等を通じて域内の教育行政に責任を負う立場にあった。

　さらに、平成26年の法改正により、地方公共団体の長と教育委員会との連携を図る趣旨から、首長は、①地方教育行政の責任者として新「教育長」を任命（改正法第4条第1項）するとともに、②「総合教育会議」を設置し（改正法第1条の4）、教育施策等について教育委員会と協議・調整を行うほか、③「教育の振興に関する施策」を策定する権限（改正法第1条の3）を新たに有するなど、教育委員会の所管する教育事務への関与が強まっている。

○　「総合教育会議」の設置

　教育に関する予算の編成・執行や条例提案など重要な権限を有している地方公共団体の長と教育委員会が十分な意思疎通を図り、地域の教育の課題やあるべき姿を共有して、よりいっそう民意を反映した教育行政の推進を図る観点から、新たに、地方公共団体の長は「総合教育会議」

を設置することが定められた（改正法第1条の4）。

　総合教育会議は、首長が招集し、首長及び教育委員会により構成するものとされ、首長は、同会議において、①教育の振興に関する施策の「大綱」の策定に関する協議、②教育を行うための諸条件の整備その他の地域の実情に応じた教育・学術・文化の振興を図るために重点的に講ずべき施策についての協議、③児童生徒等の生命・身体に現に被害が生じ、またはまさに被害が生ずるおそれがあると見込まれる場合等の緊急の場合に講ずべき措置についての協議を行うとともに、これらに関する構成員の事務の調整を行うこととされた。

　総合教育会議では、大綱の策定、教育条件の整備等重点的に講ずべき施策、緊急の場合に講ずべき措置について協議・調整を行い、ここで調整された事項については、構成員は調整結果を尊重しなければならないこととされている（改正法第1条の4第8項）。したがって、協議の結果、調整されない事項の事務の執行については、教育委員会及び地方公共団体の長それぞれがその執行権限に基づき判断するものとされる。

　なお、総合教育会議では、特に協議・調整が必要な事項があると判断した事項について協議または調整を行うものであり、教育委員会が所管する事務の重要事項のすべてを会議で協議し、調整するという趣旨で設置するものではないとされる。また、総合教育会議では、教育委員会制度を設けた趣旨にかんがみ、教科書採択、個別の教職員人事など、特に教育の政治的中立性の要請が高い事項については、協議題とすべきではないとされる。

　総合教育会議は、原則として公開することとされ、また、地方公共団体の長は、会議の終了後、遅滞なく、会議の定めるところにより、その議事録を作成し、これを公表するよう努めなければならない（改正法第1条の4第7項）。

○　教育学術文化の振興に関する総合的な施策の「大綱」の策定

　地方公共団体の長は、教育基本法第17条第1項に規定する基本的な方針を参酌し、その地域の実情に応じ、当該地方公共団体の教育・学術・

文化の振興に関する総合的な施策の「大綱」を定めるものとされる（改正法第1条の3第1項）。なお、この大綱は、地方公共団体の教育・学術・文化の振興に関する総合的な施策について、その目標や施策の根本となる方針を定めるものであり、詳細な施策について策定することを求めるものではない。長の大綱策定の権限は、教育委員会の権限に属する事務を管理し、執行する権限を地方公共団体の長に与えたものではないことは確認的に規定されている（改正法第1条の3第4項）。

　地方公共団体の長は、大綱を定め、またはこれを変更しようとするときは、あらかじめ「総合教育会議」において協議するものとされ、首長と教育委員会が協議・調整を尽くし、首長が策定することとなる。なお、総合教育会議において調整がついた事項を大綱に記載する場合には、地方公共団体の長及び教育委員会の双方に**尊重義務**がかかるものであるが、他方、長が教育委員会と調整のついていない事項を大綱に記載したとしても、教育委員会は当該事項を尊重する義務を負うものではなく、調整のついていない事項の執行については教育委員会が判断するものであるとされる。

　大綱が対象とする期間については、法律上の規定はないが、地方公共団体の長の任期が4年であることや、国の教育振興基本計画の対象期間が5年であることから、4～5年程度が想定されている。また、大綱の主たる記載事項は、各地方公共団体にゆだねられているが、主として、学校の耐震化、学校の統廃合、少人数教育の推進、総合的な放課後対策、幼稚園・保育所・認定こども園を通じた幼児教育・保育の充実等、予算や条例等の地方公共団体の長の有する権限に係る事項についての目標や根本となる方針が想定されるとしている（文部科学省初等中等教育局長通知「地方教育行政の組織及び運営に関する法律の一部を改正する法律について　平成26・7・17」）。

Ⅲ　文部科学大臣と教育委員会相互の関係

1　指導・助言・援助

　地方教育行政法第48条では、地方自治法第245条の4第1項の規定（技術的な助言及び勧告並びに資料提出の要求）によるほか、文部科学大臣は、都道府県または市町村に対して、また、都道府県教育委員会は、市町村に対して、都道府県または市町村の教育に関する事務の適正な処理を図るため、**必要な指導、助言または援助を行うことができる**旨定められている。

　地方自治法上の「助言又は勧告」は「技術的」なものに限定されるのに対して、地方教育行政法第48条にいう「指導・助言・援助」は、法的拘束力は有しない非権力的な関与とされるが、教育事務処理の適正化という見地からする限りにおいて、「技術的」というような制約はなく、広く必要な指導・助言・援助を行うことができるとされる。

　この「指導、助言又は援助」の具体例としては、第48条第2項において、①学校その他の教育機関の設置及び管理ならびに整備、②学校の組織編制、教育課程、学習指導、生徒指導、職業指導、教科書その他の教材の取扱いその他学校運営、③学校における保健及び安全ならびに学校給食、④生徒及び児童の就学に関する事務などの教育事務に対して指導・助言・援助を行うことができるとされている。

　なお、平成11年の地方分権一括法において、地方教育行政法第48条で定める指導・助言・援助を義務付けしていたもの（「行うものとする」）を、地方の判断を過度に制約しないようにするため、「必要な指導、助言又は援助」を「行うことができる」に改められている。

　また、平成11年の「地方分権一括法」の制定により、**市町村の自主性・主体性を尊重する観点**から、都道府県教育委員会が、市町村教育委員会の所管に属する学校その他の教育機関の管理運営の基本的事項について教育委員会規則で必要な基準を設けることができるとする制度も廃止されている。

2　「是正の要求」及び「指示」

　さらに、平成18年の教育基本法の改正を受けての、いわゆる**「教育三法」の改正**（平成19年）により、**「教育における国の責任の果たし方」**について所要の改正が図られたところである。

　すなわち、①教育委員会の法令違反や事務の怠りによって、児童生徒等の教育を受ける権利が侵害されていることが明らかである場合、文部科学大臣は、講ずべき措置の内容を示して、地方自治法上の**「是正の要求」**を行うものとすること（第49条）、②教育委員会の法令違反や事務の怠りによって、児童生徒等の生命身体の保護のため緊急の必要が生じ、他の措置によってはその是正を図ることが困難である場合、文部科学大臣は、当該法令違反の「是正」または当該怠る事務の管理執行を「改善」すべきことを**「指示」**することができること（第50条）とされている。

　上記の「是正の要求」や「指示」を行った場合、文部科学大臣は、当該地方公共団体の長及び議会に対してその旨を通知するものとされる（第50条の2）。

　この改正は、教育委員会が自浄能力を発揮せず、十分な責任が果たせない場合は、憲法が保障する国民の権利を守るため、文部科学大臣が講ずべき措置の内容を示して行う「是正の要求」や「指示」を行うとの規定を設けるものであり、このような文部科学大臣の関与は、極めて深刻な事態を招いた教育委員会に対して例外的に講じられる関与であり、地方分権の趣旨に逆行するものではないと解される。

3　改正法による国の関与の見直し

　平成19年改正における第50条の規定は、いじめによる自殺等の事案において、教育委員会の対応が不適切な場合に、文部科学大臣が教育委員会に対して是正の指示ができるよう、設けられたものである。

　しかしながら、滋賀県大津市におけるいじめによる自殺事案の際に、「児童、生徒等の生命又は身体の保護のため」という要件については、

当該児童生徒等が自殺してしまった後の再発防止のためには発動できないのではないかとの疑義が生じた。

　改正前の法においても再発防止のために是正の「指示」ができるという解釈も可能であるが、「指示」は、地方自治制度の中でも非常に強い国の関与であり、国会審議においても抑制的に発動すべきことが何度も確認されていることから、解釈が曖昧なまま発動することは困難であるため、平成26年の改正法では、事件発生後においても同種の事件の再発防止のために指示ができることを明確にするために、第50条の規定を「児童、生徒等の生命又は身体の保護のため」から「児童、生徒等の生命又は身体に現に被害が生じ、又はまさに被害が生ずるおそれがあると見込まれ、その被害の拡大又は発生を防止するため」にその要件を明確にするための改正を行った。したがって、この改正は、あくまでも要件の「明確化」のための改正であり、要件を追加して国の関与を強化するものではないとされている。

平成26年地方教育行政法の改正

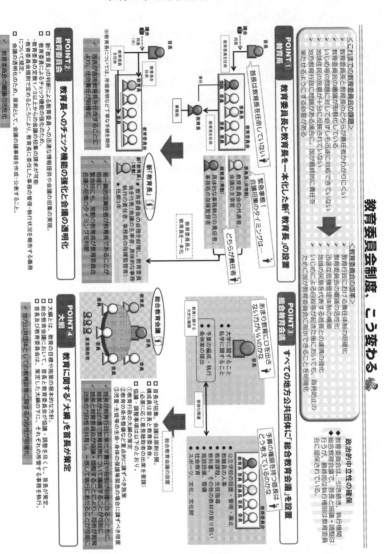

出典：文部科学省ホームページ「資料1-1　地方教育行政の組織及び運営に関する法律の一部を改正する法律（概要）」

地方教育行政制度の変遷（主な制度改正）

教育委員会制度創設（昭和23年）

○教育の地方分権　○教育行政への民意の反映(教育委員公選制)
・全ての市町村に教育委員会を設置(昭和27年)

教育委員公選制等見直し（昭和31年）

○教育委員の公選制廃止（任命制の導入）
　⇒教育委員会に党派的対立が持ち込まれる弊害を解消
○教育長の任命承認制度の導入
　⇒教育長の任命にあたって、国や都道府県教委が承認
○教育委員会による予算案・条例案の議会提案権の廃止
　⇒一般行政との調和

教育における「団体自治」を強化（平成11年法改正）

○教育長の任命承認制度の廃止
　⇒地方の責任による教育長の任命
○市町村立学校に関する都道府県の基準設定権の廃止
　⇒地方の主体性の尊重

教育における「住民自治」を強化（平成13年法改正）

○教育委員の構成の多様化
　⇒地域の多様な意向の反映
（委員の年齢、性別、職業等に著しい偏りが生じないよう配慮すること、
　保護者が含まれるよう努めることを規定。）
○教育委員会会議の原則公開
　⇒教育行政の説明責任を果たす

学校運営協議会（平成16年法改正）

○学校運営協議会を設置可能に
　⇒地域住民、保護者等が学校運営に参画可能に
　学校運営協議会の権限：
　　①学校運営の基本方針の承認
　　②学校運営について教育委員会または校長に意見
　　③教職員の任用について、教育委員会に意見

国、教育委員会の責任を明確化（平成19年法改正）

○教育委員会の責任体制の明確化
○教育委員会の体制の充実
○教育における地方分権の推進
○教育における国の責任の果たし方
○私立学校に関する教育行政

地域の意向を反映した主体的な教育行政の推進

地方公共団体の責任の拡大（地方分権）

出典：首相官邸ホームページ「現行の教育委員会制度等の概要（第二次提言参考資料）」

参照条文（抄）

[地方教育行政の組織及び運営に関する法律]

第1条　この法律は、教育委員会の設置、学校その他の教育機関の職員の身分取扱その他地方公共団体における教育行政の組織及び運営の基本を定めることを目的とする。

第1条の3　地方公共団体の長は、教育基本法第17条第1項に規定する基本的な方針を参酌し、その地域の実情に応じ、当該地方公共団体の教育、学術及び文化の振興に関する総合的な施策の大綱（以下単に「大綱」という。）を定めるものとする。

2　地方公共団体の長は、大綱を定め、又はこれを変更しようとするときは、あらかじめ、次条第1項の総合教育会議において協議するものとする。

3　地方公共団体の長は、大綱を定め、又はこれを変更したときは、遅滞なく、これを公表しなければならない。

4　第1項の規定は、地方公共団体の長に対し、第21条に規定する事務を管理し、又は執行する権限を与えるものと解釈してはならない。

第1条の4　地方公共団体の長は、大綱の策定に関する協議及び次に掲げる事項についての協議並びにこれらに関する次項各号に掲げる構成員の事務の調整を行うため、総合教育会議を設けるものとする。

　一　教育を行うための諸条件の整備その他の地域の実情に応じた教育、学術及び文化の振興を図るため重点的に講ずべき施策

　二　児童、生徒等の生命又は身体に現に被害が生じ、又はまさに被害が生ずるおそれがあると見込まれる場合等の緊急の場合に講ずべき措置

2　総合教育会議は、次に掲げる者をもつて構成する。

　一　地方公共団体の長

　二　教育委員会

3　総合教育会議は、地方公共団体の長が招集する。

4　教育委員会は、その権限に属する事務に関して協議する必要があると思料するときは、地方公共団体の長に対し、協議すべき具体的事項を示して、総合教育会議の招集を求めることができる。

5　総合教育会議は、第1条の協議を行うに当たつて必要があると認めるときは、関係者又は学識経験を有する者から、当該協議すべき事項に関して意見を聴くことができる。

6　総合教育会議は、公開する。ただし、個人の秘密を保つため必要がある

と認めるとき、又は会議の公正が害されるおそれがあると認めるときその他公益上必要があると認めるときは、この限りではない。

7　地方公共団体の長は、総合教育会議の終了後、遅滞なく、総合教育会議の定めるところにより、その議事録を作成し、これを公表するよう努めなければならない。

8　総合教育会議においてその構成員の事務の調整が行われた事項については、当該構成員は、その調整の結果を尊重しなければならない。

9　前各項に定めるもののほか、総合教育会議の運営に関し必要な事項は、総合教育会議が定める。

第2条　都道府県、市（特別区を含む。）町村及び第21条に規定する事務の全部又は一部を処理する地方公共団体の組合に教育委員会を置く。

第3条　教育委員会は、教育長及び4人の委員をもつて組織する。ただし、条例で定めるところにより、都道府県若しくは市又は地方公共団体の組合のうち都道府県若しくは市が加入するものの教育委員会にあつては教育長及び5人以上の委員、町村又は地方公共団体の組合のうち町村のみが加入するものの教育委員会にあつては教育長及び2人以上の委員をもつて組織することができる。

第4条　教育長は、当該地方公共団体の長の被選挙権を有する者で、人格が高潔で、教育行政に関し識見を有するもののうちから、地方公共団体の長が、議会の同意を得て、任命する。

2　委員は、当該地方公共団体の長の被選挙権を有する者で、人格が高潔で、教育、学術及び文化（以下単に「教育」という。）に関し識見を有するもののうちから、地方公共団体の長が、議会の同意を得て、任命する。

4　教育長及び委員の任命については、そのうち委員の定数に一を加えた数の二分の一以上の者が同一の政党に所属することとなつてはならない。

5　地方公共団体の長は、第2項の規定による委員の任命に当たつては、委員の年齢、性別、職業等に著しい偏りが生じないように配慮するとともに、委員のうちに保護者である者が含まれるようにしなければならない。

第5条　教育長の任期は3年とし、委員の任期は、4年とする。ただし、補欠の教育長又は委員の任期は、前任者の残任期間とする。

2　教育長及び委員は、再任されることができる。

第7条　地方公共団体の長は、教育長若しくは委員が心身の故障のため職務の遂行に堪えないと認める場合又は職務上の義務違反その他教育長若しく

　は委員たるに適しない非行があると認める場合においては、当該地方公共
　団体の議会の同意を得て、その教育長又は委員を罷免することができる。

第11条　教育長は、職務上知ることができた秘密を漏らしてはならない。そ
　の職を退いた後も、また、同様とする。

6　教育長は、政党その他の政治的団体の役員となり、又は積極的に政治運
　動をしてはならない。

8　教育長は、その職務の遂行に当たつては、自らが当該地方公共団体の教
　育行政の運営について負う重要な責任を自覚するとともに、第1条の2に
　規定する基本理念及び大綱に則して、かつ、児童、生徒等の教育を受ける
　権利の保障に万全を期して当該地方公共団体の教育行政の運営が行われる
　よう意を用いなければならない。

第12条　前条第1項から第3項まで、第6項及び第8項の規定は、委員の服
　務について準用する。

第13条　教育長は、教育委員会の会務を総理し、教育委員会を代表する。

第14条　教育委員会の会議は、教育長が招集する。

2　教育長は、委員の定数の3分の1以上の委員から会議に付議すべき事件
　を示して会議の招集を請求された場合には、遅滞なく、これを招集しなけ
　ればならない。

3　教育委員会は、教育長及び在任委員の過半数が出席しなければ、会議を
　開き、議決をすることができない。

4　教育委員会の会議の議事は、第7項ただし書の発議に係るものを除き、
　出席者の過半数で決し、可否同数のときは、教育長の決するところによる。

7　教育委員会の会議は、公開する。ただし、人事に関する事件その他の事
　件について、教育長又は委員の発議により、出席者の3分の2以上の多数
　で議決したときは、これを公開しないことができる。

9　教育長は、教育委員会の会議の終了後、遅滞なく、教育委員会規則で定
　めるところにより、その議事録を作成し、これを公表するよう努めなけれ
　ばならない。

第15条　教育委員会は、法令又は条例に違反しない限りにおいて、その権限
　に属する事務に関し、教育委員会規則を制定することができる。

第17条　教育委員会の権限に属する事務を処理させるため、教育委員会に事
　務局を置く。

第18条　都道府県に置かれる教育委員会の事務局に、指導主事、事務職員及

び技術職員を置くほか、所要の職員を置く。

2　市町村に置かれる教育委員会の事務局に、前項の規定に準じて指導主事その他の職員を置く。

3　指導主事は、上司の命を受け、学校における教育課程、学習指導その他学校教育に関する専門的事項の指導に関する事務に従事する。

4　指導主事は、教育に関し識見を有し、かつ、学校における教育課程、学習指導その他学校教育に関する専門的事項について教養と経験がある者でなければならない。

8　教育委員会は、事務局の職員のうち所掌事務に係る教育行政に関する相談に関する事務を行う職員を指定するものとする。

第21条　教育委員会は、当該地方公共団体が処理する教育に関する事務で、次に掲げるものを管理し、及び執行する。

　一　教育委員会の所管に属する第30条に規定する学校その他の教育機関の設置、管理及び廃止に関すること。

　二　学校その他の教育機関の用に供する財産の管理に関すること。

　三　教育委員会及び学校その他の教育機関の職員の任免その他の人事に関すること。

　四　学齢生徒及び学齢児童の就学並びに生徒、児童及び幼児の入学、転学及び退学に関すること。

　五　学校の組織編制、教育課程、学習指導、生徒指導及び職業指導に関すること。

　六　教科書その他の教材の取扱いに関すること。

　七　校舎その他の施設及び教具その他の設備の整備に関すること。

　八　校長、教員その他の教育関係職員の研修に関すること。

　九　校長、教員その他の教育関係職員並びに生徒、児童及び幼児の保健、安全、厚生及び福利に関すること。

　十　学校その他の教育機関の環境衛生に関すること。

　十一　学校給食に関すること。

　十三　スポーツに関すること。

　十四　文化財の保護に関すること。

第22条　地方公共団体の長は、大綱の策定に関する事務のほか、次に掲げる教育に関する事務を管理し、及び執行する。

　一　大学に関すること。

二　幼保連携型認定こども園に関すること。

三　私立学校に関すること。

四　教育財産を取得し、及び処分すること。

五　教育委員会の所掌に係る事項に関する契約を結ぶこと。

六　前号に掲げるもののほか、教育委員会の所掌に係る事項に関する予算を執行すること。

第23条　前２条の規定にかかわらず、地方公共団体は、前条各号に掲げるもののほか、条例の定めるところにより、当該地方公共団体の長が、次の各号に掲げる教育に関する事務のいずれか又は全てを管理し、及び執行することとすることができる。

一　図書館、博物館、公民館その他の社会教育に関する教育機関のうち当該条例で定めるもの（以下「特定社会教育機関」という。）の設置、管理及び廃止に関すること（第21条第７号から第９号まで及び第12号に掲げる事務のうち、特定社会教育機関のみに係るものを含む。）。

二　スポーツに関すること（学校における体育に関することを除く。）。

三　文化に関すること（次号に掲げるものを除く。）。

四　文化財の保護に関すること。

2　地方公共団体の議会は、前項の条例の制定又は改廃の議決をする前に、当該地方公共団体の教育委員会の意見を聴かなければならない。

第25条　教育委員会は、教育委員会規則で定めるところにより、その権限に属する事務の一部を教育長に委任し、又は教育長をして臨時に代理させることができる。

2　前項の規定にかかわらず、次に掲げる事務は、教育長に委任することができない。

一　教育に関する事務の管理及び執行の基本的な方針に関すること。

二　教育委員会規則その他教育委員会の定める規程の制定又は改廃に関すること。

三　教育委員会の所管に属する学校その他の教育機関の設置及び廃止に関すること。

四　教育委員会及び教育委員会の所管に属する学校その他の教育機関の職員の任免その他の人事に関すること。

五　次条の規定による点検及び評価に関すること。

六　第29条に規定する意見の申出に関すること。

3　教育長は、教育委員会規則で定めるところにより、第1項の規定により委任された事務又は臨時に代理した事務の管理及び執行の状況を教育委員会に報告しなければならない。

第26条　教育委員会は、毎年、その権限に属する事務の管理及び執行の状況について点検及び評価を行い、その結果に関する報告書を作成し、これを議会に提出するとともに、公表しなければならない。

2　教育委員会は、前項の点検及び評価を行うに当たつては、教育に関し学識経験を有する者の知見の活用を図るものとする。

第29条　地方公共団体の長は、歳入歳出予算のうち教育に関する事務に係る部分その他特に教育に関する事務について定める議会の議決を経るべき事件の議案を作成する場合においては、教育委員会の意見をきかなければならない。

第48条　地方自治法第245条の4第1項の規定によるほか、文部科学大臣は都道府県又は市町村に対し、都道府県委員会は市町村に対し、都道府県又は市町村の教育に関する事務の適正な処理を図るため、必要な指導、助言又は援助を行うことができる。

第49条　文部科学大臣は、都道府県委員会又は市町村委員会の教育に関する事務の管理及び執行が法令の規定に違反するものがある場合又は当該事務の管理及び執行を怠るものがある場合において、児童、生徒等の教育を受ける機会が妨げられていることその他の教育を受ける権利が侵害されていることが明らかであるとして地方自治法第245条の5第1項若しくは第4項の規定による求め又は同条第2項の指示を行うときは、当該教育委員会が講ずべき措置の内容を示して行うものとする。

第50条　文部科学大臣は、都道府県委員会又は市町村委員会の教育に関する事務の管理及び執行が法令の規定に違反するものがある場合又は当該事務の管理及び執行を怠るものがある場合において、児童、生徒等の生命又は身体に現に被害が生じ、又はまさに被害が生ずるおそれがあると見込まれ、その被害の拡大又は発生を防止するため、緊急の必要があるときは、当該教育委員会に対し、当該違反を是正し、又は当該怠る事務の管理及び執行を改めるべきことを指示することができる。ただし、他の措置によつては、その是正を図ることが困難である場合に限る。

第6章　教育財政と法

I　教育財政の意義とその法制

1　教育行政と教育財政との関係

　一般的に行政の作用は、多くの場合当然に経費の支出を伴うものである。そのための財政の処理については、中央政府においては、国会の議決に基づいて行使しなければならないものとされ（憲法第83条）、内閣は毎会計年度の予算を作成し、国会の議決を経なければならないと定められており（憲法第86条）、行政は、法律と予算によって枠付けられた政策目的と事業内容に則って、その目的を達成するための諸活動を行うものである。

　したがって、教育分野においても、**国または地方公共団体が教育行政を執行するに当たっての経済活動ないし経済行為として「教育財政」が定義されるとともに、教育行政活動に必要な経済的手段を提供する活動である以上、「教育財政」は、「教育行政」に密接不可分なものといえよう。**

　例えば、義務教育の完全就学の目標は、義務教育の無償制を前提としてはじめて実現できるなど、教育行政の政策目的の実現と教育財政は不可分の関連にある。

2　教育財政の法制

　次に、具体に主な教育財政の法制を見ると、

① 　憲法第26条第2項において、「**義務教育は、これを無償とする**」と規定し、義務教育の完全就学実現のための無償制を宣明し、これを受けて、教育基本法第5条第4項では、「**国又は地方公共団体の設置す**

　る学校における義務教育については、授業料を徴収しない」と規定
　し、無償制の範囲を明示している。

② 　学校教育法第5条において、「学校の設置者は、その設置する学校
　を管理し、法令に特別の定のある場合を除いては、その学校の経費を
　負担する」と規定し、学校の「**設置者負担主義の原則**」を明らかにし
　つつ、その原則の「例外」として、「市町村立学校職員給与負担法」に
　おける市町村立学校の教職員給与等の都道府県負担の制度が設けられ
　ている。

③ 　市町村立の小中学校の教職員の給与については、「**市町村立学校職**
　員給与負担法」（昭和23年）により市町村立の小学校、中学校、義務
　教育学校、中等教育学校の前期課程及び特別支援学校の校長、教員、
　事務職員などの教職員の給料その他の給与は都道府県の負担（ただ
　し、指定都市は除く）とされ、いわゆる「**県費負担教職員制度**」とい
　う給与・任免に関する**特例措置**が講じられている。

④ 　義務教育に関しては、学校の管理運営にかかる経費の大宗を占める
　教職員人件費に対する国の財政負担を特別に行う「**義務教育費国庫負**
　担法」（昭和27年）により、**公立の小中学校、義務教育学校、中等教**
　育学校の前期課程、特別支援学校の小・中学部の教職員の給与等の3
　分の1を負担するとされている。

　　同法の目的は、「義務教育について、義務教育無償の原則に則り、
　国民のすべてに対しその妥当な規模と内容とを保障するため、国が必
　要な経費を負担することにより、教育の機会均等とその水準の維持向
　上とを図る」ことであり、重要な教育政策の目標を実現するための財
　政措置であることを明示している。

⑤ 　また、「**学校教育の水準の維持向上のための義務教育諸学校の教育**
　職員の人材確保に関する特別措置法」（昭和49年）により、「義務教育
　諸学校の教育職員の給与については、一般の公務員の給与水準に比較
　して必要な優遇措置が講じられなければならない」とされ、すぐれた
　人材を確保し、もって学校教育の水準の維持向上に資することを目的

として、公立学校の**教員給与の優遇措置**が図られている。

⑥　さらに、「**公立の義務教育諸学校等の教育職員の給与等に関する特別措置法**」（昭和46年）により、公立の小中学校、義務教育学校、高等学校、中等教育学校、特別支援学校及び幼稚園の教育職員（校長、副校長及び教頭を除く）については時間外勤務手当・休日勤務手当の代わりに一律その者の給料月額の100分の4に相当する額を「**教職調整額**」として支給する特例が設けられている。

　こうした公立の義務教育諸学校の教職員給与については、「**地方財政法**」（昭和23年）において、「**地方公共団体が法令に基づいて実施しなければならない事務であつて、国と地方公共団体相互の利害に関係がある事務のうち、その円滑な運営を期するためには、なお、国が進んで経費を負担する必要がある**」（同法第10条）ものとして、生活保護費などと並んで、「**国が、その経費の全部又は一部を負担する**」こととされているものである。

⑦　憲法第26条第2項では「義務教育は、これを無償とする」と規定されている。

　この「義務教育の無償」の範囲は、授業料のほかに、教科書、学用品その他教育に必要な一切の費用まで無償としなければならないことを定めたものではないことは最高裁判決（義務教育費負担請求事件　昭和39・2・26）により明らかではあるが、憲法がすべての国民に対してその保護する子女をして普通教育を受けさせる義務として強制している以上、保護者の教科書等の費用の負担についてもできる限り軽減するよう国が配慮することは望ましいことであり、教科書の無償は、国の財政事情等を考慮した国の立法政策の問題として解決すべき課題であった。

　昭和30年代後半、「**義務教育諸学校の教科用図書の無償に関する法律**」（昭和37・3・31）及び「**義務教育諸学校の教科用図書の無償措置に関する法律**」（昭和38・12・21）が制定され、これらに基づき、義務教育諸学校の教科用図書については、**憲法第26条に定める義務教**

育無償の精神を幅広く実現するという教育政策の観点から、昭和38年
度より国公私立の義務教育諸学校の児童生徒に対する教科用図書の無
償措置が開始された（昭和38年度に小学校第1学年について実施さ
れ、以降、学年進行方式によって毎年拡大され、昭和44年度に小中学
校の全学年に無償給与が完成された）。

⑧　「義務教育諸学校等の施設費の国庫負担等に関する法律」（昭和33
年）により、「義務教育諸学校における教育の円滑な実施を確保する
ことを目的」（同法第1条）として、公立の小中学校、義務教育学校、
中等教育学校の前期課程、特別支援学校の小・中学部にかかる校舎等
の新築・増築に要する経費の2分の1を負担するものである。

⑨　「理科教育振興法」（昭和28年）による小中学校、義務教育学校、中
等教育学校、高等学校における理科教育のための設備への国の2分の
1補助、

　「産業教育振興法」（昭和26年）による中学校、義務教育学校の後期
課程、中等教育学校、特別支援学校等における産業教育のための実験
実習の施設・設備、中学校、高等学校等が産業教育のため共同して使
用する実験実習の施設に要する経費への国の補助、

　「学校給食法」（昭和29年）による公私立の義務教育諸学校における
学校給食の開設に必要な施設に要する経費への国の2分の1補助（現
在では、公立学校の給食施設設備への補助は、「義務教育諸学校等の
施設費の国庫負担等に関する法律」において対象事業が交付金化され
ている）、

　「へき地教育振興法」（昭和29年）によるへき地学校の児童生徒の通
学を容易にするためのスクールバス等の経費への国の2分の1補助、

　などの学校設置者である地方公共団体や学校法人への教育条件の整
備のための国の補助の仕組みが整備されている。

⑩　児童生徒の就学に関しては、憲法第26条において「すべて国民は、
ひとしく教育を受ける権利を有する」と規定し、教育の機会均等の原
則を宣明しており、これを受けて、教育基本法第4条第3項では、

「国及び地方公共団体は、能力があるにもかかわらず、経済的理由によって修学が困難な者に対して、奨学の措置を講じなければならない」と規定するとともに、学校教育法でも第19条において「経済的理由によつて、就学困難と認められる学齢児童又は学齢生徒の保護者に対しては、市町村は、必要な援助を与えなければならない」と定めているところである。

このため、「就学困難な児童及び生徒に係る就学奨励についての国の援助に関する法律」（昭和31年）が制定され、市町村が、学齢児童生徒の保護者で生活保護法にいう「要保護者」であるものに対し、学用品、通学に要する交通費、修学旅行費を支給する場合に国が補助することとされている（いわゆる「三位一体改革」以前は、「準要保護者」に対しても国の補助がなされたが、平成17年の法改正により、準要保護者に対する国の援助措置は廃止され、その財源は地方に対して一般財源化された）。なお、就学援助の措置については、学校給食費は、学校給食法（第12条2項）により、また、感染性疾病等の治療費については、学校保健安全法（第25条）により、国の補助措置が講じられている。

また、「特別支援学校への就学奨励に関する法律」（昭和29年）において、公私立の特別支援学校の児童生徒（高等部の生徒を含む）の保護者の経済的負担を軽減するため、特別支援学校への就学のために必要な教科書購入費・学校給食費・寄宿舎居住に伴う経費・修学旅行費・学用品購入費について、保護者のその負担能力に応じ、都道府県が支弁する義務を課するとともに、国がその経費の2分の1を補助する仕組みとなっている。

⑪ 高等学校の授業料については、長らく、「非義務教育の授業料徴収の原則」に基づき、高等学校における授業料の徴収が行われていたが、平成22年、「公立高等学校に係る授業料の不徴収及び高等学校等就学支援金の支給に関する法律」の成立により、高等学校等における教育にかかる経済的負担の軽減を図り、もって教育の機会均等に寄与

することを目的として、ⓐ公立高等学校について授業料を徴収しない
こと、ⓑ公立高等学校等以外の高等学校等の生徒等がその授業料に充
てるための高等学校等就学支援金の支給を受けることができることと
なった。なお、私立高等学校等に在学する低所得世帯の生徒について
は増額の措置が講じられている（一定額（11万8,800円）を1.5〜2倍
した額を上限に助成）。さらに、平成26年の法改正により、高校無償
化法は、「**高等学校等就学支援金の支給に関する法律**」に改称され、
平成26年4月以降の入学者を対象に、公立と私立で2本立てとなって
いた制度が、「**高等学校等就学支援金制度**」に一本化されるとともに、
新たに、保護者等の収入状況に照らして経済的負担を軽減する必要が
ないと認められる者（年収910万円程度以上の高所得世帯の生徒等）
については就学支援金を支給しないとする**所得制限の制度が導入**され
た。なお、「高等学校等就学支援金の支給に関する法律」の一部改正
法の施行に合わせて、低所得世帯の生徒に対する支援として「**高校生
奨学給付金制度**」が創設され、生活保護世帯、住民税所得割非課税世
帯を対象に、授業料以外の教科書費、教材費等として3万〜15万円程
度を支給することとなったが、これは、義務教育段階の就学支援金制
度の高等学校版の役割を担っているといえる。

⑫ 令和元年5月には、「**改正子ども・子育て支援法**」および「**大学等
修学支援法**」が成立し、幼児教育および高等教育の無償化が開始（幼
児教育は令和元年10月、高等教育は令和2年4月から施行）された。

幼児教育については、幼稚園、保育所、認定こども園等を利用する
3〜5歳のすべての子どもたちの利用料が無償化（上限月額2.57万
円）されることとなった。また0〜2歳の子どもたちの利用料につい
ては、住民税非課税世帯を対象に無償化されることとなった。

高等教育については、低所得世帯（住民税非課税世帯及びそれに準
ずる世帯）を対象に大学など高等教育にかかる授業料を無償化すると
ともに、あわせて、返済が不要な給付型奨学金が支給されることと
なった。

⑬　公立の学校の設置・管理・運営に要する経費については、「**設置者負担主義の原則**」の下、各設置者が支弁する仕組みであるが、各地方公共団体（都道府県、市町村）においては、住民税、事業税などの税金、国からの負担金補助金等、地方債などのほか、「**地方交付税交付金**」が大きな地方財政上の収入を構成している。

　地方交付税については、「**地方交付税法**」（昭和25年）により、所得税・法人税・酒税・消費税・たばこ税（国税）の一定割合を交付財源として、「**基準財政需要額**」が「**基準財政収入額**」を超える地方団体に対し、衡平にその超過額を補填することを目途として国から交付される税である（同法第１条・第３条）。

　教育費の「**基準財政需要額**」については、同法第12条別表に定めるところにより、**都道府県**については小・中・高等学校・特別支援学校の「**教育費**」、「**その他の教育費**」について、教職員数（小・中・高校）、生徒数（高校）、学級数（特別支援学校）、人口等（その他の教育費）を「**測定単位**」として、また、**市町村**については、小学校費として児童数、学級数、学校数を、中学校費として生徒数、学級数、学校数を、さらに、高等学校費として教職員数、生徒数を、その他の教育費として、人口、幼稚園の幼児数をそれぞれ「測定単位」として算定されている。

　なお、地方交付税は、「**普通地方交付税**」（94％）と特別の財政需要（例えば災害復旧など）のための「**特別地方交付税**」（６％）の２種類から成り立っている。

⑭　私立学校については、「**私立学校振興助成法**」（昭和50年）により、都道府県がその区域内にある私立の幼稚園、小中学校、義務教育学校、高等学校、中等教育学校、特別支援学校に対し、学校の教育にかかる経常的経費について補助する場合に、国は都道府県に対しその一部を補助することができる仕組みとなっている。

　一方、私立大学については、同法第４条により、国がその教育研究の経常的経費の２分の１以内を補助できることとされ、日本私立学校

振興・共済事業団を通じて私立大学の経常費補助事業が実施されている。

⑮　さらに、平成16年、「**国立大学法人法**」（平成15年）の施行に伴い、各国立大学は独立した「**国立大学法人**」となり、文部科学大臣が定める「**中期目標**」に基づき作成する「**中期計画**」に沿って、教育研究事業を展開することとされ、その経費は、授業料などのほか、国の「**運営費交付金**」が主な財源とされている。

コラム【憲法第89条と「私学助成」】

　憲法第89条では、「公金その他の公の財産は、……公の支配に属しない慈善、教育若しくは博愛の事業に対し、これを支出し、又はその利用に供してはならない」と規定されている。私立学校への助成の合・違憲については、私立学校法制定（昭和24年）以来種々論じられ、さまざまな解釈（「厳格説」、「緩和説」など）が出されているが、現在では、私学への助成と公金の支出とのかかわりについては、結論的に次のように解されている。すなわち、憲法第89条後段の「公の支配」の規定は、私立学校の行う教育の事業については、その人事、会計等につき公の機関の特別の監督関係のもとになければ公金の支出等をしてはならないという意味のものであるが、私立学校については、①学校教育法における私立学校の設置や廃止の認可（第4条）、大学等の設備・授業等の改善勧告・変更命令（第15条）、学校閉鎖命令（第13条）など、②私立学校法における学校法人の寄付行為の認可（第25条・第31条）、収益事業の停止命令（第61条）、解散命令（第62条）など、③私立学校振興助成法における学校の収容定員是正命令ならびに学校法人の予算変更勧告、役員解職勧告（以上第12条）など、私立学校振興助成法、私立学校法及び学校教育法に定める所轄庁の監督規定により「公の支配」に属しており、これに対する助成は、憲法第89条に照らし合憲であるとされている。

コラム【子どもの貧困対策の推進に関する法律の制定】

　子どもの将来がその生まれ育った環境によって左右されることのないよう、貧困の状況にある子どもが健やかに育成される環境を整備するととも

に、教育の機会均等を図るため、**子どもの貧困対策を総合的に推進する**ことを目的として、平成25年6月26日、国会において「子どもの貧困対策の推進に関する法律」が成立し、平成26年1月17日に施行された。

この法律では、まず、「基本理念」として、子どもの貧困対策は、**子ども等に対する教育の支援、生活の支援、就労の支援、経済的支援等の施策**を、子どもの将来がその生まれ育った環境によって左右されることのない社会を実現することを旨として講ずることにより、推進されなければならないと定めている（同法第2条）。

このため、**国は、基本理念に則り、子どもの貧困対策を総合的に策定し、及び実施する責務がある**（同法第3条）。また、地方公共団体は、子どもの貧困対策に関し、国と協力しつつ、当該地域の状況に応じた施策を策定し、及び実施する責務を有する（同法第4条）。

また、政府は、この法律の目的を達成するため、必要な法制上または財政上の措置その他の措置を講ずるとともに（同法第6条）、毎年1回、子どもの貧困の状況及び子どもの貧困対策の実施の状況を公表しなければならない（同法第7条）。

この法律に基づき、政府が策定する「**子どもの貧困対策に関する大綱**」（「大綱」という）には、①子どもの貧困対策に関する基本的な方針、②子どもの貧困率、生活保護世帯に属する子どもの高等学校等進学率等、子どもの貧困に関する指標及び当該指標の改善に向けた施策、③教育の支援、生活の支援、保護者に対する就労の支援、経済的支援その他の子どもの貧困対策に関する事項などについて定めるものとされる（同法第8条）。国の「大綱」を勘案して、都道府県は、当該都道府県における子どもの貧困対策についての計画を定めるよう努めるものとされている（同法第9条）。

国及び地方公共団体は、就学の支援、学資の援助、学習の支援その他の貧困状況にある子どもの教育に関する支援のために必要な施策を講ずるものとされている（同法第10条）。

なお、法律では、内閣府に内閣総理大臣を会長とする「子どもの貧困対策会議」が置かれ、同会議において大綱の案を作成するなどの事務をつかさどることとされ、平成26年8月には、大綱が策定された。

さらに、令和元年6月に同法が改正され、子どもの「将来」だけでなく「現在」の生活等に向けても子どもの貧困対策を総合的に推進することなど、法律の目的・基本理念が充実されたほか、教育の支援については、教

育の機会均等が図られるべき趣旨が明確化された。令和元年11月29日に
は、新たな「子供の貧困対策に関する大綱」が閣議決定された。

Ⅱ　国と地方の予算

1　国の財政・予算

　国の財政を処理する権限は、国会の議決に基いて、これを行使しなけ
ればならないこととされ（憲法第83条）、また、新たに租税を課し、ま
たは現行の租税を変更するには、法律または法律の定める条件によるこ
とを必要とすることとなっており（第84条）、国費を支出し、または国
が債務を負担するには、国会の議決に基くことを必要とするとされてい
る（第85条）。

　このため、内閣は、毎会計年度の予算を作成し、国会に提出して、そ
の審議を受け、議決を経なければならない（第86条）仕組みとなってお
り、国会における審議は、先に衆議院に提出し審議を受ける、いわゆる
「衆議院先議」の原則がとられている。

　憲法における国の財政の取扱いの基本を踏まえて、「財政法」（昭和22
年）では、「国の予算その他の財政の基本に関しては、この法律の定め
るところによる」（第1条）と規定し、

① 　国の「歳入」とは、一会計年度における一切の収入をいい、「歳出」
　　とは、一会計年度における一切の支出をいうこと（同法第2条第4
　　項）、

② 　国の歳出は、公債または借入金以外の歳入をもって、その財源とし
　　なければならず、ただし、公共事業、出資金等については、国会の議
　　決を経た金額の範囲内で、公債を発行しまたは借入金をなすことがで
　　きること（第4条第1項）、

③ 　国の会計は「一般会計」と、国が特定の事業を行うために特定の資
　　金を保有してその運用を行う場合、その他特定の歳入をもって特定の

　支出に充て一般の歳入歳出と区分して経理する必要がある場合に設置される「特別会計」に分かれること（第13条）、

④　工事等の事業で、その完成に数年度を要するものについて特に必要がある場合、経費の総額及び年割額を定め、あらかじめ国会の議決を経てその議決するところに従い、数年度にわたり支出することができること（第14条の２）とされている。

　令和３年度一般会計予算における歳入の規模は、総額106兆6097億円で、そのうち、税収（所得税、法人税、消費税など）が57兆4480億円、公債金が43兆5970億円（建設公債６兆3410億円、特例公債37兆2560億円）、その他収入５兆5647億円となっており、税収で賄われているのは、５割強（53.9％）に過ぎず、約４割（40.9％）は将来世代の負担となる借金（公債金収入）に依存している。

　また、**令和３年度一般会計予算における歳出**をみると、歳出規模と同じく総額106兆6097億円であり、そのうち、国債の元利払いに充てられる費用（国債費）が23兆7588億円（22.3％）、社会保障関係費が35兆8421億円（33.6％）、地方交付税交付金（地方特例交付金を含む）が15兆9489億円（15.0％）となっており、これらの経費で歳出全体の３分の２以上を占めている。

　国の予算のうち、**国の政策経費に充てられる「一般歳出」**においては、「社会保障関係費」（35.8兆円）、「公共事業関係費」（6.1兆円）、「防衛関係費」（5.3兆円）などの経費のほか、**「文教及び科学振興費」**が総額**５兆3969億円**（対前年度0.1％増）となっており、令和２年度予算と比べて、5.2兆円増加している。ただし、この増加分は、「新型コロナウイルス感染症対策予備費」（５兆円）によるものである。

２　地方の財政・予算

　地方公共団体における財政については、**「地方自治法」**において、**「普通地方公共団体の長は、毎会計年度予算を調製し、年度開始前に、議会の議決を経なければならない」**（第211条）とされ、

① 会計年度における一切の収入及び支出は、すべてこれを歳入歳出予算に編入しなければならないこと（第210条）、

② 普通地方公共団体の会計は、「一般会計」と普通地方公共団体が特定の事業を行う場合その他特定の歳入をもって特定の支出に充て一般の歳入歳出と区分する必要がある場合に設置される「特別会計」に分かれること（第209条）、

③ 普通地方公共団体の経費をもって支弁する事件でその履行に数年度を要するものについては、予算の定めるところにより、その経費の総額及び年割額を定め、数年度にわたって支出することができること（いわゆる「継続費」。第212条）、

などとされている。

　また、「地方公共団体の財政の運営、国の財政と地方財政との関係等に関する基本原則を定め」ている「地方財政法」では、

　「地方公共団体は、その財政の健全な運営に努め、いやしくも国の施策に反し、または国の財政若しくは他の地方公共団体の財政に累を及ぼすような施策を行つてはならない」（第2条第1項）こと、

　「国は、地方財政の自主的な且つ健全な運営を助長することに努め、いやしくもその自律性をそこない、又は地方公共団体に負担を転嫁するような施策を行つてはならない」（第2条第2項）こと、

　などの地方財政運営の基本原則を明示している。

　「地方交付税法」では、内閣は、毎年度「翌年度の地方団体の歳入歳出総額の見込額に関する書類を作成し、これを国会に提出するとともに、一般に公表しなければならない」（第7条）とされ、この「地方財政計画」は、地方財政全体の状況を明らかにして、財源不足が生ずる場合には地方財政対策を講ずるとともに、地方交付税の総額を決定する基礎にする役割がある。

　令和3年度の「地方財政計画」においては、歳入合計は89兆8060億円（対前年度9337億円減、1.0%減）であり、その内訳としては、

　地方交付税（地方特例交付金を含む）17兆4385億円、

地方税及び地方譲与税39兆9021億円、

地方債11兆2407億円、

国庫支出金14兆7631億円、

などとなっており、この国庫支出金のうちには、**教育関係の国庫支出金として「義務教育職員給与費負担金」１兆5164億円が計上されている。**

　一方、地方公共団体の歳出予算について決算ベースでみると（令和元年度）、都道府県では歳出総額は49.3兆円であり、その内訳としては、

「教育費」が10.1兆円（構成比で20.6％）と最も多く、

次いで、「民生費」8.2兆円（16.6％）、

「公債費」6.6兆円（13.5％）、

「土木費」5.9兆円（12.0％）、

「総務費」3.1兆円（6.3％）、

「商工費」3.0兆円（6.1％）、

「農林水産業費」2.4兆円（4.9％）、

などとなっている。

　また、市町村では歳出総額は59.4兆円であり、その内訳としては、

「民生費」が21.8兆円（構成比で36.7％）と最も多く、

次いで、「教育費」7.5兆円（12.6％）、

「総務費」7.2兆円（12.0％）

「土木費」6.4兆円（10.8％）、

「公債費」5.5兆円（9.3％）、

などとなっている。

Ⅲ　教育予算の動向と課題

1　教育予算の動向

　国の一般歳出に占める「文教及び科学振興費」は、平成14年度には６兆7056億円であり一般歳出総額47兆5472億円に占める割合は14.1％であったが、

15年度は6兆4712億円（構成比13.6%）、

16年度は6兆1330億円（構成比12.9%）、

17年度は5兆2671億円（構成比11.4%）、

20年度は5兆4213億円（構成比11.2%）と逐年低下し、

　令和3年度予算では、「文教及び科学振興費」は5兆3969億円であり、一般歳出総額66兆9020億円に対し、その構成比は8.1%まで低下している状況にあり、全体として教育費が圧縮される中で、学校教育制度の劣化を来しつつあるとの懸念を惹起している。

　一方、地方公共団体（都道府県及び市町村）における「教育費」の推移をみると、平成14年度には17兆6544億円で歳出合計94兆8394億円に占める割合は18.6%であったが、

15年度は17兆2014億円（構成比18.6%）、

16年度は16兆9102億円（構成比18.5%）、

17年度は16兆5778億円（構成比18.3%）、

18年度は16兆4724億円（構成比18.5%）、

19年度は16兆4318億円（構成比18.4%）、

となっており、**漸減傾向にあり**、直近の令和元年度（決算ベース）では17兆4791億円（構成比17.6%）となっている。

2　教育予算の課題

　我が国の教育機関への公財政出の対GDP比について、国際的にみると、全教育段階では（2017／平成29年）、OECD平均4.9%に対して我が国は4.0%とOECD加盟国中で下位に位置している。

　また、各学校段階別の公私負担割合をみると、初等中等教育段階では、他のOECD加盟国と同様の水準である一方、就学前教育段階と高等教育段階では、OECD加盟国と比べ公費負担の割合が低く、**我が国の教育投資水準の低さが際立っている。**

　平成18年12月の教育基本法の改正を受けて、同法第17条の規定に基づ

令和3年度　文部科学省予算（一般会計）

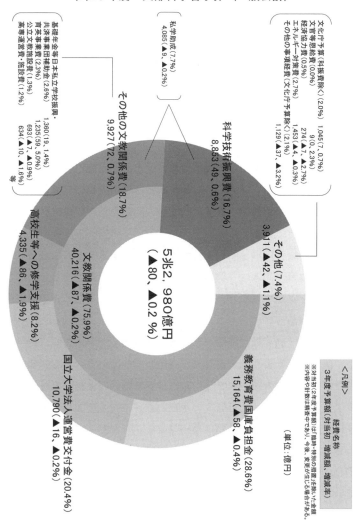

文化庁予算（科振費除く）（2.0％）1,045（7, 0.7％）
文官等思経費（0.0％）　9（0, 2.3％）
経済協力費（0.5％）　274（7, 2.7％）
エネルギー対策費（2.7％）1,453（4, 0.3％）
その他の事項経費（文化庁予算除く）（2.1％）
1,129（37, ▲3.2％）

私学助成（7.7％）
4,085（▲9, ▲0.2％）

基礎年金等日本私立学校振興・
共済事業団補助金（2.6％）1,360（19, 1.4％）
育英事業費（2.3％）1,235（59, 5.0％）
公立文教施設費（1.3％）693（▲7, ▲0.9％）
高専運営費・施設費（1.2％）634（▲10, ▲1.6％）
等

その他の文教関係費（18.7％）
9,927（72, 0.7％）

科学技術振興費（16.7％）
8,853（49, 0.6％）

その他（7.4％）
3,911（▲42, ▲1.1％）

5兆2, 980億円
（▲80, ▲0.2 %）

文教関係費（75.9％）
40,216（▲87, ▲0.2％）

義務教育費国庫負担金（28.6％）
15,164（▲58, ▲0.4％）

高校生等への修学支援（8.2％）
4,335（▲86, ▲1.9％）

国立大学法人運営費交付金（20.4％）
10,790（▲16, ▲0.2％）

（単位：億円）

<経費名称>
3年度予算額（対当初　増△減額、増△減率）

※対前初（2年度予算額）は「臨時・特別の措置」を除いた金額
※内容や計数は精査中であり、今後、変更が生じる場合がある。

出典：財務省ホームページ「令和3年度文教・科学技術予算のポイント」

— 199 —

き定められた国の「**教育振興基本計画**」（平成20年7月1日閣議決定）
では、「現在、我が国の教育に対する公財政支出は、他の教育先進国と
比較して低いと指摘されている。……特に小学校就学前段階や高等教育
段階では、家計負担を中心とした私費負担が大きい。……現下の様々な
教育課題についての国民の声に応え、所要の施策を講じる必要がある」
と指摘している。

　このため、教育振興基本計画では、学校段階別の教育投資の課題とし
て、

① 　小学校就学前の段階…諸外国には、近年、幼児教育の重要性を踏ま
　え、無償化の取組を進めている国がある。幼児教育の無償化について
　は、歳入改革にあわせて財源、制度等の問題を総合的に検討すること
　が課題となっている。

② 　初等中等教育段階…多様な教育課題に対応するとともに一人一人の
　子どもに教員が向き合う環境づくりの観点から、きめ細かな対応がで
　きる環境を実現するなど、質の高い教育を実現するための条件整備を
　図る必要がある。

③ 　高等学校・高等教育段階…家庭の経済状況にかかわらず、修学の機
　会が確保されるようにすることが課題となっている。また、知的競争
　時代において諸外国が大学等に重点投資を行い、優秀な人材を惹き付
　けようとする中で、教育研究の水準の維持・向上を図り、国際的な競
　争に伍していくことが課題となっている。

　　さらに、学校施設をはじめとする教育施設の耐震化など、だれもが
　安全・安心な環境で学ぶことのできる条件の整備が大きな課題となっ
　ている。

と総括している。

　教育振興基本計画で示された今後10年間を通じて目指すべき「教育の
姿」、すなわち、①義務教育修了までに、すべての子どもに、自立して
社会で生きていく基礎を育てる、②社会を支え、発展させるとともに、
国際社会をリードする人材を育てる、を実現するためには、それらの教

公財政教育支出対GDP（2017年）

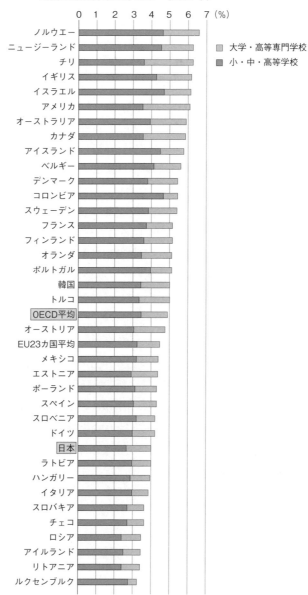

凡例：
- 大学・高等専門学校
- 小・中・高等学校

縦軸（上から）：
ノルウエー、ニュージーランド、チリ、イギリス、イスラエル、アメリカ、オーストラリア、カナダ、アイスランド、ベルギー、デンマーク、コロンビア、スウェーデン、フランス、フィンランド、オランダ、ポルトガル、韓国、トルコ、OECD平均、オーストリア、EU23カ国平均、メキシコ、エストニア、ポーランド、スペイン、スロベニア、ドイツ、日本、ラトビア、ハンガリー、イタリア、スロバキア、チェコ、ロシア、アイルランド、リトアニア、ルクセンブルク

出典：OECD/UIS/Eurostat（2020），Table C2. 1. をもとに作成

育活動を支える諸条件の整備を行うことが必要である旨示されている。

　このため、今後10年間で目指すべき「教育の姿」を実現するために、OECD諸国など諸外国における公財政支出など教育投資の状況を参考の１つとしつつ、必要な予算について財源を措置し、教育投資を確保していくことが必要であるとしている。

　さらに、平成25年６月に閣議決定された「第２期教育振興基本計画」（対象期間：平成25～29年度）では、今後の教育投資のあり方について、「協働型・双方向型学習など質の高い教育を可能とする環境の構築」、「家計における教育費負担の軽減」、「安全・安心な教育研究環境の構築（学校施設の耐震化など）」の諸点を中心に充実を図ることを提言している。その際、教育の再生は最優先の政策課題の１つであり、欧米主要国を上回る質の高い教育の実現を図ることが求められていることを踏まえ、OECD諸国など諸外国における公財政支出など教育投資の状況を参考とし、第２期計画期間内において、必要な予算について財源を措置し、真に必要な教育投資を確保していくことが必要であるとしている。

　さらに、平成30年６月に閣議決定された「第３期教育振興計画」（対象期間：平成30～34年度）では、「教育投資の在り方」として、第３期計画期間における教育投資の方向性を示している。具体には①人材への投資の抜本的な拡充を行うため、「新しい経済政策パッケージ」等を着実に実施し、教育費負担を軽減、②各教育段階における教育の質の向上のための教育投資の確保、③OECD諸国など諸外国における公財政支出など教育投資の状況を参考とし、必要な予算を財源措置し、真に必要な教育投資を確保することが必要であるとしている。

参照条文（抄）

［憲法］

第26条　すべて国民は、法律の定めるところにより、その能力に応じて、ひとしく教育を受ける権利を有する。

②　すべて国民は、法律の定めるところにより、その保護する子女に普通教育を受けさせる義務を負ふ。義務教育は、これを無償とする。

［教育基本法］

第4条　すべて国民は、ひとしく、その能力に応じた教育を受ける機会を与えられなければならず、人種、信条、性別、社会的身分、経済的地位又は門地によって、教育上差別されない。

2　国及び地方公共団体は、障害のある者が、その障害の状態に応じ、十分な教育を受けられるよう、教育上必要な支援を講じなければならない。

3　国及び地方公共団体は、能力があるにもかかわらず、経済的理由によって修学が困難な者に対して、奨学の措置を講じなければならない。

第5条　国民は、その保護する子に、別に法律で定めるところにより、普通教育を受けさせる義務を負う。

4　国又は地方公共団体の設置する学校における義務教育については、授業料を徴収しない。

第9条　法律に定める学校の教員は、自己の崇高な使命を深く自覚し、絶えず研究と修養に励み、その職責の遂行に努めなければならない。

2　前項の教員については、その使命と職責の重要性にかんがみ、その身分は尊重され、待遇の適正が期せられるとともに、養成と研修の充実が図られなければならない。

［学校教育法］

第6条　学校においては、授業料を徴収することができる。ただし、国立又は公立の小学校及び中学校、義務教育学校、中等教育学校の前期課程又は特別支援学校の小学部及び中学部における義務教育については、これを徴収することができない。

第19条　経済的理由によつて、就学困難と認められる学齢児童又は学齢生徒の保護者に対しては、市町村は、必要な援助を与えなければならない。

［義務教育諸学校の教科用図書の無償措置に関する法律］

第3条　国は、毎年度、義務教育諸学校の児童及び生徒が各学年の課程において使用する教科用図書で第13条、第14条及び第16条の規定により採択さ

　れたものを購入し、義務教育諸学校の設置者に無償で給付するものとする。

第5条　義務教育諸学校の設置者は、第3条の規定により国から無償で給付された教科用図書を、それぞれ当該学校の校長を通じて児童又は生徒に給与するものとする。

［義務教育費国庫負担法］

第1条　この法律は、義務教育について、義務教育無償の原則に則り、国民のすべてに対しその妥当な規模と内容とを保障するため、国が必要な経費を負担することにより、教育の機会均等とその水準の維持向上とを図ることを目的とする。

第2条　国は、毎年度、各都道府県ごとに、公立の小学校、中学校、義務教育学校、中等教育学校の前期課程並びに特別支援学校の小学部及び中学部に要する経費のうち、次に掲げるものについて、その実支出額の3分の1を負担する。

一　市町村立の義務教育諸学校に係る市町村立学校職員給与負担法第1条に掲げる職員の給料その他の給与及び報酬等に要する経費

二　都道府県立の中学校、中等教育学校及び特別支援学校に係る教職員の給与及び報酬等に要する経費

［義務教育諸学校等の施設費の国庫負担等に関する法律］

第1条　この法律は、公立の義務教育諸学校等の施設の整備を促進するため、公立の義務教育諸学校の建物の建築に要する経費について国がその一部を負担することを定めるとともに、文部科学大臣による施設整備基本方針の策定及び地方公共団体による施設整備計画に基づく事業に充てるための交付金の交付等について定め、もつて義務教育諸学校等における教育の円滑な実施を確保することを目的とする。

第3条　国は、政令で定める限度において、次の各号に掲げる経費について、その一部を負担する。この場合において、その負担割合は、それぞれ当該各号に掲げる割合によるものとする。

一　公立の小学校、中学校及び義務教育学校における教室の不足を解消するための校舎の新築又は増築に要する経費　　2分の1

二　公立の小学校、中学校及び義務教育学校の屋内運動場の新築又は増築に要する経費　　2分の1

二の二　公立の中学校で学校教育法第71条の規定により高等学校における教育と一貫した教育を施すもの及び中等教育学校の前期課程の建物の新築又

は増築に要する経費　　2分の1

三　公立の特別支援学校の小学部及び中学部の建物の新築又は増築に要する経費　　2分の1

四　公立の小学校、中学校及び義務教育学校を適正な規模にするため統合しようとすることに伴つて必要となり、又は統合したことに伴つて必要となった校舎又は屋内運動場の新築又は増築に要する経費　　2分の1

［理科教育振興法］

第3条　国は、この法律及び他の法令の定めるところにより、理科教育の振興を図るよう努めるとともに、地方公共団体が左の各号に掲げるような方法によつて理科教育の振興を図ることを奨励しなければならない。

一　理科教育の振興に関する総合計画を樹立すること。

二　理科教育に関する教育の内容及び方法の改善を図ること。

三　理科教育に関する施設又は設備を整備し、及びその充実を図ること。

四　理科教育に従事する教員又は指導者の現職教育又は養成の計画を樹立し、及びその実施を図ること。

第9条　国は、公立又は私立の学校の設置者が、次に掲げる設備であつて、審議会等で政令で定めるものの議を経て政令で定める基準に達していないものについて、これを当該基準にまで高めようとする場合においては、これに要する経費の2分の1を、当該学校の設置者に対し、予算の範囲内において補助する。

一　小学校、中学校又は高等学校における理科教育のための設備

二　理科教育に従事する教員又は指導者の現職教育又は養成を行う大学が当該現職教育又は養成のために使用する設備

［産業教育振興法］

第3条　国は、この法律及び他の法令の定めるところにより、産業教育の振興を図るように努めるとともに、地方公共団体が左の各号に掲げるような方法によつて産業教育の振興を図ることを奨励しなければならない。

第15条　国は、公立学校の設置者が次に掲げる施設又は設備であつて、審議会等で政令で定めるものの議を経て政令で定める基準に達しないものについて、これを当該基準にまで高めようとする場合においては、これに要する経費の全部又は一部を、当該設置者に対して、予算の範囲内において補助することができる。

一　中学校における産業教育のための実験実習の施設又は設備

二　中学校又は高等学校が産業教育のため共同して使用する実験実習の施設

三　中学校における職業指導のための施設又は設備

四　産業教育に従事する教員又は指導者の現職教育又は養成を行う大学における当該現職教育又は養成のための実験実習の施設又は設備

[高等学校等就学支援金の支給に関する法律]

第1条　この法律は、高等学校等の生徒等がその授業料に充てるために高等学校等就学金の支給を受けることができることとすることにより、高等学校等における教育に係る経済的負担の軽減を図り、もって教育の機会均等に寄与することを目的とする。

第3条　高等学校等就学支援金（以下「就学支援金」という。）は、高等学校等に在学する生徒又は学生で日本国内に住所を有する者に対し、当該高等学校等（その者が同時に2以上の高等学校等の課程に在学するときは、これらのうちいずれか1の高等学校等の課程）における就学について支給する。

2　就学支援金は、前項に規定する者が次の各号のいずれかに該当するときは、支給しない。

　　（一〜二号は略）

三　前2号に掲げる者のほか、前項に規定する者の保護者（学校教育法第16条に規定する保護者をいう。）その他の同項に規定する者の就学に要する経費を負担すべきものとして政令で定める者（以下「保護者等」という。）の収入の状況に照らして、就学支援金の支給により当該保護者等の経済的負担を軽減する必要があるとは認められないものとして政令で定める者

第5条　就学支援金は、前条の認定を受けた者（以下「受給権者」という。）がその初日において当該認定に係る高等学校等（以下「支給対象高等学校等」という。）に在学する月において、月を単位として支給されるものとし、その額は、1月につき、支給対象高等学校等の授業料の月額（授業料の額が年額その他月額以外の方法により定められている場合にあっては、授業料の月額に相当するものとして文部科学省令で定めるところにより算定した額をいい、受給権者が授業料の減免を受けた場合にあっては、文部科学省令で定めるところにより当該授業料の月額から当該減免に係る額を控除した額をいう。）に相当する額（その額が支給対象高等学校等の設置者、種類及び課程の区分に応じて政令で定める額（以下この項において「支給限度額」という。）を超える場合にあっては、支給限度額）とする。

2 支給対象高等学校等が政令で定める高等学校等である受給権者であって、その保護者等の収入の状況に照らして特に当該保護者等の経済的負担を軽減する必要があるものとして政令で定めるものに対して支給される就学支援金に係る前項の規定の適用については、同項中「定める額」とあるのは、「定める額に政令で定める額を加えた額」とする。

第7章　学校制度・就学制度と法

I　学校制度

1　「学校」の意義・役割

　憲法第26条において基本的人権の1つとして「**国民の教育を受ける権利**」が位置付けられ、「すべて国民は、その能力に応じて、ひとしく教育を受ける権利を有する」と明示されていることから、**この権利に対応して、国は、学校制度を整備確立し適切に運用することにより、この権利の実現を保障する責務が課されている。**

　「学校」については法律上の定めはないが、「学校とは、校長、教員等の人的要素と校舎、校具等の物的要素の統一体で、一定の場所において、一定期間、一定の課程により、継続的に特定多数の児童、生徒に対し教育を行う公設又は公認の機関である」（木田宏著『教育行政法』）と概括することができる。

　学校は、教育基本法の定めるところにより「**公の性質を有する**」（第6条第1項）ものであり、その設置と運営は国家社会として責任をもって取り組むべき極めて公共性の高いものといえる。

　このような性質にかんがみ、「学校は、国、地方公共団体及び法律に定める法人のみが、これを設置することができる」と設置者が限定され、

① 　国が設置する「**国立学校**」（「国立大学法人法」（平成15年）により国立大学及び附属学校は、国と別法人の「国立大学法人」により設立される学校となり、学校教育法第2条により国立大学法人が設立する学校を「国立学校」というものとされている）、

② 　地方公共団体が設置する「**公立学校**」（公立大学法人が設置するも

のを含む）、

③　私立学校法に基づく学校法人が設置する「**私立学校**」、

のみが「学校」の地位を得ることとなる。

ただし、「構造改革特別区域法」（平成14年）により、学校教育法の特例としての「**株式会社の設置する学校**」（第12条）、「**特定非営利活動法人の設置する学校**」（同法第13条）が**一定の要件の下に特例的に認め**られている。

2　学校の設置認可

学校の設置者を限定しているのは、学校が公の性質をもつからであり、その設置者について、組織、資産等の面で学校の設置運営にふさわしい**永続性・確実性・公共性を担保**するため、それぞれ学校種及び設置形態に応じて、文部科学大臣、都道府県知事、都道府県教育委員会の**認可を受けなければならないこと**とされている。

したがって、初等中等教育段階の学校設置においては、

①市町村の設置する高等学校、中等教育学校及び特別支援学校については、**都道府県の教育委員会の認可**が、

②私立の幼稚園、小学校、中学校、義務教育学校、高等学校、中等教育学校及び特別支援学校については、**都道府県知事の認可**が、

それぞれ必要とされる（学校教育法第4条）。

なお、学校教育法第38条及び第49条により小中学校の設置義務を負う市町村の設置する小中学校及び同法第80条により特別支援学校の設置義務を負う都道府県の設置する学校については、国立学校と同じく、認可を受ける必要はない（第4条第1項1号、2号）。

学校の設置の認可に当たっては、学校種別毎の「**学校設置基準**」等の認可条件を充足していることが必要である。

たとえば、小学校についてみると、「**小学校設置基準**」（平成14年）が制定されている。

この設置基準では、「小学校は、学校教育法その他の法令の規定によ

るほか、この省令の定めるところにより設置するものとする」（第1条第1項）と基準制定の趣旨が明らかにされている。

　その上で、「この省令で定める設置基準は、小学校を設置するのに必要な最低の基準とする」（第1条第2項）とされ、**学校設置の最低基準性を明示**するとともに、「小学校の設置者は、小学校の編制、施設、設備等がこの省令で定める設置基準より低下した状態にならないようにすることはもとより、これらの水準の向上を図ることに努めなければならない」（第1条第3項）とされている。

　この設置基準では、

①　編制の基準として、小学校における1学級の編制は40人以下とし、同学年による編制とすること及び教諭等の数は、1学級当たり1人以上とすることなど、

②　施設設備の基準として、「校舎」及び「運動場」の面積は、児童数に応じた所要の面積以上とすること、校舎には少なくとも「教室」、「図書室」、「保健室」、「職員室」のほか、必要に応じて「特別支援学級のための教室」を備えること、「体育館」を備えること、学級数及び児童数に応じ、指導上・保健衛生上・安全上必要な種類及び数の「校具」及び「教具」を備えることなど、

が定められており、小学校を設置しようとする場合には、この基準を充足することが必要である。

　「小学校設置基準」のほか、学校の種別に応じて、それぞれ「学校設置基準」が学校設置の最低限の基準として定められている。

Ⅱ　学校の種類・体系の枠組み

1　学校の種類

　我が国の学校制度は、全学校体系が、主に年齢を基準として段階的に構築された単一の学校系統によって構成されている、いわゆる「**単線型学校制度**」である。

　これは、戦前の**複線型学校制度**（中等学校段階以降の学校体系が分岐するもので、従前のヨーロッパ型の学校制度に特徴的なものである）に代わって、戦後、アメリカで典型的に発展してきた学校制度を導入したものである。

　教育の「機会均等原則」を保障する憲法理念に即した学校制度としての意義は大きく、国民に広く開かれた学校制度としての実をあげているといえる。

　我が国の学校は、**学校教育法第1条**に定められた**幼稚園、小学校、中学校、義務教育学校、高等学校、中等教育学校、特別支援学校、大学及び高等専門学校**の9種類の「正規の学校」（いわゆる「**一条校**」）とそれ以外の**専修学校**及び**各種学校**の「非一条校」に分かれる。

2　学校の目的・入学資格等

　いわゆる「一条校」は、正規の学校体系に属し、**教育基本法**等に定められた教育の目的・目標に即して、学校段階に応じ、その目的・目標や入学資格・修業年限等について**学校教育法**等で体系的に定められている。

① 　幼稚園

　　幼稚園は、義務教育及びその後の教育の基礎を培うものとして、幼児を保育し、幼児の健やかな成長のために適当な環境を与えて、その心身の発達を助長することを目的としており（第22条）、その入園資格は、満3歳から小学校就学の始期に達するまでの者である（第26条）。

② 　小学校

　　小学校は、心身の発達に応じて、義務教育として行われる普通教育のうち基礎的なものを施すことを目的としており（第29条）、満6歳に達した日の翌日以後の最初の学年の初めから就学し（第17条第1項）、その修業年限は6年とされる（第32条）。

③ 　中学校

　中学校は、小学校における教育の基礎の上に、心身の発達に応じて、義務教育として行われる普通教育を施すことを目的としており（第45条）、小学校の課程を修了した日の翌日以後における最初の学年の初めから就学し（第17条第2項）、その修業年限は3年とされる（第47条）。

④　義務教育学校

　義務教育学校は、心身の発達に応じて、義務教育として行われる普通教育を基礎的なものから一貫して施すことを目的としており（第49条の2）、その修業年限は9年とされ（第49条の4）、義務教育学校の課程は、前期6年の前期課程及び後期3年の後期課程に区分される（第49条の5）。義務教育学校は、平成27年の学校教育法の改正により、小中一貫教育を行う新たな学校制度として設けられたものである。

⑤　高等学校

　高等学校は、中学校における教育の基礎の上に、心身の発達及び進路に応じて、高度な普通教育及び専門教育を施すことを目的としており（第50条）、中学校もしくはこれに準ずる学校を卒業した者等が入学することができ（第57条）、中学校より送付された「調査書」等、選抜のための学力検査の成績等を資料として行う入学者選抜に基づいて校長が入学を許可する（学校教育法施行規則第90条）。修業年限は、全日制の課程については3年、定時制の課程及び通信制の課程については3年以上とするとされている（学校教育法第56条）。

⑥　中等教育学校

　中等教育学校は、小学校における教育の基礎の上に、心身の発達及び進路に応じて、義務教育として行われる普通教育ならびに高度な普通教育及び専門教育を一貫して施すことを目的としており（第63条）、小学校の課程を修了した日の翌日以後における最初の学年の初めから就学し（第17条第2項）、その修業年限は6年とされる（第65条）。中等教育学校の課程は、3年の前期課程及び3年の後期課程に区分する

ものとされている（第66条）。

⑦　特別支援学校

　特別支援学校は、視覚障害者、聴覚障害者、知的障害者、肢体不自由者または病弱者に対して、幼稚園、小学校、中学校または高等学校に準ずる教育を施すとともに、障害による学習上または生活上の困難を克服し自立を図るために必要な知識技能を授けることを目的としており（第72条）、特別支援学校には小学部及び中学部を置かなければならないものとされ、これらのほか幼稚部または高等部を置くことができるとされる（第76条）。

⑧　大学

　大学は、学術の中心として、広く知識を授けるとともに、深く専門の学芸を教授研究し、知的、道徳的及び応用的能力を展開させることを目的としており（第83条第 1 項）、高等学校・中等教育学校を卒業した者または通常の課程による12年の学校教育を修了した者などが入学することができるとされ（第90条第 1 項）、大学の修業年限は 4 年を原則としつつ（第87条第 1 項）、夜間において授業を行う学部などについては 4 年を超えるものとすることができるとともに、医学・歯学・薬学（臨床にかかる実践的な能力を培うことを主たる目的とするもの）・獣医学を履修する課程については修業年限は 6 年とされる。

　なお、平成29年の学校教育法の改正により、深く専門の学芸を教授研究し、専門性が求められる職業を担うための実践的かつ応用的な能力を展開させることを目的として、専門職大学が新たに設けられ（第83条の 2 ）、その修業年限は 4 年とされる。

⑨　高等専門学校

　高等専門学校は、深く専門の学芸を教授し、職業に必要な能力を育成することを目的としており（第115条）、中学校もしくはこれに準ずる学校を卒業した者または中等教育学校の前期課程を修了した者などが入学することができ（第118条）、その修業年限は 5 年とされ、商船に関する学科については 5 年 6 月とされる（第117条）。

コラム【学校の名称規制】

　「法律で定める学校は、公の性質を有する」（教育基本法第6条）ことから、法律で定める「正規の学校」の設置者は国・地方公共団体のほか、学校法人のみが設置することができることとされ、学校の設置認可を受けたもの以外に小学校・中学校・高等学校などの名称を用いてはならない、いわゆる「名称規制」（学校教育法第135条）等が定められている。

3　専修学校・各種学校

　「非一条校」は、こられに対し、入学資格、修業年限、教育内容などが異なる非常に広い分野の教育を行う専門的・実際的教育機関であり、学校法人以外でも設置が可能である点などが大きく異なる。

① 専修学校

　専修学校は、昭和50年に創設された制度であり、一条校以外の教育施設であって、**職業もしくは実際生活に必要な能力を育成し、または教養の向上を図ることを目的**とするものであり（第124条）、㋐修業年限が1年以上であること、㋑授業時数が文部科学大臣の定める授業時数以上であること、㋒教育を受ける者が常時40人以上であることを充足する組織的な教育を行う教育施設のことをいう。

　専修学校には、「**高等課程**」、「**専門課程**」または「**一般課程**」を置くとされる（第125条第1項）。

　高等課程は、中学校卒業者等を対象として、中学校における教育の基礎の上に、心身の発達に応じて、専修学校教育を行うものである（第125条第2項）。

　専門課程は、高等学校卒業者等を対象として、高等学校における教育の基礎の上に、専修学校教育を行うものである（第125条第3項）。

　一般課程は、高等課程または専門課程の教育以外の専修学校教育を行うものとされる（第125条第4項）。

　専修学校については、専修学校設置に必要な最低の基準としての「**専修学校設置基準**」が定められており、市町村の設置する専修学校に

あっては都道府県の教育委員会が、私立の専修学校にあっては都道府県知事が認可主体となって、設置基準を充足するものについてその認可を行うこととなる（第130条第1項）。

② 各種学校

　各種学校は、学校教育法第1条に掲げるもの以外のもので、**学校教育に類する教育を行うもの**（当該教育につき他の法律の特別の規定があるもの及び第124条に規定する専修学校の教育を行うものを除く）のことをいうとされる（第134条）。各種学校の修業年限は、1年以上とされ、1年以上の場合にあっては、1年間にわたり680時間以上を基準として授業時数を定めることとされている（各種学校規程第3条、第4条）。

　各種学校については、各種学校設置に必要な最低の基準としての**「各種学校規程」**が定められており、市町村の設置する各種学校にあっては都道府県教育委員会が、私立の各種学校にあっては都道府県知事が認可主体となって、設置基準を充足するものについてその認可を行うこととなる。

　なお、近年、**専修学校の高等課程**（中学校卒業を入学資格とし、修業年限が3年以上で文部科学大臣が定める基準を満たすもの。学校教育法第90条第1項の規定による学校教育法施行規則第150条の規定に基づくもの）**の修了者への大学入学資格の付与**、あるいは、**専門課程**（高等学校卒業を入学資格とする2年以上の修業年限であるもの）**を修了した者への大学編入学資格の付与**（学校教育法第132条）など、**非一条校と一条校との接続**が進んでいる。

4 入学資格の弾力化

　近年、学校体系における下位の学校から上位の学校への入学資格についても、弾力化が進められている。

　高等学校入学に関しては、中学校卒業者以外には、

① 外国において、学校教育における9年の課程を修了した者、

② 文部科学大臣が中学校の課程と同等の課程を有するものとして認定した在外教育施設の当該課程を修了した者、

③ 就学義務猶予免除者等を対象とする「中学校卒業程度認定試験」合格者、

④ その他高等学校において、**中学校卒業者と同等以上の学力があると認めた者**

などに高等学校入学資格が与えられる（学校教育法第57条の規定による学校教育法施行規則第95条に基づくもの）。

　大学入学に関しては、高等学校や中等教育学校卒業者以外には、

① 外国において学校教育における12年の課程を修了した者、

② 文部科学大臣が高等学校の課程と同等の課程を有すると認定した在外教育施設の当該課程を修了した者、

③ 文部科学大臣が指定する専修学校の高等課程を修了した者、

④ 「高等学校卒業程度認定試験」に合格した者、

⑤ 大学において個別の入学審査により、**高等学校を卒業した者と同等以上の学力があると認めた者で18歳に達したもの**（正規の学校ではない、いわゆる「民族学校」の高等学校相当の課程修了者なども対象となる）、

⑥ 我が国において高等学校に対応する外国の学校の課程と同等の課程を有するものとして当該外国の学校教育制度において位置付けられた教育施設の当該課程を修了した者で18歳に達したもの、

⑦ **国際バカロレア資格・ドイツのアビツーア資格・フランスのバカロレア資格を有する者**、

⑧ 我が国において外国人を対象に教育を行うことを目的として設置された教育施設であって、その教育活動について一定水準の団体（ヨーロピアン・カウンシル・オブ・インターナショナル・スクールズなど）の認定を受けたものに置かれる12年の課程を修了した者、

などに大学入学資格が与えられる（学校教育法第90条の規定による学校

教育法施行規則第150条等の規定に基づく）仕組みとなっており、**国際化の進展等に伴い、あるいは、正規の学校体系から外れた者の救済の観点から、入学資格の緩和による学校制度の接続の弾力化が逐次図られる趨勢にある。**

　なお、平成31年の大学入学資格関係告示の一部改正により、我が国として留学生や帰国子女等を積極的に受け入れ、大学の国際化を推進していく観点から、大学への入学資格に関して、原則として外国における12年の課程を修了した場合に入学資格を認めるという「課程年数主義」の原則は維持しつつ、高校相当として指定した12年制の外国人学校を修了した者等について、「18歳に達したもの」とする年齢要件が撤廃された。

　我が国の学校制度においては、それぞれの学校の種類ごとに修業年限が定められ、その課程を修了した者に上級学校への入学資格を付与することが基本となっている。

　しかしながら、近年、このような入学資格の取扱いが弾力化され、数学、物理などをはじめ大学の定める分野において特に優れた資質を有すると認める者を、高等学校に2年以上在学していれば、当該大学に入学させることができる、いわゆる**「飛び入学」が制度化されている**（学校教育法第90条第2項）。

　また、大学における3年卒業の特例（学校教育法第89条）や大学院修士課程の修了要件の1つとして、2年以上の在学要件を1年以上在学すれば足りるとする特例、さらには大学院博士課程の修了要件の1つとして、5年以上の在学を3年以上在学すれば足りるとする特例（大学院設置基準第16条、第17条）など、**修業年限の緩和も進められている。**

5　単線型学校制度の弾力化

　戦後整備された我が国の単線型学校制度は、その後、以下のように制度の弾力化、柔軟化が図られてきたところである。

① 　昭和37年度から発足した**「高等専門学校」制度**

② 　戦後暫定的制度として発足した**短期大学制度**が昭和39年度に「**恒久的な制度**」として整備

③ 　昭和51年に発足した「**専修学校**」制度

④ 　昭和60年の臨時教育審議会の「教育改革に関する第 1 次答申」において提言された「中学校教育と高等学校教育を統合し、これを青年期の教育として一貫して行う 6 年制中等学校の設置」について、平成10年の学校教育法の改正を受けて平成11年度から地方公共団体の判断による選択的制度としての「**中等教育学校**」制度の導入

⑤ 　平成28年から発足した「**義務教育学校**」制度

コラム【義務教育の位置付けの明確化】

　平成18年の教育基本法の改正を受けて改正された学校教育法では、従来、義務教育のための教育機関である小学校及び中学校について、それぞれの学校の目的と教育の目標が明示されていたものが、新たに、「義務教育」について、**教育基本法第 5 条第 2 項に規定する「義務教育の目的」**の実現のために達成されるべき目標が具体的に規定された（学校教育法第21条）。

　これを受けて、小学校の目的については、「心身の発達に応じて、義務教育として行われる普通教育のうち基礎的なものを施すことを目的とする」と位置付けられた（同法第29条）。

　また、中学校の目的についても、「小学校における教育の基礎の上に、心身の発達に応じて、義務教育として行われる普通教育を施すことを目的とする」と位置付けられ（同法第45条）、ここにおいて、**義務教育の目的・目標との関連**においてそれぞれの学校の目的・目標が明示されることとなった。

Ⅲ　学校の設置管理の原則

1　学校の設置

　学校教育法第 2 条に基づき、国（国立大学法人及び国立高等専門学校

機構を含む）、地方公共団体（公立大学法人を含む）及び私立学校法第
3条に規定する学校法人のみが、学校を設置することができることとさ
れている。

　義務教育段階の学校については、国民の教育を受ける権利を保障する
ため、**地方公共団体**に**設置義務**を課しており、具体的には、小中学校に
ついては、市町村は、その区域内にある学齢児童生徒を就学させるに必
要な小中学校を設置しなければならないこと（学校教育法第38条、第49
条）、また、都道府県は、その区域内にある学齢児童生徒のうち、視覚
障害者、聴覚障害者、知的障害者、肢体不自由者または病弱者で障害の
程度が重い者を就学させるに必要な特別支援学校を設置しなければなら
ないこと（同法第80条）とされている。

　また、高等学校については、従前は、「公立高等学校の設置、適正配
置及び教職員定数の標準等に関する法律」（改正後は、「公立高等学校の
適正配置及び教職員定数の標準等に関する法律」に名称変更）に基づ
き、**公立の高等学校**の設置主体は、**都道府県を原則**としつつ、政令で定
める基準、すなわち、人口がおおむね10万人以上であり、かつ、高等学
校を設置するのに十分な財政上の能力を有する市町村に限定して設置す
ることができる取扱いとされていた。

　しかしながら、地方分権の推進の観点から、平成13年、同法を改正
し、高等学校の設置主体の根拠条項を削除し、これにより、地方公共団
体の判断により、公立の高等学校を設置することができることとなっ
た。

　実際的には、公立高等学校の大宗は、都道府県により設置されてお
り、公立高等学校の設置管理は都道府県が基本的な役割を果たしてい
る。

2　設置者管理主義の原則

　学校の設置管理については、学校教育法の定めるところにより、学校
の設置者が、その設置する学校を管理し、法令に特別の定めのある場合

を除いては、その学校の経費を負担するとの「設置者管理負担主義」の原則がとられている（学校教育法第5条）。

　ここにいう「**法令に特別の定のある場合**」とは、「**市町村立学校職員給与負担法**」を挙げることができるが、同法第1条の規定においては、市町村立の小中学校、義務教育学校、中等教育学校の前期課程及び特別支援学校の教職員の給料その他の給与等は都道府県の負担（ただし、指定都市は除く）とされており、このいわゆる「**県費負担教職員制度**」が**設置者管理負担主義の原則の例外**とされている。

　なお、都道府県や指定都市が負担した給与費等は、義務教育費国庫負担法により、国が3分の1を負担する取扱いとなっている。

3　学校の管理

　学校の管理とは、学校教育という事業を経営する作用をいうものであり、具体的には、

① 「**人的管理**」…学校の人的要素である教職員に対して行う管理であり、職員の任免・服務監督その他の取扱い、研修等に関すること、

② 「**物的管理**」…学校の物的要素である施設・設備・教材等に対して行う管理であり、これらの維持修繕管理等に関すること、

③ 「**運営管理**」…学校の活動に対する管理であり、児童生徒の入学・転学、教育課程、学習指導、生徒指導、児童生徒の保健安全等に関すること、

に大別することができる。

　なお、市町村立（ただし、指定都市立を除く）小中学校、義務教育学校、中等教育学校の前期課程及び特別支援学校の教職員の任免権は、給与負担と同様、設置者たる市町村の教育委員会によってではなく、都道府県の教育委員会により行使される特例となっている（地方教育行政法第37条第1項）。

4　公立学校と指定管理者制度

　地方公共団体が設置する公立学校は、地方自治法上の「**公の施設**」（同法第244条において「住民の福祉を増進する目的をもつてその利用に供するための施設」と位置付け）とされる。

　「公の施設」の管理は、従来地方公共団体の出資法人等に限定して委託することができる取扱いであったが、これを広く民間にも開放するため、平成15年の地方自治法の改正により、「公の施設」の管理運営を行わせることのできる者の範囲を民間事業者等にも拡大し、条例の定めるところにより、議会の議決を経て地方公共団体が指定するもの（「指定管理者」）に「公の施設」の管理を行わせることができる新たな制度（「**指定管理者制度**」）が導入された。

　なお、「地方自治法の一部を改正する法律の公布について（通知）」（平成15・7・17）においては、「道路法、河川法、**学校教育法等個別の法律において公の施設の管理主体が限定される場合には、指定管理者制度を採ることができないものであること**」が明示されている。

　公立学校の管理運営については、平成14年12月の総合規制改革会議の第2次答申において、「公共サービスの中には公権力の行使を伴うものであるが、そのことのみをもって民間参入の検討の対象外とすることは相当ではなく、公権力の行使はすべて公務員が自ら行わなければならないのかという問題意識を持って民間参入の検討を進めていくことが重要である」と指摘された。

　また、平成15年6月に閣議決定された「骨太方針2003」では、消費者・利用者の選択肢の拡大を通じた多様なサービス提供を可能とする等の観点から、公立学校の管理運営の委託について「公立学校の民間への包括的な管理・運営委託について、早急に中央教育審議会で検討を開始する」こととされるなど、アメリカの「**チャーター・スクール**」にならった公立学校の「**公設民営方式**」による管理運営の推進が、規制改革の観点から提言されるに至っている。

　平成16年8月には、規制改革・民間開放推進会議は、この公設民営方

式を「高等学校、幼稚園のみならず義務教育を含めた学校一般につい
て、速やかに解禁すべく、必要な措置を講ずべきである」と提言するも
のの、「学校の設置者管理主義の原則」の観点から、公立学校の管理運
営を広く株式会社も含め民間事業者に開放することについては、学校教
育の本質に照らし、教育政策上、慎重さが求められているといえよう。

　なお、平成25年に成立した「**国家戦略特別区域法**」により、「公立学
校の管理を民間に委託することを可能とするため」必要な措置を講じる
ことが定められ、その後平成27年に国家戦略特別区域法の一部改正が行
われ、この改正法において、学校教育法の特例を活用し、公立学校の管
理運営を民間の学校法人等に委託できることとなった。国家戦略特別区
域法第12条の３の規定では、学校教育法等の特例として、公立学校の管
理運営の委託について、「公立国際教育学校等管理事業」として、①中
高一貫の併設型中学校、②高等学校、③中等教育学校のうち、国際理解
教育及び外国語教育を重点的に行うものその他の産業の国際競争力の強
化及び国際的な経済活動の拠点の形成に寄与する人材の育成の必要性に
対応するための教育を行うものが対象となると定めている。この法改正
を受けて、平成30年４月には、公設民営学校の第一号として、国家戦略
特別区域として認定を受けた大阪市において、新しい公設民営学校とし
て「大阪市立水都国際中学校・高等学校」が設立された。

Ⅳ　就学制度

　憲法第26条に規定する「国民の教育を受ける権利」を保障するため、
教育法令においては、

①　義務教育諸学校の**設置義務**（学校教育法第38条、第49条、第80条）、

②　**授業料の不徴収**と**就学援助**の義務付け（同法第６条、第19条）、

を規定するとともに、

③　保護者に対してその子を義務教育諸学校に**就学させる義務**を課すほ
　　か（同法第17条）、

④　使用者に対する義務教育を受けることを妨げてはならないことの義
　　務付け（いわゆる「**避止義務**」。同法第20条）
の仕組みが整備されている。

1　就学義務と教育義務

　保護者の就学義務については、学校教育法第17条において、子の満 6
歳に達した日の翌日以後における最初の学年の初めから、満12歳に達し
た日の属する学年の終わりまで、小学校、義務教育学校の前期課程また
は特別支援学校の小学部に、また、子が小学校の課程、義務教育学校の
前期課程または特別支援学校の小学部の課程を修了した日の翌日以後に
おける最初の学年の初めから、満15歳に達した日の属する学年の終わり
まで、中学校、義務教育学校の後期課程、中等教育学校の前期課程また
は特別支援学校の中学部にそれぞれ就学させる義務を負うと定めてい
る。

　この就学義務に対しては、学校教育法第144条において保護者に対す
る罰則規定をもって履行を強制する仕組みに裏打ちされている。

　この「就学させる義務」は、保護者の子に対する義務であると同時
に、「公法上の義務」である。

　就学義務とのかかわりで、いわゆるインターナショナル・スクールな
どへの入学などの保護者の「確信犯的不履行」や「不登校」による実質
不就学への対応が課題となっている。

　我が国の学校教育制度は、保護者の子に対する教育上の義務は、具体
の義務教育諸学校において履行されるとの立場に立っており、家庭教育
によって代行させたり（**ホーム・スクール**）、学校以外の正規でない教
育組織や機関（**フリースクール**など）において教育の履修を行ったりす
ることを認めていない。

　このように、「**教育義務**」ではなく、あくまでも「**就学義務**」であっ
て、今日の学校教育において不登校児が増大していることに伴い、この
義務付けをどうすべきか、例えばアメリカのように「ホーム・スクー

ル」を一定の条件の下で許容するかどうかなどは今後検討に値しよう。

コラム【教育機会確保法とフリースクール】

　平成28年12月、「義務教育の段階における普通教育に相当する教育の機会の確保等に関する法律」（教育機会確保法）が超党派の議員立法により成立した。

　同法の原案では、フリースクールも多様な教育機会の1つと考え、学校への就学と見なす、いわゆる「見なし就学」という取扱いが目指されていた。しかし、学校教育制度の崩壊を招くおそれがあるとの慎重意見が与野党から出され、フリースクールの就学上の具体的な位置付けは法律に盛り込まれなかった。

　この法律は、「教育基本法及び児童の権利に関する条約等の趣旨に則り、不登校児童生徒に対する教育機会の確保、夜間等において授業を行う学校における就学機会の提供その他の義務教育の段階における普通教育の機会の確保等を総合的に推進する」ことを目的としている。

　不登校児童生徒等に対する教育機会の確保等について、法は、①不登校特例校及び教育支援センターの整備ならびにそれらにおける教育の充実等に必要な措置、②学校以外の場における不登校児童生徒の学習活動やその心身の状況等の継続的な把握に必要な措置、③学校以外の場での多様で適切な学習活動の重要性にかんがみ、「個々の休養の必要性」を踏まえ、不登校児童生徒等に対する情報の提供等の支援に必要な措置を定めている。

　フリースクールに対する経済的支援のあり方やフリースクールの制度的位置付け、就学義務のあり方と教育機会の確保については、残された課題として、法施行後3年以内に検討を加え、それらのあり方を見直すこととされている。

2　外国人教育と「内外人平等の原則」

　また、我が国に在住する外国人の子女の教育については、国際人権規約（A規約）第13条において「教育についてのすべての者の権利を認める」旨規定しており、**「内外人平等の原則」**に立って、外国人の就学についても、我が国の義務教育諸学校への就学を希望する場合には我が国

の公教育において受け入れ、日本人の場合と同様、授業料不徴収、教科書無償給与、就学奨励などの措置を講ずる取扱いとなっている。

　ただし、就学義務は、日本国籍を有しない者には適用されないことは当然である。

　西欧諸国では、移民などの流入により、その子弟が多数学校教育に受け入れられてくる中で、移民子弟の教育のあり方が課題とされてきている。

　国民教育の観点から、日本語を話せない外国人児童生徒への日本語教育指導を核とする「**同化教育**」の対象とするのか、それとも、彼らのアイデンティティの確立のためにも母語教育や母国文化の教育も許容する「**多文化教育**」への道を模索するのか、国際化の進展に伴い、とりわけ定住外国人への教育を考える上で避けては通れない課題となってきている。

3　就学校の指定と学校選択制

　学齢児童生徒にかかる「**学齢簿**」の編製（学校教育法施行令第1条）、義務教育諸学校への入学期日等の通知、就学すべき学校の指定（同法施行令第5条）、保護者に対する学齢児童生徒の出席督促（同法施行令第21条）などの「**就学事務**」の主体は、法令により、市町村の教育委員会とされる。

　この事務の性格については、平成11年の地方分権一括法以前においては、「国の機関委任事務」とされていたが、地方分権一括法の制定以後、「機関委任事務」（国の事務）から「自治事務」（地方の事務）へと変更されている。

　義務教育諸学校への就学予定者については、市町村教育委員会は、その保護者に対して、翌学年の初めから2月前までに、小学校、中学校または義務教育学校の入学期日を通知するとともに、当該市町村の設置する小学校または中学校（それぞれ義務教育学校を含む）が2校以上ある場合においては、入学期日の通知において就学すべき学校を指定しなけ

ればならない、いわゆる「**就学校の指定処分**」を行うこととされている。

　この就学校の指定をする際の判断基準として、市町村教育委員会があらかじめ設定した「**通学区域**」に基づいて、個々の就学すべき学校の指定が行われている。

　このことに関しては、保護者の意向に対する十分な配慮や選択機会の拡大の重要性の観点から、平成15年3月31日に学校教育法施行規則の一部改正が行われ、

① 　市町村教育委員会が就学すべき小学校または中学校を指定するに当たって、あらかじめ保護者の意見を聴取することができることを明確化し、その場合、意見の聴取手続きに関し、必要な事項を市町村教育委員会が定め、公表するものとし（学校教育法施行規則第32条第1項）、

② 　市町村教育委員会が指定した就学校に対する保護者の申し立てに基づき、市町村教育委員会が就学指定校を変更する際の要件及び手続に関し、必要な事項を定め、公表するものとする（同施行規則第33条）こととされた。

　さらに、平成18年3月に学校教育法施行規則の一部改正が行われ、市町村の教育委員会は、就学校の指定にかかる通知において、その指定の変更についての保護者の申し立てができる旨を示すものとする（学校教育法施行規則第32条第2項）こととされ、市町村教育委員会から指定された就学校が、保護者の意向や子どもの状況等に合致しない場合において、保護者の申し立てにより、市町村教育委員会が相当と認めるときには、市町村内の他の学校に変更することができることとされている（学校教育法施行令第8条）。

　このように保護者の意見を踏まえて、市町村教育委員会が就学校を指定する運用と制度としての「**学校選択制**」（学校教育法施行規則第32条第1項に基づく）は、地域の実態等を踏まえて、市町村教育委員会の責任と判断において実施される仕組みとなっている。

　学校選択制の種類としては、「自由選択制」、「ブロック選択制」、「隣接区域選択制」、「特認校制」、「特定地域選択制」などがある。

コラム【学校選択制の全国一律導入について】

　政府の規制改革・民間開放推進会議では、学校選択制により学校間競争が生じ、消費者たる児童生徒や保護者に選択される学校づくりが行われることを通じて教育の質が向上するとの議論がこれまで行われてきており、この文脈で学校選択制の全国一律導入が主張されている。

　しかしながら、学校選択制の導入による、学校間の切磋琢磨を通じた活性化などメリットはそれなりに指摘できるものの、①学校と地域との結びつきが弱くなり、地域に根ざした学校づくりが難しくなるおそれ、②学校選択の前提としての学校間の競争により学校間の格差が拡大するおそれ、③学校選択制度の導入を通じて、就学する児童生徒数が逐年増減することから、計画的に学校経営を推進することが困難となったり、施設・教員等の効果的な投資が阻まれたりするおそれ、④学校選択により、児童生徒数が極端に減少した学校が統廃合に追い込まれることとなり、その結果、地域の子どもたちの生活の範囲に適切な教育の機会を保障することができなくなるおそれ、などの問題が指摘されており、学校選択制度の導入は、あくまでも地域の教育に責任を負う各市町村の教育委員会が、地域の実情に応じて、その責任と判断において適切に導入の可否を決めていくべきものであり、全国的に一律導入を国として義務付けるような性格のものではないことは明らかであろう。

コラム【教育バウチャー制度について】

　教育バウチャー制度の導入については政府の規制改革・民間開放推進会議において「教育への公的助成の手法として実際に導入した諸外国の例も見られ、我が国においてもその導入を図ることにより、教育サービス分野における学校間の公的助成の格差が是正され、経営形態の異なる教育サービス提供主体間の競争が促進されることにより、豊かで多様な教育サービスの提供が可能になり、生徒や保護者の選択の幅が広がることになると考える」（第1次答申　平成16・12・24）ことから、「国民一人一人が希望す

る教育サービスを享受できるようにするためには、教育バウチャー制度の導入……等の適用により、経営形態の異なるサービス提供主体間の競争条件の同一化をできる限り図っていく必要がある」とし、教育バウチャー制度の検討が文部科学省に要請された経緯がある。

そもそも、憲法第26条において、「すべて国民は、法律の定めるところにより、その能力に応じて、ひとしく教育を受ける権利を有する」と規定され、このため、全国津々浦々、たとえ山間、離島、僻地にあろうとも、どこでも誰もが等しく無償で義務教育を受けることができるよう、国は教育内容や教育条件について法令を定めるとともに、市町村に対しては、公立小中学校の設置義務を課し、必要な財源を保障している。このように義務教育におけるナショナル・ミニマムが制度上保障された上で、地方自治体等がそれぞれの地域等の実態に応じ、基礎的・共通的な教育の実施をしっかりとおさえながら、特色ある教育活動を展開できるような仕組みとなっているのである。

このような義務教育の実施を支える教育財政については、市町村が児童生徒数を基に学級を編制した上で、都道府県が学校ごとに必要な教職員を配置し、国がその給料等の実支出額の３分の１を負担しており、現行制度においても学校ごとの児童生徒数を基に、教育条件や児童生徒の状況に応じた適切かつ必要な負担・助成が行われているところであり、こうした取り組みにより、保護者の所得等にかかわらず、公平に教育機会を提供できる制度になっている。

教育バウチャー制度については、①学校選択の幅が拡大すること、②学校間における競争原理の導入により、教育の質が向上すると期待されること、③国公立学校と私立学校の公的支援の格差が是正されること、などのメリットが指摘されているが、他方この制度の問題点・デメリットとしては、①地域間・学校間の教育水準に格差が生じ、教育における公平性の面で問題があること、②現在の財政状況の下では、「公私間の格差の是正」により、公立学校教育への財政支出が大幅に減少するおそれがあり、公立学校の教育水準の低下が避けられないこと、③学校の維持運営は児童生徒数にかかわらず一定の運営に要する経費が必要であって、例えば、過疎地では児童生徒数が少ないことからバウチャーによる財政支援だけでは学校が維持できなくなるおそれがあること、④バウチャーの前提となる学校選択により、学校の児童生徒数の見通しが逐年変化することから、中長期的

な学校経営の計画が立てられなくなり、安定的・継続的な教育の提供が困難となるおそれがあること（さらに、選択されない学校施設は遊休化することから、中長期的な施設建設が不可能となるおそれ）、⑤諸外国と同様に、私立学校を含めたバウチャーを実施することとなると、私立学校に対するカリキュラムへの公的規制や児童生徒の入学制限の撤廃（バウチャーではオープンアドミッションが前提）などを求めることとなり、私学の自主性を尊重する観点からも問題となるおそれがあること、⑥バウチャーにより恩恵を受けるのは、これらの情報にアクセスしやすい高所得・高学歴階層であり、導入により格差が増大するおそれがあること、などが指摘できる。

　我が国の教育制度は、教育の機会均等・教育水準の維持確保等を基本として運営されているものであって、教育バウチャーの導入を検討するとしても、上に挙げたようなさまざまな導入時のデメリットが予想されるなかで、公教育制度の普遍的理念の実現に与える影響等を十分に見極めて慎重に対応すべき事柄であり、安易に教育バウチャーの導入を図ることは、我が国の公教育制度の根幹に触れる重大な問題を惹起するものである。

4　特別支援学校への就学と「認定就学」制度

　特別支援学校に係る就学事務については、市町村教育委員会は、就学予定者のうち、視覚障害者、聴覚障害者、知的障害者、肢体不自由者または病弱者で、その障害が、学校教育法施行令第22条の3の表に規定する程度のものについて、都道府県の教育委員会に対し、翌学年の初めから3月前までに、その氏名及び特別支援学校に就学させるべき旨を通知しなければならないものとされている（同施行令第11条）。

　これに基づき、都道府県の教育委員会は、通知を受けた児童生徒等にあっては翌学年の初めから2月前までに特別支援学校の入学期日を通知しなければならない取り扱いとされている（同法施行令第14条第1項）。

　平成14年4月の学校教育法施行令の一部改正により、特別支援学校への就学の基準に該当する障害のある児童生徒について、市町村教育委員会が小学校・中学校において適切な教育を受けることができる特別な事

情があると認める場合には、小学校・中学校に就学させることが可能となった（「**認定就学の制度**」。学校教育法施行令第６条の３）。

　また、平成19年３月の学校教育法施行令の一部改正により、これまで、障害のある児童生徒の就学先を決定する際には市町村教育委員会が専門家の意見を聞いて（「**就学指導委員会**」の設置）決定することとされていたが、この改正により、保護者の意見を聴くことが法令上義務付けられる（学校教育法施行令第18条の２）など、特別支援学校への**就学指導の在り方の見直し**が進められている。

　さらに、平成25年の学校教育法施行令の改正により、障害のある児童生徒の就学先決定の仕組みが変更されることとなった。具体的には、視覚障害者、聴覚障害者、知的障害者、肢体不自由者、病弱者であって、その障害が学校教育法施行令第22条の３の表に規定する程度の者について、特別支援学校への就学を原則としつつ、例外的に「認定就学者」として小中学校へ就学することを可能としている現行の規定を改め、個々の児童生徒について、市町村教育委員会が、その障害の状態等を踏まえた総合的な観点から就学先を決定する仕組みとされた。視覚障害者等であって、就学基準に該当する者のうち、市町村教育委員会が、その者の障害の状態、教育上必要な支援の内容、地域における教育の体制の整備の状況その他の事情を勘案して、特別支援学校への就学が適当であると認める者（「**認定特別支援学校就学者**」という）については、特別支援学校への就学を決定し、これ以外の者については、小学校、中学校または義務教育学校への就学を決定することと改められた（学校教育法施行令第５条第１項）。

　なお、市町村教育委員会が就学先決定の通知を行おうとする際、障害のある児童生徒等の就学に関する専門的知識を有する者の意見を聴くとともに、当該児童生徒等の保護者の意見を聴くものとされており、**平成23年の改正障害者基本法第16条の規定に基づき、保護者の意向については、可能な限り尊重しなければならない**とされている。

　このように、障害をもった児童生徒の教育については、いわゆる「共

生教育」（インクルーシブ教育）が推進されてきているが、平成18年の改正教育基本法第4条第2項では、「国及び地方公共団体は、障害のある者が、その障害の状態に応じ、十分な教育を受けられるよう、教育上必要な支援を講じなければならない」と定められており、特別支援教育の整備充実が求められている。

［教育基本法］

第6条　法律に定める学校は、公の性質を有するものであって、国、地方公共団体及び法律に定める法人のみが、これを設置することができる。

［学校教育法］

第1条　この法律で、学校とは、幼稚園、小学校、中学校、義務教育学校、高等学校、中等教育学校、特別支援学校、大学及び高等専門学校とする。

第2条　学校は、国（国立大学法人法第2条第1項に規定する国立大学法人及び独立行政法人国立高等専門学校機構を含む。）、地方公共団体（地方独立行政法人法第68条第1項に規定する公立大学法人を含む。）及び私立学校法第3条に規定する学校法人のみが、これを設置することができる。

②　この法律で、国立学校とは、国の設置する学校を、公立学校とは、地方公共団体の設置する学校を、私立学校とは、学校法人の設置する学校をいう。

第3条　学校を設置しようとする者は、学校の種類に応じ、文部科学大臣の定める設備、編制その他に関する設置基準に従い、これを設置しなければならない。

第4条　次の各号に掲げる学校の設置廃止、設置者の変更その他政令で定める事項は、それぞれ当該各号に定める者の認可を受けなければならない。（以下略）

　　一　公立又は私立の大学及び高等専門学校　文部科学大臣

　　二　市町村の設置する高等学校、中等教育学校及び特別支援学校　都道府県の教育委員会

　　三　私立の幼稚園、小学校、中学校、義務教育学校、高等学校、中等教育学校及び特別支援学校　都道府県知事

第5条　学校の設置者は、その設置する学校を管理し、法令の特別の定のある場合を除いては、その学校の経費を負担する。

第6条　学校においては、授業料を徴収することができる。ただし、国立又は公立の小学校及び中学校、義務教育学校、中等教育学校の前期課程又は特別支援学校の小学部及び中学部における義務教育については、これを徴収することができない。

第16条　保護者（子に対して親権を行う者をいう。）は、次条に定めるところにより、子に9年の普通教育を受けさせる義務を負う。

第17条　保護者は、子の満6歳に達した日の翌日以後における最初の学年の初めから、満12歳に達した日の属する学年の終わりまで、これを小学校、義務教育学校の前期課程又は特別支援学校の小学部に就学させる義務を負う。ただし、子が満12歳に達した日の属する学年の終わりまでに小学校、義務教育学校の前期課程又は特別支援学校の小学部の課程を修了しないときは、満15歳に達した日の属する学年の終わり（それまでの間において当該課程を修了したときは、その終了した日の属する学年の終わり。）までとする。

②　保護者は、子が小学校の課程、義務教育学校の前期課程又は特別支援学校の小学部の課程を修了した日の翌日以後における最初の学年の初めから、満15歳に達した日の属する学年の終わりまで、これを中学校、義務教育学校の後期課程、中等教育学校の前期課程又は特別支援学校の中学部に就学させる義務を負う。

第20条　学齢児童又は学齢生徒を使用する者は、その使用によつて、当該学齢児童又は学齢生徒が、義務教育を受けることを妨げてはならない。

第21条　義務教育として行われる普通教育は、教育基本法第5条第2項に規定する目的を実現するため、次に掲げる目標を達成するよう行われるものとする。

第22条　幼稚園は、義務教育及びその後の教育の基礎を培うものとして、幼児を保育し、幼児の健やかな成長のために適当な環境を与えて、その心身の発達を助長することを目的とする。

第26条　幼稚園に入園することのできる者は、満3歳から、小学校就学の始期に達するまでの幼児とする。

第29条　小学校は、心身の発達に応じて、義務教育として行われる普通教育のうち基礎的なものを施すことを目的とする。

第32条　小学校の修業年限は、6年とする。

第38条　市町村は、その区域内にある学齢児童を就学させるに必要な小学校を設置しなければならない。

第45条　中学校は、小学校における教育の基礎の上に、心身の発達に応じて、義務教育として行われる普通教育を施すことを目的とする。

第47条　中学校の修業年限は、3年とする。

第49条の2　義務教育学校は、心身の発達に応じて、義務教育として行われる普通教育を基礎的なものから一貫して施すことを目的とする。

第49条の3　義務教育学校における教育は、前条に規定する目的を実現する
　　ため、第21条各号に掲げる目標を達成するよう行われるものとする。

第49条の4　義務教育学校の修業年限は、9年とする。

第49条の5　義務教育学校の課程は、これを前期6年の前期課程及び後期3
　　年の後期課程に区分する。

第49条の6　義務教育学校の前期課程における教育は、第49条の2に規定す
　　る目的のうち、心身の発達に応じて、義務教育として行われる普通教育の
　　うち基礎的なものを施すことを実現するために必要な程度において第21条
　　各号に掲げる目標を達成するよう行われるものとする。

②　義務教育学校の後期課程における教育は、第49条の2に規定する目的の
　　うち、前期課程における教育の基礎の上に、心身の発達に応じて、義務教
　　育として行われる普通教育を施すことを実現するため、第21条各号に掲げ
　　る目標を達成するよう行われるものとする。

第50条　高等学校は、中学校における教育の基礎の上に、心身の発達及び進
　　路に応じて、高度な普通教育及び専門教育を施すことを目的とする。

第56条　高等学校の修業年限は、全日制の課程については、3年とし、定時
　　制の課程及び通信制の課程については、3年以上とする。

第57条　高等学校に入学することのできる者は、中学校若しくはこれに準ず
　　る学校を卒業した者若しくは中等教育学校の前期課程を修了した者又は文
　　部科学大臣の定めるところにより、これと同等以上の学力があると認めら
　　れた者とする。

第63条　中等教育学校は、小学校における教育の基礎の上に、心身の発達及
　　び進路に応じて、義務教育として行われる普通教育並びに高度な普通教育
　　及び専門教育を一貫して施すことを目的とする。

第65条　中等教育学校の修業年限は、6年とする。

第72条　特別支援学校は、視覚障害者、聴覚障害者、知的障害者、肢体不自
　　由者又は病弱者（身体虚弱者を含む。）に対して、幼稚園、小学校、中学校
　　又は高等学校に準ずる教育を施すとともに、障害による学習上又は生活上
　　の困難を克服し自立を図るために必要な知識技能を授けることを目的とす
　　る。

第73条　特別支援学校においては、文部科学大臣の定めるところにより、前
　　条に規定する者に対する教育のうち当該学校が行うものを明らかにするも
　　のとする。

第75条　第72条に規定する視覚障害者、聴覚障害者、知的障害者、肢体不自由者又は病弱者の障害の程度は、政令で定める。

第76条　特別支援学校には、小学部及び中学部を置かなければならない。ただし、特別の必要のある場合においては、そのいずれかのみを置くことができる。

②　特別支援学校には、小学部及び中学部のほか、幼稚部又は高等部を置くことができ、また、特別の必要のある場合においては、前項の規定にかかわらず、小学部及び中学部を置かないで幼稚部又は高等部のみを置くことができる。

第80条　都道府県は、その区域内にある学齢児童及び学齢生徒のうち、視覚障害者、聴覚障害者、知的障害者、肢体不自由者又は病弱者で、その障害が第75条の政令で定める程度のものを就学させるに必要な特別支援学校を設置しなければならない。

第83条　大学は、学術の中心として、広く知識を授けるとともに、深く専門の学芸を教授研究し、知的、道徳的及び応用的能力を展開させることを目的とする。

第83条の2　前条の大学のうち、深く専門の学芸を教授研究し、専門性が求められる職業を担うための実践的かつ応用的な能力を展開させることを目的とするものは、専門職大学とする。

第87条　大学の修業年限は、4年とする。ただし、特別の専門事項を教授研究する学部及び前条の夜間において授業を行う学部については、その修業年限は、4年を超えるものとすることができる。

②　医学を履修する課程、歯学を履修する課程、薬学を履修する課程のうち臨床に係る実践的な能力を培うことを主たる目的とするもの又は獣医学を履修する課程については、前項本文の規定にかかわらず、その修業年限は、6年とする。

第90条　大学に入学することのできる者は、高等学校若しくは中等教育学校を卒業した者若しくは通常の課程による12年の学校教育を修了した者（通常の課程以外の課程によりこれに相当する学校教育を修了した者を含む。）又は文部科学大臣の定めるところにより、これと同等以上の学力があると認められた者とする。

②　前項の規定にかかわらず、次の各号に該当する大学は、文部科学大臣の定めるところにより、高等学校に文部科学大臣の定める年数以上在学した

者（これに準ずる者として文部科学大臣が定める者を含む。）であつて、当該大学の定める分野において特に優れた資質を有すると認めるものを、当該大学に入学させることができる。

一　当該分野に関する教育研究が行われている大学院が置かれていること。

二　当該分野における特に優れた資質を有する者の育成を図るのにふさわしい教育研究上の実績及び指導体制を有すること。

第99条　大学院は、学術の理論及び応用を教授研究し、その深奥をきわめ、又は高度の専門性が求められる職業を担うための深い学識及び卓越した能力を培い、文化の進展に寄与することを目的とする。

第108条　大学は、第83条第1項に規定する目的に代えて、深く専門の学芸を教授研究し、職業又は実際生活に必要な能力を育成することを主な目的とすることができる。

②　前項に規定する目的をその目的とする大学は、第87条第1項の規定にかかわらず、その修業年限を2年又は3年とする。

③　前項の大学は、短期大学と称する。

第115条　高等専門学校は、深く専門の学芸を教授し、職業に必要な能力を育成することを目的とする。

第117条　高等専門学校の修業年限は、5年とする。ただし、商船に関する学科については、5年6月とする。

第124条　第1条に掲げるもの以外の教育施設で、職業若しくは実際生活に必要な能力を育成し、又は教養の向上を図ることを目的として次の各号に該当する組織的な教育を行うもの（当該教育を行うにつき他の法律に特別の規定があるもの及び我が国に居住する外国人を専ら対象とするものを除く。）は、専修学校とする。

一　修業年限が1年以上であること。

二　授業時数が文部科学大臣の定める授業時数以上であること。

三　教育を受ける者が常時40人以上であること。

第130条　国又は都道府県が設置する専修学校を除くほか、専修学校の設置廃止（高等課程、専門課程又は一般課程の設置廃止を含む。）、設置者の変更及び目的の変更は、市町村の設置する専修学校にあつては都道府県の教育委員会、私立の専修学校にあつては都道府県知事の認可を受けなければならない。

第132条　専修学校の専門課程（修業年限が2年以上であることその他の文部

　　科学大臣の定める基準を満たすものに限る。）を修了した者は、文部科学大
　　臣の定めるところにより、大学に編入学することができる。

第134条　第1条に掲げるもの以外のもので、学校教育に類する教育を行うも
　　の（当該教育を行うにつき他の法律に特別の規定があるもの及び第124条に
　　規定する専修学校の教育を行うものを除く。）は、各種学校とする。

第135条　専修学校、各種学校その他第1条に掲げるもの以外の教育施設は、
　　同条に掲げる学校の名称又は大学院の名称を用いてはならない。

第144条　第17条第1項又は第2項の義務の履行の督促を受け、なお履行しな
　　い者は、10万円以下の罰金に処する。

［学校教育法施行令］

（入学期日等の通知、学校の指定）

第5条　市町村の教育委員会は、就学予定者（法第17条第1項又は第2項の
　　規定により、翌学年の初めから小学校、中学校、義務教育学校、中等教育
　　学校又は特別支援学校に就学させるべき者をいう。以下同じ。）のうち、認
　　定特別支援学校就学者（視覚障害者、聴覚障害者、知的障害者、肢体不自
　　由者又は病弱者（身体虚弱者を含む。）で、その障害が、第22条の3の表に
　　規定する程度のもの（以下「視覚障害者等」という。）のうち、当該市町村
　　の教育委員会が、その者の障害の状態、その者の教育上必要な支援の内容、
　　地域における教育の体制の整備の状況その他の事情を勘案して、その住所
　　の存する都道府県の設置する特別支援学校に就学させることが適当である
　　と認める者をいう。以下同じ。）以外の者について、その保護者に対し、翌
　　学年の初めから2月前までに、小学校、中学校又は義務教育学校の入学期
　　日を通知しなければならない。

2　市町村の教育委員会は、当該市町村の設置する小学校及び義務教育学校
　　の数の合計数が2以上である場合又は当該市町村の設置する中学校（法第
　　71条の規定により高等学校における教育と一貫した教育を施すもの（以下
　　「併設型中学校」という。）を除く。以下この項、次条第7号、第6条の3
　　第1項、第7条及び第8条において同じ。）及び義務教育学校の数の合計数
　　が2以上である場合においては、前項の通知において当該就学予定者の就
　　学すべき小学校、中学校又は義務教育学校を指定しなければならない。

（特別支援学校への就学についての通知）

第11条　市町村の教育委員会は、第2条に規定する者のうち認定特別支援学
　　校就学者について、都道府県の教育委員会に対し、翌学年の初めから3月

前までに、その氏名及び特別支援学校に就学させるべき旨を通知しなければならない。

2　市町村の教育委員会は、前項の通知をするときは、都道府県の教育委員会に対し、同項の通知に係る者の学齢簿の謄本（第1条第3項の規定により磁気ディスクをもつて学齢簿を調製している市町村の教育委員会にあつては、その者の学齢簿に記録されている事項を記載した書類）を送付しなければならない。

（特別支援学校の入学期日等の通知、学校の指定）

第14条　都道府県の教育委員会は、第11条第1項（第11条の2、第11条の3、第12条第2項及び第12条の2第2項において準用する場合を含む。）の通知を受けた児童生徒等及び特別支援学校の新設、廃止等によりその就学させるべき特別支援学校を変更する必要を生じた児童生徒等について、その保護者に対し、第11条第1項（第11条の2において準用する場合を含む。）の通知を受けた児童生徒等にあつては翌学年の初めから2月前までに、その他の児童生徒等にあつては速やかに特別支援学校の入学期日を通知しなければならない。

2　都道府県の教育委員会は、当該都道府県の設置する特別支援学校が2校以上ある場合においては、前項の通知において当該児童生徒等を就学させるべき特別支援学校を指定しなければならない。

第18条の2　市町村の教育委員会は、児童生徒等のうち視覚障害者等について、第5条（第6条（第2号を除く。）において準用する場合を含む。）又は第11条第1項（第11条の2、第11条の3、第12条第2項及び第12条の2第2項において準用する場合を含む。）の通知をしようとするときは、その保護者及び教育学、医学、心理学その他の障害のある児童生徒等の就学に関する専門的知識を有する者の意見を聴くものとする。

第2章　視覚障害者等の障害の程度

第22条の3　法第75条の政令で定める視覚障害者、聴覚障害者、知的障害者、肢体不自由者又は病弱者の障害の程度は、次の表に掲げるとおりとする。

区分	障害の程度
視覚障害者	両眼の視力がおおむね0.3未満のもの又は視力以外の視機能障害が高度のもののうち、拡大鏡等の使用によつても通常の文字、図形等の視覚による認識が不可能又は著しく困難な程度のもの
聴覚障害者	両耳の聴力レベルがおおむね60デシベル以上のもののうち、補聴器等の使用によつても通常の話声を解することが不可能又は著しく困難な程度のもの
知的障害者	一　知的発達の遅滞があり、他人との意思疎通が困難で日常生活を営むのに頻繁に援助を必要とする程度のもの 二　知的発達の遅滞の程度が前号に掲げる程度に達しないもののうち、社会生活への適応が著しく困難なもの
肢体不自由者	一　肢体不自由の状態が補装具の使用によつても歩行、筆記等日常生活における基本的な動作が不可能又は困難な程度のもの 二　肢体不自由の状態が前号に掲げる程度に達しないもののうち、常時の医学的観察指導を必要とする程度のもの
病弱者	一　慢性の呼吸器疾患、腎臓疾患及び神経疾患、悪性新生物その他の疾患の状態が継続して医療又は生活規制を必要とする程度のもの 二　身体虚弱の状態が継続して生活規制を必要とする程度のもの

備考

一　視力の測定は、万国式試視力表によるものとし、屈折異常があるものについては、矯正視力によつて測定する。

二　聴力の測定は、日本産業規格によるオージオメータによる。

［学校教育法施行規則］

第32条　市町村の教育委員会は、学校教育法施行令第5条第2項（同令第6条において準用する場合を含む。次項において同じ。）の規定により就学予定者の就学すべき小学校、中学校又は義務教育学校（次項において「就学校」という。）を指定する場合には、あらかじめ、その保護者の意見を聴取することができる。この場合においては、意見の聴取の手続に関し必要な事項を定め、公表するものとする。

2　市町村の教育委員会は、学校教育法施行令第5条第2項の規定による就学校の指定に係る通知において、その指定の変更についての同令第8条に規定する保護者の申立ができる旨を示すものとする。

第33条　市町村の教育委員会は、学校教育法施行令第8条の規定により、その指定した小学校、中学校又は義務教育学校を変更することができる場合

の要件及び手続に関し必要な事項を定め、公表するものとする。

第8章　教員免許・養成制度と法

I　教員免許制度

1　相当免許状主義の原則と例外

　教育職員の資質の保持と向上を図ることを目的として、**教育職員の免許に関する基準を定めているのが**「教育職員免許法」である。

　初等中等教育段階の学校の教員は、公教育の直接の担い手として、その職務の公共性や求められる専門職性等から、教員としての職務を行うには、教育職員免許法で定める各相当の教員免許状を有する者でなければならない（「**相当免許状主義**」。同法第3条第1項）。

　相当免許状主義の例外としては、①「特別非常勤講師制度」、②「専科担任制度」、③「免許外教科担任制度」の3つがある。

　まず、**特別非常勤講師制度**については、教育職員免許法第3条の2により、特定分野について優れた知識・技能を有する社会人であって、小学校・中学校・高等学校等の全教科、道徳、総合的な学習の時間の領域の一部などを担当する場合に、各相当の免許状を有しないものを非常勤の講師として登用できることを可能とするものである（平成10年から都道府県教育委員会への届け出制となっている）。

　次に、**専科担任制度**については、教育職員免許法第16条の5により、中学校・高等学校の教員免許状を有する者は、小学校において、各免許教科に相当する教科等の教員になることができるとするものである（現在は、小学校の全教科での指導が可能）。高等学校についても、看護、情報、工業、商業などに係る教員免許状を有する者は、中学校または中等教育学校の前期課程において、相当する教科等の教員になることができるとするものである。

　さらに、「**免許外教科担任制度**」については、中学校、高等学校、義務教育学校の後期課程、中等教育学校、特別支援学校の中学部・高等部において、相当の免許状を所有する者を教科担任として採用することができない場合に、校内の他の教科の教員免許状を所有する教諭等（講師は不可）が、１年に限り、免許外の教科の担任をすることを可能とするもので、校長等が都道府県教育委員会に申請し、許可を得ることが必要となるものである（教育職員免許法附則第２）。

　なお、**特別支援学校教員免許制度**については、教育職員免許法第３条第３項により、特別支援学校の教員については、特別支援学校の教員免許状のほか、特別支援学校の各部に相当する小学校・中学校・高等学校の教員免許状を有する者でなければならないとするものである。ただし、幼・小・中・高等学校の教諭の免許状を有する者は、当分の間、特別支援学校の相当する各部の教員となることができることとされている（同法附則第16項）。

　教員免許状は、普通免許状、特別免許状及び臨時免許状の３種類とされ（同法第４条第１項）、

① **普通免許状**…学校教育に当たる教員のほとんどが有する一般的な免許状であり、学校（義務教育学校、中等教育学校及び幼保連携型認定こども園を除く）の種類ごとの教諭の免許状と養護教諭・栄養教諭の免許状であって、中学校・高等学校の教員の普通免許状については、各教科ごとに授与されるもの、

② **特別免許状**…社会人を広く学校教育に登用することを目的とする免許状であり、学校の種類ごと（幼稚園、義務教育学校、中等教育学校及び幼保連携型認定こども園を除く）の教諭の免許状であって、小・中・高等学校の各教科ごとに授与されるもの、

③ **臨時免許状**…普通免許状を有する者を採用することができない場合に授与される臨時の免許状であって、学校（義務教育学校、中等教育学校及び幼保連携型認定こども園を除く）の種類ごとの助教諭の免許状及び養護助教諭の免許状がある。

これらの教員免許状については、**都道府県の教育委員会が授与権者で**あり（教育職員免許法第5条第7項）、免許状の授与を受けようとする者は、申請書に授与権者が定める書類を添えて授与権者に申し出ることとされている（同法第5条の2第1項）。

2　普通免許状

普通免許状には、「**専修免許状**」、「**一種免許状**」及び「**二種免許状**」（高等学校は、専修免許状と一種免許状の2種類）の3つの区分が設けられ、**免許状の基礎資格を修士・学士・短期大学士に区分したもの**となっている。

これらの免許状のうち、「**専修免許状**」制度については、昭和62年12月18日の教育職員養成審議会答申「教員の資質能力の向上方策等について」において、「高等学校はもとよりすべての校種の教員について、修士課程等において研鑽を積むなどして、より高度の資質能力を備えることが強く求められるようになってきている。このためには、現職の教員が修士課程等において研修を行うことを促進することはもとより、修士課程等において学んだ者が進んで教職に就くことができるような方途を講じることも必要である」として、「すべての校種について、修士課程等を教員免許制度の中に位置づけることとし、修士課程の修了程度を基礎資格とする免許状として「専修免許状」を設けることとする」と提言された。

これを受けて、昭和63年の教育職員免許法の一部改正により、「**専修免許状制度**」が法制化されたものである。

教員免許状における一般的な免許状ともいえる「普通免許状」については、**一般的に所定の基礎資格**（専修免許状は修士の学位、一種免許状は学士の学位、二種免許状は短期大学士の学位を有することが原則）を有し、教育職員免許法施行規則第20条に基づき**文部科学大臣が認定した大学等の「教職課程」において所要の単位を修得した者に授与**される。

普通免許状を取得するに当たって修得することが必要な科目は、以下

の表に掲げる教科及び教職に関する科目であり、それぞれの免許状の種類ごとに修得することを必要とする最低単位数が示されている。

(小学校)	各科目に含めることが必要な事項	専修	一種	二種
教科及び教科の指導法に関する科目	イ　教科に関する専門的事項※「外国語」を追加 ロ　各教科の指導法（情報機器及び教材の活用を含む）（各教科それぞれ1単位以上修得） ※「外国語の指導法」を追加	30	30	16
教育の基礎的理解に関する科目	イ　教育の理念並びに教育に関する歴史及び思想 ロ　教職の意義及び教員の役割・職務内容（チーム学校運営への対応を含む） ハ　教育に関する社会的、制度的又は経営的事項（学校と地域との連携及び学校安全への対応を含む） ニ　幼児、児童及び生徒の心身の発達及び学習の過程 ホ　特別の支援を必要とする幼児、児童及び生徒に対する理解（1単位以上修得） ヘ　教育課程の意義及び編成の方法（カリキュラム・マネジメントを含む）	10	10	6
道徳、総合的な学習の時間等の指導法及び生徒指導、教育相談等に関する科目	イ　道徳の理論及び指導法（専修・一種：2単位、二種：1単位） ロ　総合的な学習の時間の指導法 ハ　特別活動の指導法 ニ　教育の方法及び技術（情報機器及び教材の活用を含む） ホ　生徒指導の理論及び方法 ヘ　教育相談（カウンセリングに関する基礎的な知識を含む）の理論及び方法 ト　進路指導及びキャリア教育の理論及び方法	10	10	6
教育実践に関する科目	イ　教育実習（学校体験活動を2単位まで含むことができる）（5単位） ロ　教職実践演習（2単位）	7	7	7
大学が独自に設定する科目		26	2	2
		83	59	37

（中学校）	各科目に含めることが必要な事項	専修	一種	二種
教科及び教科の指導法に関する科目	イ　教科に関する専門的事項 ロ　各教科の指導法（情報機器及び教材の活用を含む）（専修・一種：8単位、二種：2単位）	28	28	12
教育の基礎的理解に関する科目	イ　教育の理念並びに教育に関する歴史及び思想 ロ　教職の意義及び教員の役割・職務内容（チーム学校運営への対応を含む） ハ　教育に関する社会的、制度的または経営的事項 （学校と地域との連携及び学校安全への対応を含む） ニ　幼児、児童及び生徒の心身の発達及び学習の過程 ホ　特別の支援を必要とする幼児、児童及び生徒に対する理解（1単位以上修得） ヘ　教育課程の意義及び編成の方法（カリキュラム・マネジメントを含む）	10	10	6
道徳、総合的な学習の時間等の指導法及び生徒指導、教育相談等に関する科目	イ　道徳の理論及び指導法（専修・一種：2単位、二種：1単位） ロ　総合的な学習の時間の指導法 ハ　特別活動の指導法 ニ　教育の方法及び技術（情報機器及び教材の活用を含む） ホ　生徒指導の理論及び方法 ヘ　教育相談（カウンセリングに関する基礎的な知識を含む）の理論及び方法 ト　進路指導及びキャリア教育の理論及び方法	10	10	6
教育実践に関する科目	イ　教育実習（学校体験活動を2単位まで含むことができる）（5単位） ロ　教職実践演習（2単位）	7	7	7
大学が独自に設定する科目		28	4	4
		83	59	35

※なお、免許状の授与を受けようとする者は、以上のほか、日本国憲法（2）、体育（2）、外国語コミュニケーション（2）情報機器の操作（2）の計8単位の修得が必要。

　なお、令和 3 年の教育職員免許法施行規則の改正により、教職課程において情報通信技術を活用した教育の理論及び方法についての科目の新設等が図られた（令和 4 年度より施行）。改正のポイントは以下のとおりである。

【改正のポイント】

① 　小・中・高の免許状における「**情報通信技術を活用した教育の理論及び方法**」（以下、「**ICT事項科目**」という）の**必修化（ 1 単位以上）**

② 　小・中・高の免許状における「各教科の指導法（情報機器及び教材の活用を含む）」を「**各教科の指導法（情報通信技術の活用を含む）**」に変更

③ 　免許法施行規則第66条の 6 の科目の「情報機器の操作 2 単位」を「**数理、データ活用及び人工知能に関する科目 2 単位又は情報機器の操作 2 単位**」に変更

コラム【**教育職員養成審議会答申「新たな時代に向けた教員養成の改善方策について」（平成 9 ・ 7 ・28）**】

　「教員の資質能力の向上を図るに当たっては、特に養成段階において教員を志願する者に**最小限必要な資質能力を確実に身に付けさせる**とともに、更に**積極的に得意分野づくりや個性の伸長を進める**ことが必要である。このような観点に立ち、かつ、教職課程の履修による大学教育の過密化を回避しつつ教員養成カリキュラムの基本構造の転換を図るため、各学校種の 1 種及び 2 種免許状について、新たに『教科又は教職に関する科目』の区分を設け、選択履修方式を導入する」ことが提言され、これを受けて、平成10年、教育職員免許法の一部を改正する法律により、普通免許状の授与を受けるために大学等において修得することを必要とする単位数が改められ、小学校等の教諭の一種免許状または二種免許状の授与を受ける場合の「教科又は教職に関する科目」の単位の修得方法が新たに定められたところである（教育職員免許法別表第一）。

　教員免許状は、学士の学位等の基礎資格の取得と、大学等における所要単位の修得により授与されるのが基本であるが、現職教員が上位の免許状を取得する際には、「**上進制度**」といわれる特別の措置が講じられている。

　具体的には、例えば、現職教員が所持する一種免許状を専修免許状へ上進する場合には、一種免許状取得後３年間の教職経験年数があって、大学院等において15単位を修得した者に対し、免許状授与権者である都道府県教育委員会が「**教育職員検定**」（教育職員免許法第６条）を課した上で、その合格者に専修免許状を授与する仕組みとなっている。

コラム【教育職員養成審議会答申「教員の資質能力の向上方策等について」（昭和62・12・18）】

　「すでに免許状を有する者は、現職経験を積み、かつ、所定の単位を修得することにより他の種類の免許状を修得することができるものとする。この場合の単位数には、教科に関する専門教育科目及び教職に関する専門教育科目のほか、一般教育科目の単位も含まれるが、これらの単位数は、教員としての在職年数に応じて段階的に軽減することができるものとする。この措置に関連して、現在、２級免許状を有するものが15年間勤務することにより１級免許状を修得することができる制度が設けられているが、教員には現職研修が強く望まれることから、在職年数のみにより免許状を取得することができることとすることは適当ではない」と提言され、これを受けて、昭和63年教育職員免許法の一部改正により免許の上進制度が整備された。

3　特別免許状と特別非常勤講師制度

　特別免許状と特別非常勤講師の制度については、臨時教育審議会の「教育改革に関する第２次答申」（昭和61・4・23）において、教員に広く人材を求める観点から、現行の開放性を維持しつつ、**社会人の活用を図るための免許法上の特別措置**を講ずべきとの提言を受けて、昭和63年

の教育職員免許法の一部改正により制度化されたものである。

　特別免許状は、大学で専門の教員養成教育を受けてはいないものの、優れた知識経験等を有する社会人を教員として登用するため、都道府県教育委員会が「**教育職員検定**」（教育職員免許法第6条第1項にいう「検定」であり、「受検者の人物、学力、実務及び身体について、授与権者が行う」もの）を行うことにより、特別に免許状を授与するものであり、小・中・高等学校の全教科で授与することが可能である（教育職員免許法第4条第3項・第6項、第5条第3項）。

　昭和63年の教育職員免許法改正による特別免許状制度創設の当初は、

① 　小学校教諭にあっては、音楽、図画工作、家庭及び体育の教科に限定、

② 　免許状を授与してから3年以上10年以内において都道府県教育委員会が定める期間、当該都道府県において効力を有する、

とされていた。

　その後の改正により、

① 　小学校の全教科で特別免許状の授与が可能になったこと、

② 　免許状の有効期間の制限がなくなったこと（その後、教員免許更新制度の導入により、普通免許状と同様に、免許状の有効期間は10年となった）、

③ 　特別免許状の保有者が上進制度を活用して普通免許状を取得することが可能となったこと

等の制度改善が図られた。

　なお、特別免許状は、その免許状を授与した授与権者の置かれる都道府県においてのみ効力を有する点が、普通免許状のように、すべての都道府県において効力を有するのとは異なる。

　特別非常勤講師制度は、地域の人材や多様な専門分野の社会人を学校現場に迎え入れるため、教員免許状を有しない者を小・中・高等学校などの非常勤講師として登用し、**教科の領域の一部を担当する**ことを可能とする制度である（教育職員免許法第3条の2）。

　制度創設当初は、授与権者である都道府県教育委員会の「許可」を得て、非常勤講師を充てるとされていたが、現在は、**授与権者への「届け出」**でよいとされている（同法第3条の2第2項）。

コラム【臨時教育審議会「教育改革に関する第2次答申」（昭和61・4・23）】

　「広く社会一般から教育に熱意をもつ優れた人材を学校教育に導入し、学校教育の活性化を積極的に図る必要がある。このため、新たに特別の免許状制度を創設し、また、非常勤講師制度の活用を推進する必要がある。特別の免許状は、都道府県教育委員会の判断で教員資格を認定し授与するものとし、現行の教育職員免許法で定める小学校の免許状および中・高等学校の各教科のほか、例えば、小学校の音楽、図画工作、体育等の個々の教科、高等学校の情報処理等の新しい教科などについても授与することができるようにして、学校や地域の実情に弾力的に対応できるようにする。この特別の免許状は、都道府県教育委員会が社会的経験や各種の資格などを有する者について行う教員資格認定試験の合格者に授与する必要がある。また、非常勤講師として教科の一部領域に係る授業を担当する場合には、免許状を有しなくても、授業を担任し得るよう免許制度上の特例措置を講ずる」

4　臨時免許状

　臨時免許状は、普通免許状を有する者を採用することができない場合に限り、都道府県教育委員会が**「教育職員検定」**に合格したものに授与される免許状であり、学校（義務教育学校、中等教育学校及び幼保連携型認定こども園を除く）の種類ごとの助教諭の免許状及び養護助教諭の免許状とされる（第4条第4項、第5条第6項）。

　臨時免許状は、その免許状を授与したときから、3年間、その免許状を授与した授与権者の置かれる都道府県においてのみ効力を有するとされる（第9条第3項）。

II　教員免許更新制

　教員免許制度・教員養成制度については、「**大学における教員養成**」及び「**開放制の教員養成**」の原則を尊重しつつ、運用されている。

　しかしながら、今日、教員免許状が保証する資質能力と現在の学校教育や社会が教員に求める資質能力との間にかい離が生じてきており、大学の教職課程を教員として最小限必要な資質能力を確実に身に付けさせるものへ改革するだけでなく、教員免許状を教職生活の全体を通じて教員として最小限必要な資質能力を確実に保証するものへ改革を進める必要がある。

　このような観点から、平成18年 7 月11日、中央教育審議会は、恒常的に変化する教員として必要な資質能力の確実な保証のための制度として「教員免許更新制」の導入を提言したところである（中教審答申「今後の教員養成・免許制度の在り方について」）。

　これを受けて、**平成19年教育職員免許法及び教育公務員特例法の一部を改正**する法律が成立し、国公私を問わず初等中等教育段階の学校に在職する教員が、教職生活全体を通じて、その時々で求められる教員として必要な資質能力が保持されるよう、定期的に必要な知識技能の刷新（リニューアル）を図るための方策として平成21年度から新たに「**教員免許更新制度**」が導入された。

　教員免許更新制の具体的内容としては、
① 　免許状を有するものの資質能力を一定水準以上に確保することを目的としており、教員として必要な資質能力を担保する制度としての役割を期待するものであって、いわゆる「**不適格教員**」の排除を目的とするものではないこと、
② 　普通免許状及び特別免許状の**有効期間は授与から10年後の年度末ま**でとしたこと（複数の免許状を有する者の有効期間は、最後に授与された免許状を基準として、最も遅く満了となる有効期間に統一）、
③ 　教員免許状の有効期間の更新を受けようとする者は、更新を行う免

許管理者が定める書類を添付して更新の申請を行う必要があり、更新できる者は、「免許状更新講習」を修了した者及び知識技能等を勘案して免許管理者が認めた者（免除対象者）とし、免許管理者（都道府県の教育委員会）は、免許状更新講習を修了した者等について免許状の有効期間を更新すること、

④　免許状更新講習は、教員として必要な最新の知識技能の修得を目的として、大学や授与権者である教育委員会（指定都市教育委員会を含む）等が文部科学大臣の認定を受けて開設することとされており、免許状の取得者は、有効期限満了前の2年間に30時間の更新講習を受講・修了することとされていること（30時間の更新講習の内容としては、「教育の最新事情に関する事項」12時間以上、「教科指導、生徒指導その他教育の充実に関する事項」18時間以上の受講）、

⑤　受講対象者は、普通免許状または特別免許状を有する者で、現職の教員（指導改善研修中の者を除く）、教員採用内定者、教育委員会や学校法人などが作成した臨時任用または非常勤教員リストに登載されている者、過去に教員として勤務した経験のある者などであり、また、更新講習免除者としては、教員を指導する立場にある者（校長、副校長、教頭、主幹教諭または指導教諭、教育長または指導主事など）や「優秀教員表彰者」が対象となること、

⑥　改正教育職員免許法の施行前（平成21年3月31日まで）に授与された免許状を有している教員等は、10年ごとに免許状更新講習を修了したことの確認を受けなければならず、更新講習を修了できなかった者の免許状は、その効力を失うことなどとなっている。

コラム【教員免許更新講習制度の改正】
　教員免許更新制度は、教員免許状に一定の有効期限を付し、その時々で求められる教員として必要な資質能力が確実に保持されるよう、必要な刷新（リニューアル）を行う仕組みとして、平成19年の教育職員免許法の改正により、平成21年4月から導入されたものである。

　制度の導入から 5 年が経過し、免許状更新講習の受講経験者や講習の開設者からは改善を求める声が聞かれるほか、社会の急速な変化を受けて、教員が現代的な教育課題に対応する指導力を身に付ける必要性が指摘されていた。このため、文部科学省において、今後の教員免許更新制度のより良い運用に向けて問題を整理した上で、具体の改善策が検討され、平成26年 9 月、教育職員免許法施行規則等の一部を改正する省令等により、平成28年 4 月から、免許状更新講習に係る枠組み・内容の改善が行われることとなった。

　今回の免許状更新講習の改善に関する改正においては、第一に、これまで「必修領域」（12時間）及び「選択領域」（18時間）だった枠組みを、「必修領域」（ 6 時間）、「選択必修領域」（ 6 時間）及び「選択領域」（18時間）に改め、新たに「選択必修領域」を導入することにより、現下の教育課題を適切に選択して学べるようにしたことである。また、第二に、これまで広範にわたる必修領域の内容を精選するほか、選択必修領域について、受講者が所有する免許状の種類や勤務する学校の種類または教育職員としての経験に応じ、選択して受講するものとして内容を構成するものとしたことである。

　免許状更新講習の内容としては、必修領域では、全受講者が共通に受講すべき内容に精選され、「国の教育政策や世界の教育の動向」、「教員としての子ども観、教育観等についての省察」、「子どもの発達に関する脳科学、心理学等における最新の知見」、「子どもの生活の変化を踏まえた課題」を取り扱うこととなる。また、新たに導入された選択必修領域では、現行の必修領域の一部である「学習指導要領の改訂の動向等」、「法令改正及び国の審議会の状況等」、「学校における危機管理上の課題」などに加えて、現代的な教育課題として「教育相談」、「進路指導及びキャリア教育」、「道徳教育」、「英語教育」、「教育の情報化」等から選択することとなる。

コラム【教員免許更新制の廃止と新研修制度の創設】

　令和 3 年 3 月12日、文部科学大臣は、中央教育審議会に対して「『令和の日本型学校教育』を担う教師の養成・採用・研修等の在り方について」において教員免許に10年の有効期限を設け、免許更新前に免許状更新講習を受けないと免許状が失効する「教員免許更新制」について諮問を行い、

中教審の特別部会における審議の結果、令和3年8月23日には、「教員免許更新制を発展的に解消することを文部科学省において検討することが適当である」旨の「審議のまとめ」が行われた。

審議のまとめでは、「教員免許更新制については、大学等講習開設者の改善や工夫により、一定の成果をあげてきたものの、現在のところ、最新の知識技能の修得という成果が効率的に上がっていると判断することには慎重にならざるを得ない ……。また、学校における働き方改革を進めることが求められている中にあって、教員免許更新制に起因する負担が教師や管理職等に生じていること、今後、見通しを持った教師の確保が必要となる一方で、教員免許更新制が教師の人材確保に不透明感をもたらしているということは課題となっている」と問題点を指摘し、免許更新制を廃止することを提言した。

文部科学省では、令和4年の通常国会で必要な法改正をし、令和5年度にも新たな研修制度を始める意向である。文部科学省としては、免許更新制の代わりに、都道府県教育委員会が行う教員研修やオンライン研修の拡充のほか研修履歴の記録管理の義務化を検討するとしている。

Ⅲ　教員養成制度

我が国の教員養成は、戦前、師範学校や高等師範学校等の教員養成を目的とする専門の学校で行うことを基本としていた。

戦後、幅広い視野と高度の専門的知識・技能を兼ね備えた多様な人材を広く教育界に求めることを目的として、教員養成の教育は大学で行うこととする、「**大学における教員養成の原則**」がとられた。

また、国公私立のいずれの大学でも、教員免許状取得に必要な所要の単位にかかる科目を開設し、学生に履修させることにより、制度上等しく教員養成に携わることができる「**開放制の教員養成の原則**」がとられた。

大学における教員養成は今日、量的には拡充整備が図られてきたが、「開放制の教員養成の原則」の結果、教員としての専門性の確立・向上が十分なものとなっているのか、あるいは安易に教員養成の場の拡充が

図られ、希望すれば誰もが教員免許状を容易に取得できるという認識が広まっているのではないかという、**大学の「教職課程」の質の改善**が大きな課題となっており、平成18年の中教審答申では、「大学の教職課程を教員として最小限必要な資質能力を確実に身に付けさせるものに改革することの必要性」が指摘された。

　大学における教職課程の改革として、以下のことが挙げられる。

① 　**教職課程の質的水準の向上**…㋐**「教職実践演習」の新設・必修化**、㋑教育実習の改善・充実、㋒「教職指導」の充実、㋓教員養成カリキュラム委員会の機能の充実・強化、㋔教職課程にかかる事後評価機能や認定審査の充実、

② **「教職大学院」制度の創設**…学部段階の教育を基礎にして、大学院レベルにおいて、より高度な専門性を備えた力量ある教員の養成を目指すものであり、実践的な指導力を備えた新人教員の養成と現職教員を対象とした「スクール・リーダー」の養成を主たる目的として制度創設。「高度の専門性が求められる職業を担うための深い学識及び卓越した能力を培うこと」を目的として平成15年に制度化された「専門職大学院」の一類型として、平成19年の「専門職大学院設置基準」の一部改正により、**「教職大学院制度」**が創設された。

Ⅳ　免許状の失効及び取上げ

　学校教育法第9条では、校長・教員の欠格事由として、①禁錮以上の刑に処せられた者、②教育職員免許法第10条第1項第2号または第3号に該当することにより免許状がその効力を失い、当該失効の日から3年を経過しない者、③教育職員免許法第11条第1項から第3項までの規定により免許状取上げの処分を受け、3年を経過しない者、④日本国憲法施行の日以後において、日本国憲法またはその下に成立した政府を暴力で破壊することを主張する政党その他の団体を結成し、またはこれに加入した者、の4つが列挙され、これらの事由の1つでも該当する場合に

は、校長または教員になることができない。

　校長及び教員の欠格事由に関連して、教育職員免許法第10条第1項では、公立学校の教員であって懲戒免職の処分または分限免職処分を受けたときは、免許状はその効力を失うとされ、免許状が失効した者は、速やかにその免許状を免許管理者に返納しなければならないと定められている。

　また、同法第11条では、国立学校または私立学校の教員が、懲戒解雇された場合には、免許管理者は、その免許状を取り上げなければならないとされ、分限免職の事由に相当する事由により解雇された場合においても、免許管理者は、その免許状を取り上げなければならない。免許状取上げの処分を行ったときは、免許管理者は、その旨を直ちにその者に通知しなければならないとされ、当該免許状は、その通知を受けた日に効力を失うものとされる。

V　教員免許資格と校長・教頭への民間人登用

　平成10年の中教審答申「今後の地方教育行政の在り方について」においては、学校の校長、教頭の任用資格と選考のあり方について見直しの提言が行われたところである。

　これを受けて、平成12年の学校教育法施行規則の一部改正により、これまでは、教育職員免許法による教諭の専修免許状または一種の免許状（高等学校及び中等教育学校の校長にあっては、専修免許状）を有し、かつ、教育に関する職に5年以上あったことを校長の資格要件としていたが、新たに、校長の資格については、「教育に関する職に10年以上あったこと」を加え、教諭の免許状を有しなくても校長に任用できることとするとともに、さらに、「国立若しくは公立の学校の校長の任命権者又は私立学校の設置者は、学校の運営上特に必要がある場合には、同等の資質を有すると認める者を校長として任命し又は採用することができる」とし、**校長登用における免許資格要件の緩和**が図られた（同施行

規則第20条、第22条）。

　また、教頭についても、平成18年の学校教育法施行規則一部改正により、地域や学校の実情に応じ、優れた知識や社会経験を有する学校外の多様な人材の登用を図る観点から、その**資格要件を緩和し**、校長と同様に、**任命権者等の判断によって教員免許を有しない民間人等を登用できる**こととなった（第23条）。ただし、教頭は学校教育法第37条第7項により「必要に応じ児童の教育をつかさどる」ことから、教育をつかさどる場合には、各相当学校の担当教科の教諭の免許状が必要であることに変更はない。

　さらに、この校長・教頭資格の緩和措置は、平成19年の学校教育法の一部改正により新たに制度化された「副校長」の職についても適用されることとなった。

コラム【中教審答申「今後の地方教育行政の在り方について」（平成10・9・21）】

　「学校において個性や特色ある教育活動を展開するためには、校長及びそれを補佐する教頭に、教育に関する理念や識見を有し、地域や学校の状況・課題を的確に把握しながら、リーダーシップを発揮するとともに、教職員の意欲を引き出し、関係機関等との連携・折衝を適切に行い、組織的、機動的な学校運営を行うことができる資質をもつ優れた人材を確保することが重要である。このため、教育に関する職に就いている経験や組織運営に関する経験、能力に着目して、幅広く人材を確保する観点から、任用資格と選考の在り方を見直す」

[教育職員免許法]

第3条　教育職員は、この法律により授与する各相当の免許状を有する者でなければならない。

3　特別支援学校の教員については、第1項の規定にかかわらず、特別支援学校の教員の免許状のほか、特別支援学校の各部に相当する学校の教員の免許状を有する者でなければならない。

4　義務教育学校の教員については、第1項の規定にかかわらず、小学校の教員の免許状及び中学校の教員の免許状を有する者でなければならない。

5　中等教育学校の教員については、第1項の規定にかかわらず、中学校の教員の免許状及び高等学校の教員の免許状を有する者でなければならない。

第3条の2　次に掲げる事項の教授又は実習を担任する非常勤の講師については、前条の規定にかかわらず、各相当学校の教員の相当免許状を有しない者を充てることができる。

一　小学校における…教科の領域の一部に係る事項

二　中学校における…教科の領域の一部に係る事項

三　義務教育学校における前2号に掲げる事項

四　高等学校における…教科の領域の一部に係る事項

五　中等教育学校における第2号及び前号に掲げる事項

第4条　免許状は、普通免許状、特別免許状及び臨時免許状とする。

2　普通免許状は、学校（義務教育学校、中等教育学校及び幼保連携型認定こども園を除く。）の種類ごとの教諭の免許状、養護教諭の免許状及び栄養教諭の免許状とし、それぞれ専修免許状、一種免許状及び二種免許状（高等学校教諭の免許状にあつては、専修免許状及び一種免許状）に区分する。

3　特別免許状は、学校（幼稚園、義務教育学校、中等教育学校及び幼保連携型認定こども園を除く。）の種類ごとの教諭の免許状とする。

4　臨時免許状は、学校（義務教育学校、中等教育学校及び幼保連携型認定こども園を除く。）の種類ごとの助教諭の免許状及び養護助教諭の免許状とする。

第5条　普通免許状は、別表第一、別表第二若しくは別表第二の二に定める基礎資格を有し、かつ、大学若しくは文部科学大臣の指定する養護教諭養成機関において別表第一、別表第二若しくは別表第二の二に定める単位を修得した者又はその免許状を授与するため行う教育職員検定に合格した者

に授与する。ただし、次の各号のいずれかに該当する者には授与しない。

一　18歳未満の者

二　高等学校を卒業しない者

三　禁錮以上の刑に処せられた者

四　第10条第1項第2号又は第3号に該当することにより免許状がその効力を失い、当該失効の日から3年を経過しない者

五　第11条第1項から第3項までの規定により免許状取上げの処分を受け、当該処分の日から3年を経過しない者

六　日本国憲法施行の日以後において、日本国憲法又はその下に成立した政府を暴力で破壊することを主張する政党その他の団体を結成し、又はこれに加入した者

3　特別免許状は、教育職員検定に合格した者に授与する。

6　臨時免許状は、普通免許状を有する者を採用することができない場合に限り、第1項各号のいずれにも該当しない者で教育職員検定に合格したものに授与する。

7　免許状は、都道府県の教育委員会が授与する。

第6条　教育職員検定は、受検者の人物、学力、実務及び身体について、授与権者が行う。

第9条　普通免許状は、その授与の日の翌日から起算して10年を経過する日の属する年度の末日まで、すべての都道府県において効力を有する。

2　特別免許状は、その授与の日の翌日から起算して10年を経過する日の属する年度の末日まで、その免許状を授与した授与権者の置かれる都道府県においてのみ効力を有する。

3　臨時免許状は、その免許状を授与したときから3年間、その免許状を授与した授与権者の置かれる都道府県においてのみ効力を有する。

第9条の2　免許管理者は、普通免許状又は特別免許状の有効期間を、その満了の際、その免許状を有する者の申請により更新することができる。

3　第1項の規定による更新は、その申請をした者が当該普通免許状又は特別免許状の有効期間の満了する日までの文部科学省令で定める2年以上の期間内において免許状更新講習の課程を修了した者である場合又は知識技能その他の事項を勘案して免許状更新講習を受ける必要がないものとして文部科学省令で定めるところにより免許管理者が認めた者である場合に限り、行うものとする。

第９条の３　免許状更新講習は、大学その他文部科学省令で定める者が、次に掲げる基準に適合することについての文部科学大臣の認定を受けて行う。

２　前項に規定する免許状更新講習の時間は、30時間以上とする。

第10条　免許状を有する者が、次の各号のいずれかに該当する場合には、その免許状はその効力を失う。

　　一　第５条第１項第３号又は第６号に該当するに至つたとき。

　　二　公立学校の教員であつて懲戒免職の処分を受けたとき。

　　三　公立学校の教員（地方公務員法（昭和25年法律第261号）第29条の２第１項各号に掲げる者に該当する者を除く。）であつて同法第28条第１項第１号又は第３号に該当するとして分限免職の処分を受けたとき。

２　前項の規定により免許状が失効した者は、速やかに、その免許状を免許管理者に返納しなければならない。

第11条　国立学校、公立学校（公立大学法人が設置するものに限る。次項第１号において同じ。）又は私立学校の教員が、前条第１項第２号に規定する者の場合における懲戒免職の事由に相当する事由により解雇されたと認められるときは、免許管理者は、その免許状を取り上げなければならない。

２　免許状を有する者が、次の各号のいずれかに該当する場合には、免許管理者は、その免許状を取り上げなければならない。

　　一　国立学校、公立学校又は私立学校の教員（地方公務員法第29条の２第１項各号に掲げる者に相当する者を含む。）であつて、前条第１項第３号に規定する者の場合における同法第28条第１項第１号又は第３号に掲げる分限免職の事由に相当する事由により解雇されたと認められるとき。

　　二　地方公務員法第29条の２第１項各号に掲げる者に該当する公立学校の教員であつて、前条第１項第３号に規定する者の場合における同法第28条第１項第１号又は第３号に掲げる分限免職の事由に相当する事由により免職の処分を受けたと認められるとき。

３　免許状を有する者（教育職員以外の者に限る。）が、法令の規定に故意に違反し、又は教育職員たるにふさわしくない非行があつて、その情状が重いと認められるときは、免許管理者は、その免許状を取り上げることができる。

４　前３項の規定により免許状取上げの処分を行つたときは、免許管理者は、その旨を直ちにその者に通知しなければならない。この場合において、当該免許状は、その通知を受けた日に効力を失うものとする。

5　前条第2項の規定は、前項の規定により免許状が失効した者について準用する。

第16条の5　中学校又は高等学校の教諭の免許状を有する者は、第3条第1項から第4項までの規定にかかわらず、それぞれその免許状に係る教科に相当する教科その他教科に関する事項で文部科学省令で定めるものの教授又は実習を担任する小学校若しくは義務教育学校の前期課程の主幹教諭、指導教諭、教諭若しくは講師又は特別支援学校の小学部の主幹教諭、指導教諭、教諭若しくは講師となることができる。ただし、特別支援学校の小学部の主幹教諭、指導教諭、教諭又は講師となる場合は、特別支援学校の教員の免許状を有する者でなければならない。

2　工芸、書道、看護、情報、農業、工業、商業、水産、福祉若しくは商船又は看護実習、情報実習、農業実習、工業実習、商業実習、水産実習、福祉実習若しくは商船実習の教科又は前条第1項に規定する文部科学省令で定める教科の領域の一部に係る事項について高等学校の教諭の免許状を有する者は、第3条第1項から第5項までの規定にかかわらず、それぞれその免許状に係る教科に相当する教科その他教科に関する事項で文部科学省令で定めるものの教授又は実習を担任する中学校、義務教育学校の後期課程若しくは中等教育学校の前期課程の主幹教諭、指導教諭、教諭若しくは講師又は特別支援学校の中学部の主幹教諭、指導教諭、教諭若しくは講師となることができる。ただし、特別支援学校の中学部の主幹教諭、指導教諭、教諭又は講師となる場合は、特別支援学校の教員の免許状を有する者でなければならない。

教育職員免許法　附則

2　授与権者は、当分の間、中学校、義務教育学校の後期課程、高等学校、中等教育学校の前期課程若しくは後期課程又は特別支援学校の中学部若しくは高等部において、ある教科の教授を担任すべき教員を採用することができないと認めるときは、当該学校の校長及び主幹教諭、指導教諭又は教諭（以下この項において「主幹教諭等」という。）の申請により、1年以内の期間を限り、当該教科についての免許状を有しない主幹教諭等が当該教科の教授を担任することを許可することができる。この場合においては、許可を得た主幹教諭等は、第3条第1項及び第2項の規定にかかわらず、当該学校、当該前期課程若しくは後期課程又は当該中学部若しくは高等部において、その許可に係る教科の教授を担任することができる。

［学校教育法］

第8条　校長及び教員（教育職員免許法の適用を受ける者を除く。）の資格に
　　関する事項は、別に法律で定めるもののほか、文部科学大臣がこれを定め
　　る。

［学校教育法施行規則］

第20条　校長（学長及び高等専門学校の校長を除く。）の資格は、次の各号の
　　いずれかに該当するものとする。

　一　教育職員免許法による教諭の専修免許状又は一種免許状（高等学校及
　　び中等教育学校の校長にあつては、専修免許状）を有し、かつ、次に掲
　　げる職に5年以上あつたこと

第22条　国立若しくは公立の学校の校長の任命権者又は私立学校の設置者は、
　　学校の運営上特に必要がある場合には、前2条に規定するもののほか、第
　　20条各号に掲げる資格を有する者と同等の資質を有すると認める者を校長
　　として任命し又は採用することができる。

第23条　前3条の規定は、副校長及び教頭の資格について準用する。

第9章 学級編制・教職員定数・給与負担制度と法

Ⅰ 学級編制・教職員定数について

　学校教育法第3条では、「学校を設置しようとする者は、学校の種類に応じ、文部科学大臣の定める設備、編制その他に関する設置基準に従い、これを設置しなければならない」ことと規定されている。

　ここでいう「編制」とは、「学校を組織する学級数、学校を組織する児童・生徒数、学校に配置すべき職員の組織」をいう（鈴木勲編著『逐条学校教育法』）とされており、実際の学校教育の管理運営を行っていく上で、学校における学級編制や配置される教職員数等をどうするかは大きな課題である。

1 戦前の初等中等学校における学級編制

　戦前の学校教育における学級編制をみてみると、4年制の義務教育制度の創設を規定した明治33年の「小学校令」改正を受けて定められた「小学校令施行規則」では、「一学級ノ児童数ハ尋常小学校ニ在リテハ七十人以下、高等小学校ニ在リテハ六十人以下トス　特別ノ事情アルトキハ前項ノ制限ヲ超過シテ各々十人マテヲ増スコトヲ得」（第30条）とされていた。

　この学級編制の基準は、昭和16年に至り、「国民学校令施行規則」において、「一学級ノ児童数ハ初等科ニ在リテハ六十人以下、高等科ニ在リテハ五十人以下トス」と改正された経緯がある。

　また、中学校についても、明治32年の中学校令第15条に基づき定められた「中学校編制及設備規則」では、「一学級ノ生徒数ハ三十五人以下トス但特別ノ事情アルトキハ五十人以下マテ増員スルコトヲ得」（第2

条）と定められていた。さらに、明治32年の高等女学校令第16条に基づき定められた「高等女学校編制及設備規則」では、「一学級ノ生徒数ハ三十五人以下但特別ノ事情アルトキハ五十人以下マテ増員スルコトヲ得」とされていた。

　なお、明治34年の「中学校令施行規則」では、「学級ハ同学年ノ生徒ヲ以テ之ヲ編制スヘシ　一学級ノ生徒数ハ五十人以下トス」とされた。こうしたことから、戦前の我が国初等中等教育においては、1学級当たりの児童生徒数の極めて多い学級編制がなされていたことがわかる。

2　戦後の初等中等学校における学級編制
(1)　学校教育法令に基づく学級編制基準の制定

　戦後の学校教育における学級編制を見ると、**学校教育法の制定（昭和22年）**に伴い定められた当初の「学校教育法施行規則」においては、義務教育諸学校における**学級編制は同学年編成を原則**とし、1学級の児童生徒数は、小中学校では50人以下を、盲・聾学校の小・中学部では10人以下を標準としていた。

　また、教職員定数は、小学校（盲・聾学校の小学部）では、校長のほか、各学級に1人以上の専任教員を、中学校（盲・聾学校の中学部）では、各学級ごとに2人の教員をそれぞれ置くことが基準とされていたが、「**複式編制**」の標準は示されていない等編制基準としては必ずしも明確ではなかった。

　国公私立を通じた学級編制などの編制の基準については、学校種別毎に定める「学校設置基準」において定められており、平成14年に制定された小学校・中学校の設置基準を見ると、

① 　1学年の児童生徒数は、40人以下とすること、ただし、特別の事情があり、かつ、教育上支障がない場合は、この限りでないこと、
② 　小中学校の学級は、同学年の児童生徒で編制するものとすること、ただし、特別の事情があるときは、数学年の児童生徒を1学級に編制することができること、

③ 中学校に置く教諭等の数は、1学級あたり1人以上とすること、など各学校の編制の「最低基準」が定められている。

なお、学校教育法上、小中学校には校長、教頭、教諭、養護教諭及び事務職員の職を置かなければならないこととされており、これも含めて学校設置の最低基準を構成している。

⑵ 「義務標準法」の制定と現行の学級編制・教職員定数

その後、義務教育の拡充、学齢児童生徒の急増さらには地方財政のひっ迫等により、学級編制及び教職員定数の悪化が問題となるに至り、昭和33年義務教育水準の全国的な維持向上に資することを目的として**「公立義務教育諸学校の学級編制及び教職員定数の標準に関する法律」**（いわゆる**「義務標準法」**）が制定され、翌34年度から施行された。

「義務標準法」は、「公立の義務教育諸学校に関し、学級規模と教職員の配置の適正化を図るため、**学級編制及び教職員定数の標準について必要な事項を定め**、もつて義務教育水準の維持向上に資することを目的とする」（第1条）ものである。

この法律においては、

① 義務教育諸学校の学級は、**同学年の児童生徒で編制すること**を基本としつつ、児童生徒数が著しく少ないかその他特別の事情がある場合には、数学年の児童生徒を1学級に編制する、**いわゆる「複式学級」の標準が示された**こと、

② 教職員定数の標準については、個々の学校における適正な教職員の配置基準に基づき、各都道府県ごとに置くべき教職員の総数が示されることとなったこと、

③ 具体の学級編制については、小中学校とも同学年編制の場合には50人、小中学校に置かれる「特殊学級」の場合は15人、盲・聾学校の小・中学部は10人を、それぞれ標準とすること、複式編制の場合は、編制する学年数により20人～35人を標準とするものであること、

などが規定された。

　この法律により、公立義務教育諸学校における学級編制及び教職員定数の両面において明確な基準が示されるとともに、**教職員定数**については、この法律によって算定される定数が**地方交付税措置における「基準財政需要額」**算定の測定単位となったことにより、この法律で示す標準に到達するに必要な地方負担分の財源が確実に保証されることとなった。

　昭和39年度からは、**義務教育費国庫負担法**に基づく負担金についても、この教職員の定数を限度として、各都道府県に交付される仕組みとなったところである（従前は、いわゆる「富裕団体」については、標準法により算定される教職員定数を国庫負担の最高限度とする取扱いであったが、富裕団体以外の道府県についても適用）。

　都道府県の教育委員会は、義務標準法に基づき、学校の種類及び学級編制の区分に応じ、定められている１学級の児童生徒数を「**標準**」として、公立の小中学校（中等教育学校の前期課程を含む）及び特別支援学校の１学級の児童生徒数の「**基準**」を定めることとされる（義務標準法第３条第２項・第３項）。

　義務標準法は、学級編制と教職員定数の標準について定めるものであり、現行法に定める学級編制と教職員定数の考え方と内容を見ると、

① 　まず、学級編制については、原則として、**同学年の児童生徒で編制**するものとし、複数学年からなる「複式学級」は、児童生徒数が著しく少ないなど特別の事情がある場合のみ例外的に認められる（義務標準法第３条第１項）。

② 　公立小学校における学級編制については、同学年で編制される１学級の児童数は40人とされ、２の学年で編制される学級（３個学年以上の複式学級は解消され、現在２個学年の複式学級のみが認められている）は16人（ただし、第１学年の児童を含む場合には８人）とされ、さらに、特別支援学級は８人とされている（義務標準法第３条第２項）。なお、義務標準法の改正により、平成23年度から公立小学校の第１学年の学級編制は35人に引き下げられるとともに、平成24年度か

らは、公立小学校の第２学年の学級編制についても36人以上の学級解消のための予算措置が講じられ、**少人数学級の推進**が図られている。

③　公立中学校における学級編制については、同学年で編制される１学級の生徒数は40人、２の学年で編制される学級は８人、さらに、特別支援学級は８人とされている（義務標準法第３条第２項）。

④　公立の特別支援学校における学級編制については、小中学部ともに、１学級の児童または生徒数は６人（ただし、重複障害の児童生徒で学級編制する場合には３人）とされている（義務標準法第３条第３項）。

⑤　次に、公立義務教育諸学校における教職員定数については、学級編制の標準を基に、学級数に応じて算定される教職員数、いわゆる「**基礎定数**」と、これに加え、政令で定める「習熟度別指導」や「チーム・ティーチング」の実施あるいは「児童生徒支援」などの政策目的のために配分される教職員数、いわゆる「**加配定数**」によって、学校の教職員数が算定されることとなる。

コラム【35人学級の実現】

　令和３年３月、公立義務教育諸学校の学級編制及び教職員定数の標準に関する法律（義務標準法）の一部改正が行われ、公立の小学校（義務教育学校の前期課程を含む）における35人学級の編制が実施されることとなった（令和３年４月１日施行）。

　この法改正により、一人一人の教育的ニーズに応じたきめ細かな指導を可能とする指導体制と、安全・安心な教育環境を整備するため、公立小学校の学級編制の標準が、第２学年から学年進行により５年をかけて段階的に40人から35人に引き下げられることとなる（第１学年はすでに35人）。

　ただし、法改正の経過措置として、令和７年３月31日までは、学級数の増加に伴い教室不足が生じ施設整備に一定期間を要するなど、文部科学大臣が定める特別の事情がある小学校については、40人のままとなる。

　なお、改正法附則第３条では、この法律の施行後速やかに、学級編制の標準の引き下げが教育活動に与える影響及び外部人材の活用の効果に関する実証的な研究や、教員免許制度等のあり方に関する検証を行い、それら

〜 の結果に基づいて必要な法制上の措置等を講ずるものと定められている。 〜

(3)　公立義務教育諸学校教職員定数の計画的改善

　義務標準法は、学級規模の適正化と教職員組織の充実を図ることを目的として、その後、逐次改正され、今日まで**7次にわたる「公立義務教育諸学校教職員定数改善計画」が実施**された（改善計画は別表）。

　学級編制の標準についてみれば、

　「第2次改善計画」（昭和39〜43年）では、学級編制標準を50人から45人に引き下げ、

　「第5次計画」（昭和55〜平成3年）では、さらに40人に引き下げられたところである。

　また、教職員定数についてみれば、

　「第2次改善計画」（昭和39〜43年）では、養護学校教職員の定数化などを、

　「第3次改善計画」（昭和44〜48年）では、4個学年以上の複式学級の解消などを、

　「第4次改善計画」（昭和49〜53年）では、3個学年の複式学級の解消及び教頭・学校栄養職員の定数化などを、

　「第6次改善計画」（平成5〜12年）では、チーム・ティーチングなどの指導方法の改善のための定数配置などを、

　「第7次改善計画」（平成13〜17年）では、少人数による授業、教頭・養護教諭の複数配置の拡充などがそれぞれ図られたところである。

〜 **コラム【学級規模の改善】**

　初等中等教育段階における学級規模については、初等教育では、アメリカ23.8人、イギリス25.7人、ドイツ21.9人、OECD平均21.6人に対し、日本は28.0人、また、前期中等教育では、アメリカ23.2人、イギリス21.3人、ドイツ24.7人、OECD平均23.7人に対し、日本は33.0人となっており 〜

（2008年現在。「図表でみる教育2010」による）、欧米主要国はおおむね20人台の学級編制が行われているのに対し、我が国の学校における学級編制は、これらをかなり上回っている実情にあり、その改善は大きな課題である。

⑷　「義務標準法」の改正による学級編制の弾力化

①　平成13年の義務標準法の改正

学級編制の基準については、平成13年の「義務標準法」の改正により、教育の地方分権を一層推進し、児童生徒の実態に応じた学校教育の充実を図るため、都道府県教育委員会が定める学級編制基準は、国が定める一学級の児童生徒の数を標準として定めるという制度の基本は現行どおりとしつつ、都道府県教育委員会は、小中学校及び中等教育学校の前期課程の**学級編制について、当該都道府県における児童または生徒の実態を考慮して特に必要があると認める場合については、公立の義務教育諸学校に係る学級編制の基準の設定を弾力的に行うことができるよう**にされた。

これにより、都道府県教育委員会の判断により、40人学級の学級編制を下回る学級編制基準を設定することができるようになった（義務標準法第3条ただし書き追加）。

義務標準法第3条第2項表及び第3項本文に定める「**学級編制の標準**」については、都道府県教育委員会が一般的な学級編制基準を定める場合によるべき「**規範」としての性格**を有し、各都道府県教育委員会はこれを尊重する義務を負うものであるとされている。

ただし、この学級編制の「標準」については、その解釈上一定の弾力性が認められ、各都道府県における児童生徒の状況、教育条件向上の必要性等の事情に応じ、各都道府県教育委員会の判断により、**標準の範囲内で、義務標準法で定める数を下回る数の基準を定めることが可能**であるとされている（「義務教育費国庫負担法及び公立養護学校整備特別措

置法の一部を改正する法律等の施行及び関連諸制度の見直し等につい
て」文部科学省初等中等教育局長通知　平成15・4・1）。

　この義務標準法は、学級編制の「基準」として、現在40人の「標準」
を下回る学級編制の「基準」を定めることを許容しつつ、他方、40人を
上回る学級編制については、義務教育の水準の維持向上に資することを
目的とする本法の趣旨からして認められないと考えられ、この意味で、
義務標準法は、学級編制についての**「最低基準法」**の性格を有している
といえよう。

　また、地方公共団体の職員の定数は、条例で定めることとされている
が（地方自治法172条第3項）、市町村立の義務教育諸学校の教職員は、
「県費負担教職員」であることから、義務標準法に基づき算定された都
道府県ごとの教職員定数については、各都道府県において、条例で定め
ることとされている（地方教育行政法第41条第1項）。

　この場合、県費負担教職員の市町村別の学校の種類ごとの定数は、条
例により定められた定数の範囲内で、都道府県が市町村教委の意見を聞
いて定めることとされている（同法第41条第2項）。

コラム【市町村立学校の教職員の独自任用】

　公立の小中学校等の教職員については、市町村立学校職員給与負担法に
より、都道府県が給与等を負担することとされており、これまで、市町村
費による教職員の任用は許容されていなかった。平成14年制定の「構造改
革特区法」により、「地方公共団体の自発性を最大限に尊重した構造改革
特別区域を設定し、当該地域の特性に応じた規制の特例措置の適用を受け
て地方公共団体が特定の事業を実施」できるようになった。これを受け
て、「構造改革特区」において市町村が給与を負担して独自に教職員を任
用する取り組みが「市町村立学校職員給与負担法の特例」として平成15年
度から一部の市町村において実験試行的に開始され、この結果、平成18年
には、「国の補助金等の整理及び合理化等に伴う義務教育費国庫負担法等
の一部を改正する法律」により「市町村立学校職員給与負担法」の一部が
改正され、この「構造改革特区」における措置が全国展開できるよう、法

整備が図られた。

② 平成23年の義務標準法の改正

　平成23年の義務標準法の一部改正により、市町村が地域や学校の実情に応じ、柔軟に学級を編制できるような仕組みが構築された。

　すなわち、義務標準法第3条第2項により都道府県教育委員会が定める学級規模の「基準」について、市町村教育委員会が「従うべき」とされている拘束性を緩め、**「標準」としての基準とする**とともに、学級編制を行うに当たり、当該学校の児童または生徒の実態を考慮することが明記された（改正義務標準法第4条）。また、これまで、市町村が設置する義務教育諸学校にかかる学級編制については、市町村教育委員会が、毎学年、あらかじめ、都道府県教育委員会に協議し、その同意を得なければならないこととされていた仕組みが改められ、市町村教育委員会は、実施した学級編制（変更も含む）について、遅滞なく、都道府県教育委員会に届け出ればよい**「事後届出制」**とされた（改正義務標準法第5条）。

　さらに、学級編制に関する市町村教育委員会の主体性を教職員定数配分の観点からも担保するため、都道府県教育委員会が「県費負担教職員」の市町村別の学校の種類ごとの定数を定める場合の勘案事項として、「当該市町村における児童又は生徒の実態、当該市町村が設置する学校の学級編制に係る事情等」が明記されるとともに、その際、都道府県教育委員会は、あらかじめ、市町村教育委員会の意見を聴き、その意見を十分に尊重することを義務付けた（地方教育行政法第41条第2項・第3項）。

　このように、学級編制にかかる市町村教育委員会への権限移譲が進められているが、国は義務標準法で定める学級編制の「標準」を基礎とした教職員定数（いわゆる「標準定数」）について義務教育費国庫負担法に基づき国庫負担するとともに、都道府県は市町村立学校職員給与負担法に基づき、市町村立義務教育諸学校の教職員給与費を負担し、その定

数は条例で定める仕組みに変更はない。

(5)　高校標準法の制定と「教職員定数改善計画」

　公立の高等学校については、第1次ベビーブームに伴う高等学校生徒の急増の事態に対処して、生徒が急増しても一定水準の学級編制や教職員定数の標準を確保することをねらいとして、昭和36年に「公立高等学校の設置、適正配置及び教職員定数の標準等に関する法律」（いわゆる「高校標準法」）が制定された。

　この法律の制定により、公立高等学校におけるあるべき学級編制の標準と確保されるべき教職員定数の標準が法定され、これを受けて、地方交付税制度において小・中学校費と同様に、新たに教職員定数にかかる測定単位が新設され、財源の裏付けが明確とされた。

　高校標準法の制定を受けて、

　昭和37年度から実施された「第1次改善計画」（〜昭和41年）では、全日制普通科の学級編制は50人を標準とすることとされ、この実現を受けて、

　昭和42年度から始まる「第2次改善計画」（〜昭和48年）では、学級編制の標準は45人となり、さらに、

　平成5年度からスタートした「第5次改善計画」（〜平成12年）では、学級編制の標準は40人に改善された。

　なお、「第3次改善計画」（昭和49〜53年）では、小規模校・通信制課程の教職員定数の改善などが図られ、

　「第4次改善計画」（昭和55〜平成3年）では、習熟度別学級編成の導入に伴う教職員定数の改善などが図られ、さらに、

　「第6次改善計画」（平成13〜17年）では、少人数授業の実施、特色ある高校への加配、教頭・養護教諭の複数配置などの改善が図られた。

　平成13年の「義務標準法」等の改正に伴い、高校標準法も一部改正され、教育の地方分権を推進し生徒の実態に応じた学校教育の充実を図るため、高等学校（中等教育学校の後期課程を含む）の設置者は、国が定

める一学級の生徒の数を標準として学級編制を行うという制度の基本は現行どおりとしつつ、生徒の実態を考慮して設置者が「特に必要があると認める場合」には、国の標準によることなく、これを下回る数により学級編制を行うことができることとされた（高校標準法第6条ただし書き追加）。

　なお、この改正において、地方分権の推進の観点から、公立の高等学校の設置主体を都道府県及び政令で定める基準（人口がおおむね10万人以上であり、かつ、高等学校を設置するのに十分な財政上の能力を有すること）に該当する市町村に限定している高校標準法第3条の規定が削除され、「公立高等学校の適正配置及び教職員定数の標準等に関する法律」に名称が改められた。

(6)　行財政改革と教職員定数

　公立小・中・高等学校における教職員定数については、近年、国の行財政改革・総人件費改革の進展に伴い、その見直しが厳しく求められている。

　平成17年12月の「**行政改革の重要方針**」（閣議決定）では、「特に人員の多い教職員（給食調理員、用務員等を含む）については、児童生徒の減少に伴う自然減を上回る純減を確保する」とされた。

　さらに、平成18年のいわゆる「**行革推進法**」（**簡素で効率的な政府を実現するための行政改革の推進に関する法律**）では、「政府及び地方公共団体は、公立学校の教職員（義務標準法及び高校標準法に規定する教職員をいう）その他の職員の総数について、児童及び生徒の減少に見合う数を上回る数の純減をさせるため必要な措置を講ずるものとする」旨定められた（第55条）。

　義務教育諸学校における教職員定数改善計画については、平成17年度の「第7次改善計画」の実現をもって、現在、次期計画は見通しが立っていない状況にある。

　個別の教職員定数の改善については、引き続き、行政改革推進法等の

制約の中にはあるものの、所要の推進がなされている。

　さらに、平成21年10月、**地方分権改革推進委員会**は、「第3次勧告〜自治立法権の拡大による「地方政府」の実現へ〜」を取りまとめ、この勧告において、「地方自治体が自らの責任において行政を実施する仕組みを構築するとの観点から、自治事務のうち、**法令による義務付け・枠付けをし、条例で自主的に定める余地を認めていないものを見直しの対象**」とすることを**提言**した。

　これは、学校教育分野についても、学校教育法第3条に規定する「学校設置基準」をはじめ、「義務標準法」、「高校標準法」における学級編制の標準、教職員定数の標準等を見直し対象とし、これらの「義務付け」を「廃止又は条例に委任」することを「講ずべき措置」として勧告したものである。

　この勧告における「**義務付け・枠付けの見直し**」とは、「サービス水準の切り下げでも、国の政策目的を阻害する地方自治体の施策の許容でもない。国が一律に決定し、地方自治体に義務付けている基準、施策等を、地方自治体自らが決定し、実施するように改める改革であり、これによって、各地域において、その地域の実情に合った最適なサービスが提供され、最善の施策が講じられるよう、国と地方自治体の役割分担を見直すものである」とし、分権改革を推し進めることによって「ローカル・オプティマム」が実現されるはずであるとの「理念論・理想論」に立った改革の提言となっている。

　しかしながら、具体の政策論からみた場合、「義務付け・枠付けの見直しによって住民サービスが低下する恐れがあること、規制が緩和されて本来の政策目的が達成されなくなる恐れがあること、国の方針と整合性が確保されなくなる恐れがある」ことから、「基準を条例に委任すれば、その基準に従って地方自治体が提供しているサービスの水準が切り下げられるのではないか」との懸念を払拭することができるのか、政策論からみた問題は大きい。

　公教育については、全国的な観点から、教育の機会均等と教育水準の

維持確保を図ることが強く要請されており、それらを担保するための学校教育の組織編制の「最低基準」を国の責任で設定することの合理性は高いと考えられる。

　なお、学級編制の教職員定数については、平成23年の義務標準法の改正により市町村への権限委譲が図られているほか、平成26年「地域の自主性及び自立性を高めるための改革の推進を図るための関係法律の整備に関する法律」が成立し、県費負担教職員に係る政令市への給与負担権の移譲が図られた（平成29年度より施行）。

Ⅱ　教職員の給与負担制度

1　「義務教育費国庫負担法」と「地方交付税法」

　公立の義務教育諸学校及び高等学校に置かれる教職員については、「義務標準法」及び「高校標準法」によって算定される都道府県ごとの教職員定数を限度として、地方交付税によりその財源が確保される仕組みとなっている。

　すなわち、**地方交付税法**第12条において、「地方行政に要する経費のうち各地方公共団体の財政需要を合理的に測定するために経費の種類を区分してその額を算定する」ため、教育分野では、道府県には、「**教育費**（小学校費・中学校費・高等学校費・特別支援学校費、その他の教育費）」という経費が設定され、その**経費の**「**測定単位**」として、「**教職員数**」（ただし、「その他の教育費」については、「人口」などを測定単位とすること）が定められている。

　この「教職員数」は「義務標準法」及び「高校標準法」で算定される「教職員定数」とされ、これに同法別表第一に定められる教職員一人当たりの「**単位費用**」を乗じたもの（例えば、小学校費については、令和2年度では、教職員一人につき605万6,000円）の総額が道府県の「**基準財政需要額**」における「**教育費**」の基礎をなしており、これによって、地方交付税上の財源の裏付けがなされている。

　さらに、公立の義務教育諸学校の教職員については、国は、「義務教育について、義務教育無償の原則に則り、国民のすべてに対しその妥当な規模と内容とを保障するため、国が必要な経費を負担することにより、教育の機会均等とその水準の維持向上とを図ることを目的」（**義務教育費国庫負担法**第1条）としている。

　国は、義務教育費国庫負担法において、毎年度、各都道府県ごとに、公立の小学校、中学校、義務教育学校、中等教育学校の前期課程ならびに特別支援学校の小学部及び中学部に要する経費のうち、①市町村立義務教育諸学校にかかる市町村立学校職員給与負担法第1条に掲げる職員の給料その他の給与及び報酬等に要する経費、②都道府県立の中学校、中等教育学校及び特別支援学校にかかる教職員の給与及び報酬等に要する経費について、その実支出額の3分の1（平成18年同法改正までは2分の1負担）を負担するとされている（同法第2条）。

　なお、**地方財政法**では、地方公共団体が実施主体となる事務事業の費用は地方公共団体が全額負担することを基本としているが（第9条）、国庫負担金（第10条等）や国庫補助金（第16条）についてはこの限りではないとされている。

　同法第10条では、「地方公共団体が法令に基づいて実施しなければならない事務であつて、国と地方公共団体相互の利害に関係がある事務のうち、その円滑な運営を期するためには、なお、国が進んで経費を負担する必要がある……ものについては、国が、その経費の全部又は一部を負担する」と規定し、**国が義務的に負担すべき経費**として、「**生活保護に要する経費**」と並んで「**義務教育職員の給与に要する経費**」が掲げられている。

　義務教育費国庫負担金制度は、その他の奨励的・財政援助的な国庫補助金とは性質の異なる**義務的な負担金の性格を有する**ものであるとされる。

　この点については、平成9年、地方分権推進委員会が行った第2次勧告（平成9・9・3）において、国庫補助負担金の整理合理化に関し、

「国が一定水準を確保することに責任をもつべき行政分野に関して負担する経常的国庫負担金については、国と地方公共団体の役割分担の見直しに伴い、国の関与の整理合理化等と合わせて見直すことが必要であり、社会経済情勢等の変化をも踏まえ、その対象を生活保護や義務教育等の真に国が義務的に負担を行うべきと考えられる分野に限定していくこととする」と提言していることからもわかる。

　義務教育費国庫負担制度については、全国的な観点からする義務教育の機会均等と教育水準の維持向上という「ナショナル・ミニマム」の維持達成のためにはその運営につき国が進んで経費を負担すべきものとしての性格を有しているのである。

2　戦前の教職員給与負担制度

　学校教育においては、教職員の給与費が、校舎等施設建設費を除けば、その経費の大半を占めるものであり、特に、義務教育の円滑な実施のためには、授業料無償による完全就学の実現が不可欠であり、それゆえ、学校に置かれる教職員の給与費等の財源をどうするかは、我が国教育における大きな政策課題であった。

　明治5年の「学制」では、「凡学校ヲ設立シ及之ヲ保護スル費用ハ……小学ハ小学区ニ於テ其責ヲ受クルヲ法トス」とされ、学校の「全費ハ生徒之ヲ弁スヘキモノナリ然レトモ悉ク生徒ヨリ出サシムルトキハ生徒ノ力及ハスシテ学業之カ為ニ滞稽スヘシ故ニ官ヨリ之ヲ助クト雖トモ生徒固ヨリ幾分ノ授業料ヲ納メサル可ラス」と規定し、学校を設置維持するに要する経費は、それぞれの学区においてその責めに任ずることを原則としつつ、生徒から授業料を徴収すべきものとしていた。

　明治33年小学校令が改正され、尋常小学校の修業年限を4年とし、第57条において「市町村立尋常小学校ニ於テハ授業料ヲ徴収スルコトヲ得ス」と規定され、ここに、4年制の無償義務教育の原則が確立した。

　この授業料の廃止と関連して、義務教育費の「国庫補助」も整備されることとなり、明治29年に「市町村立小学校教員年功加俸国庫補助法」、

明治32年には、「小学校教育費国庫補助法」が制定された。

　さらには、**明治33年**にはこれらをあわせて、「**市町村立小学校教育費国庫補助法**」が成立し、財政面から義務教育の実施が裏付けられ、義務教育制度の確立をみることとなった。

　大正6年、内閣総理大臣の諮問機関として設けられた「臨時教育会議」は、小学校教育の改善方策として、「市町村立小学校教員俸給ハ国庫及市町村ノ連帯支弁トシ国庫支出金額ハ右教員俸給ノ半額ニ達セシメンコトヲ期スヘシ」と提言した。

　これを受けて、**大正7年**「**市町村義務教育費国庫負担法**」が制定され、これにより、市町村立尋常小学校の正教員及び准教員の俸給の一部は、国庫が負担することとなり、これまでのように、国が単に不足を補助するのではなく、市町村と連帯して、積極的にその一部を負担する義務教育費国庫負担制度が開始された。

　昭和15年には、義務教育教員の給与費の負担を財政力の貧弱な市町村から、財政上の弾力性の大きな都道府県に移すため、「**義務教育費国庫負担法**」が制定されるとともに、「市町村立小学校教員俸給及旅費ノ負担ニ関スル件」（勅令）が制定された。

　この負担法により、「市町村立尋常小学校ノ教員（代用教員ヲ含ム）ノ俸給ノ為北海道地方費及府県ニ於テ要スル経費ノ半額ハ国庫之ヲ負担ス」と規定されるとともに、勅令により、「市町村立小学校教員（代用教員ヲ含ム）俸給及赴任ノ場合ニ支給スル旅費ハ北海道地方費又ハ府県ノ負担トス」と規定され、ここに、義務教育教員の給与は、従来の市町村から道府県の負担に移された。

　また、従来定額であった国庫負担が実支出額の2分の1を国が定率で負担する仕組みに改められた。

3　戦後の教職員給与負担制度

　戦後、義務教育費国庫負担法による義務教育教員の給与の実支出額の2分の1の国庫負担がしばらく存続したが、昭和25年、前年の「シャウ

プ勧告」により、「地方財政平衡交付金」制度の創設に伴い、**義務教育費国庫負担制度が廃止**された。

　しかしながら、その後、教員給与費は相次いで行われる給与ベースの改訂等により逐年増大する一方、地方財政平衡交付金の額がその時々の国の財政状況に大きく左右され、毎年度わずかに増加したにすぎなかったため、教員給与費が地方財政に大きな圧迫を加えることとなり、また、各都道府県間の教員給与の不均衡も著しくなった。

　昭和26年6月には、全国知事会議において義務教育費国庫負担法の復活の決議が行われる等、国庫負担制度の確立を図る運動が続けられ、ついに**昭和28度からは**、「**義務教育費国庫負担法**」の復活制定（昭和27年）により、負担制度が復活した（地方交付税不交付団体は「定員定額制」、交付団体は「実員実額制」）。

　国庫負担の対象経費については、昭和28年の義務教育費国庫負担法の復活制定において、従来の**教員の給与、退職金、旅費に加えて、新たに教材費が負担対象**となったが、

　その後、昭和31年度に「恩給費」が、

　昭和37年度に「共済費」が、

　昭和42年度に「公務災害補償基金負担金」が、

　昭和47年には「児童手当」が

新たに加えられた。

　また、国庫負担対象の職種としては、

　昭和28年に「教員」のほかに、「事務職員」が加えられるとともに

　昭和49年には「学校栄養職員」が

加えられた。

　しかしながら、その後は、国の財政事情の悪化を背景として、国と地方の役割分担や費用負担のあり方等の観点から、義務教育費国庫負担制度の見直しが進められ、

　昭和60年度には、「旅費及び教材費」が、

　平成元年度には、「恩給費」が、

　平成15年度には「共済長期給付及び公務災害補償」が、

　続く平成16年度には「退職手当及び児童手当」が負担対象外の経費となり、地方に一般財源化され、

現在では、義務教育教職員の給料、諸手当のみが国庫負担の対象とされるに至っている。

4　「三位一体改革」と義務教育費国庫負担制度

　社会などの各分野における「構造改革」の推進が閣議決定され、これを受けて、平成14年には、「国庫補助負担金、交付税、税源移譲を含む税源配分のあり方を三位一体で検討し、それらの望ましい姿とそこに至る具体的な改革工程を含む改革案を、今後一年以内を目途にとりまとめる」とする、いわゆる「三位一体改革」が経済財政諮問会議によって打ち出された。

　同年6月24日、「経済財政運営と構造改革に関する基本方針2002」として閣議決定されたことに伴い、「数兆円規模の削減を目指す」とされた国庫補助負担金削減の最大の標的として、義務教育費国庫負担金が取り上げられるに至った。

　平成16年8月24日、地方6団体は、「国庫補助負担金等に関する改革案〜地方分権推進のための「三位一体の改革」〜」を取りまとめ、ここでは、義務教育費国庫負担制度の見直しについては、「義務教育費国庫負担金は、第2期改革（平成19〜21年度）までにその全額を廃止し税源移譲の対象とすることとした上で、第1期改革（平成18年度まで）においては、中学校教職員の給与等に係る負担金（8,500億円相当）を税源移譲対象補助金とする」と提言された。

　義務教育費国庫負担金の取扱いについては、平成16年11月26日の政府・与党合意により、「義務教育制度については、その根幹を維持し、国の責任を引き続き堅持する。その方針の下、費用負担についての地方案を活かす方策を検討し、また教育水準の維持向上を含む義務教育の在り方について幅広く検討する」とされ、「こうした問題については、平

成17年秋までに中央教育審議会において結論を得る」とされた。

　これを受けて、中央教育審議会において、義務教育費国庫負担金など義務教育の費用負担のあり方などについての審議が開始された。

　中教審の審議の結果、平成17年10月取りまとめられた答申では、「義務教育の機会均等と水準の維持向上を図ることは国の存立に関わるもっとも重要な基本政策である。義務教育の成果は、一地方にとどまらず、国全体に関わるものであり、義務教育の経費はこの観点から考えなければならない」とした上で、「義務教育の構造改革を推進すると同時に、義務教育制度の根幹を維持し、国の責任を引き続き堅持するためには、国と地方の負担により義務教育の教職員給与費の全額が保障されるという意味で、現行の負担率2分の1の国庫負担制度は優れた保障方法であり、今後とも維持されるべきである」と提言した。

　中央教育審議会の答申を受けて、平成17年11月30日、「三位一体の改革について」の政府・与党合意がなされ、**最終的には、「義務教育制度については、その根幹を維持し、義務教育費国庫負担制度を堅持する。その方針の下、費用負担について、小中学校を通じて国庫負担の割合は3分の1とし、8,500億円程度の減額及び税源移譲を確実に実施する」**とされた。

　この政府・与党合意を踏まえて、平成18年3月、**「義務教育費国庫負担法」等が改正**され、**国庫負担率が従前の2分の1から3分の1に改め**られ今日に至っている。

　コラム【総額裁量制】

　平成16年3月、「義務教育費国庫負担法第2条ただし書きの規定に基づき教職員の給与及び報酬等に要する経費の国庫負担額の最高限度を定める政令」（いわゆる「限度政令」）が改正され、平成16年度から、義務教育費国庫負担制度は、いわゆる「総額裁量制」に移行することとなった。

　この「総額裁量制」とは、

① 「義務教育費国庫負担法」における教職員給与費の実支出額の2分の1（平成18年度からは3分の1）負担の原則を引き続き堅持すること、

② 「義務標準法」により各都道府県ごとに必要な数の教職員を引き続き確保すること、

③ 「人材確保法」に基づく教職員給与水準を引き続き確保すること、

を前提条件としつつ、各都道府県ごとの教職員の平均給与単価に義務標準法に基づく教職員の標準定数を乗じた負担総額の範囲内で、各都道府県に教職員の給与費や教職員配置の数について地方の裁量にゆだねる仕組みである。

これにより、例えば、

① 費目ごとの国庫負担限度額がなくなり、総額の中で教職員給与を都道府県が自主的に決定できるようになり、諸手当の種類や額について地域の実情に応じたものとすることができるようになったり、

② 給与水準の引き下げにより生じた財源で都道府県の判断で教職員数を増やし、「加配定数の弾力的運用」とも相まって「少人数学級」の実施が可能になったり、あるいは、

③ 標準定数に代えて非常勤講師や再任用教員等を任用し「習熟度別指導」を充実させたりすること

などが可能となった。

なお、この「総額裁量制」の導入の背景には、教職員の給与水準や教職員の配置数についての地方の自由度を拡大するという教育政策の目的があった。

また、同時に、公立学校の教員の給与の種類と額について、これまで、教育公務員特例法により、国立学校教員の給与の種類と額を基準として定めるものとされ、全国的に平準化された給与制度であったものが（第25条の5）、平成16年度から国立大学が法人化されたことに伴い、国立大学付属小・中・高等学校の教員給与の水準に準拠していた公立学校教員の給与制度が改革され、都道府県が自由に給与を決定できるようになったことも改革の大きな背景として挙げることができよう。

義務教育費国庫負担制度の沿革

年度	摘要	給与負担	任命権者
明治29	**教員年功加俸国庫補助法** ・教員の俸給の一部を国庫補助	市町村、国	
33	**市町村立小学校教育費国庫補助法** ・国庫補助を拡充 **改正小学校令** ・授業料徴収を廃止し、義務教育無償制を実現	市町村、国	
大正7	**市町村義務教育費国庫負担法** ・市町村財政の負担軽減と教育の改善とを目的として教員の俸給の一部を国が負担	市町村、国	国の機関としての知事
昭和15	**義務教育費国庫負担法** **市町村立小学校教員俸給及び旅費の負担に関する件（勅令）** ・市町村財政力の不均衡拡大を背景に、定額負担制から実支出額の1/2国庫負担制へ ・給与負担を市町村負担から道府県負担へ	道府県、国	知事
23	**教育公務員特例法制定** **市町村立学校職員給与負担法** ・給与費等の都道府県負担を制定	都道府県、国	市町村またはその教育委員会
25	**義務教育費国庫負担制度の廃止** ・地方財政平衡交付金制度が創設され、これに吸収（昭和24年シャウプ勧告）	都道府県	〃
28	**義務教育国庫負担法** ・義務教育無償の原則に則り、「国民のすべてに対しその妥当な規模と内容とを保障する」ため、教職員の給与費等の実支出額の1/2国庫負担。	都道府県、国	市町村教育委員会
32	**地方教育行政の組織及び運営に関する法律**	〃	都道府県・指定都市教育委員会
49	**義務教育費国庫負担法の改正** ・学校栄養職員を国庫負担の対象へ	〃	〃
60	**義務教育費国庫負担法等の改正** ・旅費及び教材費の一般財源化	〃	〃
平成13	**市町村立学校職員給与負担法及び義務教育費国庫負担法の改正** ・再任用教職員及び非常勤講師を標準定数の範囲で国庫負担対象化	〃	〃
15	**義務教育費国庫負担法等の改正** ・共済費長期給付及び公務災害補償基金負担金の一般財源化	〃	〃
16	**義務教育費国庫負担法等の改正** ・退職手当及び児童手当の一般財源化 ・総額裁量制の導入による限度政令の改正	〃	〃
17	**義務教育費国庫負担法等の改正** ・17年度限りの暫定措置として4,250億円を減額 ・栄養教諭を新たに国庫負担対象化	〃	〃
18	**義務教育費国庫負担法等の改正** ・国庫負担割合の1/2→1/3への変更 ・公立養護学校整備特別措置法廃止に伴う義務・養護の国庫負担金の一元化。 **市町村立学校職員給与負担法の改正** ・都道府県が負担する教職員給与費等の範囲を明確化	〃	〃
20	**市町村立学校職員給与負担法等の改正** ・副校長、主幹教諭及び指導教諭を新たに国庫負担対象化	〃	〃
29	**義務教育費国庫負担法等の改正** ・指定都市立学校の県費負担教職員の給与負担を指定都市へ移譲するとともに、指定都市を国庫負担金の交付対象へ	都道府県、指定都市、国	〃

これまでの教職員定数改善の経緯

区分	改善増	改善の内容	学級編制の標準
第1次昭和34'〜38' [5年計画]	34,000人	学級編制及び教職員定数の標準の明定	50人
第2次39'〜43' [5年計画]	61,683人	45人学級の実施及び養護学校教職員の定数化等	45人
第3次44'〜48' [5年計画]	28,532人	4個学年以上複式学級の解消等	
第4次49'〜53' [5年計画]	24,378人	3個学年複式学級の解消及び教頭・学校栄養職員の定数化等	↓
第5次55'〜平成3' [12年計画]	79,380人	40人学級の実施等	40人
第6次5'〜12' [6→8年計画]	30,400人	指導方法の改善のための定数配置等	
第7次13'〜17' [5年計画]	26,900人	少人数による授業，教頭・養護教諭の複数配置の拡充等	
18'	0人		
19'	0人		
20'	1,195人	主幹教諭、特別支援教育、食育	
21'	1,000人	主幹教諭、特別支援教育、教員の事務負担軽減等	
22'	4,200人	理数教科の少人数指導、特別支援教育、外国人児童生徒等への日本語指導等	↓
23'	4,000人	小1のみ学級編制の標準を35人	小1：35人 小2〜中3：40人
24'	2,900人	小2の36人以上学級解消、さまざまな児童生徒の実態に対応できる加配定数措置	
25'	1,400人	いじめ問題への対応、特別支援教育、小学校における専科指導	
26'	703人	小学校英語の教科化への対応、いじめ・道徳教育への対応、特別支援教育の充実	
27'	900人	授業革新等による教育の質の向上、チーム学校の推進、個別の教育課題への対応、学校規模の適正化	↓

区分	改善増	改善の内容	学級編制の標準	
28'	525人	創造性を育む学校教育の推進、学校現場が抱える課題への対応、チーム学校の推進		
29'	868人	<基礎定数化> ①通級による指導、②外国人児童生徒等教育、③初任者研修、④少人数教育 <加配定数改善>小学校専科指導充実、統合校・小規模校支援、共同事務実施体制強化（事務職員）、貧困等に起因する学力課題の解消等		
30'	1,595人	<加配定数改善> 小学校英語専科指導の充実、中学校生徒指導体制の強化、共同学校事務体制強化（事務職員）、貧困等に起因する学力課題の解消、統廃合・小規模校への支援等 <基礎定数化の着実な推進>		
令和1'	1,456人	<加配定数改善> 小学校英語専科指導の充実、中学校生徒指導体制の強化、共同学校事務体制強化（事務職員）、貧困等に起因する学力課題の解消、統廃合・小規模校への支援等 <基礎定数化の着実な推進>		
2'	3,726人[※1] 1,726人[※2]	<加配定数改善> 小学校英語専科指導の充実、義務教育9年間を見通した指導体制への支援、中学校生徒指導体制の強化、共同学校事務体制強化（事務職員）、貧困等に起因する学力課題の解消、統廃合・小規模校への支援等 <基礎定数化の着実な推進>	↓	
3'	3,141人[※1] 1,141人[※2]	<少人数によるきめ細かな指導体制の計画的な整備> 小学校35人学級を段階的に実施（令和3年度は小2） <加配定数改善> 義務教育9年間を見通した指導体制への支援 <基礎定数化の着実な推進>	小：35人 中：40人	

（※1）配置の見直し2,000人を含む。（※2）配置の見直し2,000人を除く。

（１）公立高等学校の教職員定数の改善経緯

区　分	第　1　次 37'〜41'	第　2　次 半額県 42'〜46' 半額県 44'〜48'	第　3　次 49'〜53'	第　4　次 55'〜3'	第　5　次 5'〜12'	第　6　次 13'〜17'
内　　容	学級編制及び教職員定数の標準の明定	45人学級の実施等	小規模校・通信制課程の改善等	習熟度別学級編成等	全日制の普通科等40人学級の実施及び多様な教科・科目の開設等	少人数による授業等，特色ある高校への加配，教頭・養護教諭の複数配置の拡充等
改　善　増	11,573人	16,216人	7,116人	10,238人	23,700人	7,008人
自然増減	39,089人	△15,245人	15,738人	32,114人	△37,500人	△23,200人
差　引　計	50,662人	971人	22,854人	42,352人	△13,800人	△16,192人
自然減に対する改善数の改善率	129.6%	106.4%	145.2%	131.9%	63.2%	30.2%

（注）　上記のほか、平成4年度に△2,899人（改善増2,701人（うち学級編制の弾力化1,904人）、自然減△5,600人）を措置。

（２）公立高等学校の学級編制の標準の改善経緯

区　分	第　1　次 37'〜41'	第　2　次 半額県 42'〜46' 半額県 44'〜48'	第　3　次 49'〜53'	第　4　次 55'〜3'	第　5　次 5'〜12'	第　6　次 13'〜17'
学級編成の標準	50人	45人	→	→	40人	→

参照条文（抄）

[学校教育法]

第3条　学校を設置しようとする者は、学校の種類に応じ、文部科学大臣の
　　定める設備、編制その他に関する設置基準に従い、これを設置しなければ
　　ならない。

第7条　学校には、校長及び相当数の教員を置かなければならない。

第37条　小学校には、校長、教頭、教諭、養護教諭及び事務職員を置かなけ
　　ればならない。

②　小学校には、前項に規定するもののほか、副校長、主幹教諭、指導教諭、
　　栄養教諭その他必要な職員を置くことができる。

第60条　高等学校には、校長、教頭、教諭及び事務職員を置かなければなら
　　ない。

②　高等学校には、前項に規定するもののほか、副校長、主幹教諭、指導教
　　諭、養護教諭、栄養教諭、養護助教諭、実習助手、技術職員その他必要な
　　職員を置くことができる。

[小学校設置基準]

第4条　一学級の児童数は、法令に特別の定めがある場合を除き、40人以下
　　とする。ただし、特別の事情があり、かつ、教育上支障がない場合は、こ
　　の限りでない。

第5条　小学校の学級は、同学年の児童で編制するものとする。ただし、特
　　別の事情があるときは、数学年の児童を一学級に編制することができる。

第6条　小学校に置く主幹教諭、指導教諭及び教諭の数は、一学級当たり1
　　人以上とする。

2　教諭等は、特別の事情があり、かつ、教育上支障がない場合は、校長、
　　副校長若しくは教頭が兼ね、又は助教諭若しくは講師をもって代えること
　　ができる。

[高等学校設置基準]

第7条　同時に授業を受ける一学級の生徒数は、40人以下とする。ただし、
　　特別の事情があり、かつ、教育上支障がない場合は、この限りでない。

第8条　高等学校に置く副校長及び教頭の数は当該高等学校に置く全日制の
　　課程又は定時制の課程ごとに1人以上とし、主幹教諭、指導教諭及び教諭
　　の数は当該高等学校の収容定員を40で除して得た数以上で、かつ、教育上
　　支障がないものとする。

2　教諭等は、特別の事情があり、かつ、教育上支障がない場合は、助教諭又は講師をもって代えることができる。

第9条　高等学校には、相当数の養護をつかさどる主幹教諭、養護教諭その他の生徒の養護をつかさどる職員を置くよう努めなければならない。

第10条　高等学校には、必要に応じて相当数の実習助手を置くものとする。

［公立義務教育諸学校の学級編制及び教職員定数の標準に関する法律］

第1条　この法律は、公立の義務教育諸学校に関し、学級規模と教職員の配置の適正化を図るため、学級編制及び教職員定数の標準について必要な事項を定め、もつて義務教育水準の維持向上に資することを目的とする。

第3条　公立の義務教育諸学校の学級は、同学年の児童又は生徒で編制するものとする。ただし、当該義務教育諸学校の児童又は生徒の数が著しく少いかその他特別の事情がある場合においては、政令で定めるところにより、数学年の児童又は生徒を一学級に編制することができる。

2　各都道府県ごとの、都道府県又は市町村の設置する小学校（義務教育学校の前期課程を含む。）又は中学校（義務教育学校の後期課程及び中等教育学校の前期課程を含む。）の一学級の児童又は生徒の数の基準は、次の表の上欄に掲げる学校の種類及び同表の中欄に掲げる学級編制の区分に応じ、同表の下欄に掲げる数を標準として、都道府県の教育委員会が定める。ただし、都道府県の教育委員会は、当該都道府県における児童又は生徒の実態を考慮して特に必要があると認める場合については、この項本文の規定により定める数を下回る数を、当該場合に係る一学級の児童又は生徒の数の基準として定めることができる。

学校の種類	学級編制の区分	一学級の児童又は生徒の数
小学校（義務教育学校の前期課程を含む。）	同学年の児童で編制する学級 2の学年の児童で編制する学級	35人 16人（第1学年の児童を含む学級にあつては、8人。）
	学校教育法第81条第2項及び第3項に規定する特別支援学級	8人
中学校（義務教育学校の後期課程及び中等教育学校の前期課程を含む。）	同学年の生徒で編制する学級 2の学年の生徒で編制する学級 学校教育法第81条第2項及び第3項に規定する特別支援学級	40人 8人 8人

3　各都道府県ごとの、都道府県又は市町村の設置する特別支援学校の小学部又は中学部の1学級の児童又は生徒の数の基準は、6人（文部科学大臣が定める障害を2以上併せ有する児童又は生徒で学級を編制する場合にあつては、3人）を標準として、都道府県の教育委員会が定める。ただし、都道府県の教育委員会は、当該都道府県における児童又は生徒の実態を考慮して特に必要があると認める場合については、この項本文の規定により定める数を下回る数を、当該場合に係る一学級の児童又は生徒の数の基準として定めることができる。

第4条　都道府県又は市町村の設置する義務教育諸学校の学級編制は、前条第2項又は第3項の規定により都道府県の教育委員会が定めた基準を標準として、当該学校を設置する地方公共団体の教育委員会が、当該学校の児童又は生徒の実態を考慮して行う。

第5条　市町村の教育委員会は、毎学年、当該市町村の設置する義務教育諸学校に係る前条の学級編制を行つたときは、遅滞なく、都道府県の教育委員会に届け出なければならない。届け出た学級編制を変更したときも、同様とする。

※　附則第2条第1項関係
　令和7年3月31日までの間における1学級の児童の数の標準については、児童の数の推移等を考慮し、第2学年から第6学年まで段階的に35人とする

ことを旨として、毎年度、政令で定める学年及び文部科学大臣が定める特別
の事情がある小学校にあっては、40人とすること。

[地方教育行政の組織及び運営に関する法律]

第41条　県費負担教職員の定数は、都道府県の条例で定める。ただし、臨時
　　又は非常勤の職員については、この限りでない。

2　県費負担教職員の市町村別の学校の種類ごとの定数は、前項の規定によ
　　り定められた定数の範囲内で、都道府県委員会が、当該市町村における児
　　童又は生徒の実態、当該市町村が設置する学校の学級編制に係る事情等を
　　総合的に勘案して定める。

3　前項の場合において、都道府県委員会は、あらかじめ、市町村委員会の
　　意見を聴き、その意見を十分に尊重しなければならない。

[公立高等学校の適正配置及び教職員定数の標準等に関する法律]

第1条　この法律は、公立の高等学校に関し、配置、規模及び学級編制の適
　　正化並びに教職員定数の確保を図るため、学校の適正な配置及び規模並び
　　に学級編制及び教職員定数の標準について必要な事項を定めるとともに、
　　公立の中等教育学校の後期課程及び特別支援学校の高等部に関し、学級編
　　制の適正化及び教職員定数の確保を図るため、学級編制及び教職員定数の
　　標準について必要な事項を定め、もつて高等学校、中等教育学校の後期課
　　程及び特別支援学校の高等部の教育水準の維持向上に資することを目的と
　　する。

第6条　公立の高等学校（中等教育学校の後期課程を含む。）の全日制の課程
　　又は定時制の課程における1学級の生徒の数は、40人を標準とする。ただ
　　し、やむを得ない事情がある場合及び高等学校を設置する都道府県又は市
　　町村の教育委員会が当該都道府県又は市町村における生徒の実態を考慮し
　　て特に必要があると認める場合については、この限りでない。

第14条　公立の特別支援学校の高等部の1学級の生徒の数は、重複障害生徒
　　で学級を編制する場合にあつては3人、重複障害生徒以外の生徒で学級を
　　編制する場合にあつては8人を標準とする。ただし、やむを得ない事情が
　　ある場合及び高等部を置く特別支援学校を設置する都道府県又は市町村の
　　教育委員会が当該都道府県又は市町村における生徒の実態を考慮して特に
　　必要があると認める場合については、この限りでない。

[市町村立学校職員給与負担法]

第1条　市町村立の小学校、中学校、義務教育学校、中等教育学校の前期課

程及び特別支援学校の校長、副校長、教頭、主幹教諭、指導教諭、教諭、養護教諭、栄養教諭、助教諭、養護助教諭、寄宿舎指導員、講師、学校栄養職員及び事務職員のうち次に掲げる職員であるものの給料、扶養手当、地域手当、住居手当、初任給調整手当、通勤手当、特殊勤務手当、特地勤務手当、へき地手当、時間外勤務手当、宿日直手当、管理職員特別勤務手当、管理職手当、期末手当、勤勉手当、義務教育等教員特別手当、寒冷地手当、特定任期付職員業績手当、退職手当、退職年金及び退職一時金並びに旅費並びに定時制通信教育手当並びに講師の報酬及び職務を行うために要する費用の弁償は、都道府県の負担とする。

［義務教育費国庫負担法］

第1条　この法律は、義務教育について、義務教育無償の原則に則り、国民のすべてに対しその妥当な規模と内容とを保障するため、国が必要な経費を負担することにより、教育の機会均等とその水準の維持向上とを図ることを目的とする。

第2条　国は、毎年度、各都道府県ごとに、公立の小学校、中学校、義務教育学校、中等教育学校の前期課程並びに特別支援学校の小学部及び中学部に要する経費のうち、次に掲げるものについて、その実支出額の3分の1を負担する。ただし、特別の事情があるときは、各都道府県ごとの国庫負担額の最高限度を政令で定めることができる。

　　一　市町村立の義務教育諸学校に係る市町村立学校職員給与負担法第1条に掲げる職員の給料その他の給与（退職手当、退職年金及び退職一時金並びに旅費を除く。）及び報酬等に要する経費

　　二　都道府県立の中学校、中等教育学校及び特別支援学校に係る教職員の給与及び報酬等に要する経費

　　三　都道府県立の義務教育諸学校（前号に規定するものを除く。）に係る教職員の給与及び報酬等に要する経費（学校生活への適応が困難であるため相当の期間学校を欠席していると認められる児童又は生徒に対して特別の指導を行うための教育課程及び夜間その他特別の時間において主として学齢を経過した者に対して指導を行うための教育課程の実施を目的として配置される教職員に係るものに限る。）

第10章　学校の管理運営と法

I　教育委員会と学校の関係

1　学校の設置者と学校の管理

　学校教育法では、「学校は、国（国立大学法人法第2条第1項に規定する国立大学法人及び独立行政法人国立高等専門学校機構を含む）、地方公共団体（地方独立行政法人法第68条第1項に規定する公立大学法人を含む）及び私立学校法第3条に規定する学校法人のみが、これを設置することができる」（第2条第1項）旨規定するとともに、「国立学校とは、国の設置する学校を、公立学校とは、地方公共団体の設置する学校を、私立学校とは、学校法人の設置する学校をいう」（第2条第2項）と規定し、**学校の設置主体である「設置者」の存在**を認めている。

　学校は、人的要素と物的要素を備え、継続的に教育活動を行うものであるが、学校自身には法人格が付与されてはおらず、**学校が行う教育活動の事業主体は、その設置者である。**

　学校教育法第5条では、**設置者管理及び負担主義の原則**を規定し、学校の管理及びその経費の負担は、学校の教育活動の事業主体である設置者が行うことを確認的に定めている。

　したがって、学校は、設置者がその管理機関として設けているところのもの、すなわち、国立学校にあっては国立大学法人の長たる学長、公立学校にあっては地方公共団体に置かれる教育委員会または地方公共団体の長（公立大学の場合）、また、私立学校にあっては学校法人の理事会の管理の下に教育活動が行われる仕組みとなっている。

　設置者がその設置する学校を管理するとは、設置者が、当該学校に一般的な支配権をもって、学校の存立を維持し、かつ、その本来の目的を

できるだけ完全に達せしめるために必要な一切の行為をなすことをいうとされる。

　学校のうち、**公立学校**については、**地方自治法上の「公の施設」**であり、地方公共団体が、「住民の福祉を増進する目的をもつてその利用に供するための施設」（地方自治法第244条）の性格を有するものである。**学校の設置、管理、廃止に関する事項は、条例でこれを定めることとさ**れている（地方自治法第244条の2第1項・第2項）。

　地方公共団体の設置する学校については、**地方教育行政法により**、大学及び幼保連携型認定こども園については地方公共団体の長が、その他のものは、**教育委員会が学校の管理に当たる**こととされている（第21条、第22条、第32条）。

2　教育委員会の職務権限と校長との役割分担

　公立の初等中等教育機関を管理する**教育委員会の職務権限**は、地方教育行政法第21条により、

① 教育委員会の所管に属する学校その他の教育機関の設置・管理及び廃止に関すること、

② 学校その他の教育機関の用に供する財産の管理に関すること、

③ 教育委員会及び学校その他の教育機関の職員の任免その他の人事に関すること、

④ 学齢児童生徒の就学ならびに生徒・児童・幼児の入学、転学及び退学に関すること、

⑤ 学校の組織編制、教育課程、学習指導、生徒指導及び職業指導に関すること、

⑥ 教科書その他の教材の取扱いに関すること、

⑦ 校舎その他の施設及び教具その他の設備の整備に関すること、

⑧ 校長、教員その他の教育関係職員の研修に関すること

など、**学校の人的・物的・運営管理の一切を行う包括的な管理権を有す**ることとされている。

　しかしながら、複雑かつ多岐にわたる学校の活動のすべてを教育委員会が直接管理・執行することは実際上困難であるとともに、効果的であるともいえないこと、さらには、**学校の教育活動において学校の自主性・自律性や創意工夫を尊重することが必要であることから、学校という教育機関の長である校長に、教育委員会の職務権限が相当部分ゆだねられている。**

　このように地方公共団体が設置する高等学校以下の学校については、学校の管理機関である教育委員会が設置者としての一般的支配権を有し、その管理運営に責任を有するが、他方、**学校が本来の目的を効果的に達成できるよう、学校の自主性を可能な限り発揮させるよう、学校の管理運営についての両者の責任分担の基本的なあり方について「学校管理規則」が定められている。**

3　学校管理規則と学校経営の主体性

　地方教育行政法第33条第1項において、「教育委員会は、法令又は条例に違反しない限度において、その所管に属する学校その他の教育機関の施設、設備、組織編制、教育課程、教材の取扱その他学校その他の教育機関の管理運営の基本的事項について、必要な教育委員会規則を定めるものとする」と規定し（この学校に係る教育委員会規則を通例「**学校管理規則**」と称している）、教育委員会と学校との事務分担・責任分担を明らかにするため、学校の管理運営の基本事項を必ず教育委員会規則の形式で定めるよう法律上義務付けている。

　これにより、学校が自主的に決定して処理すべき事項と教育委員会の判断を受けて処理すべき事項の区別や、その処理に当たって従うべき準則等を事前に明確にしておくことにより、学校に必要な一定限度の主体性を保持発揮させようとするものである。

　学校管理規則には、

① 校長の権限としてすでに法令等において定められていることの確認規定（例えば、学校教育法第11条の児童生徒等への懲戒処分、学校保

健安全法第19条の感染症予防のための児童生徒等への出席停止など)、

② 　事務の委任等に関する地方教育行政法第25条第1項の規定に基づき、教育委員会から教育長を通じて学校長に委任された事項の処理方法に関する規定（例えば、学校の所属職員の出張命令や勤務時間の割り振り等の権限を委任し、校長の権限として自らの名と責任において執行させるもの)、

③ 　教育委員会の権限に属する事項について補助執行の形態として内部的に学校長に事務処理を任せる事項（専決事項）についての規定、

④ 　事実行為に関する規定

などが定められている。

　また、地方教育行政法第33条第2項の規定に基づき、教育委員会は、学校における教科書以外の教材の使用について、あらかじめ、教育委員会に届け出させ、または教育委員会の承認を受けさせることとする定めを設けることを義務付けている。

　なお、この学校管理規則は、**行政機関の内部関係を律するもの**であり、訓令的性格を有する、いわゆる「**行政規則**」**の性格**を有する。

　近年、学校の裁量を拡大し、自主・自律的な学校経営を進める観点から、学校管理規則において、従来は学校の取組について教育委員会の許可・承認を要していたもの（教育課程、補助教材、修学旅行、休業日の変更、学期の設定などの取扱い）を、学校の責任と判断にゆだね、教育委員会が届出等の必要最小限の関与しか行わないよう、学校管理規則の見直しが進められている。

> コラム【中教審答申「今後の地方教育行政の在り方について」（平成10・
> 　9・21)】
> 　「教育委員会と学校との関係を定めている学校管理規則は、……学校の
> 組織編制や教育課程、教材の取扱い等学校の管理運営に関する基本的事項
> について定めている。しかしながら、実際の学校管理規則においては、許
> 可・承認・届け出・報告等について詳細に教育委員会の関与を規定し、学

校の自主性を制約しているものが少なくない。このような学校管理規則について、学校予算の編成と執行などに関する事項も含め**教育委員会と学校との基本的権限関係全体を明らかにするとともに、教育委員会の関与を整理縮小し、学校の裁量権限を拡大する観点から、学校管理規則の在り方についてその運用を含め幅広く見直すことが必要である**」

Ⅱ　学校の管理運営

1　学校の経営と組織

　学校の管理運営の組織のあり方については、昭和30～40年代にかけて、「単層構造論」―「重層構造論」の論争が行われた経緯がある。

　「**単層構造論**」は、学校の組織について、教員の教職専門性と教育の自由・自主性を重視し、「教師―子ども関係」における教育の本質構造として、単層組織として捉えるもので、教育機能重視の考え方であるのに対し、

　「**重層構造論**」は、一般企業体の経営構造をモデルとして、学校という組織体に、「目標設定機能（経営）」、「目標達成に努力する管理機能（管理）」、「目標達成に向けてその実践を行う作業機能（作業）」の３機能を設定し、学校の組織編制における役割分担と各職位の権限と責任を明確にし、能率的な学校経営を目指そうとするものであり、管理機能重視の考え方に立つものであった。

　学校組織のあり方をめぐる問題に関しては、昭和46年６月の中央教育審議会の「**今後における学校教育の総合的な拡充整備のための基本的施策について（答申）**」（いわゆる「46答申」）において、「初等・中等教育改革の基本構想」の中で「学校内の管理組織の整備」が提言されるに至った。

　具体的には、「各学校が公教育の目的の実現に向かってまとまった活動を展開し、その結果について国民に対して責任を負うことができるよ

うな体制を整備」するため、「各学校が、校長の指導と責任のもとにいきいきとした教育活動を組織的に展開できるよう、**校務を分担するため必要な職制を定めて校内管理組織を確立すること**」を提言したところである。

　この46答申を受けて、学校の管理組織の整備のため、

① 「**教頭職**」の法制化（昭和49年、学校教育法の一部改正）、

② 「**主任制**」の省令化（昭和50年、学校教育法施行規則の一部改正）

などが進められ、近年では、教育基本法改正を受けて学校教育法が改正され（平成19年）、この改正において、

③ 学校における組織運営体制や指導体制の確立を図るため、「**副校長**」、「**主幹教諭**」、「**指導教諭**」が任意設置職として法制化

されたところである。

2　学校の組織編制

　学校教育法第37条は、「小学校には、**校長、教頭、教諭、養護教諭及び事務職員を置かなければならない**」と規定し、この規定は中学校に準用され（第49条）、さらに、高等学校については第60条において、「高等学校には、校長、教頭、教諭及び事務職員を置かなければならない」と規定し、学校教育法上、これらの教職員が**必置職として位置付けられて**いる。

　これらのほか、小中学校では、**副校長、主幹教諭、指導教諭、栄養教諭その他任意設置の職**を置くことができる（同法第37条第2項）。

　また、高等学校には、副校長、主幹教諭、指導教諭、栄養教諭、養護教諭、養護助教諭、**実習助手、技術職員その他任意設置の職**を置くことができることとされている（同法第60条第2項）。

　さらに、学校には、学校保健安全法の規定（第23条）に基づき、**学校医、学校歯科医、学校薬剤師**を置くものとされている（ただし、常勤の職ではない）。

　法令上は、任意設置の教職員として、上記のほか、①助教諭（教諭の

職務を助ける）、②講師（教諭や助教諭に準ずる職務に従事する）、③学校栄養職員（学校給食の管理を行う）、④養護助教諭（養護教諭の職務を助ける）が置かれ、高等学校には、実習助手（実験または実習について教諭の職務を助ける）、技術職員（技術に従事する）を置くことができるとされている。

　特別支援学校には、寄宿舎を設ける場合には寄宿舎指導員（寄宿舎における幼児児童生徒の日常生活上の世話及び生活指導に従事する）を置かなければならないこととされている（学校教育法第79条）。

　また、学校図書館法では、学校には、学校図書館の専門的職務をつかさどらせるため、**司書教諭**を置かなければならない（第5条1項）とするとともに、学校図書館の運営の改善及び向上を図り、児童生徒及び教員による学校図書館の利用の一層の促進に資するため、もっぱら学校図書館の職務に従事する職員（**学校司書**）を置くよう努めなければならない（第6条1項）と定められている。

　さらに、法令に根拠を置かない職員としては、学校用務員や給食調理員もまた多くの学校に配置されているとともに、非常勤職員としては、スクールカウンセラーやスクールソーシャルワーカーなどの専門家も配置が進められている。なお、平成29年の学校教育法施行規則の改正により、新たに、**スクールカウンセラー、スクールソーシャルワーカー、部活動指導員**については、「チームとしての学校」を実現し、学校の組織力・教育力を高めるために、以下のとおり、職務内容が法令に定められることとなった。

（学校教育法施行規則）

第65条の2　スクールカウンセラーは、小学校における児童の心理に関する支援に従事する。

第65条の3　スクールソーシャルワーカーは、小学校における児童の福祉に関する支援に従事する。

※これらの規定は、学校教育法施行規則第79条等により、中学校、義務教育学校に準用される。

第78条の2　部活動指導員は、中学校におけるスポーツ、文化、科学等に関する教育活動（中学校の教育課程として行われるものを除く）に係る技術的な指導に従事する。

※なお、令和3年8月の学校教育法施行規則の改正により、「医療的ケア看護職員」「情報通信技術支援員」「特別支援教育支援員」「教員業務支援員」についても、学校教育法施行規則において、新たに、その職務内容が定められたところである。

(1)　校長の職務

校長の職務について、学校教育法では、「**校長は、校務をつかさどり、所属職員を監督する**」と一般的・包括的に規定している（第37条第4項）。校長の職務の第一である「校務をつかさどる」とは、「学校に与えられた仕事の全般にわたるものであり、教育活動はもちろん、それを適正かつ十分に行うための人的組織を整え、あるいは、施設設備を管理保全することも当然含まれるもの」（木田宏著『教育行政法』）とされる。

これにより、学校運営上必要な一切の事柄は、学校段階においては校長の責任と権限に基づいて処理されなければならないこととなる。

また、校長の職務の第二は、「所属職員を監督する」ことであるが、市町村立学校の教職員の監督は、地方教育行政法第43条第1項により、本来、教職員の服務監督権者として位置付けられる市町村教育委員会の権限に属するものであるが、学校教育法第37条第4項の規定により、学校の長としての校長は、その所属職員について、教育委員会とともに監督を分任して行う権限と責任を有している。

校長の所属職員の監督は、

① **職務上の監督**…教職員の職務遂行に関しての監督であって、主として教職員の勤務時間内の行動が対象となる、

② **身分上の監督**…教職員の出所進退に関しての監督であって、教職員の勤務時間の内外を問わずすべての行動が対象となる、

に大別できる。

　地方公務員法上、地方公務員たる公立学校の教職員は、「**法令等及び上司の職務上の命令に従う義務**」（第32条）、「**信用失墜行為の禁止**」（第33条）、「**秘密を守る義務**」（第34条）、「**職務に専念する義務**」（第35条）、「**政治的行為の制限**」（第36条）、「**争議行為等の禁止**」（第37条）、「**営利企業への従事等の制限**」（第38条）の具体の服務義務が課されている。

(2)　教諭の職務

　教諭の職務については、学校教育法上、「**教諭は、児童の教育をつかさどる**」（第37条第11項。第49条で中学校に、また、第62条で高等学校にそれぞれ準用）とされ、教諭は、教育活動に関する事項をその主たる職務とするものである。

　しかしながら、このことは教諭の職務が教育活動にだけ限定されるものではなく、学校の長は、**学校において処理すべきさまざまな校務を組織体として教職員全員で分担して処理させることができる**ものとされる。

　また、校長は「校務をつかさどる」ことをその職務権限としており、実際の教育活動において教員の自主性や創意工夫を大切にすることはもとより、校長の権限と責任に照らせば、教諭の主たる職務としての「教育をつかさどる」ことに関しても、教諭の行う教育活動に対し校長は一般的指示を行い、また必要に応じ具体的指示を行うことができることとされる。

> コラム【判例―教員の宿日直勤務に関する東京高裁判決（昭和42・9・29）】
>
> 　「学校教育法第28条（現行第37条）は教育活動を目的とする人的・物的要素の総合体である学校営造物の各種職員の地位を明らかにするため、その主たる職務を摘示した規定と解すべきであるから、同条第4項の規定を根拠として児童に対する教育活動以外は一切教諭の職務に属しないものと断ずることは許されない。もとより教諭は、児童生徒の教育を掌ることをその職務の特質とするのではあるが、その職務はこれのみに限定されるも

のではなく、教育活動以外の学校営造物の管理運営に必要な校務も学校の
所属職員たる教諭の職務に属するものと解すべく従って学校施設・物品・
文書の管理保全および外部連絡等の目的をもって行われる宿日直等もこの
意味において教諭にこれを分掌すべき義務があり、上司たる校長は教諭に
対し、職務命令をもって宿日直勤務を命じることができる」

※判例—永山中学校事件最高裁判決（昭和51・5・21）

「市町村教委は、市町村立の学校を所管する行政機関として、その管理
権に基づき、学校の教育課程の編成について基準を設定し、一般的な指示
を与え、指導、助言を行うとともに、特に必要な場合には具体的な命令を
発することもできると解するのが相当」

3　校務分掌と主任制度

　学校は１つの組織体であり、学校が学校教育の事業を遂行するに必要
なすべての事務である「**校務**」の処理を最終的な責任と権限を有する校
長が直接判断することは、実際上困難であるとともに、効果的な学校運
営という面からも適切とはいえないことは明らかである。このため、校
務全般を処理するために、学校内の組織を整え、個々の教職員に校務を
分担させる仕組みが整えられなければならない。

　このような校務を適切かつ効果的に処理するために、教育委員会が定
める学校管理規則等に基づいて校内規則の一種として、「**校務分掌規則**」
などが定められ、これに基づき「**校務分掌**」の組織が整えられるととも
に、各教職員に対し個々具体的に校務分掌のどこに位置付けられ、どの
ような仕事をするのかが定められることとされている。

　昭和46年の中教審答申に基づき、昭和50年に学校教育法施行規則が改
正され、いわゆる「**主任制度**」が創設され、

① 　学校においては、「**調和のとれた学校運営が行われるためにふさわ
しい校務分掌の仕組みを整える**ものとする」（同施行規則第43条）こ
と、

② 　従来各学校に設置されていた各種の主任等のうち、特に全国的に共

通した基本的なものである「**教務主任**」、「**学年主任**」、「**生徒指導主事**」等について、それらの設置を規定したこと、

③　主任等の**職務内容**は、それぞれの職務に係る事項について「**連絡調整及び指導、助言に当たる**」こと（同施行規則第44条第2項、第70条第4項、第71条第3項など）、

を明確にしたことである。

　主任等は、校長・教頭のように独立した「職」として設けられているものではなく、学校運営上、特に指導体制上の必要性に基づく1つのまとまった職務を特別に付加されるもの（校務分掌を命じる職務命令として命じられるもの）として設けられており、その性格は、「いわゆる中間管理職ではなく、それぞれの職務に係る事項について教職員間の連絡調整及び関係教職員に対する指導助言等に当たるものである」（文部次官通達　昭和51）。

4　学校の組織運営体制の整備

　さらに、平成17年の中教審答申（「新しい時代の義務教育を創造する」）においては、「学校運営を支える機能の充実のため、……主任が機能するよう更にその定着を図ることが重要である。それとともに、今後、管理職を補佐して担当する校務をつかさどるなど一定の権限を持つ主幹などの職を置くことができる仕組みについて検討する必要がある」と提言されたところである。

　これを受けて改正された学校教育法（平成19・6・27）では、新たに、学校における組織運営体制や指導体制の確立を図るために、小・中・高等学校等に、

①　校長を補佐し、担当する校務を自ら処理する「**副校長**」制度、

②　校長、教頭を補佐し、担当する校務を整理する「**主幹教諭**」制度、

③　教諭その他の職員に対し、教育指導の改善充実のために必要な指導助言を行う「**指導教諭**」の制度

が新たな職として設けられた（学校教育法第37条第5項、第9項及び第

10項)。

　これらの新たな職は、いずれも任命権者の判断による任意設置の職である。

　副校長については、教頭の職務である「校長を助け、校務を整理」するにとどまらず、校長から任された校務を自らの権限で処理することができる職である。副校長と教頭が両方設置される場合には、教頭は原則として副校長を補佐すべき立場に立つ。

　主幹教諭については、「校長及び教頭を助け、命を受けて校務の一部を整理し、並びに児童の教育をつかさどる」ものとして新たに設置された職であり、教頭を補佐すべき立場に立つ。なお、主幹教諭については、主任とは異なり、任命権者の任命行為を伴う職として設置されるものであり、教諭の上司に当たり、教諭等に対して「職務命令」を発しうるものであるとされる。

　指導教諭については、「児童の教育をつかさどり、並びに教諭その他の職員に対して、教育指導の改善及び充実のために必要な指導及び助言を行う」ものとして新たに設置された職であり、主幹教諭が学校の管理運営に関する業務を担当するのに対し、指導教諭は他の教諭等への教育指導に関する指導助言を行う面が異なり、他の教諭の上司とはならないため「職務命令」を出すことはできないものとされる。

　これらの新たな職の設置により、学校運営の適切な管理が行われるよう組織が整えられ、学校が自主的・自立的、かつ、組織的・機動的に運営されることが期待されている。

　学校教育の質を高めるためには、学校の組織運営の見直しを行い、学校の自主性・自立性の確立を図っていくことが重要な課題となってきている。平成17年の中教審答申の提言にみられるように、学校の自主自立性を高めるため、学校教職員の人事、学級編制、予算、教育内容等に関し学校・校長の裁量権限をいっそう拡大することが不可欠の課題となっている。

コラム【中教審答申「新しい時代の義務教育を創造する」（平成17・10・26)】

　「学校が主体的に教育活動を行い、保護者や地域住民に直接説明責任を果たしていくためには、学校に権限を与え、自主的な学校運営を行えるようにすることが必要である。現状でも、校長の裁量で創意工夫を発揮した特色ある教育活動を実施することが可能であるが、人事面、予算面では不十分な面がある。権限がない状態で責任を果たすことは困難であり、特に教育委員会において、人事、学級編制、予算、教育内容等に関し学校・校長の裁量権限を拡大することが不可欠である」

　さらに、学校の組織運営体制の整備充実を図るため、平成27年12月には、中央教育審議会が「チームとしての学校の在り方と今後の改善方策について」、文部科学大臣に答申した。この答申では、「個々の教員が個別に教育活動に取り組むのではなく、校長のリーダーシップの下、学校のマネジメントを強化し、組織として教育活動に取り組む体制を創り上げるとともに、必要な指導体制を整備することが必要である。その上で、生徒指導や特別支援教育等を充実していくために、学校や教員が心理や福祉の専門家や専門機関と連携・分担する体制を整備し、学校の機能を強化していくことが重要である」として、「**チームとしての学校**」の体制整備を提言したところである。

「チーム学校」の実現による学校の教職員等の役割分担の転換について（イメージ）

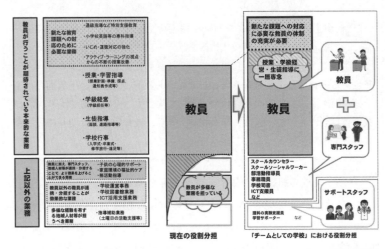

出典：文部科学省ホームページ「チーム学校関連資料」

5　職員会議

　学校には、「職員会議」が置かれているが、この職員会議の法的性格に関しては、**「最高議決機関説」**（「学校教師集団の教育上の正式組織として教育条理法上に根拠をもつ職員会議に、その審議・決定権を認めなければならない」兼子仁著『教育法』）、**「諮問機関説」**などの説があるが、職員会議は、**「補助機関」**と解すべきである。

　「学校の教員は校長の職務執行については補助機関であり、校務の処理を分担するための各種の内部組織も補助機関である。職員会議もまた、職務執行のための内部組織であってこの意味において補助機関である。教職員の立場は、校長の監督をうけて学校の校務を分担しているのであり、校長の補助者の立場にある。校長に対抗して独立して職務を行う権限を与えられているわけではない」（鈴木勲著『教育法規の理論と実際』）とされるのである。

　平成12年の学校教育法施行規則の一部改正により、第48条において「小学校には、設置者の定めるところにより、校長の職務の円滑な執行に資するため、職員会議を置くことができる」（第1項）こと、「職員会

議は、校長が主宰する」（第2項）ことが定められ、職員会議が学校の管理運営に関する校長の権限と責任を前提として、**校長の職務の円滑な執行を補助するものとして位置付けが明確**となったところである（中学校、高等学校等に準用）。

コラム【判例―国旗掲揚妨害による処分の損害賠償事件大阪地裁判決（平成4・3・29)】

　「学校という組織体で、最終的に意思決定を行い、右意思決定に対して最終責任を有するのは校長であると解すべきであり、職員会議は学校の『決議機関』といえず、校長の職務遂行上の補助機関にすぎないものというべきである」

教育委員会と校長の職務権限の比較概要

	教育委員会の職務	校長の職務
組織編制・教育課程関係	・教育課程の管理 ・教科書その他の教材の取扱い ・休業日、学年及び学期の期間の決定 ・学校評議員の委嘱 ・その他学校の組織編制、教育課程、学習指導等に関すること	・教育課程の編成 ・年間指導計画の策定等 ・学習帳など補助教材の選定 ・授業始業時刻の決定 ・時間割の決定 ・修学旅行、対外試合等学校行事の実施 ・校務分掌の決定 ・学校評議員の人選
児童生徒関係	・就学事務（学齢簿の編製、区域外就学に関する協議、入学期日の通知、就学校の指定、就学義務の猶予・免除、出席の履行督促、就学援助） ・児童生徒の出席停止（性行不良）	・入学・転学の許可、退学、休学の許可 ・指導要録の作成 ・出席簿の作成、出席状況の把握 ・課程修了及び卒業の認定 ・卒業証書の授与 ・児童生徒の懲戒 ・高校進学に際しての調査書等の送付
保健安全関係	・就学時健康診断の実施 ・職員の健康診断の実施 ・学校給食の実施 ・感染症予防のための臨時休業	・児童生徒の健康診断 ・感染症防止のための出席停止 ・非常変災等による臨時休業の決定
教職員関係	・学校の職員の任免その他の人事 ・教職員の服務監督 ・人事評価に関すること ・研修に関すること	・所属職員の監督 ・教職員の人事に関する意見の具申 ・非常勤講師の人選 ・職員の休暇の承認 ・職員の出張命令 ・職務専念義務免除研修の許可
学校施設関係	・校舎及び設備の整備	・施設設備の管理 ・学校施設の目的外使用の許可
予算関係	・学校の予算の配分（査定）	・予算書の作成 ・備品購入計画の作成 ・物品購入の決定 ・旅費・設備費その他の運営経費の執行

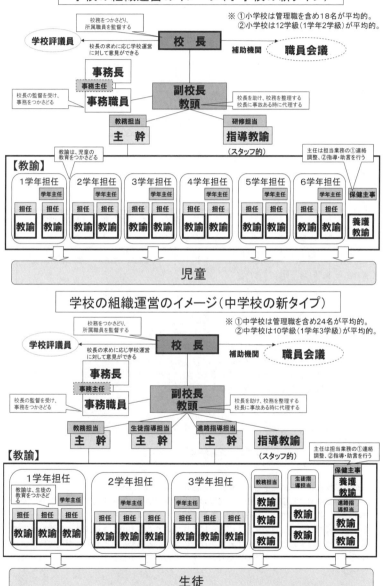

学校の組織運営のイメージ（小学校の新タイプ）

※ ①小学校は管理職を含め18名が平均的。
②小学校は12学級（1学年2学級）が平均的。

校務をつかさどり、所属職員を監督する

学校評議員

校　長

校長の求めに応じ学校運営に対して意見ができる

補助機関　**職員会議**

事務長

事務主任

校長の監督を受け、事務をつかさどる

事務職員

**副校長
教頭**

校長を助け、校務を整理する
校長に事故ある時に代理する

教務担当

主　幹

研修担当

指導教諭

（スタッフ的）

教諭は、児童の教育をつかさどる

主任は担当業務の①連絡調整、②指導・助言を行う

【教諭】

1学年担任	2学年担任	3学年担任	4学年担任	5学年担任	6学年担任	保健主事
学年主任	学年主任	学年主任	学年主任	学年主任	学年主任	
担任 担任	担任 担任	担任 担任	担任 担任	担任 担任	担任 担任	養護教諭
教諭 教諭	教諭 教諭	教諭 教諭	教諭 教諭	教諭 教諭	教諭 教諭	

児童

学校の組織運営のイメージ（中学校の新タイプ）

※ ①中学校は管理職を含め24名が平均的。
②中学校は10学級（1学年3学級）が平均的。

校務をつかさどり、所属職員を監督する

学校評議員

校　長

校長の求めに応じ学校運営に対して意見ができる

補助機関　**職員会議**

事務長

事務主任

校長の監督を受け、事務をつかさどる

事務職員

**副校長
教頭**

校長を助け、校務を整理する
校長に事故ある時に代理する

教務担当

主　幹

生徒指導担当

主　幹

進路指導担当

主　幹

指導教諭

（スタッフ的）

主任は担当業務の①連絡調整、②指導・助言を行う

【教諭】

1学年担任	2学年担任	3学年担任	教務担当	生徒指導担当	保健主事
					養護教諭
教諭は、生徒の教育をつかさどる 学年主任	学年主任	学年主任	教諭	教諭	進路指導担当
担任 担任 担任	担任 担任 担任	担任 担任 担任	教諭	教諭	教諭
教諭 教諭 教諭	教諭 教諭 教諭	教諭 教諭 教諭	教諭		教諭

生徒

出典：文部科学省ホームページ

主任手当について

1 　各学校においては，学校運営を円滑かつ効果的に行うため，校務を分担する組織が整えられ，それぞれの分野のとりまとめ役として主任が置かれている。このような主任は，従来から地域や学校の実態に応じて置かれていたものであるが，その役割の充実を図るため，昭和５０年に学校教育法施行規則が改正され，主任が省令上明確に位置付けられた（主任の制度化），各学校に置かれる主任等の種類は次のとおりである。

小 学 校	教務主任	学年主任	保健主事	事務主任	
中 学 校	教務主任 事務主任	学年主任	保健主事	生徒指導主事	進路指導主事
高等学校	教務主任 学科主任	学年主任 農場長	保健主事 事務長	生徒指導主事	進路指導主事
中 等 教育 学 校	教務主任 学科主任	学年主任 事務長	保健主事	生徒指導主事	進路指導主事
盲・聾・養護学校	教務主任 学科主任	学年主任 農場長	保健主事 寮務主任	生徒指導主事 事務長	進路指導主事

※ 　　　　　　は，主任手当が支給される主任等（昭和52. 4. 1～）
　　　主任には教諭をもってあてることとされており，主任は校長・教頭のような独立した職ではない。また，主任の職務内容については，それぞれの分野に関する事項について連絡調整及び指導，助言に当たる。主任のうち，特にその職務が困難であるものに対しては，教育業務連絡指導手当（いわゆる主任手当）が支給されている。　（日額200円）

2 　国立学校における主任手当の支給対象の拡大（昭和53. 7. 1～）
　　研究主任
　　教育実習主任　　　｝主任手当の支給対象

3 　公立学校における主任手当の支給対象の拡大（昭和53. 7. 1～）
　　国立学校における主任手当の支給対象の拡大（研究主任，教育実習主任）に伴い，公立学校の主任等については，教育に関する業務についての連絡調整及び指導助言に当たることが都道府県の教育委員会規則上明らかにされている主任等で，その職務の困難の程度が既に主任手当の支給対象とされている主任等に準ずると認められるものについては，いわゆる拡大主任として主任手当の支給対象とすることができることとされている。（昭和53. 7. 1～）

参照条文（抄）

［学校教育法］

第5条　学校の設置者は、その設置する学校を管理し、法令に特別の定のある場合を除いては、その学校の経費を負担する。

第7条　学校には、校長及び相当数の教員を置かなければならない。

第37条　小学校には、校長、教頭、教諭、養護教諭及び事務職員を置かなければならない。

②　小学校には、前項に規定するもののほか、副校長、主幹教諭、指導教諭、栄養教諭その他必要な職員を置くことができる。

③　第1項の規定にかかわらず、副校長を置くときその他特別の事情のあるときは教頭を、養護をつかさどる主幹教諭を置くときは養護教諭を、特別の事情のあるときは事務職員を、それぞれ置かないことができる。

④　校長は、校務をつかさどり、所属職員を監督する。

⑤　副校長は、校長を助け、命を受けて校務をつかさどる。

⑥　副校長は、校長に事故があるときはその職務を代理し、校長が欠けたときはその職務を行う。この場合において、副校長が2人以上あるときは、あらかじめ校長が定めた順序で、その職務を代理し、又は行う。

⑦　教頭は、校長（副校長を置く小学校にあつては、校長及び副校長）を助け、校務を整理し、及び必要に応じ児童の教育をつかさどる。

⑧　教頭は、校長（副校長を置く小学校にあつては、校長及び副校長）に事故があるときは校長の職務を代理し、校長（副校長を置く小学校にあつては、校長及び副校長）が欠けたときは校長の職務を行う。この場合において、教頭が2人以上あるときは、あらかじめ、校長が定めた順序で、校長の職務を代理し、又は行う。

⑨　主幹教諭は、校長（副校長を置く小学校にあつては、校長及び副校長）及び教頭を助け、命を受けて校務の一部を整理し、並びに児童の教育をつかさどる。

⑩　指導教諭は、児童の教育をつかさどり、並びに教諭その他の職員に対して、教育指導の改善及び充実のために必要な指導及び助言を行う。

⑪　教諭は、児童の教育をつかさどる。

⑫　養護教諭は、児童の養護をつかさどる。

⑬　栄養教諭は、児童の栄養の指導及び管理をつかさどる。

⑭　事務職員は、事務をつかさどる。

第60条　高等学校には、校長、教頭、教諭及び事務職員を置かなければならない。

②　高等学校には、前項に規定するもののほか、副校長、主幹教諭、指導教諭、養護教諭、栄養教諭、養護助教諭、実習助手、技術職員その他必要な職員を置くことができる。

第79条　寄宿舎を設ける特別支援学校には、寄宿舎指導員を置かなければならない。

②　寄宿舎指導員は、寄宿舎における幼児、児童又は生徒の日常生活上の世話及び生活指導に従事する。

［学校教育法施行規則］

第43条　小学校においては、調和のとれた学校運営が行われるためにふさわしい校務分掌の仕組みを整えるものとする。

第44条　小学校には、教務主任及び学年主任を置くものとする。

4　教務主任は、校長の監督を受け、教育計画の立案その他の教務に関する事項について連絡調整及び指導、助言に当たる。

5　学年主任は、校長の監督を受け、当該学年の教育活動に関する事項について連絡調整及び指導、助言に当たる。

第45条　小学校においては、保健主事を置くものとする。

4　保健主事は、校長の監督を受け、小学校における保健に関する事項の管理に当たる。

第46条　小学校には、事務主任を置くことができる。

4　事務主任は、校長の監督を受け、事務をつかさどる。

第47条　小学校においては、前3条に規定する教務主任、学年主任、保健主事及び事務主任のほか、必要に応じ、校務を分担する主任等を置くことができる。

第48条　小学校には、設置者の定めるところにより、校長の職務の円滑な執行に資するため、職員会議を置くことができる。

2　職員会議は、校長が主宰する。

第65条の2　医療的ケア看護職員は、小学校における日常生活及び社会生活を営むために恒常的に医療的ケア（人工呼吸器による呼吸管理、喀痰吸引その他の医療行為をいう。）を受けることが不可欠である児童の療養上の世話又は診療の補助に従事する。

第65条の3　スクールカウンセラーは、小学校における児童の心理に関する

支援に従事する。

第65条の4　スクールソーシャルワーカーは、小学校における児童の福祉に関する支援に従事する。

第65条の5　情報通信技術支援員は、教育活動その他の学校運営における情報通信技術の活用に関する支援に従事する。

第65条の6　特別支援教育支援員は、教育上特別の支援を必要とする児童の学習上又は生活上必要な支援に従事する。

第65条の7　教員業務支援員は、教員の業務の円滑な実施に必要な支援に従事する。

第70条　中学校には、生徒指導主事を置くものとする。

4　生徒指導主事は、校長の監督を受け、生徒指導に関する事項をつかさどり、当該事項について連絡調整及び指導、助言に当たる。

第71条　中学校には、進路指導主事を置くものとする。

3　進路指導主事は、指導教諭又は教諭をもつて、これに充てる。校長の監督を受け、生徒の職業選択の指導その他の進路の指導に関する事項をつかさどり、当該事項について連絡調整及び指導、助言に当たる。

第78条の2　部活動指導員は、中学校におけるスポーツ、文化、科学等に関する教育活動（中学校の教育課程として行われるものを除く。）に係る技術的な指導に従事する。

第81条　2以上の学科を置く高等学校には、専門教育を主とする学科ごとに学科主任を置き、農業に関する専門教育を主とする学科を置く高等学校には、農場長を置くものとする。

第82条　高等学校には、事務長を置くものとする。

3　事務長は、校長の監督を受け、事務をつかさどる。

［地方教育行政の組織及び運営に関する法律］

第21条　教育委員会は、当該地方公共団体が処理する教育に関する事務で、次に掲げるものを管理し、及び執行する。

一　教育委員会の所管に属する第30条に規定する学校その他の教育機関の設置、管理及び廃止に関すること。

二　学校その他の教育機関の用に供する財産の管理に関すること。

三　教育委員会及び学校その他の教育機関の職員の任免その他の人事に関すること。

四　学齢生徒及び学齢児童の就学並びに生徒、児童及び幼児の入学、転学

　　及び退学に関すること。

　五　学校の組織編制、教育課程、学習指導、生徒指導及び職業指導に関す
　　ること。

　六　教科書その他の教材の取扱いに関すること。

　七　校舎その他の施設及び教具その他の設備の整備に関すること。

　八　校長、教員その他の教育関係職員の研修に関すること。

　九　校長、教員その他の教育関係職員並びに生徒、児童及び幼児の保健、
　　安全、厚生及び福利に関すること。

　十　学校その他の教育機関の環境衛生に関すること。

　十一　学校給食に関すること。

第33条　教育委員会は、法令又は条例に違反しない限度において、その所管
　に属する学校その他の教育機関の施設、設備、組織編制、教育課程、教材
　の取扱その他学校その他の教育機関の管理運営の基本的事項について、必
　要な教育委員会規則を定めるものとする。

2　前項の場合において、教育委員会は、学校における教科書以外の教材の
　使用について、あらかじめ、教育委員会に届け出させ、又は教育委員会の
　承認を受けさせることとする定を設けるものとする。

第11章　教員の身分・服務と法

Ⅰ　教員の身分と資格

1　教員の身分

　戦前は、公立学校における教育はすべて「国の事務」と考えられ、公立学校教員は、国家の公務を担当するものとして、「官吏」の待遇と身分を有していた（ただし、教員給与は地方負担）。

　戦後は、地方自治の原則により、地方公共団体の行う教育事業は「地方の事務」と考えられるようになり、公立学校教員の身分・取扱いも改革され、昭和24年「**教育公務員特例法**」の制定により、学校教育法第1条で定める学校であって同法第2条に定める公立学校の校長、教員等は、地方公務員のうち「**教育公務員**」というものとされ、身分が切り替えられ、今日に至っている。

> ### コラム【教員の国家公務員化構想】
> 　昭和22年、政府の教育刷新委員会は、第3回建議において、「教員身分法案」の立案を提案し、「官・公・私立の学校を通じて教員はすべて特殊の公務員とする」という構想を提言したが、この建議は、国立学校教員に適用される国家公務員法、公立学校教員に適用される地方公務員法それぞれの「特例措置」としての「特例法」、最終的には、「**教育公務員特例法**」として、**教員の職務と責任の特殊性に基づく特例法**に結実した。また、昭和28年の第15回通常国会には、公立の義務教育諸学校の教職員をすべて国家公務員とし、その給与費は定員定額によって全額国庫負担とする「義務教育学校職員法案」が提出されたが、衆議院の解散により廃案となった経緯がある。

　昭和31年の「**地方教育行政法**」の制定に伴い、「市町村立学校職員給与負担法」の第１条及び第２条に規定する職員（市町村立の小学校、中学校、義務教育学校、中等教育学校の前期課程、特別支援学校、定時制の課程を置く高等学校の校長、教諭、事務職員等であって、給料その他の給与が都道府県の負担とされるもの）の任命権は、都道府県の教育委員会に属することとされ（いわゆる「**県費負担教職員制度**」）、公立の義務教育諸学校等の「教育公務員」の取扱いは、地方公務員制度上特例的なものとなっている。

　初等中等教育段階の学校の教員のうち、「国立学校」の教員は、平成15年の「国立大学法人法」の制定（16年度施行）に伴い、国とは別個の法人格を有する各国立大学法人の雇用する職員となり、「国家公務員法」が適用される公務員ではなくなった。ただし、刑法その他の罰則の適用についてのみ法令により公務に従事する職員とみなす、いわゆる「みなし公務員」の取扱いとなった。

　また、「私立学校」の教員は、私立学校法で定める学校法人の雇用する職員であり、それぞれ民間の雇用労働法制によって規律されるものである。

　「公立学校」の教員の身分取扱いのみが公務員制度の枠組みで規律され、地方公務員の身分取扱いに関する基本的な法律である「**地方公務員法**」及び教育公務員の職務と責任の特殊性に基づきその身分取扱い等について地方公務員法の特例を定める「**教育公務員特例法**」に基づく制度によることとなっている。

　教育基本法では、「法律に定める学校の教員は、自己の崇高な使命を深く自覚し、絶えず研究と修養に励み、その職責の遂行に努めなければならない」（第９条第１項）とされ、教員については、その使命と職責の重要性にかんがみ、その身分は尊重され、待遇の適正が期せられなければならない旨規定されており、国公私立を通じて学校の教員の教職の専門性を宣明し、その待遇の適正を要請している。

コラム【法律に定める学校の教員と「全体の奉仕者性」】

　旧教育基本法では、「法律に定める学校の教員は、全体の奉仕者であって、自己の使命を自覚し、その職責の遂行に努めなければならない」（第6条）と規定されていた。憲法第15条第2項では、「すべて公務員は、全体の奉仕者であつて、一部の奉仕者ではない」と規定されており、教員については国公立の学校の教員であろうと、私立学校の教員であろうと、法律に定める正規の学校の教員である限り、「全体の奉仕者」としての性格を保持するとの旧教育基本法第6条における「全体の奉仕者性」の規定は、「公務員性」を想起させることから削除されたが、国公私立を通じて教員の職務の公共性は従前と同様とされる。なお、公立学校の教員等については、「教育公務員特例法」において、**「教育を通じて国民全体に奉仕する教育公務員の職務とその責任の特殊性に基づき」**教育公務員の任免等について規定する旨明らかにしている点が特徴的である。

2　教員の資格と職務の公共性

　教員の資格要件としては、

① **積極的要件**としては、教育職員免許法上、教育職員は各相当の教員免許状を有する者でなければならない（第3条）、

また、

② **消極的要件**としては、学校教育法上、

㋐　禁固以上の刑に処せられた者、

㋑　教育職員免許法第10条第1項に定める公立学校教員であって懲戒免職・分限免職の処分を受けて免許状がその効力を失い、当該執行の日から3年を経過しない者、

㋒　教育職員免許法第11条に定める国立学校・私立学校の教員であって懲戒免職事由または分限免職事由に相当する事由により解雇され、免許状取り上げの処分を受け、3年を経過しない者、

㋓　日本国憲法施行の日以後において、日本国憲法またはその下に成立

　した政府を暴力で破壊することを主張する政党その他の団体を結成
　し、またはこれに加入した者、
は校長または教員となることができないとされている（第9条）。

```
┌─────────────────────────────────────────────────────┐
│ コラム【わいせつ行為等の防止と再免許授与の特例】
│
│　　令和3年の通常国会において、議員立法による「教育職員等による児童
│　生徒性暴力等の防止に関する法律」が成立した。この法律は、児童生徒等
│　の尊厳を保持するため、教育職員等による児童生徒性暴力等の防止等に関
│　する施策を推進し、もって児童生徒等の権利利益の擁護に資することを目
│　的とするものである。
│　　このため、法律では、児童生徒性暴力等の該当行為として、児童生徒等
│　に対するわいせつ行為等として懲戒免職処分の対象となりうる行為を列挙
│　するとともに、児童生徒性暴力等の防止に関する措置を定めている。
│　　また、児童生徒性暴力等を行ったことにより免許状が失効等した者につ
│　いては、その後の事情から再免許を授与するのが適当である場合に限り、
│　再免許を授与することができるとする再免許の特例が定められている。
└─────────────────────────────────────────────────────┘
```

　教員の職務は極めて高い公共性を有しており、とりわけ、公立学校の
教員は、「**教育を通じて国民全体に奉仕する教育公務員**」（教育公務員特
例法第1条）として「全体の奉仕者であって、一部の奉仕者ではない」
（憲法第15条）ことから、教員も一市民として享有する憲法的自由権に
ついて、職務の高い公共性の観点から、「**政治的行為の制限**」や「**争議
行為等の禁止**」など一定の制約を受けることはやむをえないとされる。
　特に、学校は、「**公の性質**」を有し、学校の教員は公共性の高い職務
を担うことから、教育における政治的中立の確保については、特段の措
置が講じられている。
　具体には、「**義務教育諸学校における教育の政治的中立の確保に関す
る臨時措置法**」（昭和29・6・3）では、義務教育の政治的中立の確保
と教育職員の自主性の擁護を目的として、国立、公立、私立を問わず

べての小・中学校、義務教育学校、中等教育学校の前期課程、特別支援学校の小・中学部（義務教育諸学校）における特定の政党を支持させる等の教育の教唆・扇動を法で禁止し、違反には罰則を科している。

　また、**公職選挙法**第137条においては、「教育者は、学校の児童、生徒及び学生に対する教育上の地位を利用して選挙運動をすることができない」旨、規定している（公務員の地位利用と同様に禁止）。

　なお、**公立学校の教育公務員の政治的行為の制限**については、当分の間、地方公務員法第36条の規定にかかわらず、**国家公務員の例による**とされている（罰則のみ国家公務員法適用せず）。

　教員の職務については、学校教育法上、「**児童生徒の教育をつかさどる**」（第37条第11項。第49条、第62条、第70条、第82条で準用）こととされているが、これは、**教諭の主たる職務を定めたものであり、教諭の職務は教育のみに限定されるわけではなく、また、教育を専権的に担う**ものでなく、**校務をつかさどる校長がその分掌を命ずる職務を分担する**ことも含まれるものである。

コラム【「教育をつかさどる」の意義】

　東京高裁判決（昭和42・9・29）では、「学校教育法第28条は教育活動を目的とする人的・物的要素の総合体である学校営造物の各種職員の地位を明らかにするため、その主たる職務を摘示した規定と解すべきであるから、同条第4項の規定を根拠として児童に対する教育活動以外は一切教諭の職務に属しないものと断ずることは許されない。もとより教諭は、児童生徒の教育を掌ることをその職務の特質とするのではあるが、その職務はこれのみに限定されるのではなく、教育活動以外の学校営造物の管理運営に必要な校務も学校の所属職員たる教諭の職務に属するものと解すべく……」と示している。

Ⅱ　教育公務員に関する制度

1　県費負担教職員制度

　初等中等教育の大宗を占める公立学校の教員は、地方公務員の身分を有する「**教育公務員**」であって、市町村が設置する公立小学校・中学校の教員は市町村の職員として、また、都道府県が設置する公立高等学校や特別支援学校の教員は都道府県の職員としての身分を有する。

　学校教育法第38条・第49条の定めるところにより、市町村は、その区域内にある学齢児童生徒を就学させるために必要な小中学校を設置する義務を負っており、学校教育法第5条に基づいて、公立学校の管理と経費の負担は設置者が負うことが原則とされている。この原則の大きな例外として、市町村立学校職員給与負担法により、市町村立小中学校等の教職員の給与負担は都道府県とされ、これに伴って、地方教育行政法により、**都道府県が給与負担する市町村立小中学校等の職員（「県費負担教職員」）の任命権は都道府県**（ただし、政令指定都市は除かれる）に属するとされている（地方教育行政法第37条第1項）。

　また、「県費負担教職員」の給与・勤務時間その他の**勤務条件は都道府県の条例で規定**することとされ（同法第42条）、一方、教職員の**服務監督は市町村教委**が行うこととされている（同法第43条第1項）。

　都道府県教委と市町村教委との間での県費負担教職員の任免その他の進退の調整は市町村教委の「**内申をまつて**」都道府県教委が行う仕組みとされている（同法第38条第1項）。

> **コラム【政令指定都市への権限移譲】**
> 　平成26年5月に第4次一括法（地域の自主性及び自立性を高めるための改革の推進を図るための関係法律の整備に関する法律）が制定され、教育関係の事務・権限について、都道府県から政令指定都市に移譲等が図られた。
> 　この法律により、「市町村立学校職員給与負担法」、「義務教育費国庫負

担法」、「公立義務教育諸学校標準法」の改正が行われ、政令指定都市における従来の県費負担教職員の給与等の負担と定数の決定、学級編制及び基準の決定に関する事務・権限が、都道府県から政令指定都市に移譲された。

　これにより、政令指定都市は、所管する公立の小中学校等に勤務する教職員について人事に関する権限のほか、新たに、給与、定数・学級編制の事務と権限も併せて担うこととなった。

コラム【同一市町村内の教員の転任】

　平成19年３月の中教審答申「教育基本法の改正を受けて緊急に必要とされる教育制度の改正について」において、「県費負担教職員の人事に関し、都道府県教育委員会は、市町村教育委員会の意向をできるだけ尊重するとともに、**同一市町村内における転任については、市町村教育委員会の意向に基づいて行うものとする**」と提言されたことを受けて、地方教育行政法の一部改正により、同一市町村内における教員の転任については、都道府県教育委員会は、市町村教育委員会の「**内申に基づき**」行うものとされ、教育の分権化、現場主義化が推進された。

2　教員の採用

　一般職地方公務員の身分取扱いの基本を定めている地方公務員法では、一般職の地方公務員の場合は、採用のための能力の実証は原則として人事委員会が行う競争試験による（第17条）とされる一方、公立学校の教員の採用については、教員の職務と責任の特殊性に基づきその身分取扱い等について地方公務員法の特別法として設けられている教育公務員特例法では、**教員の採用は選考によるものとし、その選考は任命権者である教育委員会の教育長が行う**こととされている（第11条）。

　教員に採用後の「条件付採用期間」は、一般の地方公務員が６月の期間のところ（地方公務員法第22条）、教員については、昭和61年４月の臨時教育審議会の「教育改革に関する第２次答申」の提言に基づき、

「初任者研修制度」が創設されたことに伴い、**教員の条件付採用期間は6カ月から1年に延長された**（教育公務員特例法第12条、第23条）。

3　教員の研修

　教員の研修については、一般の地方公務員の場合には、「勤務能率の発揮及び増進のために、研修を受ける機会が与えられなければならない」（地方公務員法第39条）とされ、この研修は任命権者が行うものとされている。

　一方、教育基本法第9条第1項の規定により、教員は、自己の崇高な使命を深く自覚し、絶えず研究と修養に励み、その職責の遂行に努めなければならないと定められており、教員には、職責遂行上、研修は不可欠とされている。また、教育公務員の場合には、**教育公務員特例法**において、「**教育公務員は、その職責を遂行するために、絶えず研究と修養に努めなければならない**」（第21条第1項）とされ、教育公務員自身に研修の努力義務を課している。

　さらに、「教育公務員には、研修を受ける機会が与えられなければならない」（第22条第1項）とし、「授業に支障のない限り、**本属長の承認を受けて、勤務場所を離れて研修を行うことができる**」（**教育公務員特例法第22条第2項**）とともに、「**現職のままで、長期にわたる研修を受けることができる**」（同法第22条第3項）など研修の必要性と研修機会の付与については一般の公務員と比べ配慮されている。

　教育公務員の研修は、①職務命令による研修、②職務専念義務の免除による研修、③勤務時間外の自主研修の3つに大別できる。

　職務命令による研修とは、職務として行う研修であり、服務監督権者（公立小中学校にあっては市町村教育委員会）の職務命令により行われるものである。

　この場合、服務監督者は当該研修が教員の職務と密接な関係があり、職務遂行上も有益であり、職務遂行と同等のものと評価できるかどうか、また、研修の受講が学校運営上支障ないかどうかを判断した上で、

研修を命じることとなる。

　なお、地方公務員法第39条第2項において地方公務員の研修は当該地方公共団体の任命権者が行うものとされているが、地方教育行政法では、県費負担教職員の研修については、任命権者たる都道府県教委に加えて、市町村教委も行うことができることとされている（第45条第1項）。

　職務専念義務の免除による研修とは、教育公務員特例法上、授業に支障のない限り、本属長（学校長）の承認を受けて、勤務場所を離れて研修を行うことができることとされる研修のことをいう。

　この職務専念義務の免除による研修は、通例、長期休業期間中などに行われることが多いのが実際であるが、研修である限り、職務研修に準ずる内容が求められているといえる。

　自主研修は、教育公務員特例法上、「その職責を遂行するために、絶えず研究と修養に努める」べき立場にある教員としては、勤務時間外に自主的に研修を行うことは、また、大いに期待されるところである。

　なお、これらのほか、教育公務員については、任命権者の定めるところにより、現職のままで、長期にわたる研修を受けることができる（教育公務員特例法第22条第3項）とされ、現職の教員としての身分を保有し、給与を受けながら、大学院等の内地留学や海外留学の研修を受けることができる。

　また、教育公務員については、任命権者の許可を受けて、3年を超えない範囲内で**大学院の課程等に在学してその課程を履修するための休業をすることができる制度が整備されている**（同法第26条）。

　この場合、大学院修学のための休業に際しては、地方公務員としての身分は保有するが、職務に従事しない取扱いとなり、この間の給与は支給しないこととされている（同法第27条）。

　このほか、「**初任者研修制度**」（採用後1年間の教諭の職務の遂行に必要な事項に関する実践的な研修）と並ぶ教育公務員特例法上の「**法定研修**」として、**10年経験者研修**が制度化されている（第24条）。この10年

経験者研修は、平成14年の中央教育審議会の答申において、教職経験が10年を経過した教員に対して、得意分野づくりを促したり、必要な指導力を補うなど、個々の教員の力量に応じた研修を実施することが提言されたことを受けて、教育公務員特例法が改正され、平成15年度から実施されているものである。

この研修は、①個々の教員の能力・適性等について、事前に評価を行い、その結果を踏まえ、個々に応じた研修を実施するものであること、②研修実施後にその成果を検証し、その後の指導や研修に生かすことが期待されている点に特徴があるといえる。

なお、「10年経験者研修」については、この制度に替わって、新たに、平成28年の教育公務員特例法の改正により、公立小学校等の中堅教諭等の資質向上を図るための「中堅教諭等資質向上研修」が設けられた（第24条1項）。中堅教諭等資質向上研修は、従来の10年経験者研修と教員免許状更新講習の時期等の重複による教員の負担などが指摘されたことを受けて設けられたものであり、したがって、この研修は、それぞれの地域の実情に応じて任命権者が実施できるよう、実施時期の弾力化が図られている。

中堅教諭等資質向上研修は、学校運営に中核的な役割を果たすことが期待される中堅教諭等としての職務を遂行する上で必要とされる資質の向上を図るための研修であり、中堅教諭等の個々の能力、適性等に応じて実施され、任命権者（県費負担教職員については市町村教委員会）は、研修を受ける者の能力、適性等について評価を行い、その結果に基づき、当該教諭ごとに研修に関する計画書を作成することとなっている（改正教育公務員特例法第24条2項）。

> コラム【教師の研修の「権利性」について】
> 　「教師研修が……教育行政・学校管理当局に対し研修時間の保障など自主的研修の条件整備を要求する権利性が生ずる。……そしてそれは、「教師の教育権」の原理と有機的一体のものである。また制度的には、教師の

自主研修権は主に教師自らが決める「自主研修」の権利を指すが、教育行政当局が計画する「行政研修」に関する教師の自主性の保障をも含むことになろう」（兼子仁著『教育法』）と教師の研修の権利性を主張する向きがある。

　これについては、「教育公務員特例法等の規定は、一般公務員の研修とは異なる表現をとっているが、公教育という職務遂行との関連性を強く捉えて、それを一般公務員とは異なる角度、すなわち、教員個人の自主性、能動性に期待するという観点から規定したものであり、特別の権利を付与したものと解することはできない」（鈴木勲著『教育法規の理論と実際』）とされる。

　判例（札幌高裁判決─校長の承認のないまま「教組教研」に参加した教員への給与減額事件　昭和52・2・10）においても、「自主的研修は、本来これを行う者の自発的意思にかかわる自己研鑽の意義を有する事柄であって、それは時間的、場所的に拘束されるものではなく、内容的にも意思を離れては無定量、無限定のものというべきであるから、その義務は性質上職業倫理として要求され得るにとどまり、具体的に法的義務としてこれを要求するには、適さず、したがってこれに対応する権利としても具体的にこれを保障するには親しまないというべきである」と示している。

4　教員育成指標と教員研修計画

　平成28年の教育公務員特例法の改正により、新たに、校長及び教員の資質の向上に関する指標（いわゆる「**教員育成指標**」）と、この指標を踏まえた「**教員研修計画**」を策定することが規定された（平成29年4月より施行）。

　教員育成指標とは、公立の小学校等の校長及び教員（以下、教員等）の任命権者が、当該教員等の職責、経験及び適性に応じて向上を図るべき教員等としての資質の向上に関して定める指標をいう（改正教育公務員特例法第22条の3）。

　任命権者が教員育成指標を定めるに当たっては、**文部科学大臣が定める指標の策定に関する指針**（同法第22条の2）を参酌し、その地域の実

情に応じて定めるものとされる。また、任命権者が教員育成指標を定
め、またはこれを変更しようとするときは、任命権者と関係大学等を
もって構成される、教員等の資質の向上に関して必要な事項について協
議を行うための協議会（いわゆる「**教員育成協議会**」）において、あら
かじめ協議するものとされる（同法第22条の5）。

　次に、任命権者は、教員育成指標を踏まえ、当該教員等の研修につい
て、毎年度、体系的かつ効果的に実施するための「教員研修計画」を定
めるものとされる（同法第22条の4）。この研修計画には、初任者研修
や中堅教諭等資質向上研修等の「任命権者実施研修」に関する基本的な
方針、体系や時期・方法・施設に関する事項などが定められる。

5　教員の給与・勤務条件

　県費負担教職員の給与、勤務時間その他の勤務条件については、都道
府県の条例で定める（地方教育行政法第42条）こととなっており、これ
も、一般職の地方公務員の勤務条件については、当該職員が属する地方
公共団体の条例で定める（地方公務員法第24条第6項）こととなってい
ることの例外である。これは、県費負担教職員の身分取扱いを、都道府
県内同一の基準によって統一的に行い、適正な人事管理を期するための
ものである。

　公立学校の教員給与については、学校教育の全国的水準の維持確保の
ため、教員の待遇の全面的統一が要請されることから、**従前は、「国立
学校」の教育公務員の給与の種類と額を基準として定めることとされて
いた**（「**国立学校準拠制**」旧教育公務員特例法第25条の5）。

　しかしながら、平成16年度から国立大学が法人化されたことにより、
国立大学の附属学校（国立学校）の教員が国家公務員の地位を離れ「非
公務員」となったことから、公立学校の教員がよるべき国立学校の教員
給与の基準そのものがなくなった。

　その結果、新たに、**公立学校の校長及び教員の給与は、これらの者の
職務と責任の特殊性に基づき条例で定めるものとする**とされ（教育公務

員特例法第13条第１項）、各都道府県の給与条例において、教員の職務と責任の特殊性に基づき、地域ごとの実態を踏まえて給料や諸手当の額を主体的に定めることができるようになった。

　また、教員給与については、昭和49年制定の「**学校教育の水準の維持向上のための義務教育諸学校の教育職員の人材確保に関する特別措置法**」（人材確保法）により、教職に優れた人材を確保するために、「義務教育諸学校の教育職員の給与については、一般の公務員の給与水準に比較して必要な優遇措置が講じられなければならない」（同法第３条）とされ、これにより、**義務教育等教員特別手当**を含む給与の優遇措置が講じられてきている。

コラム【教職員給与と行財政改革】

　「骨太方針2006」（閣議決定）においては、「文教予算については、子どもの数の減少及び教員の給与構造改革を反映しつつ、……これまで以上の削減努力を行う。……義務教育費国庫負担金については以下の見直しを行う。ウ）人材確保法に基づく優遇措置を縮減するとともに、メリハリをつけた教員給与体系を検討する」とされた。また、「簡素で効率的な政府を実現するための行政改革の推進に関する法律」（平成18年制定）では、「政府は、学校教育の水準の維持向上のための義務教育諸学校の教育職員の人材確保に関する特別措置法の廃止を含めた見直し、その他公立学校の教職員の給与のあり方に関する検討を行い、平成18年度中に結論を得て、平成20年４月を目途に必要な措置を講ずるものとする」（第56条第３項）と規定され、教職員給与のあり方の見直しを求める動きが高まっている。

6　教員の職務の特殊性と「給特法」

　教員の職務は自発性・創造性に期待する面が大きく、一般の公務員と同様な時間管理を行うことは必ずしも適当ではなく、とりわけ時間外勤務手当は教員にはなじまないとの考えの下、教員の職務と勤務態様の特殊性を踏まえ、昭和46年に「**国立及び公立の義務教育諸学校等の教育職員の給与等に関する特別措置法**」（給特法）が制定された。

これにより、

①　勤務時間の内外を包括的に評価して一律の「**教職調整額**」（給料月額の４％）を支給すること、

②　時間外勤務手当、休日勤務手当を支給しないこと、

③　時間外勤務命令はいわゆる「**超勤４項目**」（①校外実習その他生徒の実習に関する業務、②修学旅行その他学校の行事に関する業務、③職員会議に関する業務、④非常災害の場合、児童生徒の指導に関し緊急の措置を必要とする場合その他やむを得ない場合に必要な業務）であって臨時または緊急のやむを得ない必要があるときに限定することとされ、国立大学が法人化されたことにより、国立大学の付属学校が本法の適用対象外とされたことを除き、今日まで本制度は堅持されているが、制度の理念と実態にかい離が生じてきていることから見直しが行われた（下記コラム参照）。なお、国立大学法人法の制定に伴う「給与特別措置法」の改正により、教育職員には「その者の給料月額の100分の４に相当する額を基準として、条例で定めるところにより、**教職調整額を支給しなければならない**」と改められ、４％を基準として条例で定めることとされている。

> **コラム【公立の義務教育諸学校等の教育職員の給与等に関する特別措置法の改正】**
>
> 　令和元年12月、学校における働き方改革を推進するため、給特法（公立の義務教育諸学校等の教育職員の給与等に関する特別措置法）が改正され、①文部科学大臣が教育職員の業務量の適切な管理等に関する指針を策定するとともに（令和２年４月施行）、②公立学校の教育職員について、地方公共団体の条例に基づき１年単位の変形労働時間制が実施できるようになった（令和３年４月施行）。
>
> 　文部科学大臣が策定する「指針」では、これまで勤務時間管理の対象とされてこなかった「超勤４項目」以外の業務を行う時間も含め、教育職員が学校教育活動に関する業務を行う時間として外形的に把握できる時間を「在校等時間」として、勤務時間管理の対象にするとともに、在校等時間

から所定の勤務時間を除いた時間、いわゆる残業時間の上限について、特別の事情により業務を行わざるを得ない場合を除き、1か月間では45時間以内、1年間では360時間以内とするなど、民間と同様の勤務時間管理の上限が設定された。

　また、給特法の改正により新たに導入された「1年単位の変形労働時間制」は、教員の勤務態様が、授業期間と長期休業期間に繁閑の差があることから、学期中に所定の勤務時間を超えて勤務することを可能とする一方で、かつて行われていた夏休み中の休日のまとめ取りのように集中して休日を確保することができるよう、地方公共団体の判断により導入が可能となった。

7　教員の勤務評定と教員評価

　地方公務員の**勤務成績の評定**については、地方公務員法上、「任命権者は、職員の執務について定期的に勤務成績の評定を行い、その評定に応じた措置を講じなければならない」（第40条第1項）とされる。

　一方、県費負担教職員については、地方教育行政法の定めるところにより、都道府県教育委員会の計画の下に、市町村委員会が行うこととされている（同法第46条）。

　平成13年の「**公務員制度改革大綱**」（閣議決定　平成13・12・25）では、能力・職責・業績を反映した新給与制度の確立を図るため、現行の勤務評定制度に替え、「**能力評価**」と「**業績評価**」からなる公正で納得性の高い新たな評価制度の導入を提言し、全体として平成18年度を目途に新たな制度に移行することを目指すことが決定された。

　平成17年の中教審の答申（「新しい時代の義務教育を創造する」　平成17・10・26）では、「**学校教育や教師に対する信頼を確保するために、教員評価への取り組みが必要である**」とされ、「教師の評価は、民間企業で行われるような成果主義的な評価はなじみにくいという**教師の職務の特殊性等に留意しつつ、単に査定をするのではなく、教師にやる気と自信をもたせ、教師を育てる評価であることが重要**」と提言された。

　さらに、平成19年の中教審答申（「今後の教員給与の在り方について」平成19・3・29）では、教育の質の向上のためには、個々の教員の質の向上が不可欠であるとの認識に立って、「今後とも、各任命権者が進めている教員評価の取組を一層促進し、教員一人一人の能力や業績を適正に評価し、教員に意欲と自信を持たせ、育てていく必要がある」とし、「その評価結果を、任用や給与上の措置などの処遇に適切に反映させるように促し、教員の指導力や勤務実績が処遇上も報われるようにしていくことが必要である」と提言され、各都道府県における教員評価の取り組みが推進されている。

　これらさまざまな議論や検討を受けて、平成26年5月、**地方公務員法及び地方独立行政法人法の一部を改正する法律**が成立し、地方公務員について、「**人事評価制度**」の**導入**により、能力及び実績に基づく人事管理の徹底を図ることなどが定められた（平成28年4月1日から施行）。

　これまで公立学校教職員については、他の一般職の地方公務員と同様、地方公務員法第40条により、任命権者が、その職員の執務について定期的に勤務成績の評定を行い、その評定の結果に応じた措置を講じるものとされてきた。

　改正地方公務員法では、**任命権者**は、**勤務成績の評定に代えて、人事評価を行う権限を有する**ことを明らかにするとともに、職員がその**職務を遂行するに当たり発揮した能力及び挙げた業績を把握した上で行われる「人事評価制度」を導入し、これを任用、給与、分限その他の人事管理の基礎とすることを規定している**（第6条）。

　改正地方公務員法第23条では、「**人事評価の根本基準**」として、①職員の人事評価は公正に行われなければならないものとすること、②任命権者は、人事評価を任用、給与、分限その他の人事管理の基礎として活用するものとすることを定めている。

　また、人事評価の実施については、①任命権者は、職員の執務について定期的に人事評価を行わなければならないこと、②人事評価の基準及び方法に関する事項その他人事評価に関し必要な事項は任命権者が定め

ることを規定している（改正地方公務員法第23条の２）。ただし、**県費負担教職員の人事評価については**、**都道府県教育委員会の計画の下に市町村教育委員会が行うものとされる**（地方教育行政法第44条）。

　さらに、人事評価に基づく措置について、任命権者は、人事評価の結果に応じた措置を講じなければならないとするとともに（改正法第23条の３）、人事委員会は、人事評価の実施に関し、任命権者に勧告することができるものとされている（改正法第23条の４）。

　なお、職員が、人事評価または勤務の状況を示す事実に照らして、勤務実績がよくない場合は、その意に反して、これを降任し、または免職することができるものとされている（改正法第28条第１項）。

　従来の勤務評定については、「評価項目が明示されない」、「上司からの一方的な評価で結果を知らされない」、「人事管理に十分活用されない」などの問題点が指摘されていたが、新しい人事評価制度は、能力・業績の両面から評価を行うとともに、評価基準の明示や自己申告、面談、評価結果の開示などの仕組みにより客観性等を確保し、人材育成にも活用できるものであるとされる。

Ⅲ　教育公務員の服務等

　公立学校の教員は、「全体の奉仕者として公共の利益のために勤務し、且つ、職務の遂行に当たっては、全力を挙げてこれに専念しなければならない」義務が、公務員としての「**服務の根本基準**」として課せられている（地方公務員法第30条）。

　公立学校の教職員の服務の監督は、当該学校を管理する教育委員会が行うこととされ（地方教育行政法第21条第３号）、「県費負担教職員」については、公立小中学校の設置・管理主体である市町村の教育委員会が服務監督に当たることとされている（同法第43条第１項）。

　教育公務員としての服務義務としては、①**職務上の義務**（法令・職務命令に従う義務、職務専念義務）と②**身分上の義務**（信用失墜行為の禁

止、守秘義務、政治的行為の制限、争議行為の禁止、営利企業等への従事制限）がある。

1　職務上の義務

①　法令・上司の職務命令に従う義務（地方公務員法第32条）

　　職員はその職務遂行に当たり、法令、条例、地方公共団体の規則等に従う義務、及び上司の職務上の命令に従う義務がある。

　　「上司」とは、その職員との関係で指揮監督をする権限を有する者をいい、教職員については、所属する学校の校長・教頭（副校長、主幹教諭も設置される場合には「上司」に含まれる）ならびに学校を設置する地方公共団体の教育委員会及び教育長などがこれに当たる。

　　職務命令が有効である要件は、ⓐ権限ある上司から発せられたこと、ⓑ命ぜられた職員の職務に関するものであること、ⓒ職務命令の内容が事実上または法律上不可能なことを命ずるものでないこととされる。

> コラム【職務命令の効力に関する判例】
>
> 　「職務命令は一応適法の推定を受けるが、重大かつ明白な瑕疵を有するときは無効となり、その無効を受命公務員は判断できる」（最高裁　昭和53・11・14）
>
> 　「学力調査およびその実施に関する職務命令は、社会通念上重大かつ明白な瑕疵がない以上、教職員は右職務命令に従う義務がある」（仙台高裁昭和44・2・19）

②　職務専念義務（地方公務員法第35条）

　　職員は法律または条例に特別の定めがある場合を除くほか、その勤務時間及び職務上の注意力のすべてをその職責遂行のために用い、当該地方公共団体がなすべき責を有する職務にのみ従事しなければならない。

　法令による義務の免除の主なものとしては、教育公務員特例法第22条第2項の「**勤務場所を離れて行う研修**」（職務専念義務免除研修）などがある。

> **コラム【職務専念義務と休業期間中の勤務】**
> 　判例（懲戒処分取消請求事件札幌地裁判決　昭和49・7・29）では、「右期間（春休み等の休業期間）につき、職務に服すべき義務の全部または一部が免除されたと解すべき特段の根拠はないのであって、右期間中といえども年次有給休暇中や義務免が与えられた場合のように、教員が勤務から全く解放された状態にあるものということは到底できない。……**休業期間中といえども服務の義務を負う点においては平常と変わりがないと**いうべきである。……したがって、勤務時間に相当する時間内にかかる行動をとることは、有給休暇をとり、又は義務免の承認を得た場合等の特段の事由が存するものでない限り教員の職務専念義務（地公法第35条）に違背するものといわなければならない」とされている。

2　身分上の義務

①　信用失墜行為の禁止（地方公務員法第33条）

　職員は、その職の信用を傷つけ、または職員の職全体の不名誉となるような行為をしてはならないとされており、職員の職務に関連した非行に限らず、職務と関係のない非行についても、その職の信用を傷つけることには変わりがなく、同様に禁止される。その意味で、勤務時間内外の非行行為が禁止される（例　飲酒運転による事故、セクハラ行為等も含まれる）。

②　秘密を守る義務（地方公務員法第34条）

　職員は職務上知り得た秘密を漏らしてはならない。その職を退いた後も、また、同様とする。「秘密」とは、一般的に了知されていない事実であって、それを一般に了知せしめることが一定の利益の侵害となると客観的に考えられるものをいう。

　　具体的に職員が職務において知り得た事柄のうちどれが秘密に当たるかは、社会通念に照らして個別に判断することとなる。学校の場合、入学試験問題、児童生徒の成績、健康診断の記録、家庭状況調査書や指導要録など、さまざまのものが秘密事項に該当する。

　　また、教員が職務上知り得た秘密を漏らした場合には、懲戒処分の対象となるほか、刑罰を課される（地方公務員法60条2号）。

　　なお、児童虐待防止法6条に規定される、児童虐待を受けたと思われる児童を発見した場合の通告義務については、守秘義務の規定は、**通告義務の遵守を妨げるものと解釈してはならない**とされる。

③　**政治的行為の制限**（地方公務員法第36条、教育公務員特例法第18条）

　　行政の中立的運営を確保する観点から、教育公務員を含め公務員には一定の政治的行為が禁止されている。そのうち、公立学校教員については、「**教育を通じて国民全体に奉仕する**」ものであることから、地方公務員法第36条の規定にかかわらず、教育公務員特例法第18条により、**国家公務員の例による**こととされている。すなわち、一般の地方公務員は、所属する自治体の区域外においては特定の政治的行為を行うことが認められているのに対して、公立学校教員については、国家公務員と同様、地域を問わず政治的行為が制限される。公務員の身分に基づく制限のため勤務時間の内外を問わず政治的行為を制限されるものである。

コラム【公務員の中立性と政治的行為の制限】

　　判例（全逓猿払事件最高裁判決　昭和49・11・6）では、「行政の中立的運営とこれに対する国民の信頼を確保するため、公務員の政治的中立性を損うおそれのある政治的行為を制限することは、まさしく憲法の要請に応え、公務員を含む国民全体の共同利益を擁護するための措置にほかならず、またその禁止が公務員の職種・職務権限、勤務時間の内外、国の施設の利用の有無等を区別せず、あるいは行政の中立的運営を直接・具体的に損う行為に限定されないとしても違憲とはならず、さらにその禁止違反に

{ 対する罰則も許される」と示されている。 }

④　**争議行為等の禁止**（地方公務員法第37条）

　　公立学校の教職員は、公務員としてその使用者たる住民に対し同盟罷業、怠業その他の争議行為をし、または地方公共団体の機関の活動能率を低下させる怠業的行為を行うことを禁止されている（全面一律禁止）。何人もこのような行為を企てたり、遂行を共謀したり、そそのかしたり、あおったりすることを禁止するとともに、違反者に対しては刑事罰を科するものとしている（同法第61条第４号）。

　　公務員にも憲法第28条にいう**労働基本権**が基本的には認められているが、公務員については、①公務員の従事する職務の公共性と住民全体に対し労務提供義務を負うという地位の特殊性、②法律・条例でその主要な勤務条件が定められその身分が保障されていること、③人事院制度などの適切な代償措置が講じられていること等によりその争議権には制約が課されている。

コラム【職務の公共性と争議行為の禁止】

　　判例（岩手教組事件最高裁判決　昭和51・5・21）では、「当裁判所が、いわゆる全農林事件大法廷判決において示した、非現業国家公務員の労働基本権、特に争議権の制限に関する憲法解釈についての基本的見解は、今日においても変更の必要をみとめない。そして、右見解における法理は、非現業地方公務員の場合にも妥当する。すなわち、**地方公務員も憲法28条にいう勤労者であるが、その労働基本権は、国家公務員の場合と同様に、地方公務員を含む地方住民全体ないし国民全体の共同利益のため、これと調和するよう制限されることもやむをえない。**そして、地方公務員法上設けられた代償措置は制度上右制限に見合うものとしての一般要件を備えていると認められる。それ故、地方公務員法37条1項は憲法28条に違反しない」と示されている。

⑤　**営利企業への従事等の制限**（地方公務員法第38条、教育公務員特例
法第17条）

　　地方公務員は、全体の奉仕者として公共の利益のために勤務しなけ
ればならず、職務の遂行に当たっては全力をあげてこれに専念すべき
義務を負っている。

　　そのため、地方公務員法38条の「**営利企業への従事等の制限**」によ
り、勤務時間の内外を問わず、原則として営利企業に従事等すること
が禁止されている。

　　ただし、教育公務員については、教育に関する他の職を兼ね、教育
に関する他の事業もしくは事務に従事することが本務の遂行に支障が
ないと任命権者（この場合、県費負担教職員については市町村教委が
任命権者として対応）において認める場合には、給与を受け、または
受けないで、その職を兼ね、またはその事業もしくは事務に従事する
ことができる（教育公務員特例法第17条）。

コラム【ハラスメントの防止】

　　男女雇用機会均等法及び育児・介護休業法により、事業主は、職場にお
けるセクシュアル・ハラスメント（セクハラ）及び妊娠・出産・育児休
業・介護休業等に関するハラスメント（マタハラ等）についての防止措置
を講ずることが義務付けられているが、令和元年の両法の改正により、セ
クハラ、マタハラ等の防止対策が強化された（令和2年6月施行）。具体
的には、事業主及び労働者の責務を法律上明記するとともに、事業主に相
談等をした労働者に対する不利益な取扱いの禁止などが定められている。

　　また、令和元年、労働施策総合推進法が改正され、職場におけるパ
ワー・ハラスメント（パワハラ）防止のために、事業主に雇用管理上の必
要な措置を講じることが義務付けられた（令和2年6月施行）。改正法の
規定により定められる指針（事業主が職場における優越的な関係を背景と
した言動に起因する問題に関して雇用管理上講ずべき措置等についての指
針）に基づき、学校教育においても、事業主である教育委員会及び校長に
は、健全な職場環境を確保し教職員の利益を保護するため、パワハラ防止
等の措置を講ずることが求められている。

Ⅳ　教育公務員の身分保障と不利益処分

　教育公務員の職務は、公の性格を有していることから、一定の身分上・服務上の義務が課されている反面、法令等により身分保障がなされており、**任命権者は、法令等で定める以外には、当該公務員に対して不利益処分を行うことはできないこととされている。**

　地方公務員法第27条では、「すべて職員の分限及び懲戒については、公正でなければならない」（第1項）と定め、「職員は、この法律で定める事由による場合でなければ、その意に反して、降任され、若しくは免職されず、この法律又は条例で定める事由による場合でなければ、その意に反して、休職されず、又、条例で定める事由による場合でなければ、その意に反して降給されることがない」（第2項）また、「職員は、この法律で定める事由による場合でなければ、懲戒処分を受けることがない」（第3項）とされている。

1　職員の分限処分

　職員の「**分限処分**」は、公務員の身分の不利益な変動をもたらす処分であり、地方公務員法上では、

①　人事評価または勤務の状況を示す事実に照らして、勤務実績がよくない場合、

②　心身の故障のため、職務の遂行に支障があり、またはこれに堪えない場合、

③　その他、**その職に必要な適格性を欠く場合、**

④　職制もしくは定数の改廃または予算の減少により廃職または過員を生じた場合

には、その意に反して、これを**降任**し、または**免職**することができる。

　さらに、

①　心身の故障のため、長期の休養を要する場合、

②　刑事事件に関し起訴された場合

には、その意に反してこれを**休職**することができると定めている（地方公務員法第28条第1項）。

　なお、平成19年の教育公務員特例法の一部改正により、公立の小学校等の教諭等であって、児童生徒等に対する指導が不適切であると認定した教諭等に対して、任命権者は「**指導改善研修**」（原則1年間、ただし特に必要がある場合2年を超えない範囲で延長）を実施しなければならないこととされている（第25条）。

　また、指導改善研修の終了時に指導の改善の程度に関する認定を行い、当該認定において指導の改善が不十分でなお児童生徒等に対する指導を適切に行うことができないと認める教諭等に対して、免職その他の必要な措置を講ずることが定められている（第25条の2）。

　分限免職処分を受け、すでに教員としての身分を失った者について、明らかに教員としての資質能力に問題があると認められる場合に、当該者に引き続き教員免許状を保持させておくことは、教員免許状や教員に対する信頼を著しく損なうことにつながるおそれがある。

　このため、教員としての適格性を欠く場合などの理由により分限免職処分を受けた者の免許状を失効とすることが必要との提言（中教審答申「教育基本法を受けて緊急に必要とされる教育制度の改正について」平成19・3・10）を受けて、平成19年の教育職員免許法の一部改正により、公立学校の教員であって地方公務員法第28条第1項（勤務実績がよくない場合）または第3項（その職に必要な適格性を欠く場合）に該当するとして**分限免職処分を受けたとき、その免許状は効力を失う**こととなった（教育職員免許法第10条第1項第3号）。

> ## コラム【「適格性を欠く場合」とは】
> 　判例（行政処分取消請求事件最高裁判決　昭和48・9・14）では、「地方公務員法第28条第1項3号にいう『その職に必要な適格性を欠く場合』とは、当該職員の簡単に矯正することのできない持続性を有する素質、能力、性格等に基因してその職務の円滑な遂行に支障があり、または支障を

生ずる高度の蓋然性が認められる場合をいうものと解されるが、この意味における適格性の有無は、当該職員の外部にあらわれた行動、態度に徴してこれを判断するほかはない」とされ、また、教育公務員にかかる判例（分限免職処分無効確認請求控訴事件福岡高裁宮崎支部判決　昭和41・10・31）では、「控訴人は教員の経験を積んではいたけれども、遺憾ながら教師として最も重要な職務内容と目される教科学習に関する指導面においてその指導能力、方法、内容等が他の一般教員に比して著しく劣り、その職責を充分尽くすことができなかったばかりでなく、勤務状況も怠慢で節度がなく、校長の再三にわたる指示にも従わず、その上、生活態度もきわめて放恣に流れ教師たるに相応しい品位に欠ける行動が多く、性格的にも個性が強すぎて他との協調性に乏しく、また、大多数の父兄からもその信頼を失っていたことが認められ、しかもこのような諸欠陥の矯正は控訴人の年齢、素質、性格、能力等から考えて容易にこれを期待できないものと思料されるから、これらの各事情に総合勘案すれば、控訴人の勤務実績は不良で且つ教職員に必要な適格性を欠くと判断されても已むを得ないものといわなければならない」との判断が示されている。

2　職員の懲戒処分

　職員の「**懲戒処分**」は、公務員の服務義務違反に対する制裁であり、地方公務員法上では、

①　地方公務員法、教育公務員特例法またはこれに基づく条例・規則・規程に違反した場合、

②　職務上の義務に違反し、または職務を怠った場合、

③　全体の奉仕者たるにふさわしくない非行のあった場合

には、これに対して懲戒処分として、**その程度に応じて戒告、減給、停職または免職の処分をすることができる**と定めている（第29条第1項）。

　どの処分を行うかについては、その処分が全く事実上の根拠に基づかないと認められる場合または社会観念上著しく妥当性を欠き裁量権の範囲を超えるものと認められる場合を除き、**懲戒権者の裁量**に任されている。

　なお、公立学校の教員が非違行為の結果として懲戒免職の処分を受けると、教育職員免許法第10条第１項第２号の規定に基づき、その免許状は失効することとなる。

コラム【懲戒処分と懲戒権者の裁量】

　判例（懲戒免職処分取消請求求事件最高裁判決　昭和32・5・10）では、「行政庁における公務員に対する懲戒処分は所属公務員の勤務についての秩序を維持し、綱紀を粛正して公務員としての義務を全からしめるため、その者の職務上の義務違反その他公務員としてふさわしくない非行に対して所謂特別権力関係に基く行政監督権の作用であって、**懲戒権者が懲戒処分を発動するかどうか、懲戒処分のうちいずれの処分を選ぶべきかを決定**することは、その処分が全く事実上の根拠に基かないと認められる場合であるか、もしくは社会観念上著しく妥当を欠き懲戒権者に任された裁量権の範囲を超えるものと認められる場合を除き、懲戒権者の裁量に任されているものと解するのが相当である」と示されている。

参照条文（抄）

［憲法］

第15条　公務員を選定し、及びこれを罷免することは、国民固有の権利である。

②　すべて公務員は、全体の奉仕者であって、一部の奉仕者ではない。

［教育基本法］

第９条　法律に定める学校の教員は、自己の崇高な使命を深く自覚し、絶えず研究と修養に励み、その職責の遂行に努めなければならない。

２　前項の教員については、その使命と職責の重要性にかんがみ、その身分は尊重され、待遇の適正が期せられるとともに、養成と研修の充実が図られなければならない。

［地方公務員法］

第23条　職員の人事評価は、公正に行われなければならない。

２　任命権者は、人事評価を任用、給与、分限その他の人事管理の基礎として活用するものとする。

第23条の２　職員の執務については、その任命権者は、定期的に人事評価を行わなければならない。

２　人事評価の基準及び方法に関する事項その他人事評価に関し必要な事項は、任命権者が定める。

３　前項の場合において、任命権者が地方公共団体の長及び議会の議長以外の者であるときは、同項に規定する事項について、あらかじめ、地方公共団体の長に協議しなければならない。

第23条の３　任命権者は、前条第１項の人事評価の結果に応じた措置を講じなければならない。

第23条の４　人事委員会は、人事評価の実施に関し、任命権者に勧告することができる。

第24条　職員の給与は、その職務と責任に応ずるものでなければならない。

６　職員の給与、勤務時間その他の勤務条件は、条例で定める。

第27条　すべて職員の分限及び懲戒については、公正でなければならない。

２　職員は、この法律で定める事由による場合でなければ、その意に反して、降任され、若しくは免職されず、この法律又は条例で定める事由による場合でなければ、その意に反して降給されることがない。

３　職員は、この法律で定める事由による場合でなければ、懲戒処分を受け

ることがない。

第28条　職員が、次の各号の一に該当する場合においては、その意に反して、これを降任し、又は免職することができる。

　一　人事評価又は勤務の状況を示す事実に照らして、勤務実績がよくない場合

　二　心身の故障のため、職務の遂行に支障があり、又はこれに堪えない場合

　三　前2号に規定する場合のほか、その職に必要な適格性を欠く場合

　四　職制若しくは定数の改廃又は予算の減少により廃職又は過員を生じた場合

2　職員が、次の各号に掲げる場合のいずれかに該当するときは、その意に反してこれを休職することができる。

　一　心身の故障のため、長期の休養を要する場合

　二　刑事事件に関し起訴された場合

第29条　職員が次の各号の一に該当する場合においては、これに対し懲戒処分として戒告、減給、停職又は免職の処分をすることができる。

　一　この法律若しくは第57条に規定する特例を定めた法律又はこれに基く条例、地方公共団体の規則若しくは地方公共団体の機関の定める規程に違反した場合

　二　職務上の義務に違反し、又は職務を怠つた場合

　三　全体の奉仕者たるにふさわしくない非行のあつた場合

第32条　職員は、その職務を遂行するに当つて、法令、条例、地方公共団体の規則及び地方公共団体の機関の定める規程に従い、且つ、上司の職務上の命令に忠実に従わなければならない。

第33条　職員は、その職の信用を傷つけ、又は職員の職全体の不名誉となるような行為をしてはならない。

第34条　職員は、職務上知り得た秘密を漏らしてはならない。その職を退いた後も、また、同様とする。

第35条　職員は、法律又は条例に特別の定がある場合を除く外、その勤務時間及び職務上の注意力のすべてをその職責遂行のために用い、当該地方公共団体がなすべき責を有する職務にのみ従事しなければならない。

第36条　職員は、政党その他の政治的団体の結成に関与し、若しくはこれらの団体の役員となつてはならず、又はこれらの団体の構成員となるように、

若しくはならないように勧誘運動をしてはならない。

第37条　職員は、地方公共団体の機関が代表する使用者としての住民に対して同盟罷業、怠業その他の争議行為をし、又は地方公共団体の機関の活動能率を低下させる怠業的行為をしてはならない。又、何人も、このような違法な行為を企て、又はその遂行を共謀し、そそのかし、若しくはあおつてはならない。

第38条　職員は、任命権者の許可を受けなければ、商業、工業又は金融業その他営利を目的とする私企業を営むことを目的とする会社その他の団体の役員その他人事委員会規則で定める地位を兼ね、若しくは自ら営利企業を営み、又は報酬を得ていかなる事業若しくは事務にも従事してはならない。

第39条　職員には、その勤務能率の発揮及び増進のために、研修を受ける機会が与えられなければならない。

2　前項の研修は、任命権者が行うものとする。

［教育公務員特例法］

第1条　この法律は、教育を通じて国民全体に奉仕する教育公務員の職務とその責任の特殊性に基づき、教育公務員の任免、人事評価、給与、分限、懲戒、服務及び研修等について規定する。

第17条　教育公務員は、教育に関する他の職を兼ね、又は教育に関する他の事業若しくは事務に従事することが本務の遂行に支障がないと任命権者（地方教育行政の組織及び運営に関する法律第37条第1項に規定する県費負担教職員については、市町村の教育委員会）において認める場合には、給与を受け、又は受けないで、その職を兼ね、又はその事業若しくは事務に従事することができる。

第18条　公立学校の教育公務員の政治的行為の制限については、当分の間、地方公務員法第36条の規定にかかわらず、国家公務員の例による。

2　前項の規定は、政治的行為の制限に違反した者の処罰につき国家公務員法第110条第1項の例による趣旨を含むものと解してはならない。

第21条　教育公務員は、その職責を遂行するために、絶えず研究と修養に努めなければならない。

2　教育公務員の任命権者は、教育公務員の研修について、それに要する施設、研修を奨励するための方途その他研修に関する計画を樹立し、その実施に努めなければならない。

第22条　教育公務員には、研修を受ける機会が与えられなければならない。

2　教員は、授業に支障のない限り、本属長の承認を受けて、勤務場所を離れて研修を行うことができる。

3　教育公務員は、任命権者の定めるところにより、現職のままで、長期にわたる研修を受けることができる。

第22条の2　文部科学大臣は、公立の小学校等の校長及び教員の計画的かつ効果的な資質の向上を図るため、次条第一項に規定する指標の策定に関する指針（以下「指針」という。）を定めなければならない。

2　指針においては、次に掲げる事項を定めるものとする。

　一　公立の小学校等の校長及び教員の資質の向上に関する基本的な事項

　二　次条第一項に規定する指標の内容に関する事項

　三　その他公立の小学校等の校長及び教員の資質の向上を図るに際し配慮すべき事項

3　文部科学大臣は、指針を定め、又はこれを変更したときは、遅滞なく、これを公表しなければならない。

第22条の3　公立の小学校等の校長及び教員の任命権者は、指針を参酌し、その地域の実情に応じ、当該校長及び教員の職責、経験及び適性に応じて向上を図るべき校長及び教員としての資質に関する指標（以下「指標」という。）を定めるものとする。

2　公立の小学校等の校長及び教員の任命権者は、指標を定め、又はこれを変更しようとするときは、あらかじめ第22条の5第1項に規定する協議会において協議するものとする。

3　公立の小学校等の校長及び教員の任命権者は、指標を定め、又はこれを変更したときは、遅滞なく、これを公表するよう努めるものとする。

4　独立行政法人教職員支援機構は、指標を策定する者に対して、当該指標の策定に関する専門的な助言を行うものとする。

第22条の4　公立の小学校等の校長及び教員の任命権者は、指標を踏まえ、当該校長及び教員の研修について、毎年度、体系的かつ効果的に実施するための計画（以下この条において「教員研修計画」という。）を定めるものとする。

2　教員研修計画においては、おおむね次に掲げる事項を定めるものとする。

　一　任命権者が実施する第23条第1項に規定する初任者研修、第24条第1項に規定する中堅教諭等資質向上研修その他の研修（以下この項において「任命権者実施研修」という。）に関する基本的な方針

二　任命権者実施研修の体系に関する事項

三　任命権者実施研修の時期、方法及び施設に関する事項

四　研修を奨励するための方途に関する事項

五　前各号に掲げるもののほか、研修の実施に関し必要な事項として文部科学省令で定める事項

3　公立の小学校等の校長及び教員の任命権者は、教員研修計画を定め、又はこれを変更したときは、遅滞なく、これを公表するよう努めるものとする。

第22条の5　公立の小学校等の校長及び教員の任命権者は、指標の策定に関する協議並びに当該指標に基づく当該校長及び教員の資質の向上に関して必要な事項についての協議を行うための協議会（以下「協議会」という。）を組織するものとする。

2　協議会は、次に掲げる者をもつて構成する。

一　指標を策定する任命権者

二　公立の小学校等の校長及び教員の研修に協力する大学その他の当該校長及び教員の資質の向上に関係する大学として文部科学省令で定める者

三　その他当該任命権者が必要と認める者

3　協議会において協議が調つた事項については、協議会の構成員は、その協議の結果を尊重しなければならない。

4　前三項に定めるもののほか、協議会の運営に関し必要な事項は、協議会が定める。

第23条　公立の小学校等の教諭等の任命権者は、当該教諭等（臨時的に任用された者その他の政令で定める者を除く。）に対して、その採用の日から一年間の教諭又は保育教諭の職務の遂行に必要な事項に関する実践的な研修を実施しなければならない。

第24条　公立の小学校等の教諭等（臨時的に任用された者その他の政令で定める者を除く。以下この項において同じ。）の任命権者は、当該教諭等に対して、個々の能力、適性等に応じて、公立の小学校等における教育に関し相当の経験を有し、その教育活動その他の学校運営の円滑かつ効果的な実施において中核的な役割を果たすことが期待される中堅教諭等としての職務を遂行する上で必要とされる資質の向上を図るために必要な事項に関する研修（以下「中堅教諭等資質向上研修」という。）を実施しなければならない。

2　任命権者は、中堅教諭等資質向上研修を実施するに当たり、中堅教諭等資質向上研修を受ける者の能力、適性等について評価を行い、その結果に基づき、当該者ごとに中堅教諭等資質向上研修に関する計画書を作成しなければならない。

第25条　公立の小学校等の教諭等の任命権者は、児童、生徒又は幼児に対する指導が不適切であると認定した教諭等に対して、その能力、適性等に応じて、当該指導の改善を図るために必要な事項に関する研修（以下「指導改善研修」という。）を実施しなければならない。

第25条の2　任命権者は、前条第4項の認定において指導の改善が不十分でなお児童等に対する指導を適切に行うことができないと認める教諭等に対して、免職その他の必要な措置を講ずるものとする。

第26条　公立の小学校等の主幹教諭、指導教諭、教諭、養護教諭、栄養教諭、主幹保育教諭、指導保育教諭、保育教諭又は講師で次の各号のいずれにも該当するものは、任命権者の許可を受けて、3年を超えない範囲内で年を単位として定める期間、大学の大学院の課程若しくは専攻科の課程又はこれらの課程に相当する外国の大学の課程に在学してその課程を履修するための休業（以下「大学院修学休業」という。）をすることができる。

［地方教育行政の組織及び運営に関する法律］

第35条　第31条第1項又は第2項に規定する職員の任免、人事評価、給与、懲戒、服務、退職管理その他の身分取扱に関する事項は、この法律及び他の法律に特別の定めがある場合を除き、地方公務員法の定めるところによる。

第37条　市町村立学校職員給与負担法第1条及び第2条に規定する職員（以下「県費負担教職員」という。）の任命権は、都道府県委員会に属する。

第38条　都道府県委員会は、市町村委員会の内申をまつて、県費負担教職員の任免その他の進退を行うものとする。

第39条　市町村立学校職員給与負担法第1条及び第2条に規定する学校の校長は、所属の県費負担教職員の任免その他の進退に関する意見を市町村委員会に申し出ることができる。

第42条　県費負担教職員の給与、勤務時間その他の勤務条件については、地方公務員法第24条第5項の規定により条例で定めるものとされている事項は、都道府県の条例で定める。

第43条　市町村委員会は、県費負担教職員の服務を監督する。

2　県費負担教職員は、その職務を遂行するに当つて、法令、当該市町村の条例及び規則並びに当該市町村委員会の定める教育委員会規則及び規程に従い、かつ、市町村委員会その他職務上の上司の職務上の命令に忠実に従わなければならない。

3　県費負担教職員の任免、分限又は懲戒に関して、地方公務員法の規定により条例で定めるものとされている事項は、都道府県の条例で定める。

第44条　県費負担教職員の人事評価は、地方公務員法第23条の2第1項の規定にかかわらず、都道府県委員会の計画の下に市町村委員会が行うものとする。

第45条　県費負担教職員の研修は、地方公務員法第39条第2項の規定にかかわらず、市町村委員会も行うことができる。

［学校教育の水準の維持向上のための義務教育諸学校の教育職員の人材確保に関する特別措置法］

第1条　この法律は、学校教育が次代をになう青少年の人間形成の基本をなすものであることにかんがみ、義務教育諸学校の教育職員の給与について特別の措置を定めることにより、すぐれた人材を確保し、もって学校教育の水準の維持向上に資することを目的とする。

第3条　義務教育諸学校の教育職員の給与については、一般の公務員の給与水準に比較して必要な優遇措置が講じられなければならない。

第12章　学校の説明責任・地域参画と法

Ⅰ　学校の「説明責任」と「学校評価」

1　高等教育における「学校評価」

　我が国における「学校評価」は、1990年代、高等教育分野において始まり、まず、平成3年の大学設置基準等の改正により、設置基準の大綱化に伴い、大学における自己点検・自己評価の実施と公表が努力義務化された。

　その後、平成10年の大学審議会答申「21世紀の大学像と今後の改革方策について」（平成10・10・26）において、「21世紀において、我が国の大学が教育研究の水準向上を進め、世界のトップレベルの大学と伍して発展していくためには、社会の理解と支援の下、それぞれの大学が、教育研究の個性を伸ばし、質を高めるための環境を整備することが重要である。このため、自己点検・評価の充実を図るとともに、第三者評価システムの導入などを通じて多元的な評価を行い、大学の個性を伸ばし、教育研究の内容・方法の改善につなげるシステムを確立する必要がある」と提言されたところである。

　これを受けて、平成14年の学校教育法改正により、①法律上、大学は、大学の教育研究、組織運営及び施設設備の状況について自ら点検・評価を行い、その結果を公表するものとすることとされるとともに、②大学は、当該大学の教育研究等の総合的な状況について、7年以内に1回、文部科学大臣の認証を受けた者による評価（いわゆる「第三者評価」）を受けるものとすることとされた（第109条）。

　なお、国立大学の法人化に伴い（平成16年度より施行）、各国立大学は、6年間において国立大学法人が達成すべき業務運営に関する目標と

して文部科学大臣が定める「中期目標」とこれに基づき国立大学法人が作成する「中期計画」について、文部科学省に置かれる「国立大学法人評価委員会」による業務の実績に関する評価を受ける仕組みが導入されている（国立大学法人法第9条、第30条、第31条）。

このように大学における評価システムの導入により、大学経営のあり方は、従来の「事前規制」から外部評価を通じた「事後チェック」へと転換が図られつつあるといえる。

2　初等中等教育における「学校評価」

初等中等教育分野における学校評価については、平成12年の教育改革国民会議報告において、①学校は、開かれた学校をつくり、説明責任を果たしていくことが必要であり、学校の目標、活動状況、成果など学校の情報を積極的に親や地域に公開し、学校は、親からの日常的な意見に素早くこたえ、その結果を伝えること、②それぞれの学校の特徴を出すという観点から、外部評価を含む学校の評価制度を導入し、評価結果は親や地域と共有し、学校の改善につなげることが提言されている（平成12・12・22）。

これを受けて、平成14年にそれぞれ小・中・高等学校、幼稚園の設置基準において、

① 「学校は、その教育水準の向上を図り、当該学校の目的を実現するため、当該学校の教育活動その他の学校運営の状況について自ら点検及び評価を行い、その結果を公表するよう努めるものとする」こと、

② 「学校は、当該学校の教育活動その他の学校運営の状況について、保護者等に対して積極的に情報を提供するものとする」こと、

が定められ、「学校評価」が開始された。

学校に権限を与え、自主的な学校運営を行えるようにすることにより、学校が主体的に教育活動を行い、保護者や地域住民に直接「説明責任」を果たしていく仕組みづくりが重要であり、学校への裁量権限の拡大に伴い、それぞれの学校の取組の成果等を評価していくことは、「教

育の質」を保障する上でますます重要であるとされる。

　このような観点から、平成17年の中教審答申では、

　「学校評価は、学校が教育活動の自律的・継続的な改善を行うとともに、『開かれた学校』として保護者や地域住民に対し説明責任を果たすことを目的として、自己評価を中心に行われている。……その一方で、各学校における実施内容のばらつきや、評価結果の公表が進んでいないなどの課題も見られる」とし、今後、さらに学校評価を充実していくため、

① 「現在努力義務とされている自己評価の実施とその公表を、現在の実施状況に配慮しつつ、今後すべての学校において行われるよう義務化することが必要である」こと、ならびに、

② 「自己評価の客観性を高め、教育活動の改善が適切に行われるようにしていくためには、公表された自己評価結果を外部者が評価する方法を基本として、外部評価を充実する必要がある」こと

などが提言された。

　これを受けて、平成19年学校教育法が改正され、第42条では、「小学校は、文部科学大臣の定めるところにより当該小学校の教育活動その他の学校運営の状況について評価を行い、その結果に基づき学校運営の改善を図るため必要な措置を講ずることにより、その教育水準の向上に努めなければならない」とされた（同規定は、中学校、高等学校等にも準用されている）。

　また、第43条では、「小学校は、当該小学校に関する保護者及び地域住民その他の関係者の理解を深めるとともに、これらの者との連携及び協力の推進に資するため、当該小学校の教育活動その他の学校運営の状況に関する情報を積極的に提供するものとする」こととされた（中学校、高等学校等にも準用）。

　さらに、学校教育法施行規則において、「小学校は、当該小学校の教育活動その他の学校運営の状況について、自ら評価を行い、その結果を公表するものとする」こと（第66条１項）、「小学校は、前条第１項の規

定による評価の結果を踏まえた当該小学校の関係者（当該小学校の職員を除く）による評価を行い、その結果を公表するよう努めるものとする」こと（第67条）、「小学校は、第66条第1項の規定による評価の結果及び前条の規定により評価を行った場合はその結果を、当該小学校の設置者に報告するものとする」こと（第68条）とされた（これら学教法施行規則の規定は、中学校、高等学校等にも準用されている）。

3　学校評価のあり方

「学校評価」は、

① **自己評価**…各学校の教職員が行う評価であって、学校評価の最も基本となるものであり、校長のリーダーシップの下、当該学校の全教職員が参加し、設定目標や具体的計画等に照らして、その達成状況や達成に向けた取組の適切さ等について評価するもの

② **学校関係者評価**…保護者、学校評議員、地域住民、青少年健全育成関係団体の関係者、接続する学校の教職員その他の学校関係者などにより構成される委員会等が、その学校の教育活動の観察や意見交換等を通じて、自己評価の結果について評価することを基本として行うもの

③ **第三者評価**…その学校に直接かかわりをもたない専門家等が、自己評価及び学校関係者評価の結果等も資料として活用しつつ、教育活動その他の学校運営全般について、専門的・客観的立場から評価を行うもの

の3つに大別される。

このうち、「自己評価」とは、学校自身の「**内部評価**」であり、「学校関係者評価」と「第三者評価」は「**外部評価**」に当たる。

まず、自己評価については、

① 重点化された具体的で明確な目標の設定、

② 重点目標に基づく評価項目の設定と実施、評価と評価結果に基づく改善方策の立案（**PDCAサイクル**）がポイントとなる。

　また、学校関係者評価については、

①　自己評価の結果を評価することを通じて、自己評価の客観性・透明性を高めるとともに、学校・家庭・地域が共通理解をもち、その連携協力により学校運営の改善に当たることが期待されており、学校・家庭・地域を結ぶ「コミュニケーション・ツール」としての活用を図ること、

②　外部アンケートなどへの回答や自己評価結果についての単なる意見聴取などの受動的な評価ではなく、評価者の主体的・能動的な評価活動を展開することがポイントとなる。

　評価結果の公表に当たっては、

①　あわせて、その結果を踏まえた今後の改善方策について公表することにより、保護者・地域からの理解と連携を促す工夫をすること、

②　一部の者にのみ評価結果を説明するのではなく、広く一般の保護者等が知ることができる方法により、「学校の自己評価の結果」等であることを明示して行うことが重要である。

　また、各学校は、自己評価及び学校関係者評価の結果ならびにそれらを踏まえた今後の改善方策を取りまとめた報告書を設置者に提出することとされるが、**設置者**においては、学校から学校評価の結果の提出を受けて、それを踏まえた予算措置等の**学校への支援や条件整備の改善**を進めることが重要である。

コラム【イギリスにおける学校監査】

　イギリスでは、初等中等学校の学校評価の結果等を活用して「学校監査」が国の「教育水準局」（OFSTED）によって行われる仕組みとなっており、原則として3年に1回の周期で監査が行われる。監査結果は、公表されるとともに、優・良・可・不可のいずれかに判定され、それにより、「問題校」として、「特別措置対象校」または「改善必要校」に分けられ、一定期間に改善が見られない場合には「閉校措置」がとられる場合があるとされる。

Ⅱ　学校と地域参画

1　学校評議員制度を通じた地域参画

　平成10年9月21日の中央教育審議会答申「今後の地方教育行政の在り方について」において、「今後、より一層地域に開かれた学校づくりを推進するためには学校が保護者や地域住民の意向を把握し、反映させるとともに、その協力を得て学校運営が行われるような仕組みを設けることが必要であり、このような観点から、学校外の有識者等の参加を得て、校長が行う学校運営に関し幅広く意見を聞き、必要に応じ助言を求めるため、地域の実情に応じて学校評議員を設けることができるよう、法令上の位置付けも含めて検討することが必要である」と提言され、これを受けて、**平成12年学校教育法施行規則が一部改正**され、**学校評議員制度が創設**された。

　学校教育法施行規則第49条では、

① 　学校には、**設置者の定めるところにより**、**学校評議員を置くことができること**、

② 　学校評議員は、**校長の求めに応じ**、**学校運営に関し意見を述べること**ができること、

③ 　学校評議員は、当該小学校の職員以外の者で教育に関する理解及び識見を有するもののうちから、**校長の推薦により**、**当該小学校の設置者が委嘱**すること、

が規定されている（学校教育法施行規則第39条、第79条、第79条の3、第104条、第113条、第135条により、幼稚園、中学校、義務教育学校、高等学校、中等教育学校、特別支援学校にそれぞれ準用）。

　学校評議員制度の設置のあり方については、本制度は、地域住民の学校運営への参画の仕組みを新たに制度的に位置付けるものであること、学校や地域の実情に応じて柔軟な対応ができるようにすることが望ましいことから、省令に学校評議員に関する必要な基本的事項のみを定め、これを必置とするものではないとされている。

　人数や委嘱期間など学校評議員の具体的なあり方については、当該学校の設置者が定めるものとされ、その設置形態は、学校ごとに学校評議員を置くものであること、また、学校評議員は一人一人がそれぞれの責任において意見を述べるものであることとされるが、必要に応じて、学校評議員が一堂に会して意見交換を行い、意見を述べることができる機会を設けるなど、運用上の工夫を講じることが望ましいとされている。

　学校評議員の運営については、校長の学校運営に関する権限と責任を前提として、校長の求めに応じて意見を述べることができるものであり、校長は、学校評議員の意見に資するよう、学校評議員に対し、学校の活動状況等について十分説明することが必要であるとされる。なお、校長は、学校評議員の意見を参考としつつ、自らの権限と責任において判断し決定を下すものである。

　学校評議員に意見を求める事項については、学校運営に関し意見を述べるものであることから、校長の権限と責任に属するものであり、例えば、学校の教育目標や計画、教育活動の実施、学校と地域の連携の進め方などといった学校運営の基本方針や重要な活動に関する事項が想定されるが、具体の事項は校長が自ら判断するものである。

2　学校運営協議会制度を通じた地域参画

　学校運営協議会制度については、平成12年12月22日の「教育改革国民会議報告」において、「地域独自のニーズに基づき、地域が運営に参画する新しいタイプの公立学校（コミュニティ・スクール）を市町村が設置することの可能性を検討する」ことが提案され、その後、**政府の総合規制改革会議「規制改革の推進に関する第1次答申」**（平成13・12・11）において、「新たなタイプの公立学校である『コミュニティ・スクール（仮称）』の導入については、地域や保護者の代表を含む『地域学校協議会（仮称）』の設置、教職員人事や予算使途の決定、教育課程、教材選定やクラス編制の決定など学校の管理運営について、学校の裁量権を拡大し、保護者、地域の意向が反映され、独自性が確保されるような法制

度整備に向けた検討を行うべきである」と**法制度化が具体的に提言され**
た。

　これらを受けて、**中央教育審議会**では、平成16年3月4日、「**今後の**
学校の管理運営の在り方について」（答申）を取りまとめ、「新たに保護
者や地域住民が一定の権限と責任をもって主体的に学校運営に参加する
とともに、学校の裁量権を拡大する仕組みを制度的に確立し、新しい学
校運営の選択肢の一つとして提供する」ため、「**学校の運営への保護者**
や地域住民の参画を制度的に保障するための仕組みとして、**教育委員会**
が、地域運営学校の運営について**協議を行う組織**（以下便宜上『学校運
営協議会』という）を設置することが必要」と提言された。

　平成16年6月、「**地方教育行政の組織及び運営に関する法律**」が改正
され、「**学校運営協議会**」が新たに**法制度化**された。

　その内容としては、

① 　教育委員会は、教育委員会規則で定めるところにより、その指定す
　　る学校の運営に関して協議する機関として、当該学校ごとに、学校運
　　営協議会を置くことができること、

② 　学校運営協議会の委員は、当該指定学校の所在する地域の住民、当
　　該指定学校に在籍する生徒、児童または幼児の保護者その他教育委員
　　会が必要と認める者を任命すること、

③ 　当該学校の校長は、当該学校の運営に関して、**教育課程の編成その**
　　他教育委員会規則で定める事項について基本的な方針を作成し、**学校**
　　運営協議会の承認を得なければならないこと、

④ 　学校運営協議会は、**当該指定学校の運営に関する事項について**、**教**
　　育委員会または校長に対して、**意見を述べることができること**、

⑤ 　学校運営協議会は、**当該指定学校の職員の採用その他の任用に関す**
　　る事項について、**当該職員の任命権者に対して意見を述べることがで**
　　きること、この場合、当該職員が県費負担教職員であるときは、市町
　　村教育委員会を経由するものとし、**指定学校の任命権者は**、**当該職員**
　　の任用に当たっては、**学校運営協議会の意見を尊重するものであるこ**

と

などである（第47条の5）。

　なお、学校運営協議会の運営が著しく適正を欠くことにより、当該指定学校の運営に現に著しい支障が生じ、または生ずる恐れがあると認められる場合には、教育委員会は、当該学校運営協議会の適正な運営を確保するために必要な措置を講じなければならないとされるとともに、市町村教育委員会がその所管に属する学校（その職員のうちに県費負担教職員である者を含むものに限る）について指定を行おうとするときは、あらかじめ、都道府県教育委員会に協議しなければならない仕組み（同法47条の5第7項、第9項）となっている（その後、市長村教委の都道府県教委との協議のシステムは、地方分権の推進の観点から廃止された）。

　学校運営協議会の設置に際しては、各教育委員会は、学校運営の基本的な方針に沿って、特色ある学校づくりを進める観点から、校長裁量予算の導入や拡充、教育委員会への届け出・承認事項の削減等、学校の裁量の拡大に積極的に取り組む必要がある旨、留意事項が示されている（「地方教育行政の組織及び運営に関する法律の一部を改正する法律の施行について（通知）」平成16・6・24）。

　また、学校評議員との関係については、学校評議員は、校長の求めに応じて学校運営に関する意見を個人として述べるものであるのに対し、学校運営協議会は、学校運営、教職員人事について関与する一定の権限を有する**合議制の機関**であるなど、その役割が異なるものであることから、その設置については、教育委員会が学校の状況や地域の実情に応じて適切に判断されるものであることとされる。

　さらに、学校運営協議会を置く学校については、学校運営協議会においても学校の運営状況等について評価を行うなど、十分な自己点検・評価に取り組むとともに、学校運営協議会の運営の状況や協議の内容等も含め、地域の住民や保護者に対する情報公開についていっそうの取り組みを進める必要があるとされる。

　なお、平成29年の地方教育行政の組織及び運営に関する法律の一部改正により、学校運営協議会の設置については、これまで「任意設置」とされてきた取扱いが改められ、「学校運営協議会を置くよう努めなければならない」とされたほか、２つ以上の学校に１つの学校運営協議会を置くこともできるようになるなどの措置が講じられた。

コラム【イギリスの学校理事会制度について】

　我が国の学校運営協議会制度は、イギリスの学校理事会制度に範をとっているといわれる。イギリスの学校理事会は、主として公立学校に付与される①教育課程、②教職員の任用、③学校予算の運用についての権限と責任にかかる意思決定機関の役割を果たすものであり、学校理事会は、保護者、地方教育当局（LEA）、教員、地域の代表及び校長などから構成される。公立学校の管理運営は、学校理事会の監督の下に、執行機関である校長の責任により行われるものとされる。この学校理事会制度は、1988年の「教育改革法」により、公立学校の「自主的学校運営」（local management of schools）といわれる施策が導入されたことにより、その機能が大きく強化されたものであり、公立学校の運営責任を地方教育当局から各学校にゆだねることをねらいとするものであった。

学校評価の実施手法

※ 自己評価・学校関係者評価（外部評価）・第三者評価の囲みは、定義として内に含む範囲ではなく、
評価対象として含む範囲を指す。

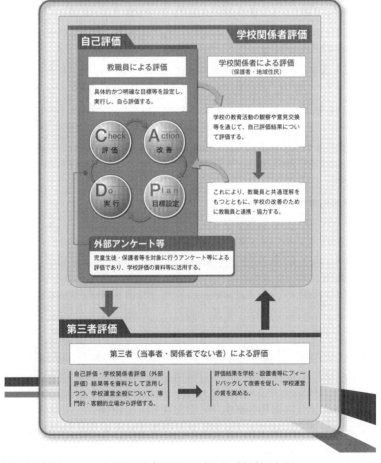

出典：文部科学省ホームページ「学校評価『学校評価ガイドライン［改訂］』の概要」

第12章　学校の説明責任・地域参画と法

参照条文（抄）

[学校教育法]

第42条　小学校は、文部科学大臣の定めるところにより当該小学校の教育活動その他の学校運営の状況について評価を行い、その結果に基づき学校運営の改善を図るため必要な措置を講ずることにより、その教育水準の向上に努めなければならない。

第43条　小学校は、当該小学校に関する保護者及び地域住民その他の関係者の理解を深めるとともに、これらの者との連携及び協力の推進に資するため、当該小学校の教育活動その他の学校運営の状況に関する情報を積極的に提供するものとする。

第109条　大学は、その教育研究水準の向上に資するため、文部科学大臣の定めるところにより、当該大学の教育及び研究、組織及び運営並びに施設及び設備の状況について自ら点検及び評価を行い、その結果を公表するものとする。

②　大学は、前項の措置に加え、当該大学の教育研究等の総合的な状況について、政令で定める期間ごとに、文部科学大臣の認証を受けた者による評価を受けるものとする。

[学校教育法施行規則]

第49条　小学校には、設置者の定めるところにより、学校評議員を置くことができる。

2　学校評議員は、校長の求めに応じ、学校運営に関し意見を述べることができる。

3　学校評議員は、当該小学校の職員以外の者で教育に関する理解及び識見を有するもののうちから、校長の推薦により、当該小学校の設置者が委嘱する。

第66条　小学校は、当該小学校の教育活動その他の学校運営の状況について、自ら評価を行い、その結果を公表するものとする。

2　前項の評価を行うに当たつては、小学校は、その実情に応じ、適切な項目を設定して行うものとする。

第67条　小学校は、前条第1項の規定による評価の結果を踏まえた当該小学校の児童の保護者その他の当該小学校の関係者（当該小学校の職員を除く。）による評価を行い、その結果を公表するよう努めるものとする。

第68条　小学校は、第66条第1項の規定による評価の結果及び前条の規定に

より評価を行つた場合はその結果を、当該小学校の設置者に報告するものとする。

[地方教育行政の組織及び運営に関する法律]

第47条の5　教育委員会は、教育委員会規則で定めるところにより、その所管に属する学校ごとに、当該学校の運営及び当該運営への必要な支援に関して協議する機関として、学校運営協議会を置くように努めなければならない。ただし、2以上の学校の運営に関し相互に密接な連携を図る必要がある場合として文部科学省令で定める場合には、2以上の学校について1の学校運営協議会を置くことができる。

2　学校運営協議会の委員は、次に掲げる者について、教育委員会が任命する。

一　対象学校（当該学校運営協議会が、その運営及び当該運営への必要な支援に関して協議する学校をいう。以下この条において同じ。）の所在する地域の住民

二　対象学校に在籍する生徒、児童又は幼児の保護者

三　社会教育法（昭和24年法律第217号）第9条の7第1項に規定する地域学校協働活動推進員その他の対象学校の運営に資する活動を行う者

四　その他当該教育委員会が必要と認める者

3　対象学校の校長は、前項の委員の任命に関する意見を教育委員会に申し出ることができる。

4　対象学校の校長は、当該対象学校の運営に関して、教育課程の編成その他教育委員会規則で定める事項について基本的な方針を作成し、当該対象学校の学校運営協議会の承認を得なければならない。

5　学校運営協議会は、前項に規定する基本的な方針に基づく対象学校の運営及び当該運営への必要な支援に関し、対象学校の所在する地域の住民、対象学校に在籍する生徒、児童又は幼児の保護者その他の関係者の理解を深めるとともに、対象学校とこれらの者との連携及び協力の推進に資するため、対象学校の運営及び当該運営への必要な支援に関する協議の結果に関する情報を積極的に提供するよう努めるものとする。

6　学校運営協議会は、対象学校の運営に関する事項（次項に規定する事項を除く。）について、教育委員会又は校長に対して、意見を述べることができる。

7　学校運営協議会は、対象学校の職員の採用その他の任用に関して教育委

員会規則で定める事項について、当該職員の任命権者に対して意見を述べることができる。この場合において、当該職員が県費負担教職員（第55条第1項又は第61条第1項の規定により市町村委員会がその任用に関する事務を行う職員を除く。）であるときは、市町村委員会を経由するものとする。

8　対象学校の職員の任命権者は、当該職員の任用に当たつては、前項の規定により述べられた意見を尊重するものとする。

9　教育委員会は、学校運営協議会の運営が適正を欠くことにより、対象学校の運営に現に支障が生じ、又は生ずるおそれがあると認められる場合においては、当該学校運営協議会の適正な運営を確保するために必要な措置を講じなければならない。

10　学校運営協議会の委員の任免の手続及び任期、学校運営協議会の議事の手続その他学校運営協議会の運営に関し必要な事項については、教育委員会規則で定める。

第13章　児童生徒の在学関係・生徒指導と法

Ⅰ　在学関係と校則の制定

　学校においては、学校独自の教育方針に基づき、学校の管理上または教育上必要と認められるものを定めて、学校の利用者である児童生徒にその遵守を求めることができることとされている。

　このような児童生徒の学校利用関係について規律する「校則」は、学校の内規として定められるものであり、法律上特にその根拠や性格が示されているものではないが、学校が一方的に定めた規律を児童生徒が守らなければならないというこの関係は、児童生徒の「学校利用関係」としての「在学関係」の法的性質からくるものである。

　国公立学校にあっては、公法上の「特別権力関係」に、そして、私立学校にあっては、私法上の「契約関係（在学契約）」にあると解されている。ここにいう「特別権力関係」は、統治権に基づく国家と国民との関係である「一般権力関係」のように、憲法による基本的人権の保障があり、法律による行政の原則が支配する性格とは異なる特殊の権力服従関係であるとされ、法律の規定など特別の法律上の原因あるいは相手方の同意に基づき公法上の特定の関係に入った場合、必要な限度において当事者の一方が包括的に他方を支配し、他方がこれに服従しなければならない関係であるとされる。

　したがって、公立学校における児童生徒と地方公共団体との関係も、教育という目的のため、法律（学校教育法に基づく就学義務）や同意（学校長による入学許可）などに基づいて生じた特別の関係であるから、憲法上の基本的人権や法律主義の原則はそのまま適用されないのであり、学校はその目的達成のために必要かつ合理的な範囲内では、具体的

な法律の根拠がなくても、児童生徒に対して命令・指示を出し、それに服従せしめることができる包括的な支配関係になるといえよう。

こうした「特別権力関係」の理論については、一般権力関係と本質的に区別する合理的理由が乏しく、法律主義の原則が適用されないなどから強い批判や否定的な見解が有力となっている。**最高裁判例では、国公立学校は、「一般市民社会の中にあってこれとは別個に自律的な法規範を有する特殊な部分社会」であって、法令に格別の規定がない場合でも、校則等によりこれを規定し、実施することのできる自律的、包括的な権能を有すると示**（富山大学単位不認定事件最高裁判決　昭和52・3・15）しており、**公立学校という「部分社会」において、法律の根拠によらなくとも、社会通念上合理的な範囲内で、その秩序維持または目的達成の観点から、校則などの規則を定めて一定の範囲で児童生徒の権利を制限することができるとされている。**

コラム【「校則」における規律権の限界と司法審査】

校則については、法律に格別の規定がない場合でも、その設置目的を達成するために必要な事項を学則等により一方的に制定し、これによって在学する児童・生徒・学生を規律する包括的な権能を有するものと解されるが、校則等の制定・実施を通じて学校が有する包括的権能は、「もとより、……無制限なものではありえず、在学関係設定の目的と関連し、かつ、その内容が社会通念に照らして合理的と認められる範囲においてのみ是認されるものである」（昭和女子大学退学処分事件最高裁判決　昭和49・7・19）とされる。

また、公立学校という部分社会における「自律的な法規範」としての校則等の設定及びその実施については、最高裁判例において、「それが一般市民社会法秩序と直接の関係を有しない内部的な問題にとどまる限り、その自主的、自律的な解決に委ねるのを適当とし、裁判所の司法審査の対象にはならないものと解するのが相当である」と示されている（富山大学単位不認定事件最高裁判決　昭和52・3・15）。

　児童生徒が心身の発達過程にあること、学校が集団生活の場であることなどから、小・中・高等学校を通じて学校には一定の決まりが必要であり、その意味で校則それ自体には意義があるといえる。

　しかしながら、**校則等**が、ややもすると児童生徒に対する取り締まり規範として存在しているかのように受け止められるが、むしろすべての**児童生徒が健全に学校生活をいとなみ、よりよく成長・発達していくための方針・指針であるという積極的な意義と機能を有するものであると理解されるべきである。**

　校則は、経済社会の進展等の時代の進展、地域の実情や児童生徒の発達段階、学校の教育方針や保護者の考え方などを踏まえ、各学校において適切に考えられるべきものであり、校則がその意義を発揮するためには、その内容面において、①絶対守るべきもの、②努力目標というべきもの、③児童生徒の自主性に任せてよいものが混在していることから、点検し直すことが求められているとともに、その指導面において、児童生徒に消極的に校則を守らせるのではなく、自主的に守るようにすることが大切であり、この観点から児童生徒の意見なども踏まえ、何を校則に盛り込むべきかなど校則の見直しを行う必要があるとされる。

　校則などは、教育指導の一環であることからすれば、校則違反があった場合に当該児童生徒の身分上の措置の問題をどうすべきかという全校的な対応指針が求められるとともに、身分上の措置の問題以前に、学校の教育指導のあり方をどうすべきかということへの対応が要請されるといえる（都道府県教育委員会初等中等教育担当課長会議での初等中等教育局長挨拶要旨　昭和63・4・25）。

Ⅱ　生徒指導

1　生徒指導の意義

　「**生徒指導**」は、「学習指導」と並ぶ重要な学校の機能であり、学校の教育活動の特定の領域（各教科・道徳・特別活動など）における指導は

もとより、学校の教育活動全体を通じて行われるものであり、その意味で、生徒指導は、「領域概念」ではなく「機能概念」としてとらえられるものといえる。

　生徒指導は、「一人一人の生徒の個性の伸長を図りながら、同時に社会的な資質や能力・態度を育成し、さらに将来において社会的に自己実現できるような資質・態度を形成していくための指導・援助であり、個々の生徒の自己指導能力の育成を目指すものである」（文部省「生活体験や人間関係を豊かなものとする生徒指導」昭和63年）とされる。

　したがって、生徒指導を狭く児童生徒の問題行動や校外の非行対策といった「消極的な側面」においてとらえるのではなく、すべての児童生徒のそれぞれの人格のよりよき発達と学校生活の充実を目指して行われる教育活動であるという「積極的な側面」を重視する必要がある。

コラム【学習指導要領における取扱い】
　学習指導要領の総則第4「生徒の発達の支援」においては、「教育課程の編成及び実施に当たって配慮すべき事項として
(1)　学習や生活の基盤として、教師と生徒との信頼関係及び生徒相互のよりよい人間関係を育てるため、日頃から学級経営の充実を図ること。また、主に集団の場面で必要な指導や援助を行うガイダンスと、個々の生徒の多様な実態を踏まえ、一人一人が抱える課題に個別に対応した指導を行うカウンセリングの双方により、生徒の発達を支援すること。
(2)　生徒が、自己の存在感を実感しながら、よりよい人間関係を形成し、有意義で充実した学校生活を送る中で、現在及び将来における自己実現を図っていくことができるよう、生徒理解を深め、学習指導と関連付けながら、生徒指導の充実を図ること」（平成29年3月告示　中学校学習指導要領）とされている。

2　学校における生徒指導のあり方

　学校における生徒指導においては、第一に、校内の生徒指導体制の整

備確立が大切であり、学校の校務分掌組織として生徒指導部や生徒指導主事の配置を行うことが必要であることはもとより、生徒指導の本来的な機能からして、学校の全教員がかかわるよう、全教員が一体となって協力する体制を整える必要があるといえる。

　第二に、**学校としての生徒指導方針を明らかにし、生徒指導についての全体的な計画を作成する**とともに、全教員が一体となって生徒指導の意義と学校の指導方針や計画について共通理解の下に、協力して指導に取り組むことが不可欠である。

　第三に、**児童生徒にとって学校生活が有意義で充実したものとなるよう、学習指導の内容や方法等に工夫改善を加え**、「わかる授業」、「楽しい授業」の実現を図り、自己効能感を児童生徒にもたせるよう、教育指導と生徒指導の「相補的関係」に留意して取り組む必要がある（また、道徳的価値観の内面化と生徒の日常生活の指導を有機的に連携させるなど「道徳教育」と「生徒指導」の相互補完の関係づくりや学級活動、生徒会活動、学校行事などの「特別活動」において生徒の自主的、自発的な活動を通じて集団生活における個々の生徒の個性が生かされ人格が尊重されるような生き方を学んだり、集団としての連帯感を高め集団の一員としてふさわしい態度や行動を学ぶ機会づくりにより「生徒指導」の作用を及ぼすことが重要である）。

　第四に、放課後の部活動や学校給食・清掃活動など教育課程の領域に属しない場面においても、それらの活動を通じて協調性や忍耐心、自主性や責任感などを養うなど生徒指導の機能を作用させること（**「隠れたカリキュラム」の機能**）など学校の教育活動のすべての場に生徒指導の機能を作用させることが求められているといえよう。

コラム【生徒指導主事の役割】

　昭和50年の学校教育法施行規則の改正により、「調和のとれた学校運営が行われるためにふさわしい校務分掌の仕組みを整える」（第43条）ために、「主任」が省令化されたことに伴い、中学校と高等学校に生徒指導主

事を置くものとされ（第70条・第104条）、生徒指導主事は、「**校長の監督を受け、生徒指導に関する事項をつかさどり、当該事項について連絡調整及び指導、助言に当たる**」（第70条第4項）こととされている。なお、小学校においても「必要に応じ、校務を分担する主任等を置くことができる」（同法施行規則第47条）こととされており、生徒指導主事等を置くことは可能となっている。

Ⅲ　児童生徒に対する懲戒など

1　懲戒の意義とその種類

　学校は、教育目的を達成するために必要な合理的な範囲内で児童生徒の行為に一定の規制を加えることができ、児童生徒の学校の利用関係における規律違反に対して、**学校は、教育上の必要からなされる生活・生徒指導の一手段として「懲戒」を行うことができる**。

　学校教育法第11条は、「校長及び教員は、教育上必要があると認めるときは、文部科学大臣の定めるところにより、児童、生徒及び学生に懲戒を加えることができる。ただし、体罰を加えることはできない」と定め、学校における児童生徒等の規律違反行為に対しての制裁措置としての懲戒権の行使を法的に認めている。

　「懲戒」とは、親権者や教員のように子の保護、教育、監護の責にある特定の者が、その責に任ずる必要上加える一定の制裁であるとされ、例えば、親権者の制裁については、民法第822条第1項において、「親権を行う者は、第820条の規定による監護及び教育に必要な範囲内でその子を懲戒することができる」と規定し、子の監護・教育の権利と義務を有する親権者の懲戒権の行使を認めている。

　学校教育法第11条に規定する懲戒権の行使は、学生、生徒及び児童に対して加え得るものであり、幼稚園の幼児に対しては容認されていないが、これは、「懲戒」が校長、教員の行う教育という作用に伴うもので

あり、心身未発達の幼児の保育という作用には、懲戒という考えは含まれないからであるとされる（鈴木勲著『逐条学校教育法』）。

「懲戒」は、学校における教育目的を達成するために児童生徒等に対して行われるものであることから、「**校長及び教員が児童等に懲戒を加えるに当つては、児童等の心身の発達に応ずる等教育上必要な配慮をしなければならない**」（学校教育法施行規則第26条第１項）とされ、懲戒が学校の規律保持と生徒指導の一環としての児童生徒への教育的効果という見地から、「**教育的配慮**」の下に行われる教育上の制裁措置であるといえる。

児童生徒等に対する懲戒には、

① 子どもを叱ったり、授業中一定の時間立たせたりするなど、法的な効果を伴わない事実行為としての懲戒、

② 退学や停学など、その懲戒の対象となる児童生徒等が学校で授業を受けることができるという、学校と児童生徒との身分関係に法的な変動を及ぼすような、法的効果を伴う懲戒、

の２種類がある。

事実行為としての懲戒は、学校教育法上、校長及び教員がこれを行うことができるとされているが（学校教育法第11条）、法的効果を伴う懲戒としての退学、停学、訓告の処分は、校長のみが行うことができる（学校教育法施行規則第26条第２項）とされている。

法的効果を伴う懲戒については、学校教育法施行規則第26条第２項において、「懲戒のうち、退学、停学及び訓告の処分は、校長（大学にあつては、学長の委任を受けた学部長を含む）が行う」とされる。

ここにいう「**退学**」とは、在学関係にある児童生徒等にその身分を喪失させ、学校における教育を受ける権利をはく奪するものであり、

また、「**停学**」とは、教育を受ける権利を一定期間停止するものである。

なお、「**訓告**」は、児童生徒等の非違を戒め、将来にわたってそのようなことのないように注意することをいうものとされるが、事実行為と

しての懲戒とは異なり、学校の管理権の発動として行われる懲戒であるものの、児童生徒等の法的地位に変動を及ぼさない性格を有している。

2　退学処分・停学処分について

「退学」については、学校教育法施行規則第26条第3項において、「前項の退学は、公立の小学校、中学校（学校教育法第71条の規定により高等学校における教育と一貫した教育を施すもの（以下「併設型中学校」という）を除く）、義務教育学校又は特別支援学校に在学する学齢児童又は学齢生徒を除き、……行うことができる」こととされ、**義務教育を保障する観点から、公立の小中学校、特別支援学校等に在学する学齢児童生徒については行うことができない取扱いとなっており、また、「停学」についても、義務教育段階の児童生徒の教育を受ける権利を保障するため、国公私立を問わず、義務教育諸学校の学齢児童生徒については行うことができない取扱い（同法施行規則第26条第4項）とされている。**

退学は、

① 　性行不良で改善の見込がないと認められる者、

② 　学力劣等で成業の見込がないと認められる者、

③ 　正当の理由がなくて出席常でない者、

④ 　学校の秩序を乱し、その他学生または生徒としての本分に反した者、

の4つの事由に限定されている（同法施行規則第26条第3項）。

児童生徒等への懲戒処分のうち、退学処分については、特定の学校において児童生徒等が教育を受けることができるという法律上の権利をはく奪する重大な処分であり、学校教育法施行規則においても退学事由が4項目に限定されていることからすると、退学処分の発動に当たっては、当該児童生徒等を学外に排除することが教育上やむを得ないと認められる場合に限って当該処分を選択すべきであり、その要件の設定につき他の処分の選択に比較して特に慎重な配慮を要するものであるとされ

る（高専学生退学処分事件最高裁判決　平成８・３・８）。

3　出席停止処分について

　「停学」に類似したものとして、学校教育法第35条に基づく「**出席停止**」の制度がある。これは、「**市町村の教育委員会は、……性行不良であつて他の児童の教育に妨げがあると認める児童があるときは、その保護者に対して、児童の出席停止を命じることができる**」とするものである（同法第49条、第49条の８により中学校、義務教育学校に準用）。

　この制度は、児童生徒本人に対する懲戒という観点からではなく、学校の秩序を維持し、他の児童生徒の義務教育を受ける権利を保障するという観点から設けられた秩序維持のための処分であるといえる。

　この措置は、公立小中学校では退学処分を行うことは認められておらず、また、国公私立を通じて学齢児童生徒への停学処分が禁じられていることから、学校の秩序を維持し、正常な教育を確保する観点から、問題行動を繰り返し行う児童生徒に対して発動するものである。

　学校教育法第35条では、出席停止発動の要件として、

①　他の児童に傷害、心身の苦痛または財産上の損失を与える行為、

②　職員に傷害または心身の苦痛を与える行為、

③　施設または設備を損壊する行為、

④　授業その他の教育活動の実施を妨げる行為、

であり、１または２以上を繰り返し行う等の性行不良であって他の児童の教育を妨げる場合を挙げており、このような行為を行う児童生徒の保護者に対して発動されるものである。

　なお、平成13年の学校教育法の一部改正により、性行不良の行為類型として上記の４つを掲げ、それらを「１又は２以上を繰り返し行う」ことを具体の例示として追加して規定することとなった。

　出席停止の措置は、**国民の就学義務ともかかわる重要な措置**であることから、法律上、市町村教育委員会の権限と責任において行われるものとされる。なお、懲戒処分の場合は学校の校長が処分権者であるが、出

席停止処分について、市町村教育委員会が校長に権限を委任することはできる。

　また、出席停止の適正な運用を図るため、出席停止の措置の決定の手続きに関する規定を市町村立学校管理規則等に設けておく必要があるとされ、さらに、出席停止の措置の適用の決定に当たっては、事実の把握に努めるとともに、当該児童生徒や保護者に出席停止について告知し、弁明を聴く機会をもつことが望ましいとされる（「公立の小学校及び中学校における出席停止等の措置について」文部省初等中等教育局長通知昭和58・12・5）。

　さらに、**平成13年の学校教育法の一部改正**により、公立の小中学校の出席停止制度について、そのいっそう適切な運用を期するため、要件の明確化、手続きに関する規定の整備、**出席停止期間中の学習支援等の措置を講ずること**を内容とする改善が図られ、以下のような点に留意しつつ運用に当たることとされている（「出席停止制度の運用の在り方について」文部科学省初等中等教育局長通知　平成13・11・6）。

① 　市町村教育委員会が、出席停止に関し、事前の指導、措置の適用の決定、期間中及び期間後の指導、関係機関との連携等にわたって、責任をもって対処する必要があり、こうしたことを踏まえ、**市町村教育委員会において出席停止を命じる権限を校長に委任することや校長の専決によって出席停止を命ずることについては慎重であること**

② 　当該児童生徒による問題行動が繰り返され、市町村教育委員会等において出席停止を講じようとする場合、これを命ずるに先立って、正当な理由なく意見聴取に応じない場合を除き、**当該保護者の意見を聴取しなければならない**（学校教育法第35条第2項）とともに、**当該児童生徒についても、出席停止を円滑に措置し、指導を効果的なものとする観点等から、意見を聴取する機会を設けることに配慮するものとすること**

③ 　出席停止を保護者に命ずる際には、理由及び期間を記載した文書を交付しなければならず、口頭のみにより命ずることは認められないこ

と（同法第35条第2項）

④　出席停止が教育を受ける権利にかかわる措置であることから、措置の目的を達成するための必要性を踏まえて、可能な限り短い期間となるよう配慮する必要があること

⑤　市町村教育委員会は、出席停止を措置する場合、自らの責任の下、学校の協力を得つつ当該児童生徒に関する「**個別指導計画**」を策定し、**出席停止の期間における学校あるいは学校外における指導体制を整備して、学習への支援など教育上必要な措置を講じること**（同法第35条第4項）

コラム【児童の権利に関する条約（平成6・5・16条約2）における児童の「意見表明権」】

　同条約では、第12条2項において、「児童は、特に、自己に影響を及ぼすあらゆる司法上及び行政上の手続において、国内法の手続規則に合致する方法により直接に又は代理人若しくは適当な団体を通じて聴取される機会を与えられる」と規定し、児童が自己に影響を及ぼすすべての事項について自由に「**自己の意見を表明する権利**」を確保するための適正な手続きの保障を要請している。

　条約第12条1項の「意見表明権」については、表明された児童の意見が「その児童の年齢及び成熟度に従って相応に考慮される」（第12条1項）べきという理念を一般的に定めたものであり、必ず反映されるということまでをも求めているものではないとされ（「『児童の権利条約』について」文部事務次官通知　平成6・5・20）、**学校における出席停止措置の適用に際しては、平成13年通知においても、「当該児童生徒の意見を聴取する機会を設けることに配慮するものとする」とするにとどまっている。**なお、「**行政手続法**」（法律第88　平成5・11・12）では、**学校において教育の目的を達成するために学生・生徒・児童・幼児もしくはこれらの保護者に対してされる処分については、意見陳述の手続きなどが適用除外とされている。**

Ⅳ　体罰について

1　体罰の禁止と体罰の範囲

　学校教育法第11条に規定する児童生徒等の懲戒に当たっては、「体罰」を加えることが禁止されており（同法第11条ただし書き）、この取扱いについては、戦前の学校教育においても、例えば、「小学校令」（勅令215号　明治23・10・7）の第63条では、「小学校長及教員ハ児童ニ体罰ヲ加フルコトヲ得ス」と規定され、我が国学校教育では一貫して禁止されているものである。

　「体罰」の問題が生じるのは、事実上の懲戒を教員が加える場合であり、**教員が行うどのような事実上の懲戒行為が「体罰」に該当するのか**どうかについては、「**法務調査意見長官回答**」（昭和23・12・22）によれば、「**身体に対する侵害を内容とする懲戒**――なぐる、けるの類――がこれに該当することはいうまでもないが、さらに、**被罰者に肉体的苦痛を与えるような懲戒もまたこれに該当する**。例えば、端坐、直立等特定の姿勢を長時間にわたって保持させるというような懲戒は体罰の一種と解せられなければならない」とされており、「しかし特定の場合が右の『体罰』に該当するかどうかは機械的に判定することはできない。……それ故に当該児童の年齢、健康、場所的及び時間的環境等、種々の条件を考え合わせて肉体的苦痛の有無を判定しなければならない」としている。

　この体罰の定義と範囲をめぐる問題については、**平成19年1月、政府の「教育再生会議」の提言において、「国において、教員が毅然とした指導ができるよう、学校の指導や懲戒についての昭和20年代の『体罰の範囲等について』など関連する通知等を、……見直し**」（「社会総がかりで教育再生を―第1次報告―」平成19・1・24）することが提言された。

　これを受けて、**平成19年2月、文部科学省は、「問題行動を起こす児童生徒に対する指導について」**（文部科学省初等中等教育局長通知　平

成19・2・5）において、「体罰がどのような行為なのか、児童生徒への懲戒がどの程度まで認められるのかについては、機械的に判定することが困難である。また、このことがややもすると教員等が自らの指導に自信を持てない状況を生み、実際の指導において過度の委縮を招いているとの指摘もなされている」との認識を示しつつ、「ただし、教員等は、児童生徒への指導に当たり、いかなる場合においても、身体に対する侵害（殴る、蹴る等）、肉体的苦痛を与える懲戒（正坐・直立等特定の姿勢を長時間保持させる等）である体罰を行ってはならない」とする体罰に関する方針を明らかにした上で、「学校教育法第11条に規定する児童生徒の懲戒・体罰に関する考え方」を示した。

　この「考え方」においては、

① 　教員等が児童生徒に対して行った懲戒の行為が体罰に当たるかどうかは、当該児童生徒の年齢、健康、心身の発達状況、当該行為が行われた場所的及び時間的環境、懲戒の態様等の諸条件を総合的に考え、個々の事案ごとに判断する必要があること、

② 　その懲戒の内容が身体的性質のもの、すなわち、身体に対する侵害を内容とする懲戒（殴る、蹴る等）、被罰者に肉体的苦痛を与えるような懲戒（正坐・直立等特定の姿勢を長時間にわたって保持させる等）に当たると判断された場合は、体罰に該当すること、

③ 　個々の懲戒が体罰に該当するか否かは、単に、懲戒を受けた児童生徒や保護者の主観的な言動により判断されるのではなく、上記の諸条件を客観的に考慮して判断されるべきであり、特に児童生徒一人一人の状況に配慮を尽くした行為であったかどうか等の観点が重要であること、

④ 　**児童生徒に対する有形力（目に見える物理的な力）の行使により行われた懲戒は、その一切が体罰として許されないというものではな**く、裁判例においても、「いやしくも有形力の行使と見られる外形をもった行為は学校教育法上の懲戒行為としては一切許容されないとすることは、本来学校教育法の予想するところではない」としたもの

（東京高裁判決　昭和56・4・1）、「生徒の心身の発達に応じて慎重
な教育上の配慮の下に行うべきであり、このような配慮の下に行われ
る限りにおいては、状況に応じ一定の限度内で懲戒のための有形力の
行使が許容される」としたもの（浦和地裁判決　昭和60・2・22）な
どがあること、

⑤　有形力の行使以外の方法により行われた懲戒については、例えば、
以下のような行為は、児童生徒に肉体的苦痛を与えるものでない限
り、通常体罰には当たらないこと（例：○放課後等に教室に残留させ
る（用便のためにも室外に出ることを許さない、食事時間を過ぎても
長く留め置く等、肉体的苦痛を与えるものは体罰に当たる）、○授業
中、教室内に起立させる、○学習課題や清掃活動を課す、○学校当番
を多く割り当てる、○立ち歩きの多い児童生徒を叱って席につかせ
る）。

　　なお、児童生徒から教員等に対する暴力行為に対して、教員等が防
衛のためにやむを得ずした有形力の行使は、もとより教育上の措置た
る懲戒行為として行われたものではなく、これにより身体への侵害ま
たは肉体的苦痛を与えた場合は体罰には該当しない。また、他の児童
生徒に被害を及ぼすような暴力行為に対して、これを制止したり、目
前の危険を回避するためにやむを得ずした有形力の行使についても、
同様に体罰に当たらない。これらの行為については、正当防衛、正当
行為等として刑事上または民事上の責めを免れうること、
が示されている。

　また、体罰の問題に関連して、この「考え方」においては、児童生徒
を教室外に退去させる等の措置について、

①　単に授業に遅刻したこと、授業中学習を怠けたこと等を理由とし
て、児童生徒を教室に入れず、または教室から退去させ、指導を行わ
ないままに放置することは、義務教育における懲戒の手段としては許
されないこと、

②　他方、授業中、児童生徒を教室内に入れず、または教室から退去さ

せる場合であっても、当該授業の間、その児童生徒のために当該授業に代わる指導が別途行われるのであれば、懲戒の手段としてこれを行うことは差し支えないこと、

③　また、児童生徒が学習を怠り、喧騒その他の行為により他の児童生徒の学習を妨げるような場合には、他の児童生徒の学習上の妨害を排除し教室内の秩序を維持するため、必要な間、やむを得ず教室外に退去させることは懲戒に当たらず、教育上必要な措置として差し支えないこと、

などが示されている。

　その後、平成24年末、部活動中の体罰を背景とした高校生の自殺事件が発生するなど、教職員による児童生徒への体罰が大変深刻な状況にあることを受けて、文部科学省は、**平成25年3月13日付け「体罰の禁止及び児童生徒理解に基づく指導の徹底について」**通知を発出した。

　この通知では、平成19年2月の文部科学省通知「問題行動を起こす児童生徒に対する指導について」を敷衍しつつ、懲戒と体罰の区別等についてより一層適切な理解促進を図るとともに、教育現場において、児童生徒理解に基づく指導が行われるよう、改めてこの通知において考え方が示され、別紙において懲戒・体罰等に関する参考事例が示された。

　今後は、この通知に従って、懲戒と体罰に関する解釈・運用を行うこととされた。

　なお、中学校や高等学校では、部活動中の体罰事案が多くみられるところから、通知では、**学校教育の一環として行われる部活動の意義を再度確認するとともに、体罰を厳しい指導として正当化することは誤りであるという認識をもち、部活動の指導に当たる教員等は、生徒の心身の健全な育成に資するよう、適切に部活動指導をする必要がある**としている。

　この通知では、第一に、体罰の禁止及び懲戒について、①体罰は学校教育法11条において禁止されており、校長及び教員は、児童生徒への指導に当たり、いかなる場合も体罰を行ってはならないこと、②体罰は、

違法行為であるのみならず、児童生徒の心身に深刻な悪影響を与え、教
員等及び学校への信頼を失墜させる行為であること、③体罰により正常
な倫理観を養うことはできず、むしろ児童生徒に力による解決への志向
を助長させ、いじめや暴力行為などの連鎖を生む恐れがあること、④教
員等は、児童生徒一人一人をよく理解し、適切な信頼関係を築くことが
重要であり、懲戒が必要と認める状況においても、決して体罰によるこ
となく、児童生徒の規範意識や社会性の育成を図るよう、適切に懲戒を
行い、粘り強く指導する必要があること、⑤学校教育法施行規則に定め
る退学・停学・訓告以外のもので、通常、懲戒の範囲内と判断されると
考えられる懲戒の行為としては、注意、叱責、居残り、別室指導、起
立、宿題、清掃、学校当番の割り当て、文書指導などがあることを指摘
している。

　第二に、懲戒と体罰の区別について、①懲戒の内容が身体的性質のも
の、すなわち、身体に対する侵害を内容とするもの（殴る、蹴る等）、
児童生徒に肉体的苦痛を与えるようなもの（正座・直立等特定の姿勢を
長時間にわたって保持させる等）に当たると判断された場合は、体罰に
該当すること、②教員等が児童生徒に対して行った懲戒行為が体罰に当
たるかどうかは、当該児童生徒の年齢、健康、心身の発達状況、当該行
為が行われた場所的及び時間的環境、懲戒の態様等の諸条件を総合的に
考え、個々の事案ごとに判断する必要があることを明らかにしている。

　第三に、正当防衛及び正当行為について、①児童生徒の暴力行為等に
対しては、毅然とした姿勢で教職員一体となって対応し、児童生徒が安
心して学べる環境を確保すること、②児童生徒から教員等に対する暴力
行為に対して、教員等が防衛のためにやむを得ずした有形力の行使は、
体罰には該当しないこと、③他の児童生徒に被害を及ぼすような暴力行
為に対して、これを制止したり、目前の危険を回避するためにやむを得
ずした有形力の行使についても、同様に体罰には当たらないことを明ら
かにしている。

　第四に、体罰の防止と組織的な指導体制について、①教育委員会の体

罰防止に向けた研修等の実施、②学校の指導体制の見直し、③校内研修の実施等による体罰に関する正しい認識の徹底、④体罰の実態把握と事案発生時の報告の徹底などの重要性について示している。

　第五に、部活動指導について、①部活動は学校教育の一環であり、体罰が禁止されていることは当然であり、成績や結果を残すことのみに固執せず、教育活動として逸脱することなく適切に実施すべきこと、②運動部活動では、生徒の技術力・身体的能力、または精神力の向上を図ることを目的として、肉体的・精神的負荷を伴う指導が行われるが、その指導は適切に実施すべきこと、③校長・教頭等は、部活動顧問にすべてゆだねることなく、その指導を適宜監督することの重要性を指摘している。

2　体罰に関する裁判例

　体罰に関する裁判例についてみると、暴行罪等刑法上の構成要件に該当するという点では一致しながらも、児童生徒に対する懲戒権の行使が「違法性阻却事由」に該当するか否かについては、裁判例は分かれているのが実情となっており、学校教育関係者は事実上の懲戒に当たり、**いかなる状況であれ、児童生徒への有形力の行使については、慎重な対応がまずは求められている**といえよう。

　大阪高裁判決（昭和30・5・16）では、「殴打はこれによって傷害の結果を生ぜしめるような意思を以てなされたものではなく、またそのような強度のものではなかったことは推察できるけれども、しかしそれがために右殴打行為が刑法第208条にいわゆる暴行に該当しないとする理由にはならない」としつつ、「**殴打のような暴行行為は、たとえ教育上必要があるとする懲戒行為としてでも、その理由によって犯罪の成立上違法性を阻却せしめるというような法意であるとは、とうてい解されないのである**」と判示している。

　また、高校教員による体罰・自殺事件にかかる損害賠償、慰謝料等請求事件（福岡地裁飯塚支部判決　昭和45・8・12）では、「教師は生徒

の教化、育成という教育目的達成のため、問題行動のある生徒に対して必要に応じて叱責・訓戒などの事実上の懲戒を加える権限を有することは明らかであるが、他方において右懲戒権の行使には往々にして生徒の権利侵害を伴うことも少なくないから懲戒を加えるに際してはこれにより予期しうべき教育的効果と生徒の蒙るべき右権利侵害の程度とを常に衡量し、いやしくも教師の懲戒権のよって来る趣旨に違背し、教育上必要とされる限界を逸脱して懲戒行為としての正当性の範囲を超えることのないよう十分留意すべきであって、かくしてこそ権利侵害を伴うことのあるに拘らず正当行為としてその違法性が阻却されるのである」と判示した。本件において教員が生徒を「長時間監禁して授業を受けさせないばかりか昼食の機会も与えないでその間……（生徒の）態度を責め……、平手で頭部を殴打するなどの暴行を加えた」行為は、身体的・精神的自由を侵害し、さらには体罰による身体への侵害にも及んだもので教員として許容される限界を著しく逸脱したものと認定した。

　一方、東京高裁判決（昭和56・4・1）では、「有形力の行使は、そのやり方次第では往々にして、生徒の人間としての尊厳を損ない、精神的屈辱感を与え、ないしは、いたずらに反抗心だけを募らせ、自省作用による自発的人間形成の機会を奪うことになる虞れもあるので、教育上の懲戒の手段としては適切でない場合が多く、必要最小限にとどめることが望ましい」としつつ、「しかしながら、教師が生徒を励ましたり、注意したりする時に肩や背中などを軽くたたく程度の身体的接触（スキンシップ）による方法が相互の親近感ないしは一体感を醸成させる効果ももたらすのと同様に、生徒の好ましからざる行状についてたしなめたり、警告したり、叱責したりする時に、単なる身体的接触よりもやや強度の外的刺激（有形力の行使）を生徒の身体に与えることが、注意事項のゆるがせにできない重大さを生徒に強く意識させると共に、教師の生徒指導における毅然たる姿勢・考え方ないしは教育的熱意を相手方に感得させることになって、教育上肝要な注意喚起ないしは覚醒行為として機能し、効果があることも明らかであるから、教育作用としてその本来

の機能と効果を教育の場で十分に発揮させるためには、懲戒の方法・形態としては単なる口頭の説教のみにとどまることなく、そのような方法・形態の懲戒によるだけでは微温的に過ぎて感銘力に欠け、生徒に訴える力に乏しいと認められるときは、教師は必要に応じ生徒に対して一定の限度内で有形力を行使することも許されてよい場合があることを認めるのでなければ、教育内容はいたずらに硬直化し、血の通わない形式的なものに堕して、実効的な生きた教育活動が阻害され、ないしは不可能になる虞れがあることも、これまた否定することができないのであるから、**いやしくも有形力の行使と見られる外形を持った行為は学校教育上の懲戒としては一切許容されないとすることは、本来学校教育法の予想するところではないといわなければならない**」と示している。

3　体罰を行った教員の責任

　教員が誤って児童生徒に対して体罰を行ったりした場合には、

　第一に、「**刑事上の責任**」として、一般市民法秩序を乱したという観点から、刑事事件として起訴され、刑罰を科されることがある。教員の懲戒が「**正当な懲戒権**」の行使として許容される限度を超える行為については、刑法第35条により「法令又は正当な業務による行為」には該当しないとされ、暴行罪、傷害罪、監禁罪などの刑罰が科されることがある。

　第二に、「**民事上の責任**」として、体罰で身体に傷害を受けた場合や甚だしい精神的苦痛を受けた場合、体罰を受けた児童生徒の側から民事上の損害賠償を請求することができ、国公立学校の場合には、国家賠償法により、国または地方公共団体が賠償責任を負い、私立学校の場合には、民法第709条による損害賠償責任を負うこととなり、民法第715条により使用者として学校の設置者たる学校法人が賠償責任を負うこととなる。なお、国公立の学校にあっては、教員に故意または重大な過失があったときは、国または地方公共団体は教員に対し「求償権」を有することとされている。

　第三に、「**行政上の責任**」として、教員の行った体罰は、法令等の遵守義務（地方公務員法第32条）、信用失墜行為の禁止（同法第33条）の規定違反等により、事案の内容に応じて、戒告、減給、停職、免職の懲戒処分が行われることとなる。

Ⅴ　「いじめ防止対策推進法」の制定

　平成25年、いじめ対策が喫緊の課題であるとの認識のもと、国会では与野党が協議を重ね、いじめ防止対策推進法案をまとめ、議員立法として国会に提出された。同法案は国会で可決・成立し、平成25年6月28日に公布され、3か月後の9月28日から施行された。この「**いじめ防止対策推進法**」は、いじめ防止対策の取り組みを進めるために制定されたわが国における初めてのいじめ防止立法であり、今後、学校におけるいじめ防止対策の取り組みは同法に基づき行われることとなる。

　同法の主な内容は次のとおりである。

① 　法律の目的

　この法律は、いじめが、いじめを受けた児童等の教育を受ける権利を著しく侵害し、その心身の健全な成長及び人格の形成に重大な影響を与えるのみならず、その生命または身体に重大な危険を生じさせるおそれがあることにかんがみ、児童等の尊厳を保持するため、㋐いじめ防止対策の基本理念を定め、国と地方の責務を明らかにするとともに、㋑いじめ防止等のための対策に関する基本的な方針の策定や㋒いじめ防止等のための対策の基本となる事項を定めることにより、**いじめ防止等のための対策を総合的かつ効果的に推進することを目的としている**（第1条）。

② 　「いじめ」の定義

　この法律において、「いじめ」とは、児童等に対して、当該児童が在籍する学校に在籍している等当該児童等と一定の人的関係にある他の児童等が行う**心理的または物理的な影響を与える行為**（インターネットを通じて行われるものを含む）であって、**当該行為の対象となった児童等**

が心身の苦痛を感じているものをいうと定めている（第2条）。

　この定義は、まず、個々の行為がいじめに当たるかどうかの判断は、表面的・形式的にすることなく、「心身の苦痛を感じている」といういじめられる側の立場に立って行うことを求めている。いじめがあっても、本人がいじめを否定する場合もあり、児童等の表情や様子をきめ細かく観察するなどしていじめの有無を確認する必要がある。

　また、同法では、いじめの定義に「インターネットを通じて行われる」いじめを含むことが明記されていることに注意が必要である。

③　いじめ防止基本方針の策定といじめ問題対策連絡協議会の設置

　国は、いじめの防止等のための対策を総合的かつ効果的に推進するための基本的な方針（「**いじめ防止基本方針**」）を定めること（第11条）、また、地方公共団体は、国の基本的な方針を参酌し、「**地方いじめ防止基本方針**」を定めるよう努めること（第12条）、さらに、学校は、国のいじめ防止基本方針及び地方いじめ防止基本方針を参酌し、その学校の実情に応じ、当該学校におけるいじめの防止等のための対策に関する基本的な方針（「**学校いじめ防止基本方針**」）を定めることとされている。また、地方公共団体は、いじめの防止等に関係する関係機関等の連携を図るため、学校、教育委員会、児童相談所、法務局、警察その他の関係者により構成される「**いじめ問題対策連絡協議会**」を置くことができるとされ（第14条1項）、教育委員会と同連絡協議会との円滑な連携の下に、地方いじめ防止基本方針に基づく地域におけるいじめ防止等のための対策を実効的に行うようにするため、必要があるときは、教育委員会に附属機関として必要な組織を置くことができるとされている（第14条3項）。

④　学校が講ずべき措置

　学校は、いじめ防止等に関する措置を実効的に行うため、複数の教職員、心理、福祉等の専門家その他の関係者により構成される「**いじめの防止等のための組織**」を置くものとされている（第22条）。

　個別のいじめに対して学校が講ずべき措置としては、㋐いじめの事実

の有無の確認と設置者への結果の報告、⑦いじめを受けた児童等または
その保護者に対する支援、⑦いじめを行った児童等に対する指導または
その保護者に対する助言などの措置を定めるとともに（第23条第 2・第
3 項）、いじめが犯罪行為として取り扱われるべきものであると認める
ときの所轄警察署との連携について定める（第23条第 6 項）ほか、いじ
めを行った児童等に対する「懲戒」、「出席停止制度」の適切な運用その
他いじめの防止等に関する措置が定められている（第26条）。

⑤　重大事態への対処

　学校の設置者または学校は、「いじめにより児童等の生命、心身又は
財産に重大な被害が生じた疑いがあると認めるとき」、「いじめにより児
童等が相当の期間学校を欠席することを余儀なくされている疑いがある
と認めるとき」といった「重大事態」に対処する等のため、速やかに適
切な方法により事実関係を明確にするための調査を行うものとされ（第
28条）、⑦地方公共団体等に対する重大事態発生の報告、⑦地方公共団
体の長等が必要と認める場合の再調査、⑦再調査の結果を踏まえて措置
を講ずること等とされている（第30条）。

Ⅵ　児童虐待防止と通告義務

　児童虐待防止法では、児童虐待とは、保護者がその監護する児童（18
歳に満たない者をいう）に対して行う、①身体的虐待、②性的虐待、③
ネグレクト、④心理的虐待の行為をいうとされ（第 2 条）、何人も、児
童に対し、虐待をしてはならないとされる（第 3 条）。

　同法においては、学校及びその教職員は、職務上、児童虐待を発見し
やすい立場にあることを自覚し、児童虐待の早期発見に努める義務が課
されている（第 5 条）。また、児童虐待を受けたと思われる児童を発見
した者は、速やかに、市町村や都道府県の設置する福祉事務所または児
童相談所に通告しなければならないとされる（第 6 条）。

　平成16年の改正児童虐待防止法により、児童虐待に関する通告の対象

が、「児童虐待を受けた児童」から「児童虐待を受けたと思われる児童」に拡大されたことで、虐待の事実が必ずしも明らかでなくとも、一般の人から見れば主観的に児童虐待があったと思うであろう場合であれば、通告義務が生じることとなる。

　さらに、令和元年の児童虐待防止法の改正により、正当な理由がなく、その職務に関して知り得た児童虐待を受けたと思われる児童に関する秘密を漏らしてはならないという守秘義務規定が新たに定められた（第5条3項）。ただし、この第5条3項の規定や地方公務員法等の守秘義務規定は、通告義務の遵守を妨げるものと解釈してはならないとされる（第6条3項）。

Ⅶ　懲戒処分の手続と司法救済

　学校の行う児童生徒への**懲戒処分**については、**公立学校の場合**には、**「行政庁」たる公立学校長の行う「行政処分」としての性格**を有する。行政不服審査法により、「簡易迅速な手続きによる国民の権利利益の救済」の観点から、裁判所以外の救済の手段が考えられるが、同法では、行政庁の処分に不服がある者についての審査請求または異議申し立てについて、学校における教育の目的を達成するために、児童生徒等に対して行われる**懲戒処分については、不服申し立てが認められないこととさ**れている（同法第4条第1項第8号）。

　このため、児童生徒等に対する懲戒処分をめぐって、その処分が違法であるとする立場からは、裁判所に訴えて争うこととなる。**公立学校の場合には、行政事件訴訟法に規定する「抗告訴訟」（行政庁の公権力の行使に関する不服の訴訟　同法第3条第1項）**として、また、私立学校の場合（国立大学法人化後の国立学校も含む）には、民事訴訟として争われることとなる。

　学校における懲戒処分については、一般的に、国公立であると私立であるとを問わず、その設置目的を達成するために必要な事項を校則や学

則等により一方的に制定し、これによって在学する児童・生徒・学生を規律する包括的な権能を有するものとされ（昭和女子大退学処分事件最高裁判決　昭和49・7・19）、**一般市民法秩序と直接の関係を有するものであることを是認するに足りる特段の事情がない限り学校内部の問題として学校の自主的、自律的な判断にゆだねられるべきものとされ、裁判所の司法審査の対象とはならないものと解されている**（富山大学単位不認定事件最高裁判決　昭和52・3・15）。

　その上で、例えば、高等学校における原級留置処分については、処分は、教育を受ける権利を奪われ一般市民として有する公立学校の利用が一部拒否されたことになるので、処分対象の生徒の市民法秩序における権利義務に影響を与えるものとして抗告訴訟の対象となるとの判例（都立高校原級留置事件東京高裁判決　昭和62・12・16）があり、**学校の懲戒処分は、児童生徒の教育を受ける権利と利益を制約しあるいは剥奪する場合には、市民法秩序に関係するものであることから司法救済の対象となるといえる。**

　懲戒処分が司法審査の対象となる場合に、裁判所の判断がどの程度にまで及ぶのかが問題となるが、学校長が、懲戒処分を行うかどうか、懲戒処分する場合にどのような処分とするかなどは、学校内の事情に通暁し直接教育の衝に当たる者の裁量に任すのでなければ到底適切な結果を期することができないとされ、処分に当たっては、教育的な観点からの専門的判断によるべきであることから、**懲戒権者たる学校長の「自由裁量」に任されている**と解される（京都府立医大生退学処分取消し請求事件最高裁判決　昭和29・7・30）。自由裁量とは、法の認める一定の範囲内で広く裁量が認められるものであり、裁量の範囲内では法の拘束を受けないため、当不当の問題は生じても違法の問題は生じないとされる。

　ただし、懲戒権者の自由裁量の行為とはいえ、児童生徒等の行為に対して、**懲戒処分を発動するかどうか、懲戒処分のうちいずれの処分を選ぶかを決定することは、この点の判断が社会通念上著しく妥当を欠くも**

のと認められる場合やそもそも事実上の根拠に基づかないで懲戒処分をした場合には、裁判所の審判権に服し、裁量権の範囲を超え、または裁量権の濫用があるものとして違法な処分となることは当然である。

　懲戒処分は、教育上必要かどうか等の観点から慎重に検討し、「**適正な手続き**」を経て処分する必要があると考えられる。処分に関する手続きに関し、行政運営における公正の確保と透明性の向上を図り、もって国民の権利利益の保護に資することを目的として制定された「**行政手続法**」（法律第88号　平成5年）においては、学校において教育の目的を達成するために、児童生徒等に対してされる処分は適用除外とされ（第3条第1項第7号）、したがって、公立学校における懲戒処分については、行政手続法は適用されない取扱いとなっている。

　「**児童の権利条約**」第12条第1項では、「**自己の意見を形成する能力のある児童がその児童に影響を及ぼすすべての事項について自由に自己の意見を表明する権利**」が認められている。

　この条文は、学校における懲戒処分に当たって、**児童生徒等に「聴聞の機会」の保障**（「児童は、特に、自己に影響を及ぼすあらゆる司法上及び行政上の手続において、……聴取される機会を与えられる」第12条第2項）をどうするかの問題を提起している。

　同条約の発効に当たり、文部省では通知を発出し、この中で、「本条約第12条1の意見を表明する権利については、表明された児童の意見がその年齢や成熟の度合いによって相応に考慮されるべきという理念を一般的に定めたものであり、必ず反映されるということまでをも求めているものではない」としつつ、「学校における退学、停学及び訓告の懲戒処分は真に教育的配慮をもって慎重かつ的確に行われなければならず、その際には、**当該児童生徒等から事情や意見をよく聴く機会を持つなど児童生徒等の個々の状況に十分留意し、その措置が単なる制裁にとどまることなく真に教育的効果を持つものとなるよう配慮すること**」とされている（「児童の権利条約について」文部省通知　平成6・5・20）。

参照条文（抄）

[憲法]

第26条　すべて国民は、法律の定めるところにより、その能力に応じて、ひとしく教育を受ける権利を有する。

[教育基本法]

第5条

2　義務教育として行われる普通教育は、各個人の有する能力を伸ばしつつ社会において自立的に生きる基礎を培い、また、国家及び社会の形成者として必要とされる基本的な資質を養うことを目的として行われるものとする。

[学校教育法]

第21条　義務教育として行われる普通教育は、教育基本法第5条第2項に規定する目的を実現するため、次に掲げる目標を達成するよう行われるものとする。

一　学校内外における社会的活動を促進し、自主、自律及び協同の精神、規範意識、公正な判断力並びに公共の精神に基づき主体的に社会の形成に参画し、その発展に寄与する態度を養うこと

第51条　高等学校における教育は、前条に規定する目的を実現するため、次に掲げる目標を達成するよう行われるものとする。

一　義務教育として行われる普通教育の成果を更に発展拡充させて、豊かな人間性、創造性及び健やかな身体を養い、国家及び社会の形成者として必要な資質を養うこと。

[行政不服審査法]

第4条　行政庁の処分に不服がある者は、次条及び第6条の定めるところにより、審査請求又は異議申立てをすることができる。ただし、次の各号に掲げる処分及び他の法律に審査請求又は異議申立てをすることができない旨の定めがある処分については、この限りでない。

　　八　学校、講習所、訓練所又は研修所において、教育、講習、訓練又は研修の目的を達成するために、学生、生徒、児童若しくは幼児若しくはこれらの保護者、講習生、訓練生又は研修生に対して行われる処分

[行政手続法]

第3条　次に掲げる処分及び行政指導については、次章から第4章までの規定※は適用しない。

七　学校、講習所、訓練所又は研修所において、教育、講習、訓練又は研修の目的を達成するために、学生、生徒、児童若しくは幼児若しくはこれらの保護者、講習生、訓練生又は研修生に対してされる処分及び行政指導

※次章から第4章までの規定…処分に対する「聴聞」、「弁明の機会」等の規定。

［学校教育法］

第11条　校長及び教員は、教育上必要があると認めるときは、文部科学大臣の定めるところにより、児童、生徒及び学生に懲戒を加えることができる。ただし、体罰を加えることはできない。

第35条　市町村の教育委員会は、次に掲げる行為の1又は2以上を繰り返し行う等性行不良であつて他の児童の教育に妨げがあると認める児童があるときは、その保護者に対して、児童の出席停止を命ずることができる。

一　他の児童に傷害、心身の苦痛又は財産上の損失を与える行為

二　職員に傷害又は心身の苦痛を与える行為

三　施設又は設備を損壊する行為

四　授業その他の教育活動の実施を妨げる行為

②　市町村の教育委員会は、前項の規定により出席停止を命ずる場合には、あらかじめ保護者の意見を聴取するとともに、理由及び期間を記載した文書を交付しなければならない。

③　前項に規定するもののほか、出席停止の命令の手続に関し必要な事項は、教育委員会規則で定めるものとする。

④　市町村の教育委員会は、出席停止の命令に係る児童の出席停止の期間における学習に対する支援その他の教育上必要な措置を講ずるものとする。

［学校教育法施行規則］

第26条　校長及び教員が児童等に懲戒を加えるに当つては、児童等の心身の発達に応ずる等教育上必要な配慮をしなければならない。

②　懲戒のうち、退学、停学及び訓告の処分は、校長が行う。

③　前項の退学は、公立の小学校、中学校、義務教育学校又は特別支援学校に在学する学齢児童又は学齢生徒を除き、次の各号のいずれかに該当する児童等に対して行うことができる。

一　性行不良で改善の見込がないと認められる者

二　学力劣等で成業の見込がないと認められる者

三　正当の理由がなくて出席常でない者

　　四　学校の秩序を乱し、その他学生又は生徒としての本分に反した者

④　第2項の停学は、学齢児童又は学齢生徒に対しては、行うことができない。

[いじめ防止対策推進法]

(目的)

第1条　この法律は、いじめが、いじめを受けた児童等の教育を受ける権利を著しく侵害し、その心身の健全な成長及び人格の形成に重大な影響を与えるのみならず、その生命又は身体に重大な危険を生じさせるおそれがあるものであることに鑑み、児童等の尊厳を保持するため、いじめの防止等（いじめの防止、いじめの早期発見及びいじめへの対処をいう。以下同じ。）のための対策に関し、基本理念を定め、国及び地方公共団体等の責務を明らかにし、並びにいじめの防止等のための対策に関する基本的な方針の策定について定めるとともに、いじめの防止等のための対策の基本となる事項を定めることにより、いじめの防止等のための対策を総合的かつ効果的に推進することを目的とする。

(定義)

第2条　この法律において「いじめ」とは、児童等に対して、当該児童等が在籍する学校に在籍している等当該児童等と一定の人的関係にある他の児童等が行う心理的又は物理的な影響を与える行為（インターネットを通じて行われるものを含む。）であって、当該行為の対象となった児童等が心身の苦痛を感じているものをいう。

2　この法律において「学校」とは、学校教育法（昭和22年法律第26号）第1条に規定する小学校、中学校、義務教育学校、高等学校、中等教育学校及び特別支援学校（幼稚部を除く。）をいう。

3　この法律において「児童等」とは、学校に在籍する児童又は生徒をいう。

4　この法律において「保護者」とは、親権を行う者（親権を行う者のないときは、未成年後見人）をいう。

(いじめ防止基本方針)

第11条　文部科学大臣は、関係行政機関の長と連携協力して、いじめの防止等のための対策を総合的かつ効果的に推進するための基本的な方針（以下「いじめ防止基本方針」という。）を定めるものとする。

2　いじめ防止基本方針においては、次に掲げる事項を定めるものとする。

　　一　いじめの防止等のための対策の基本的な方向に関する事項

　二　いじめの防止等のための対策の内容に関する事項

　三　その他いじめの防止等のための対策に関する重要事項

（地方いじめ防止基本方針）

第12条　地方公共団体は、いじめ防止基本方針を参酌し、その地域の実情に
　　応じ、当該地方公共団体におけるいじめの防止等のための対策を総合的か
　　つ効果的に推進するための基本的な方針（以下「地方いじめ防止基本方針」
　　という。）を定めるよう努めるものとする。

（学校いじめ防止基本方針）

第13条　学校は、いじめ防止基本方針又は地方いじめ防止基本方針を参酌し、
　　その学校の実情に応じ、当該学校におけるいじめの防止等のための対策に
　　関する基本的な方針を定めるものとする。

（いじめの早期発見のための措置）

第16条　学校の設置者及びその設置する学校は、当該学校におけるいじめを
　　早期に発見するため、当該学校に在籍する児童等に対する定期的な調査そ
　　の他の必要な措置を講ずるものとする。

2　国及び地方公共団体は、いじめに関する通報及び相談を受け付けるため
　　の体制の整備に必要な施策を講ずるものとする。

3　学校の設置者及びその設置する学校は、当該学校に在籍する児童等及び
　　その保護者並びに当該学校の教職員がいじめに係る相談を行うことができ
　　る体制（次項において「相談体制」という。）を整備するものとする。

4　学校の設置者及びその設置する学校は、相談体制を整備するに当たって
　　は、家庭、地域社会等との連携の下、いじめを受けた児童等の教育を受け
　　る権利その他の権利利益が擁護されるよう配慮するものとする。

（学校におけるいじめの防止等の対策のための組織）

第22条　学校は、当該学校におけるいじめの防止等に関する措置を実効的に
　　行うため、当該学校の複数の教職員、心理、福祉等に関する専門的な知識
　　を有する者その他の関係者により構成されるいじめの防止等の対策のため
　　の組織を置くものとする。

（いじめに対する措置）

第23条　学校の教職員、地方公共団体の職員その他の児童等からの相談に応
　　じる者及び児童等の保護者は、児童等からいじめに係る相談を受けた場合
　　において、いじめの事実があると思われるときは、いじめを受けたと思わ
　　れる児童等が在籍する学校への通報その他の適切な措置をとるものとする。

2　学校は、前項の規定による通報を受けたときその他当該学校に在籍する児童等がいじめを受けていると思われるときは、速やかに、当該児童等に係るいじめの事実の有無の確認を行うための措置を講ずるとともに、その結果を当該学校の設置者に報告するものとする。

3　学校は、前項の規定による事実の確認によりいじめがあったことが確認された場合には、いじめをやめさせ、及びその再発を防止するため、当該学校の複数の教職員によって、心理、福祉等に関する専門的な知識を有する者の協力を得つつ、いじめを受けた児童等又はその保護者に対する支援及びいじめを行った児童等に対する指導又はその保護者に対する助言を継続的に行うものとする。

4　学校は、前項の場合において必要があると認めるときは、いじめを行った児童等についていじめを受けた児童等が使用する教室以外の場所において学習を行わせる等いじめを受けた児童等その他の児童等が安心して教育を受けられるようにするために必要な措置を講ずるものとする。

5　学校は、当該学校の教職員が第3項の規定による支援又は指導若しくは助言を行うに当たっては、いじめを受けた児童等の保護者といじめを行った児童等の保護者との間で争いが起きることのないよう、いじめの事案に係る情報をこれらの保護者と共有するための措置その他の必要な措置を講ずるものとする。

6　学校は、いじめが犯罪行為として取り扱われるべきものであると認めるときは所轄警察署と連携してこれに対処するものとし、当該学校に在籍する児童等の生命、身体又は財産に重大な被害が生じるおそれがあるときは直ちに所轄警察署に通報し、適切に、援助を求めなければならない。

（出席停止制度の適切な運用等）

第26条　市町村の教育委員会は、いじめを行った児童等の保護者に対して学校教育法第35条第1項（同法第49条において準用する場合を含む。）の規定に基づき当該児童等の出席停止を命ずる等、いじめを受けた児童等その他の児童等が安心して教育を受けられるようにするために必要な措置を速やかに講ずるものとする。

（学校の設置者又はその設置する学校による対処）

第28条　学校の設置者又はその設置する学校は、次に掲げる場合には、その事態（以下「重大事態」という。）に対処し、及び当該重大事態と同種の事態の発生の防止に資するため、速やかに、当該学校の設置者又はその設置

する学校の下に組織を設け、質問票の使用その他の適切な方法により当該
重大事態に係る事実関係を明確にするための調査を行うものとする。

一　いじめにより当該学校に在籍する児童等の生命、心身又は財産に重大
　な被害が生じた疑いがあると認めるとき。

二　いじめにより当該学校に在籍する児童等が相当の期間学校を欠席する
　ことを余儀なくされている疑いがあると認めるとき。

2　学校の設置者又はその設置する学校は、前項の規定による調査を行った
　ときは、当該調査に係るいじめを受けた児童等及びその保護者に対し、当
　該調査に係る重大事態の事実関係等その他の必要な情報を適切に提供する
　ものとする。

3　第1項の規定により学校が調査を行う場合においては、当該学校の設置
　者は、同項の規定による調査及び前項の規定による情報の提供について必
　要な指導及び支援を行うものとする。

（公立の学校に係る対処）

第30条　地方公共団体が設置する学校は、第28条第1項各号に掲げる場合に
　は、当該地方公共団体の教育委員会を通じて、重大事態が発生した旨を、
　当該地方公共団体の長に報告しなければならない。

2　前項の規定による報告を受けた地方公共団体の長は、当該報告に係る重
　大事態への対処又は当該重大事態と同種の事態の発生の防止のため必要が
　あると認めるときは、附属機関を設けて調査を行う等の方法により、第28
　条第1項の規定による調査の結果について調査を行うことができる。

3　地方公共団体の長は、前項の規定による調査を行ったときは、その結果
　を議会に報告しなければならない。

4　第2項の規定は、地方公共団体の長に対し、地方教育行政の組織及び運
　営に関する法律（昭和31年法律第162号）第21条に規定する事務を管理し、
　又は執行する権限を与えるものと解釈してはならない。

5　地方公共団体の長及び教育委員会は、第2項の規定による調査の結果を
　踏まえ、自らの権限及び責任において、当該調査に係る重大事態への対処
　又は当該重大事態と同種の事態の発生の防止のために必要な措置を講ずる
　ものとする。

［児童虐待防止法］

（目的）

第1条　この法律は、児童虐待が児童の人権を著しく侵害し、その心身の成

長及び人格の形成に重大な影響を与えるとともに、我が国における将来の世代の育成にも懸念を及ぼすことにかんがみ、児童に対する虐待の禁止、児童虐待の予防及び早期発見その他の児童虐待の防止に関する国及び地方公共団体の責務、児童虐待を受けた児童の保護及び自立の支援のための措置等を定めることにより、児童虐待の防止等に関する施策を促進し、もって児童の権利利益の擁護に資することを目的とする。

（児童虐待の定義）

第2条　この法律において、「児童虐待」とは、保護者（親権を行う者、未成年後見人その他の者で、児童を現に監護するものをいう。以下同じ。）がその監護する児童（18歳に満たない者をいう。以下同じ。）について行う次に掲げる行為をいう。

一　児童の身体に外傷が生じ、又は生じるおそれのある暴行を加えること。

二　児童にわいせつな行為をすること又は児童をしてわいせつな行為をさせること。

三　児童の心身の正常な発達を妨げるような著しい減食又は長時間の放置、保護者以外の同居人による前2号又は次号に掲げる行為と同様の行為の放置その他の保護者としての監護を著しく怠ること。

四　児童に対する著しい暴言又は著しく拒絶的な対応、児童が同居する家庭における配偶者に対する暴力（配偶者（婚姻の届出をしていないが、事実上婚姻関係と同様の事情にある者を含む。）の身体に対する不法な攻撃であって生命又は身体に危害を及ぼすもの及びこれに準ずる心身に有害な影響を及ぼす言動をいう。第16条において同じ。）その他の児童に著しい心理的外傷を与える言動を行うこと。

（児童に対する虐待の禁止）

第3条　何人も、児童に対し、虐待をしてはならない。

（児童虐待の早期発見等）

第5条　学校、児童福祉施設、病院、都道府県警察、婦人相談所、教育委員会、配偶者暴力相談支援センターその他児童の福祉に業務上関係のある団体及び学校の教職員、児童福祉施設の職員、医師、歯科医師、保健師、助産師、看護師、弁護士、警察官、婦人相談員その他児童の福祉に職務上関係のある者は、児童虐待を発見しやすい立場にあることを自覚し、児童虐待の早期発見に努めなければならない。

2　前項に規定する者は、児童虐待の予防その他の児童虐待の防止並びに児

童虐待を受けた児童の保護及び自立の支援に関する国及び地方公共団体の
施策に協力するよう努めなければならない。

3　第1項に規定する者は、正当な理由がなく、その職務に関して知り得た
児童虐待を受けたと思われる児童に関する秘密を漏らしてはならない。

4　前項の規定その他の守秘義務に関する法律の規定は、第2項の規定によ
る国及び地方公共団体の施策に協力するように努める義務の遵守を妨げる
ものと解釈してはならない。

5　学校及び児童福祉施設は、児童及び保護者に対して、児童虐待の防止の
ための教育又は啓発に努めなければならない。

（児童虐待に係る通告）

第6条　児童虐待を受けたと思われる児童を発見した者は、速やかに、これ
を市町村、都道府県の設置する福祉事務所若しくは児童相談所又は児童委
員を介して市町村、都道府県の設置する福祉事務所若しくは児童相談所に
通告しなければならない。

2　前項の規定による通告は、児童福祉法第25条第1項の規定による通告と
みなして、同法の規定を適用する。

3　刑法（明治40年法律第45号）の秘密漏示罪の規定その他の守秘義務に関
する法律の規定は、第1項の規定による通告をする義務の遵守を妨げるも
のと解釈してはならない。

第14章　教育課程・教科書・教育評価と法

Ⅰ　教育課程とその国家基準

1　教育課程の意義

「教育課程」の意義については、さまざまな捉え方があるが、公的には、「学校において編成する教育課程とは、学校教育の目的や目標を達成するために、教育の内容を児童の心身の発達に応じ、授業時数との関連において総合的に組織した学校の教育計画である」（「小学校学習指導要領解説総則編」文部科学省　平成29・7）とされる。

教育課程は、学校全体の大枠的な計画、学年や学級としての計画、年間計画や月間計画など具体的な計画を含むものであり、学校の教育目標の設定、指導内容の組織及び授業時数の配当が教育課程の編成の基本的な要素になる。

教育課程の法制についてみると、学校教育の「目的」や「目標」は、教育基本法及び学校教育法に示されている。まず、教育基本法においては、「教育の目的」（第1条）及び「教育の目標」（第2条）が定められているとともに、「義務教育の目的」（第5条第2項）や「学校教育の基本的役割」（第6条第2項）が定められている。

また、学校教育法においては、教育基本法の規定を踏まえ、「義務教育の目標」（第21条）やそれぞれの学校段階における教育の目的及び目標に関する規定として、学校教育法上、「小学校の目的」（第29条）及び「小学校教育の目標」（第30条）、「中学校の目的」（第45条）及び「中学校教育の目標」（第46条）、義務教育学校の「教育の目的」（第49条の2）及び「教育の目標」（第49条の3）、「高等学校の目的」（第50条）及び「高等学校教育の目標」（第51条）、「中等教育学校の目的」（第63条）及

び「中等教育学校教育の目標」（第64条）、「特別支援学校の目的」（第72条）に関する規定がそれぞれ置かれている。

　このように、教育課程は、教育基本法や学校教育法をはじめとする教育課程に関する法令に従って各学校において編成されるものであり、**教育課程に関する事項は、学校教育法第33条等の定めるところにより、文部科学大臣が定めることとされる。**

コラム【教育の目標と「学力の３要素」】

　教育基本法に定められる「教育の目的・目標」及び「義務教育の目的」の規定を受けて、学校教育法は、「義務教育の目標」ならびに各学校段階の目的とそれらを実現するための目標を定めている。

　小・中・高校等における教育は、こうした各学校段階の目標を達成するよう行われるとともに（学校教育法第30条、46条、51条等）、生涯にわたり学習する基盤が培われるよう、

① 　基礎的な知識・技能の修得

② 　知識・技能を活用して課題を達成するために必要な思考力・判断力・表現力等の育成

③ 　主体的に学習に取り組む態度の養成

に特に意を用いなければならないとされる（第30条２項、中学校、高校等に準用）。

　上記に述べた３点が「学力の３要素」と呼ばれるものであり、学習指導要領が重視している「生きる力」の育成にとって中核となるものである。

　なお、平成28年12月、学習指導要領改訂の基本的な方向性性などを取りまとめた中央教育審議会答申では、「学力の３要素」のバランスのとれた育成等を、新学習指導要領においても引き続き重視する必要があるとされ、その考え方は、「育成を目指す資質・能力」へと引き継がれている。また、こうした資質・能力を確実に育むことができるよう、主体的・対話的で深い学びの充実に向けた授業改善が求められている。

2　学習指導要領の意義と法的性格

　これらの規定を踏まえ、文部科学大臣は、学校教育法施行規則第50〜第52条（小学校の場合）において、教育課程の構成領域（各教科、特別の教科である道徳、外国語活動、特別活動及び総合的な学習の時間）、各教科等のそれぞれの年間の標準授業時数や各学年における年間の標準授業時数を定めているほか、**教育課程の基準として文部科学大臣が別に公示する学習指導要領によるものとしている。**

　学校教育が組織的、継続的に実施されるためには、学校教育の目的や目標を設定し、その達成を図るための教育課程が適切に編成されなければならないことはいうまでもない。**学校教育が、「公の性質」を有するものであり、国は、全国どこにおいても同水準の教育を受けることのできる「教育の機会均等」と「教育水準の維持向上」のため、学校において編成実施される教育課程についての全国的な基準（ナショナル・ミニマム）の設定権を有する。**

　法令上は、学校教育法第33条（小学校の教育課程）、第48条（中学校の教育課程）、第52条（高等学校の教育課程）などの諸規定に基づき、「教育課程の基準設定」は、文部科学大臣の権限とされる。

　文部科学大臣は、学校教育法及び学校教育法施行規則に基づき教育課程の「国家基準」として、「学習指導要領」を公示するものとされており、具体には、学習指導要領は官報に告示の形式で定められている。

　この学習指導要領は、学校教育についての一定の水準を確保するために法令に基づき国が定めた教育課程の基準であり、各学校の教育課程の編成・実施に当たっては、これに従わなければならないこととされている。

　この教育課程の国家基準である学習指導要領は、法律に定める正規の学校における教育課程の編成の準則ともいえるものであり、**国公私立学校を通じて適用されるものである。**

　この学習指導要領の「法的性格」については、

① 教育課程の国家基準立法たる「法規命令」であって、「法的拘束力」

を有するものであるとする説、

②　教科・科目、授業時数、教育内容・方法などの教育課程の大綱的部分に限って国の関与を認め、これをこえる部分は法的拘束力を有しない「指導助言」たる性格のものと解する説（「大綱的基準説」）、

③　大綱たると細目たるとを問わず教育内容・方法に関するものである限り「指導助言」の性格しかもち得ないとする説（「指導助言説」）

がある。

　最高裁判決（永山中学校事件　昭和51・5・21）では、国は、教育における機会均等の確保と全国的な一定の水準の維持という目的のために必要かつ合理的と認められる大綱的な基準を設定することができ、学習指導要領は全体としては全国的な大綱的基準としての性格をもつものと認められるとして、①の肯定説の立場に立って学習指導要領の「法的拘束力」を是認している。

　コラム【学習指導要領の変遷】

　学校における教育課程の基準として国が定める「学習指導要領」は、これまでほぼ10年に一度改訂されてきているが、改訂に際しては、文部省の教育課程審議会あるいは平成13年以降は文部科学省の中央教育審議会（初等中等教育分科会教育課程部会）において、学習指導要領のあり方についての審議及び答申が行われ、これを踏まえて文部科学大臣により「学習指導要領」として取りまとめられ、官報に告示されることによって教育課程の国家基準が定まることとなる。戦後、教育課程の基準としての学習指導要領が「試案」の形で刊行されたのをはじめとして、昭和26年、33年、43年、52年、平成元年、10年、20年、29年の8回にわたり、学習指導要領が全面改訂されている。

　昭和33年の学習指導要領において、教育課程の基準としての性格の明確化の観点から、これまで、「試案」の形で示していた学習指導要領について官報への告示により、教育課程の基準として必要な事項が規定されることとなった。

コラム【特別の教科である道徳】

　平成27年3月、学校教育法施行規則及び小学校、中学校、特別支援学校小学部・中学部の学習指導要領の一部改正が行われ、従来の「道徳の時間」を「特別の教科である道徳」（特別の教科道徳）へと位置付ける制度改正が行われた。

　道徳について一部改正された学習指導要領は、小学校では、平成30年度、中学校では平成31（令和元）年度から全面実施された。

　この制度改正では、道徳教育の改善・充実を図るため、道徳の時間を教育課程上、「特別の教科である道徳」として位置付けるとともに、児童生徒の発達段階を踏まえ、対話や討論を重視した指導、体験的な学習や問題解決的な学習を重視した指導など、指導方法の工夫を図るとされた。

　「特別の教科」である道徳科は、①**学習指導要領に示された内容**について、**検定済教科書を使用した指導により学ぶ**という、各教科と共通する側面がある一方、道徳性の育成を図るためには、児童生徒をよく理解している学級担任が担当することが適当なことから、②**各教科の指導とは異なり、専門の免許状が設けられていないこと**、また、児童生徒の学習状況や道徳性にかかる成長の様子などを継続的に把握し、指導に生かすことが重要であることから、③**各教科の評価とは異なり、道徳科では指導要録等に示す指標として数値などによる評価は行わず、記述による評価を行うこ**と、とされている。

3　学習指導要領の「最低基準性」

　学習指導要領は、**教育課程についての最低基準（ナショナル・ミニマム）**であることは、昭和33年の文部省の教育課程審議会答申において「小学校および中学校の教育課程の国家的基準を明確にし、年間における指導時間数を明示し、義務教育水準の維持向上を図ること」が指摘され、それを踏まえ改訂された昭和33年の**学習指導要領の総則**において「**学校において特に必要がある場合には、第2章以下に示していない内容を加えて指導することもできる**」と明記され、今日の学習指導要領にまで至っていることから明らかである。

　この学習指導要領の「最低基準」としての性格については、平成15年
12月に学習指導要領の一部改正により、**学習指導要領の基準性のいっそ
うの明確化が図られ、学校において特に必要がある場合には、学習指導
要領の範囲や教科書に示していない内容も必要に応じ指導できることを**
より明らかにしている。

　さらに、平成20年改訂の新しい学習指導要領においても、いわゆる
**「はどめ規定」について、学習指導要領に示していない内容を加えて指
導することができることを明確にする観点から、「～を中心に扱うこと」
に改めるなどの改善が図られている。**

　学習指導要領の基準性に関しては、いずれの学校においても共通に取
り扱わなければならない教科等の内容に加えて、**「発展的な学習」**の内
容を付加する場合に、教科教育の主たる教材である教科書の記述をどう
取り扱うかが問題とされた。

　すなわち、従来の**「義務教育諸学校教科用図書検定基準」**では、「教
科書の内容には、学習指導要領に示す目標、学習指導要領に示す内容及
び学習指導要領に示す内容の取扱いに照らして、不必要なものは取り上
げていないこと」等の規定が盛り込まれており、一方、学習指導要領で
は、従来から、各教科等の「内容の取扱い」において「～は扱わないも
のとする」などの取り扱う内容の範囲や程度を明確にする記述や「～に
ついては何種類扱う」などの事例数等の範囲や程度を明確にする記述
（いわゆる**「はどめ規定」**）がなされており、その整合性が課題とされて
いた。

　このため、平成14年の教科用図書検定調査審議会の「教科書制度の改
善について」の答申において、**教科書においては、基本的性格（すべて
の児童生徒が共通して使用する教材であり、学習指導要領に示された各
教科等の内容を児童生徒に確実に定着させるものとなっていること）を**
踏まえ、

① 　**学習指導要領の目標、内容の趣旨を逸脱するものでないこと、**

② 　**児童生徒の心身の発達段階に適応しており、負担過重とならないも**

のであること、

③　主たる学習内容との適切な関連を有するものであること、

を考慮し、発展的な学習内容等の記述を可能とすることが適当である旨提言がなされた。

　これを踏まえ、教科書は、学習指導要領に示された内容を児童生徒に確実に定着させることを主眼とするもので、「発展的な学習内容」等は、それらの主たる学習内容の理解をいっそう深めるなどの観点から記述されるものであること、「発展的な学習内容」等はすべての児童生徒が一律に学習する必要があるものではないことから、教科書に「発展的な学習内容」等を記述する場合には、

①　本文以外での記述とし、他の記述と明確に区別すること、

②　「発展的な学習内容」等であることを教科書上明示すること、

③　一定の分量以下の記述とすること、

について留意する必要があるとされ、この方針に沿って、平成14年8月に「教科用図書検定基準」が改正され、教科書における内容の取扱いにおいて「発展的な学習内容」の記述が認められることとなった。

4　各学校における教育課程の編成

　国公私立を問わず、学校における教育課程の編成実施に当たっては、教育基本法や学校教育法等の法令に従うとともに、文部科学大臣が定める教育課程の国家基準である学習指導要領に基づいてなされなければならない。

　さらに、公立学校については、地方教育行政法第21条第5号において、教育委員会が学校の教育課程に関する事務を管理し、及び執行することが定められるとともに、第33条第1項において「法令又は条例に違反しない限度において、その所管に属する学校その他の教育機関の……教育課程……その他学校その他の教育機関の管理運営の基本的事項について、必要な教育委員会規則を定めるものとする」とされ、これらの規定に基づき、教育委員会が教育課程についての規則などを設けている場

合には、**学校はそれに従って教育課程を編成しなければならないこと**とされている。

　教育課程の編成については、学習指導要領の総則において、「各学校においては、教育基本法及び学校教育法その他の法令並びにこの章以下に示すところに従い……適切な教育課程を編成するものとし」と定めており、**教育課程編成の実施主体はそれぞれの学校**である。具体には、教育課程の編成について各学校の校長に最終的な権限があることは、「校務をつかさどり、所属職員を監督する」という学校教育法第第37条第４項に規定する校長の職務権限に照らして明らかである。

　校長は、教頭や教務主任をはじめ全教職員と分担・協力しつつ、地域や学校の実態、児童生徒の実態等に即した適切な教育課程を編成することが要請されている。

　教育課程の編成については、従来、それぞれの学校の教師集団に教育課程の編成権があり、校長の役割はそれを代表して表示する機能にあるとする説や教師の「教育権」に基づく教育課程の自主編成権の主張がみられたが、いずれも教育課程編成についての校長権限を単なる「対外表示権」に矮小化し、校長が有する教育課程編成権限を含む校務全般に対する所要の権限を否定する論理であり、実定法上妥当なものとはいえない。

コラム【校長の校務掌握と「対外表示権」】

　学校の教育課程の編成についての権限は、教師集団にあり、最終的に職員会議において決定されるべきとする説によると、「全校的教育事項（教育課程編成、児童生徒に対する学校教育措置・懲戒処分権、教育校務分掌）の審議決定権は職員会議に属し、校長はそれへの指導助言的参加と、対外的代表・表示を行うことが、この面において「校務をつかさどる」仕方にほかならないと解される」（兼子仁著『教育法』）とされ、「教育条理的解釈」に基づく教師集団の教育内容決定権と校長権限の制約が主張される。

　この説は、校務をつかさどり、所属職員を監督する立場にある校長の実

定法上の職務権限を矮小化し、職員会議が校長の補助機関である法令的根拠を等閑視するものであり、適切とはいえない。

5　教育課程編成の特例

　学校における教育課程の編成に際し、学校教育法令上の特例措置が設けられているが、その主なものとしては、まず、**「研究開発学校制度」**の特例が挙げられる。

　これは、学校教育法施行規則第55条等に基づき、教育課程に関し、その改善に資する研究を行うため特に必要があり、かつ、児童生徒の教育上適切な配慮がなされていると文部科学大臣が認める場合には、学習指導要領の教育課程の基準によらない教育課程を編成することができる取扱いとなっている。昭和51年度以降創設された**「研究開発学校制度」**の成果により、小学校低学年の教育課程の再編（「生活科」の新設）や中学校の選択履修幅の拡大、「総合的な学習の時間」の創設、高等学校における教科「情報」、教科「福祉」の導入などが、学習指導要領の改訂によって実際の教育課程の基準として取り入れられている。

　そのほかに、**私立学校**においては、教育課程の編成に際して、**道徳に代えて宗教を加えることができる**ものとされる（学校教育法施行規則第50条第2項等）。また、小学校においては、必要がある場合には、一部の各教科について、教科と教科を合わせて**「合科」**で指導することができる取扱いが認められている（同法施行規則第53条）。

　また、平成20年まで「構造改革特別区域研究開発学校設置事業」として行われてきた学習指導要領等の教育課程の基準によらない特別の教育課程の編成・実施を可能とする特例については、平成20年4月から文部科学大臣の指定により行うことができる**「教育課程特例校制度」**が新たに設けられた。この制度は、平成20年の学校教育法施行規則の改正により、文部科学大臣が、小学校等において、地域の実態に照らし、より効果的な教育を実施するため、当該小学校等または当該地域の特色を生か

した特別の教育課程を編成して教育を実施する必要があり、かつ、当該
特別の教育課程について教育基本法及び学校教育法第30条第1項の規定
等に照らして適切であり、児童等の教育上適切な配慮がなされているも
のとして文部科学大臣が定める基準を満たしていると認める場合におい
ては、新たな教科の創設など学習指導要領によらない教育課程の編成・
実施ができるとするものである（第55条の2）。

　さらに、教育課程の特例として、特別支援学校の重複障害児や訪問教
育の教育課程の特例（同法施行規則第131条）、特別支援学級や通級指導
の教育課程の特例（第138,140条）、不登校児童生徒を対象とする教育課
程の特例（第56条）、日本語教育のための教育課程編成の特例（第56条
の2）などがある。

II　教科書

1　教科書の使用義務

　学校が一定の指導計画に基づき組織的・計画的に教育課程を展開して
いくためには、教育課程の構成に応じて組織排列された「主たる教材」
としての教科書が不可欠である。

　教科書とは、「小学校、中学校、義務教育学校、高等学校、中等教育
学校及びこれらに準ずる学校において、教育課程の構成に応じて組織排
列された教科の主たる教材として、教授の用に供せられる児童又は生徒
用図書であつて、文部科学大臣の検定を経たもの又は文部科学省が著作
の名義を有するものをいう」とされる（教科書の発行に関する臨時措置
法第2条第1項）。

　学校においては、学校教育法第34条第1項の定めるところにより、
「小学校においては、文部科学大臣の検定を経た教科用図書又は文部科
学省が著作の名義を有する教科用図書を使用しなければならない」とさ
れ、この規定は、中学校（第49条）・義務教育学校（第49条の8）・高等
学校（第62条）・中等教育学校（第70条）及び特別支援学校（第82条）

についてそれぞれ準用されており、**教科書の使用が学校における教科教育の実施に当たり義務付けられている。**

コラム【高等学校等における教科用図書以外の教科用図書の使用】

　学校教育法附則第9条において、「高等学校、中等教育学校の後期課程及び特別支援学校並びに特別支援学級においては、当分の間、……文部科学大臣の定めるところにより、第34条第1項に規定する教科用図書以外の教科用図書を使用することができる」こととされており、具体には、学校教育法施行規則において、①高等学校または中等教育学校の後期課程において検定教科書または文部科学省著作教科書のない場合（第89条、第113条第2項）、②特別支援学校の小・中・高等部において複数の種類の障害をあわせ有する児童生徒を教育する場合や訪問教育の場合において特別の教育課程によるに当たって、検定教科書または文部科学省著作教科書を使用することが適当でない場合（第131条第2項）、③小中学校の特別支援学級において検定教科書を使用することが適当でない場合（第139条）には、特例として、第34条第1項に規定する教科用図書以外の教科用図書を使用することが認められている。

　この教科書の使用義務については、最高裁判決（伝習館高校事件　平成2・1・18）においても確認されているところであるが、学校教育において、教師が教科書を使用したといいうるためには、「まず、**教科書を教材として使用しようとする主観的意図と同時に客観的にも教科書内容に相当する教育活動が行われなければならない。右の両者を併せもつとき初めて教科書を教材として使用したといいうるであろう」**と同事件に関する下級審判決（福岡地裁判決　昭和53・7・28）において示されているところである。

　もっとも、「**教科書の使用義務**」とは、一年間にわたる当該科目の授業の全部にわたりこの関係が維持されていることを厳密に要請されているとはいえず、**要は当該科目の一年間にわたる教育活動における全体的**

考察において**教科書を教材として使用した**と認められなければならない
ということであるとされている。

2　教科書検定制度

　初等中等教育においては、憲法第26条に規定する「国民の教育を受け
る権利」を実質的に保障するため、教育の機会均等、全国的な教育水準
の維持向上、中立・公正な教育内容の確保などが要請されている。

　このため、国においては、教育課程の基準として学習指導要領を定め
るとともに、教科の主たる教材として使用義務のある教科書について、
文部科学大臣が、学校教育法第34条第1項に規定する教科用図書の検定
に関し必要な事項を定めている**「教科用図書検定規則」**（文部科学省令）
に則り、民間で著作・編集された図書について、**「教科用図書検定基準」**
（文部科学省告示）に照らし適切か否かを審査し、これに合格したもの
を教科書として使用することを認める**「教科書検定」**を実施している。

　教科書として適切であるかどうかは、教科用図書検定基準において、
「教育基本法に定める教育の目的、方針など並びに学校教育法に定める
教育の目的及び教育の目標に基づき」、学習指導要領に示す目標に従い、
学習指導要領に示す内容及び内容の取扱いに示す事項を不足なく取り上
げているかどうか、不必要なものを取り上げていないかどうか、内容が
児童生徒の発達段階に適応しているかどうかなど**「学習指導要領への準
拠」、中立性、公正性、正確性などの観点**から行われることとされてい
る。

　このように教科書検定は、普通教育において全国的な観点から教育の
機会均等及び教育水準の維持向上の確保を図り、教育内容が児童生徒の
発達段階に応じたものであって、内容が正確かつ中立公正なものとなら
なければならないという要請にこたえるものであり、民間で著作・編集
した図書について、教科書として発行する前に、教科書として適切であ
るかどうかを審査し、不適切な図書を教科書として発行することを禁止
するものである。

　このような「教科書検定制度」が、憲法第21条第２項が禁止している「検閲」に該当するのではないか、あるいは、第21条第１項にいう「表現の自由」を侵害するものではないかという議論がなされ、裁判において争われた経緯がある。

　これについて、最高裁判決（教科書検定第１次訴訟事件　平成５・３・16）は、「憲法第21条第１項にいう表現の自由といえども無制限に保障されるものではなく、公共の福祉による合理的で必要やむを得ない限度の制限を受けることがあり、……本件検定についてみるのに、……普通教育の場においては、教育の中立・公正、一定水準の確保等の要請があり、これを実現するためには、これらの観点に照らして不適切と認められる図書の教科書としての発行、使用等を禁止する必要があること、……その制限も、右の観点からして不適切と認められる内容を含む図書のみを、教科書という特殊な形態において発行を禁止するものにすぎないことなどを考慮すると、本件検定による表現の自由の制限は、合理的で必要やむを得ない限度のものというべきであって、憲法第21条第１項の規定に違反するものではない」とするとともに、「憲法第21条第２項にいう検閲とは、行政権が主体となって、思想内容等の表現物を対象とし、その全部又は一部の発表の禁止を目的とし、対象とされる一定の表現物につき網羅的一般的に発表前にその内容を審査した上、不適当と認めるものの発表を禁止することを特質として備えるものを指すと解すべきである。本件検定は、……一般図書としての発行を何ら妨げるものではなく、発表禁止目的や発表前の審査などの特質がないから、検閲に当たらず、憲法第21条第２項前段の規定に違反するものではない」と示し、「教科書検定制度」が違憲・違法ではないことが確認されている。

コラム【臨時教育審議会第３次答申における「教科書制度の改革」】
　臨時教育審議会では、第３次答申において「教科書制度の改革」が取り上げられ、その「審議経過の概要（その４）」（昭和62・１・21）では、「教科書の扱いは、義務教育段階の小中学校と高等学校とは区別すべきも

のとし、当面、小中学校用教科書（主たる教材）は認定教科書を使用する
ものとし、高等学校用教科書については学習指導要領を目安としつつも原
則的に大学用教科書と同様に自由発行・自由採択とする」と指摘された。

　これを受けて、答申（昭和62・4・1）では、「高等学校の教科書につ
いては、小中学校の場合より簡素化の方向で検定基準の在り方を検討する
必要がある。また、教科によっては、検定の対象としないことについて
も、教科指導の在り方、教科書の水準の維持、大学入試との関連、教科書
をめぐる環境条件の成熟状況を勘案しながら、検討していく必要がある」
とされ、高等学校用教科書については、中長期的に検定制度のあり方との
かかわりで検討することが求められているといえよう。

　教科書の検定・採択については、平成25年11月15日、文部科学省は今
後の教科書改革に向けて「教科書改革実行プラン」を発表し、この改革
の趣旨として、「新しい教育基本法に則って、バランス良く記載され、
採択権者が責任を持って選んだ教科書で子供たちが学ぶことができるよ
う、教科書の編集・検定・採択の各段階において、必要な制度改善を行
おうとするものである」という考えを示した。

　この「教科書改革実行プラン」のうち、**教科書の検定段階における制
度改善について、教科用図書検定調査審議会からの「教科書検定の改善
について（審議のまとめ）」を踏まえて、平成26年1月、義務教育諸学
校及び高等学校の教科用図書検定基準が改正された。**

　この検定基準の改正においては、教科書における記述内容や話題・題
材等の扱いについて、児童生徒の多面的・多角的な考察に資するよう、
公正・中立でバランスのとれたものとなっていることが必要であること
から、小中学校の「社会科」と高等学校の「地理歴史科」、「公民科」に
おいて、次の3点にわたる改善が行われた。

① **未確定な時事的事象について記述する場合に、特定の事柄を強調し
　過ぎていたりするところはないことを明確にしたこと。**

　　この点の取り扱いは、教科用図書検定審議会の「審議のまとめ」に
　よると、未確定であるかどうかの判断については、これまで同様、申

請図書の調査審議の時点において、当該事象について得られる専門的・学術的な知見に基づき、判断されることとされている。

② 近現代の歴史的事象のうち、通説的な見解がない数字などの事項について記述する場合には、通説的な見解がないことが明示されているとともに、児童または生徒が誤解するおそれのある表現がないこと。

　　この点の取扱いは、「審議のまとめ」によると、どのような学説をもって通説と考えるかの判断は難しい面があるが、特定の歴史認識や歴史事実を確定するという立場に立って行うのではなく、未だ「通説的な見解」として広く受け入れられている学説がない状況において、申請図書の記述では児童生徒にとって誤解するおそれのあるものとなっていないかといった観点から判断されることとなる。

③ 閣議決定その他の方法により示された政府の統一的な見解または最高裁判所の判例が存在する場合には、それらに基づいた記述がなされること。

　　この点の取扱いは、「審議のまとめ」では、政府の見解や判例と異なる考えに基づく記述がされていることを認めないというものではなく、児童生徒の多面的・多角的な考察に資するような記述を求める趣旨であり、政府の統一的な見解については、閣議決定などの手続きを経ている、あるいは、ある程度の安定性をもっているものであるなどの観点から判断されることが適当とされている。

3　教科書の採択

　学校で使用される教科書については、地方教育行政法第21条の規定に基づき、教育委員会には、教科書の取扱いに関する事務を処理する権限が与えられており、この事務の中には学校の使用する教科書の採択に関する事務も含まれている。したがって、公立学校の教科書の採択については、所管の都道府県または市町村の教育委員会がその権限を有するものである。なお、国立学校及び私立学校については、校長が教科書の採択権限を有するものとされる。

　義務教育諸学校の教科書の採択については、**義務教育諸学校の教科用図書の無償措置に関する法律**において、都道府県教育委員会は、当該都道府県内の義務教育諸学校において使用する教科用図書の採択の適正な実施を図るため、あらかじめ設置している**教科用図書選定審議会**の意見を聞き、①都道府県内の義務教育諸学校において使用する教科用図書の研究に関し、計画・実施するとともに、②市区町村の教育委員会及び国私立の義務教育諸学校の校長の行う採択に関する事務に対する適切な指導、助言または援助を行うこととされている（同法第10条・第11条）。

　市区町村立の小中学校で使用される教科書の採択の権限は市区町村教育委員会にあるが、義務教育諸学校の無償措置に関する法律により、教科書の採択に当たっては、都道府県教育委員会が、市町村の教育委員会の意見を聞いて、市もしくは郡の区域またはこれらの区域をあわせた地域を「**教科用図書採択地区**」として設定し、採択区域内の市町村が共同して種目ごとに同一の教科書を採択する仕組みとなっている。

　「教科用図書採択地区」が2以上の市町村の区域をあわせた地域であるときは、当該採択地区内の市町村立の小中学校において使用する教科書については、共同採択を行うため「**採択地区協議会**」を設け、ここにおいて協議して種目ごとに同一の教科書を採択する取扱いとなっている。

　既述したように、平成25年11月15日、文部科学省は、今後の教科書改革に向けて「教科書改革実行プラン」を発表した。このプランでは、教科書採択について「バランスよく記載され、採択権者が責任を持って選んだ教科書で子供たちが学ぶことができるよう、教科書の編集・検定・採択の各段階において必要な措置を講ずること等によって、より国民全体の理解を得られるような教科書作りを目指す」ものとされ、その後、教科書採択の改善については、中央教育審議会に対し審議要請がなされた。

　平成26年12月26日、中央教育審議会での審議の結果取りまとめられた「教科書採択の改善について（意見のまとめ）」を踏まえて、**教科書の採**

択制度等を規定する「義務教育諸学校の教科用図書の無償措置に関する法律」の一部改正法案が作成され、国会での審議を経て、平成26年3月9日に可決成立した。

　この教科書無償措置法の一部改正では、3点にわたり教科書採択制度の改善のための改正が行われた。

　第一に、共同採択についての構成市町村による協議ルールを明確化したことである。

　すなわち、採択地区における教科書の採択の方法に関し、採択地区内で教科書が一本化できず、教科書の無償給付ができない事態の発生を防止するため、採択地区内の市町村の教育委員会は、協議により規約を定め、当該採択地区内の市町村立の小中学校において使用する教科書の採択について協議を行うための協議会（「採択地区協議会」）を設けなければならないものとし、採択地区内の市町村の教育委員会は、採択地区協議会の協議の結果に基づき、種目ごとに同一の教科書を採択しなければならないものとした（第13条第4項・第5項関係）。

　第二に、「市郡」単位となっている採択地区の設定単位を「市町村」単位に柔軟化したことである。

　これは、都道府県の教育委員会が設定する採択地区を、市もしくは郡の区域またはこれらの区域をあわせた地域から、市町村の区域またはこれらの区域をあわせた地域に改めるもので、これにより、地域の実情に沿った採択地区設定が可能となることをねらいとしている（第12条1項関係）。

　第三に、採択結果・理由など、教科書採択に関する情報の公表を求めることとしたことである。

　これは、市町村教育委員会等が教科書を採択したときは、遅滞なく、当該教科書の種類、採択の理由などを公表することにより、各採択権者による責任ある採択を促進するものである（第15条関係）。

　なお、この改正教科書無償措置法は、平成27年4月1日から施行することとされ（ただし、第12条及び第15条関係の規定は、公布の日から施

行）、平成27年度には中学校用教科書の採択が実施され、現在に至っている。

4　教科書以外の教材の取扱い

　学校教育法第34条第2項においては、学校教育において、教科用図書以外の図書その他の教材で、有益適切なものは、これを使用することができると定められており、教育指導において教科書以外にも、いわゆる「補助教材」の使用が認められている。

　このような補助教材としては、小学校の体育等のように教科書が発行されていない教科の教材として教科書に準じて使用される、いわゆる「準教科書」のほか、副読本、学習帳、解説書、練習帳、日記帳、郷土地図、図表、掛図、年表など、教育内容を具体的に具現しているものをいうとされる。

　学校における補助教材の選択に当たっては、「その内容が教育基本法、学校教育法、学習指導要領等の趣旨に従い、かつ児童生徒の発達段階に即したものであるとともに、ことに政治や宗教について、特定の政党や宗派に偏った思想、題材によって不公正な立場のものでないよう十分留意すること」（「学校における補助教材の適正な取扱いについて」文部省初等中等教育局長通達　昭和49・9・3）とされている。

　教育的見地から補助教材の内容が「有益適切なもの」であるかどうか判断される必要があるとともに、保護者負担の見地からも、地域住民の経済状態に照らしあまりに高価なものは不適切であろうし、学校や学年、学級に数点あればよいものを、児童生徒一人一人に購入させるようなことも適当ではないとされる。

　なお、公立学校における補助教材の取扱いについては、地方教育行政法第21条第6号の規定により、「教科書その他の教材の取扱いに関すること」は、教育委員会の権限に属することとされている。そして、第33条第2項において「教育委員会は、学校における教科書以外の教材の使用について、あらかじめ、教育委員会に届け出させ、又は教育委員会の

承認を受けさせることとする定」を、当該教育委員会が学校の管理運営
の基本的事項について定める「学校管理規則」に設けなければならない
旨の規定を置いている。

　補助教材の教育委員会への届け出または承認については、「学校で使
用される教材については、その教育的価値または父兄の負担等の見地か
ら軽々に取り扱うべきでないものの少なくないことにかんがみ、教育委
員会が、必要と認める教材の使用について事前に届け出または承認にか
かわらしめ、有益適切な教材の利用に努め、教育効果を高めるための積
極的な活動を期待するとともに、教材の使用の適正を期そうとするとこ
ろにあるものであること。したがって、教材の使用については、そのす
べてを届け出又は承認にかからしめることとすることは必要ではないこ
と」（「地方教育行政の組織及び運営に関する法律等の施行について」文
部事務次官通達　昭和31・6・30）とされているところであり、教育活
動が実際に展開される学校において適切な教材選定ができる限り自主的
に行われることが望ましい。

コラム【デジタル教科書の取扱い】
　学校教育法第34条2項では、紙の教科書の内容と同一の内容を電磁的に
記録した教材がある場合には、第34条1項の規定（教科書の使用義務）に
かかわらず、文部科学大臣の定めるところにより、児童生徒の教育の充実
を図るため必要があると認められる教育課程の一部において、教科書に代
えて使用することができると定められており、これが、「デジタル教科書」
と呼ばれるものである。
　平成30年の学校教育法の改正により新たに規定され、平成31年4月より
使用が認められた。そして、令和3年3月には文部科学省告示が改正さ
れ、各教科等の授業時数の2分の1未満とされていた使用基準が撤廃さ
れ、「学習者用デジタル教科書の効果的な活用の在り方等に関するガイド
ライン」も改訂された。
　このガイドラインにより、デジタル教科書を使用して指導する場合に
は、①紙の教科書を使用する授業とデジタル教科書を使用する授業を適切
に組み合わせること、②故障や不具合に備えて可能な限り予備のコン

ピュータを準備し常に紙の教科書を使用できるようにしておくこと、など
に留意することが必要とされる。

　また、視覚障害、発達障害、日本語に通じない等の事由により教科書を
使用しての学習が困難な児童生徒に対し、学習上の困難の程度を低減させ
る必要があると認められるときは、文部科学大臣の定めるところにより、
教育課程の全部または一部において、教科書に代えてデジタル教科書を使
用することも認められている。

Ⅲ　教育評価

1　教育評価の意義・役割

　学校が児童生徒の学習状況等の評価（いわゆる「**教育評価**」）を行う
ことは、**公の教育機関である学校としての基本的な責務**である。

　教育評価の機能は、①各学年、各学校段階等の教育目標を実現するた
めの教育の実践に役立つようにすること、②児童生徒のよさや可能性を
評価し、豊かな自己実現に役立つようにすることにあるとされる。

　学習の評価は、教育がその目標に照らして、どのように行われ、児童
生徒がその目標の実現に向けてどのように変容しているかどうかを明ら
かにし、また、どのような点でつまずき、それを改善していくためには
どのように支援していけばよいかを明らかにしようとする、いわば「教
育改善の方法」ともいうべきものととらえることができる。

　児童生徒にとっての評価は、自らの学習状況に気づき、自分を見つめ
直すきっかけとなり、その後の学習や発達を促すという意義を有するも
のである。

　学校の教育活動は、意図的、計画的、組織的に行われるものであり、
計画―実践―評価という一連のサイクルとしての活動が繰り返されなが
ら、児童生徒のよりよい成長を目指した指導を展開するものであって、
その意味で、**評価は、「児童生徒のための評価」であると同時に、学校**

や教員が進める教育自体の評価でもあり、このようなことから、「指導」と「評価」は表裏一体をなすものととらえられるべきである（文部省教育課程審議会答申「児童生徒の学習と教育課程の実施状況の評価の在り方について」平成12・12・4）。

学校教育制度上、「小学校において、**各学年の課程の修了又は卒業を認めるに当つては、児童の平素の成績を評価して、これを定めなければならない**」（学校教育法施行規則第57条　中学校（第79条）、義務教育学校（第79条の8）、高等学校（第104条第1項）、中等教育学校（第113条第1項）、特別支援学校（第135条第2項）にも準用）こととされ、また、「**校長は、小学校の全課程を修了したと認めた者には、卒業証書を授与しなければならない**」（第58条　中学校（第79条）、高等学校（第104条）等にそれぞれ準用）こととされている。

コラム【学校制度における「年齢主義」と「課程主義」】

我が国の義務教育制度についてみると、戦前は、一定の教育課程を修了したと認められるときに義務教育は終了したものとみなす、いわゆる「**課程主義」の原理**がとられていたが（たとえば、明治33年の小学校令では、就学義務の期間を「児童生徒満6歳ニ達シタル翌月ヨリ満14歳ニ至ル八箇年ヲ以テ学齢トス」（第32条第1項）としつつ、「尋常小学校ノ教科ヲ修了シタルトキヲ以テ就学ノ終期トス」（第32条第2項）と規定し、小学校の教育課程における教育内容の修得をもって義務教育の終了とする原則に立っていた）、実際には、課程主義の厳格な運用が原級留置やその結果としての不就学を生み出すことから、一定の年数の間、学校の教育課程を履修し、一定の年齢に達したならば義務教育は終了したものとみなす、いわゆる「**年齢主義」の原理**による義務教育制度の実質的な運用が行われてきている。

学校教育法上、学齢児童の就学は、「子が、満12歳に達した日の属する学年の終わりまでに小学校の課程、義務教育学校の前期課程又は特別支援学校の小学部の課程を修了しないときは、満15歳に達した日の属する学年の終わりまでとする」（第17条第1項ただし書き）とされ、原則的には、課程の修了を認定されない場合には、**原級留置**がなされることが想定され

ており、過去の行政実例においても、年間の総授業時数の半分未満の時間
のみ授業を受けた中学校生徒にかかる課程の修了認定について、「一般的
に言って、第3学年の総授業時数の半分以上も欠席した生徒については、
特別の事情のない限り、卒業の認定は与えられないのが普通であろう」と
し、「校長が当該生徒につき、認定の結果不可と認めた場合には、……原
級留置は可能である」（文部省初等中等教育局長回答　昭和28・3・12）
とされた例がある。

　しかしながら、小中学校における進級や卒業の認定は、児童生徒の授業
への出席状況や学習の状況に基づく評価により認定される仕組みではある
が、実際上、我が国の義務教育諸学校では、学習状況により課程の修了を
認定するかどうかということは行われていないのみならず、近年では、不
登校児童生徒の増大等の問題等もあって、授業への出席状況についても認
定の基準としては活用されていない状況にあり、**「課程主義」よりも「年
齢主義」の原理が適用されているのが実情である。**

　なお、非義務教育である高等学校教育については、一応単位制をとって
いるものの、学年制を併用しているので、高等学校の各学年の課程を修了
しなければ上の学年に進級できない取扱いとなっており（課程主義の原
理）、我が国の高等学校教育においては、一定の学力水準に到達すること
を単位修得の要件とする考えが強く、平素の授業への出席状況と学習状況
が良好な場合において単位の認定や課程の修了の認定が行われる仕組みと
なっている。

2　指導要録の作成とその権限

　これらの認定における重要な資料として、**「校長は、その学校に在学
する児童等の指導要録を作成しなければならない」**（学校教育法施行規
則第24条第1項）こととされ、児童等の「教育をつかさどる」教員の児
童等に対する教育評価を前提としつつ、最終的には、校長の権限におい
て教育評価が行われ、学校における各学年の課程や卒業の認定が行われ
ることとなる。

　学校における教育評価については、教育権の所在をめぐる論争と同

様、学校で具体に教育活動に関わる教師あるいは教師集団の職務権限に
教育評価権が含まれるとする説（「学校教師が行う児童生徒等の成績評
価は、授業内容編成以上に、学習権保障にとって大きな現実的意味をも
ちやすく、それだけ教育責任の重い事柄である。そこで成績評価とその
表示方法については、すべての児童生徒の人間的発達・学習権を保障し
得るように、共に学校教師の教育専門自律性にゆだねられるべきであっ
て、成績評価は学校教師の教育権の重要な一環をなすとともに学習権保
障責任の強い部面である、と解釈される」（兼子仁著『教育法』））も提
起されているが、**実定法上、教育評価の最終的権限は、在学児童生徒等
の指導要録を作成する権限を与えられている校長にあり、このことは、
「校務をつかさどり、所属職員を監督する」という校長の職務権限から
しても明らかであるといえる。**

　したがって、校長は、平素から所属職員に対して教育評価のあり方に
ついて十分指導を行い、学校全体としてバランスのとれた適切な評価が
行われるよう努めることが必要であるといえる。

　教育評価の重要な資料となる「指導要録」は、在学する児童等の「学
習及び健康の状況を記録した書類」（学校教育法施行規則第24条第1項）
であり、「児童生徒の学籍並びに指導の過程及び結果の要約を記録し、
その後の指導及び外部に対する証明等に役立たせるための原簿となるも
の」（「小学校、中学校、高等学校及び特別支援学校等における児童生徒
の学習評価及び指導要録改善等について」文部科学省初等中等教育局長
通知　平成22・5・11）であり、この**指導要録は、「学校において備え
なければならない表簿」**の1つ（学校教育法施行規則第28条第1項第4
号）と規定され、その保存期間は、入学、卒業等の「学籍に関する記
録」は20年間、それ以外の「指導に関する記録」は5年間とされ、その
保存が義務付けられている（第28条第2項）。

3　指導要録の様式と教育評価の考え方

　指導要録の作成は、各学校の校長に義務付けられているが、その様式

等については、法令上定められていない。このため、国では、児童生徒等の転学等の際の利用の便宜等も考慮し、全国的に統一性を確保する観点から、学習指導要領の改訂に合わせて指導要録の様式の参考案を作成し、都道府県教育委員会等あての通知によって示している。

　公立学校においては、地方教育行政法第21条に基づき、学校を所管する教育委員会が、指導要録の様式等を定めることとされ、国が示す参考様式例を参考としつつ、地域の実情に応じて工夫し、指導要録の様式等を定めることとなる。

　教育評価の基本的な考え方については、平成12年12月の教育課程審議会答申において、

① 学力については、知識の量のみでとらえるのではなく、学習指導要領に示す基礎的・基本的な内容を確実に身に付けることはもとより、それにとどまることなく、**自ら学び自ら考える力**などの「**生きる力**」がはぐくまれているかどうかによってとらえる必要があること、

② これからの評価においては、**観点別学習状況の評価**（「関心・意欲態度」、「思考・判断」、「技能・表現」、「知識・理解」の4観点）を基本とした現行の評価方法を発展させ、**目標に準拠した評価**（いわゆる**絶対評価**）をいっそう重視するとともに、児童生徒一人一人のよい点や可能性、進歩の状況などを評価するため、個人内評価を工夫することが重要であること、

③ 学校の教育活動は、計画、実践、評価という一連の活動が繰り返されながら展開されるものであり、**指導と評価の一体化**を図るとともに、学習指導の過程における評価の工夫を進めることが重要であること、

④ 評価に当たっては、教育活動の特質や評価の目的等に応じ、評価の方法、場面、時期などを工夫し、児童生徒の成長の状況を総合的に評価することが重要であること、

などが示されている。

　さらに、平成22年3月の**中央教育審議会**初等中等教育分科会教育課程

部会から出された報告（「児童生徒の学習評価の在り方について」）では、学習指導要領に示された基礎的・基本的な知識・技能、それらを活用して課題を解決するために必要な思考力・判断力・表現力等及び主体的に学習に取り組む態度の育成が確実に図られるよう、学習評価を通じて、学習指導のあり方を見直すことや個に応じた指導の充実を図ること、学校における教育活動を組織として改善することなどが重要と提言され、これを受けて、文部科学省は、小学校・中学校・高等学校・特別支援学校等の学習評価及び指導要録の改善等について通知を発出した（平成22年5月11日）。

　この通知では、学習評価の改善に関し、以下の基本的な考え方に沿って学習評価を行うことが必要であるとしている。

①　きめの細かな指導の充実や児童生徒一人一人の学習の確実な定着を図るため、学習指導要領に示す目標に照らしてその実現状況を評価する、目標に準拠した評価を引き続き着実に実施すること。

②　新しい学習指導要領の趣旨や改善事項等を学習評価において適切に反映すること。

③　学校や設置者の創意工夫をいっそう生かすこと。

　なお、学習評価における観点については、新しい学習指導要領を踏まえ、「関心・意欲・態度」、「思考・判断・表現」、「技能」及び「知識・理解」に整理し、各教科等の特性に応じて観点を示している。設置者や学校においては、これに基づく適切な観点を設定する必要があることなどが示されている。

コラム【新学習指導要領下での指導要録の改善等】
　平成31年3月29日の「小学校、中学校、高等学校及び特別支援学校等における児童生徒の学習評価及び指導要録の改善等について（通知）」では、新学習指導要領の下での学習評価の重要性を踏まえた上で、その基本的な考え方や具体的な改善の方向性がまとめられている。
【学習評価についての基本的な考え方】

(1)　カリキュラム・マネジメントの一環としての指導と評価

　「学習指導」と「学習評価」は、学校の教育活動の根幹であり、教育課程に基づいて組織的かつ計画的に教育活動の質の向上を図る「カリキュラム・マネジメント」の中核的な役割を担っている。

(2)　主体的・対話的で深い学びの視点からの授業改善と評価

　指導と評価の一体化の観点から、新学習指導要領で重視している「主体的・対話的で深い学び」の視点からの授業改善を通して各教科等における資質・能力を確実に育成する上で、学習評価は重要な役割を担っている。

(3)　学習評価の改善の基本的な方向性

　以下の考え方に立って、学習評価を真に意味あるものとすることが重要である。

　①児童生徒の学習改善につながるものにしていくこと、②教師の指導改善につながるものにしていくこと、③これまで慣行として行われたことでも、必要性・妥当性が認められないものは見直すこと。

【学習評価の主な改善点】

(1)　**各教科等の目標及び内容**を、「知識及び技能」、「思考力、判断力、表現力等」、「学びに向かう力、人間性等」の資質・能力の３つの柱で再整理した新学習指導要領の下での「指導と評価の一体化」を推進する観点から、**観点別学習状況の評価の観点**についても、これらの資質・能力にかかわる「知識・技能」、「思考・判断・表現」、「主体的に学習に取り組む態度」の３観点に整理して示し、設置者において、これに基づく適切な観点を設定することとした。

(2)　「主体的に学習に取り組む態度」については、各教科等の観点の趣旨に照らし、**知識・技能を獲得したり、思考力、判断力、表現力等を身に付けたりすることに向けた粘り強い取り組みの中で、自らの学習を調整しようとしているかどうかを含めて評価**することとした。

(3)　学習評価の結果の活用に際しては、各教科等の児童生徒の学習状況を観点別に捉え、各教科等における学習状況を分析的に把握することが可能な観点別状況評価と、各教科等の児童生徒の学習状況を総括的に捉え、教育課程全体における各教科等の学習状況を把握することが可能な評定の双方の特長を踏まえ、その後の指導の改善を図ることが重要とした。

　学校における評価活動の充実のためには、各学校において日ごろから教員間の共通理解を図り、各教員が評価についての力量を高め、一体となって評価方法の改善充実に努めることが必要である。

　したがって、教員が教育評価を適切に行わない場合、例えば、成績の一律評価を行ったり、あるいは、観点別学習状況の評価を恣意的に行わなかったりするなどの行為は、**教員の教育評価の責務**を怠るものであり、懲戒処分の対象となることがある。

　福岡地裁判決（伝習館高校事件　昭和53・7・28）では、「以上の事実によれば原告の昭和44年度1、2学期における担当教科の全生徒に対する60点の評定は教育的配慮を欠き、真の意味の評価がなされたとみることはできず、成績評価権の恣意的な行使として地方公務員法第29条第1項第2号の職務を怠った場合に該当し懲戒処分の対象となる」とされている。

　また、長崎地裁判決（小学校教員分限免職処分取消し請求事件　平成2・12・20）では、「教育の重要な一環である指導要録の観点別学習状況の評価、記入を放置したり、はては、空欄は評価の結果であり全員が全観点について『おおむね達成』と評価されたと強弁したりすることは、教育に携わる者としての適格性に重大な疑念をもたらすものといわなければならない」と示されており、**児童生徒の教育評価の第一次評価権を適切に行使すべき立場にある教師の責務は重いもの**があるといえる。

4　いわゆる「通信簿」の取扱い

　指導要録との関係では、いわゆる「**通信簿**」がよく問題とされるが、これは、**児童生徒の学校における学習の成果、行動、性格、健康などの状況を家庭に定期的に連絡するための手段のひとつであり、法令等によって作成が義務付けられている表簿類（学校教育法施行規則第28条）ではない**が、「それぞれの学校において児童の発達段階や学校の実情等を考慮し、適切な記載内容を定めることが必要」（文部省初等中等教育

局長通知　昭和55・2・29）とされ、様式や記載内容も各学校の裁量に任されており、学校では、その目的に照らして最も適当なものとなるよう、学校の実態等を踏まえて、創意工夫する必要がある。

　通信簿は、それによって子どもの学習や行動について学校と家庭が相互に理解協力し教育の適切性と効果をより高めていこうとするところにあり、また、子どもにとっては子ども自身の自己反省の機会となり、意欲や励みを与えるものとして重要な教育的意義をもつものといえる。

5　調査書の取扱い

　また、学校教育法施行規則第78条では、「校長は、中学校卒業後、高等学校、高等専門学校その他の学校に進学しようとする生徒のある場合には、調査書その他必要な書類をその生徒の進学しようとする学校の校長に送付しなければならない」と規定している。

　また、第90条では、「高等学校の入学は、第78条の規定により送付された調査書その他必要な書類、選抜のための学力検査の成績等を資料として行う入学者の選抜に基づいて、校長が許可する」とされ、**高等学校の入学者選抜の資料として「調査書」が用**いられている。

　この調査書の様式、内容等についての法令上の定めはないが、調査書は、学力検査とともに入学者選抜の重要な資料であり指導要録に準拠して各都道府県の教育委員会等で定めている場合が多い。一般的には学籍の記録、学習の記録、行動及び性格の記録、健康の記録などの事項が記載されている。

コラム【調査書のあり方について】
　平成5年2月22日「高等学校の入学者選抜について」（文部事務次官通知）によれば、調査書については、①高等学校入学者選抜の資料としての客観性・公平性を確保するよう留意しつつ、生徒の個性を多面的にとらえたり、生徒の優れている点や長所を積極的に評価し、これを活用していくこと、②調査書の学習成績の記録の評定については、中学校学習指導要領

及び中学校生徒指導要録の改訂の趣旨に即した改善の努力を進めること、③調査書の学習成績の記録の活用については、生徒の個性に応じた学校選択や各学校・学科等の特色に応じた選抜を可能とし、各学校・学科等ごとに工夫を行うこと、④生徒の個性を多面的にとらえたり、生徒の優れている点や長所などを積極的に評価するため、調査書の学習成績の記録以外の記録を充実し、活用するよう十分配慮すること、⑤調査書の記載事項については、高等学校入学者選抜の資料として真に必要な事項に精選すること、などが示されている。

6　指導要録・調査書の情報開示

　指導要録や調査書の取扱いをめぐっては、教育情報の開示の問題が生じてきた経緯がある。

　国民や住民の「**知る権利**」の観点から、都道府県や市町村において、地方公共団体が保有する行政情報の公開を義務付ける「**情報公開条例**」や**個人のプライバシー保護**の観点から、行政当局に対して「**個人情報**」の提供禁止、情報の保管管理の厳正化とともに、行政機関の保有する情報の開示請求権とその記載の訂正、記録の削除の申出等の権利を定める「**個人情報保護条例**」が制定されている。

　情報公開条例や個人情報保護条例においては、原則として行政情報や個人情報の開示義務を行政当局に課しつつ、「**個人の評価、診断、判定、相談、選考、試験等に関することであって、開示することが適切でないと認められるもの**」など開示することにより事業の公正・円滑な執行に著しい支障が生じると認められる場合には、例外として「**不開示**」とする取扱いがなされている。

　学校における指導要録や調査書（内申書）についても、情報公開条例や個人情報保護条例でいう「個人の評価」に関するものであって開示することが学校教育活動の公正・円滑な執行に著しい支障が生じるおそれがあるものとして、「非開示」の取扱いの方針でもって教育委員会においては従来対応がなされてきた。

　しかしながら、児童生徒やその保護者から指導要録等の開示請求事案が持ち込まれる事例が増大し、教育委員会による非開示決定後、情報公開審査会等による審査によって「開示」する旨の決定がなされる事例や訴訟に発展し裁判において「開示」が認められる事例が次第に増え、**指導要録等の開示の流れが形成されつつある**といえる。

　国は、従来、学校の指導要録の開示に関しては、

① 　本人への開示を前提とした場合、客観的で公正な記述が困難となり、指導のための信頼できる資料とならなくなるおそれがあること、

② 　評価について学校側と本人や親との認識にギャップがある場合、学校側と本人との信頼関係をそこなうおそれがあること、

③ 　マイナス評価により本人の向上心や意欲を阻害したり、自尊心を傷つけたりするなど教育上好ましくない影響を及ぼすおそれがあること、

などの理由により、情報開示に消極的であった。

　しかしながら、指導要録をめぐる開示請求の高まりの中で、「**指導要録の開示の是非は基本的に各自治体の責任において適切に判断すべきもの**」との立場をとり、さらに、平成13年12月の教育課程審議会の「児童生徒の学習と教育課程の実施状況の評価の在り方について」（答申）においては、「指導要録の本人への開示についても、個人情報保護基本法制の基本的な考え方に基づいて対応する必要がある。具体的な開示の取扱いについては、各教育委員会等において、条例等に基づき、それぞれの事案等に応じて判断することが適当である」とされている。

7　指導要録等の開示に関する裁判例

　指導要録の開示をめぐっては、近年、少なからずの裁判例が見出されるが、開示あるいは不開示と判断が分かれる状況にある。

(1)　非開示を是認する裁判例

　指導要録の非開示を是認した判決としては、平成６年１月31日の東京

地裁判決が挙げられる。これは、東京都東久留米市公文書条例に基づき、自己の小学校在籍当時の児童指導要録の開示を請求したところ、市教育委員会から公開しない旨の処分を受けた原告がこれを不服として非公開処分の取消しを求めた訴訟である。

　この判決においては、「指導要録の本件非公開部分には、単なる計数的な成績評価にとどまらない全体的な評価あるいは児童の人物評価ともいい得る評価等が、公開されることを予定せず、従って、こうした評価等を本人または保護者に伝える場合の配慮等もなされずに、マイナス面についてもありのままに記載されているのであるから、これを公開するとすれば、場合によっては、児童が自尊心を傷つけられ、意欲や向上心を失い、あるいは教師や学校に対する不信感を抱いて、その後の指導に支障を来す可能性があり、……指導要録の本人等への全面的な公開を前提とした場合には、教師が右のような弊害を慮って、マイナス面についてのありのままの記載をしなくなり、あるいは、あえて特記事項を記載しないようになって、指導要録の内容が形がい化、空洞化し、児童の指導、教育のための信頼できる資料とならなくなるおそれがある」と示している。

(2)　開示を容認する裁判例

　指導要録の開示を容認する判決としては、平成11年11月5日の大阪高裁判決が挙げられる。これは、西宮市立小中学校の卒業生6人らが西宮市個人保護条例に基づき、市教育委員会の管理する自己に関する指導要録、調査書の開示請求を行ったところ、教育委員会が条例で開示を拒むことが許された文書に該当するものとして非開示処分を行ったので、同処分の取消しを求めたものである。

　この判決においては、「本件調査書及び指導要録の非開示部分が『公正かつ適正な行政執行が妨げられることが明らかであること』若しくは『個人の評価、診断、判定等に関するもので、本人に知らせないことが正当であると認められるもの』に該当するか否かが問題となる。……そ

の例外となるべき非開示事由の解釈においては、実施機関の恣意的判断を許し、いたずらに非開示事由を拡大するような解釈をしてはならない。……開示を拒むためには開示による弊害が現実的・具体的なもので、客観的に明白であることを要するものと解される。……教育上なされる評価は、今後の当該児童生徒の教育資料となるものであるから、たとえそれが教師の主観的評価判断でなされるものであっても、恣意的に陥ることなく正確な事実資料に基づき本人及び保護者からの批判に耐えうる適正なものでなければならない。……仮に同部分にマイナス評価が記載されるのであれば、正確な資料に基づくのは勿論、日ごろの指導等においても本人あるいは保護者に同趣旨のことが伝えられ、指導が施されていなければならないものというべきである。……マイナス評価が調査書や指導要録のみに記載されるとすれば、むしろそのこと自体が問題であり、これによって生徒と教師の信頼関係が破壊されるなどというのは失当である」と示している。

(3)　開示にかかる最高裁判決

　このように、指導要録等の開示をめぐっては、裁判所の判断が分かれていたが、平成15年11月11日の最高裁判決において、指導要録について一部開示、一部不開示の判断がなされ、この問題についてのひとまずの決着をみることとなった。これは、東京都大田区公文書条例に基づき、同区立小学校の卒業生が小学校在籍時の指導要録の開示請求を行ったところ、非開示処分が行われたので、この処分の取消しを求めたものである。

　この判決では、「本件情報１（指導要録の裏面のうち「各教科の学習の記録」欄中の「Ⅲ所見」欄、「特別活動の記録」欄及び「行動及び性格の記録」欄）は、児童の学習意欲、学習態度等に関する全体的評価あるいは人物評価ともいうべきものであって、評価者の観察力、洞察力、理解力等の主観的要素に左右され得るものであるところ、大田区においては、当該情報については、担任教師が、開示することを予定せずに、

自らの言葉で、児童の良い面、悪い面を問わず、ありのままを記載していたというのである。このような情報を開示した場合、……指導要録の記載内容が形がい化、空洞化し、適切な指導、教育を行うための基礎資料とならなくなり、継続的かつ適切な指導、教育を困難にするおそれを生ずることも否定することができない。そうすると、本件情報１が本件条例10条２号の非開示情報に該当するとした原審の判断は、正当として是認することができる」との判断を示す一方、本件情報２（「各教科の学習の記録」欄中の「Ⅰ観点別学習状況」欄及び「Ⅱ評定」欄、「標準検査の記録」欄）については、「児童の日常的学習の結果に基づいて学習の到達段階を示したものであって、これには評価者の主観的要素が入る余地が比較的少ないものであり、３段階又は５段階という比較的大きな幅のある分類をして、記号ないし数字が記載されているにすぎず、それ以上に個別具体的な評価、判断内容が判明し得るものではない。そうすると、これを開示しても、原審がいうような事態やおそれ（当該児童等の誤解や不信感、無用の反発等を招き、担任教師等においても、そのような事態が生じることを懸念して、否定的な評価についてありのままに記載することを差し控えたり、画一的な記載に終始するなどし、その結果、指導要録の記載内容が形がい化、空洞化し、指導、教育のための基礎資料とならなくなり、継続的かつ適切な指導、教育を困難にするおそれ）を生ずるとはいい難い。したがって、上記各欄に記録された情報は、本件条例10条２号の非開示情報に該当しないというべきである」と示したものである。

[参照条文（抄）]

[学校教育法]

第29条　小学校は、心身の発達に応じて、義務教育として行われる普通教育のうち基礎的なものを施すことを目的とする。

第30条　小学校における教育は、前条に規定する目的を実現するために必要な程度において第21条各号に掲げる目標を達成するよう行われるものとする。

②　前項の場合においては、生涯にわたり学習する基盤が培われるよう、基礎的な知識及び技能を習得させるとともに、これらを活用して課題を解決するために必要な思考力、判断力、表現力その他の能力をはぐくみ、主体的に学習に取り組む態度を養うことに、特に意を用いなければならない。

第33条　小学校の教育課程に関する事項は、第29条及び第30条の規定に従い、文部科学大臣が定める。

第34条　小学校においては、文部科学大臣の検定を経た教科用図書又は文部科学省が著作の名義を有する教科用図書を使用しなければならない。

②　前項に規定する教科用図書（以下この条において「教科用図書」という。）の内容を文部科学大臣の定めるところにより記録した電磁的記録（電子的方式、磁気的方式その他人の知覚によつては認識することができない方式で作られる記録であつて、電子計算機による情報処理の用に供されるものをいう。）である教材がある場合には、同項の規定にかかわらず、文部科学大臣の定めるところにより、児童の教育の充実を図るため必要があると認められる教育課程の一部において、教科用図書に代えて当該教材を使用することができる。

③　前項に規定する場合において、視覚障害、発達障害その他の文部科学大臣の定める事由により教科用図書を使用して学習することが困難な児童に対し、教科用図書に用いられた文字、図形等の拡大又は音声への変換その他の同項に規定する教材を電子計算機において用いることにより可能となる方法で指導することにより当該児童の学習上の困難の程度を低減させる必要があると認められるときは、文部科学大臣の定めるところにより、教育課程の全部又は一部において、教科用図書に代えて当該教材を使用することができる。

④　教科用図書及び第2項に規定する教材以外の教材で、有益適切なものは、これを使用することができる。

⑤　第1項の検定の申請に係る教科用図書に関し調査審議させるための審議
　　会等（国家行政組織法（昭和23年法律第120号）第8条に規定する機関をい
　　う。以下同じ。）については、政令で定める。

第45条　中学校は、小学校における教育の基礎の上に、心身の発達に応じて、
　　義務教育として行われる普通教育を施すことを目的とする。

第46条　中学校における教育は、前条に規定する目的を実現するため、第21
　　条各号に掲げる目標を達成するよう行われるものとする。

第48条　中学校の教育課程に関する事項は、第45条及び第46条の規定並びに
　　次条において読み替えて準用する第30条第2項の規定に従い、文部科学大
　　臣が定める。

第50条　高等学校は、中学校における教育の基礎の上に、心身の発達及び進
　　路に応じて、高度な普通教育及び専門教育を施すことを目的とする。

第51条　高等学校における教育は、前条に規定する目的を実現するため、次
　　に掲げる目標を達成するよう行われるものとする。

　　一　義務教育として行われる普通教育の成果を更に発展拡充させて、豊か
　　　　な人間性、創造性及び健やかな身体を養い、国家及び社会の形成者とし
　　　　て必要な資質を養うこと

　　二　社会において果たさなければならない使命の自覚に基づき、個性に応
　　　　じて将来の進路を決定させ、一般的な教養を高め、専門的な知識、技術
　　　　及び技能を習得させること

　　三　個性の確立に努めるとともに、社会について、広く深い理解と健全な
　　　　批判力を養い、社会の発展に寄与する態度を養うこと

第52条　高等学校の学科及び教育課程に関する事項は、前2条の規定及び第
　　62条において読み替えて準用する第30条第2項の規定に従い、文部科学大
　　臣が定める。

第72条　特別支援学校は、視覚障害者、聴覚障害者、知的障害者、肢体不自
　　由者又は病弱者に対して、幼稚園、小学校、中学校又は高等学校に準ずる
　　教育を施すとともに、障害による学習上又は生活上の困難を克服し自立を
　　図るために必要な知識技能を授けることを目的とする。

第77条　特別支援学校の幼稚部の教育課程その他の保育内容、小学部及び中
　　学部の教育課程又は高等部の学科及び教育課程に関する事項は、幼稚園、
　　小学校、中学校又は高等学校に準じて、文部科学大臣が定める。

［学校教育法施行規則］

第24条　校長は、その学校に在学する児童等の指導要録を作成しなければならない。

第28条　学校において備えなければならない表簿は、概ね次の通りとする。

　四　指導要録、その写し及び抄本並びに出席簿及び健康診断に関する表簿

②　前項の表簿は、別に定めるもののほか、５年間保存しなければならない。ただし、指導要録及びその写しのうち入学、卒業等の学籍に関する記録については、その保存期間は、20年間とする。

第50条　小学校の教育課程は、国語、社会、算数、理科、生活、音楽、図画工作、家庭、体育及び外国語の各教科、特別の教科である道徳、外国語活動、総合的な学習の時間並びに特別活動によつて編成するものとする。

2　私立の小学校の教育課程を編成する場合は、前項の規定にかかわらず、宗教を加えることができる。この場合においては、宗教をもつて前項の特別の教科である道徳に代えることができる。

第51条　小学校の各学年における各教科、特別の教科である道徳、外国語活動、総合的な学習の時間及び特別活動のそれぞれの授業時数並びに各学年におけるこれらの総授業時数は、別表第一に定める授業時数を標準とする。

第52条　小学校の教育課程については、この節に定めるもののほか、教育課程の基準として文部科学大臣が別に公示する小学校学習指導要領によるものとする。

第55条　小学校の教育課程に関し、その改善に資する研究を行うため特に必要があり、かつ、児童の教育上適切な配慮がなされていると文部科学大臣が認める場合においては、文部科学大臣が別に定めるところにより、第50条第１項、第51条又は第52条の規定によらないことができる。

第55条の２　文部科学大臣が、小学校において、当該小学校又は当該小学校が設置されている地域の実態に照らし、より効果的な教育を実施するため、当該小学校又は当該地域の特色を生かした特別の教育課程を編成して教育を実施する必要があり、かつ、当該特別の教育課程について、教育基本法（平成18年法律第120号）及び学校教育法第30条第１項の規定等に照らして適切であり、児童の教育上適切な配慮がなされているものとして文部科学大臣が定める基準を満たしていると認める場合においては、文部科学大臣が別に定めるところにより、第50条第１項、第51条（中学校連携型小学校にあつては第52条の３、第79条の９第２項に規定する中学校併設型小学校にあつては第79条の12において準用する第79条の５第１項）又は第52条の

　規定の全部又は一部によらないことができる。

第56条　小学校において、学校生活への適応が困難であるため相当の期間小学校を欠席し引き続き欠席すると認められる児童を対象として、その実態に配慮した特別の教育課程を編成して教育を実施する必要があると文部科学大臣が認める場合においては、文部科学大臣が別に定めるところにより、第50条第1項、第51条（中学校連携型小学校にあつては第52条の3、第79条の9第2項に規定する中学校併設型小学校にあつては第79条の12において準用する第79条の5第1項）又は第52条の規定によらないことができる。

第56条の2　小学校において、日本語に通じない児童のうち、当該児童の日本語を理解し、使用する能力に応じた特別の指導を行う必要があるものを教育する場合には、文部科学大臣が別に定めるところにより、第50条第1項、第51条（中学校連携型小学校にあつては第52条の3、第79条の9第2項に規定する中学校併設型小学校にあつては第79条の12において準用する第79条の5第1項）及び第52条の規定にかかわらず、特別の教育課程によることができる。

第56条の3　前条の規定により特別の教育課程による場合においては、校長は、児童が設置者の定めるところにより他の小学校、義務教育学校の前期課程又は特別支援学校の小学部において受けた授業を、当該児童の在学する小学校において受けた当該特別の教育課程に係る授業とみなすことができる。

第56条の4　小学校において、学齢を経過した者のうち、その者の年齢、経験又は勤労の状況その他の実情に応じた特別の指導を行う必要があるものを夜間その他特別の時間において教育する場合には、文部科学大臣が別に定めるところにより、第50条第1項、第51条（中学校連携型小学校にあつては第52条の3、第79条の9第2項に規定する中学校併設型小学校にあつては第79条の12において準用する第79条の5第1項）及び第52条の規定にかかわらず、特別の教育課程によることができる。

第56条の5　学校教育法第34条第2項に規定する教材（以下この条において「教科用図書代替教材」という。）は、同条第1項に規定する教科用図書（以下この条において「教科用図書」という。）の発行者が、その発行する教科用図書の内容の全部（電磁的記録に記録することに伴つて変更が必要となる内容を除く。）をそのまま記録した電磁的記録である教材とする。

2　学校教育法第34条第2項の規定による教科用図書代替教材の使用は、文

部科学大臣が別に定める基準を満たすように行うものとする。

3 学校教育法第34条第3項に規定する文部科学大臣の定める事由は、次の
とおりとする。

一 視覚障害、発達障害その他の障害

二 日本語に通じないこと

三 前2号に掲げる事由に準ずるもの

4 学校教育法第34条第3項の規定による教科用図書代替教材の使用は、文
部科学大臣が別に定める基準を満たすように行うものとする。

第57条 小学校において、各学年の課程の修了又は卒業を認めるに当たつて
は、児童の平素の成績を評価して、これを定めなければならない。

第58条 校長は、小学校の全課程を修了したと認めた者には、卒業証書を授
与しなければならない。

第78条 校長は、中学校卒業後、高等学校、高等専門学校その他の学校に進
学しようとする生徒のある場合には、調査書その他必要な書類をその生徒
の進学しようとする学校の校長に送付しなければならない。

第90条 高等学校の入学は、第78条の規定により送付された調査書その他必
要な書類、選抜のための学力検査の成績等を資料として行う入学者の選抜
に基づいて、校長が許可する。

［義務教育諸学校の教科用図書の無償措置に関する法律］

第10条 都道府県の教育委員会は、当該都道府県内の義務教育諸学校におい
て使用する教科用図書の採択の適正な実施を図るため、義務教育諸学校に
おいて使用する教科用図書の研究に関し、計画し、及び実施するとともに、
市町村の教育委員会及び義務教育諸学校の校長（公立の義務教育諸学校を
除く。）の行う採択に関する事務について、適切な指導、助言又は援助を行
わなければならない。

第11条 都道府県の教育委員会は、前条の規定により指導、助言又は援助を
行なおうとするときは、あらかじめ教科用図書選定審議会の意見をきかな
ければならない。

第12条 都道府県の教育委員会は、当該都道府県の区域について、市町村の
区域又はこれらの区域を併せた地域に、教科用図書採択地区を設定しなけ
ればならない。

第13条 都道府県内の義務教育諸学校において使用する教科用図書の採択は、
第10条の規定によつて当該都道府県の教育委員会が行なう指導、助言又は

援助により、種目ごとに一種の教科用図書について行なうものとする。

4　第1項の場合において、採択地区が2以上の市町村の区域を併せた地域であるときは、当該採択地区内の市町村の教育委員会は、協議により規約を定め当該採択地区内の市町村立の小学校、中学校及び義務教育学校において使用する教科用図書の採択について協議を行うための協議会を設けなければならない。

5　前項の場合において、当該採択地区内の市町村の教育委員会は、採択地区協議会における協議の結果に基づき、種目ごとに同一の教科用図書を採択しなければならない。

［地方教育行政の組織及び運営に関する法律］

第21条　教育委員会は、当該地方公共団体が処理する教育に関する事務で、次に掲げるものを管理し、及び執行する。

　　五　学校の組織編制、教育課程、学習指導、生徒指導及び職業指導に関すること。

　　六　教科書その他の教材の取扱いに関すること。

第15章　学校保健安全・学校給食と法

Ⅰ　学校保健安全

　学校は、心身の成長発達段階にある子どもが集い、人と人とのふれあいにより、人格の形成をしていく場であり、子どもが生き生きと学び、運動等の活動を行うためには、学校という場において、子どもの健康や安全の確保が保障されることが不可欠の前提であるといえる（中教審答申「子どもの心身の健康を守り、安全・安心を確保するために学校全体としての取組を進めるための方策について」　平成20・1・17）。

1　「学校保健安全法」の制定

　このような観点から、学校における児童生徒等及び職員の健康の保持増進を図るため、**学校における保健管理に関して必要な事項を定める**とともに、学校における教育活動が安全な環境において実施され、児童生徒等の安全の確保が図られるよう、**学校における安全管理に関し必要な事項を定め**、もって学校教育の円滑な実施とその成果の確保に資することを目的として、「**学校保健安全法**」が制定されている。

　同法では、国及び地方公共団体は、相互に連携を図り、各学校において保健及び安全にかかる取り組みが確実かつ効果的に実施されるようにするため、財政上の措置その他の必要な施策を講ずるものとされている。また、国は、各学校における安全に係る取組を総合的かつ効果的に推進するため、学校安全の推進に関する計画の策定その他所要の措置を講ずるとともに、地方公共団体は、国が講ずる措置に準じた措置を講ずるよう努力義務が課されている（第3条）。

　学校保健に関しては、まず、学校設置者は、児童生徒等及び職員の心

身の保持増進を図るため、当該学校の施設設備及び管理運営体制の整備
充実その他の必要な措置を講ずるよう努めるものとされ（同法第４条）、
**学校においては、児童生徒等及び職員の心身の健康の保持増進を図るた
め、健康診断、環境衛生検査、児童生徒等への指導その他保健に関する
事項について計画を策定し、これを実施しなければならないとされてい
る**（同法第５条）。

コラム【学校の職場環境と労働安全衛生法】

　学校においては、「職場における労働者の安全と健康を確保するととも
に、快適な職場環境の形成を促進することを目的」とする労働安全衛生法
が適用されている（第１条）。

　学校における労働安全衛生の管理体制については、教職員が50人以上の
学校において選任・設置を要するものとして、①衛生管理者の選任（主な
職務として、少なくとも、毎週１回学校を巡回し、空調設備などの施設・
設備・温度・採光などの環境衛生等を点検し、問題があるときは所要の措
置を講ずるとともに、健康診断等の結果を踏まえ、心身両面にわたる健康
指導を実施するなど、教職員の健康管理等を行うもので、衛生管理免許取
得者、教科「保健体育」の中学・高校教諭、養護教諭の免許状取得者等の
中から選任する。同法第12条）、②産業医の選任（主な職務としては、健
康診断等を通じて教職員の健康管理等を行うとともに、少なくとも毎月１
回事業場を巡回し、教職員の勤務実態、学校の衛生状態等の点検を行い、
問題があるときは所要の措置を講ずる。同法第13条）、③衛生委員会（主
な審議事項として、勤務中の事故等に関する原因調査・防止対策と勤務環
境管理、健康診断等の結果に基づいた教職員の健康管理、教職員に対する
安全衛生教育についての計画策定、長時間にわたる労働による労働者の健
康障害の防止対策等が挙げられる。同法第18条）が挙げられる。

　また、職員が50人未満10人以上の学校において選任を要するものとし
て、①衛生推進者（主な職務として、学校を巡回し、空調設備などの施
設・設備、温度・採光などの環境衛生、教職員の勤務実態等を点検し、問
題があるときは所要の措置を講ずる。業務を担当するため必要な能力を有
すると認められる者（大学卒業後１年以上の衛生に関する実務に従事した
経験を有する者等）から選任される。同法第12条の２）が挙げられる。

　また、すべての事業場において、事業者は、労働者の週40時間を超える労働が1月当たり100時間を超え、かつ、疲労の蓄積が認められる時は、労働者の申し出を受けて、医師による面接指導を行わなければならないこととされている（同法第66条の8）。

　学校における労働安全衛生管理体制はいまだ十分な状況にあるとはいえず、労働安全衛生法に基づく体制整備を各学校で推進するよう、各教育委員会の取り組みが課題となっている。

2　学校保健計画

　学校において定められる「学校保健計画」は、学校において必要とされる保健に関する具体的な実施計画であり、毎年度、学校の状況や前年度の学校保健の取り組み状況等を踏まえ、作成されるべきものである（学校保健安全法第5条）。この計画には、法律で規定された①児童生徒等及び職員の健康診断、②環境衛生検査、③児童生徒等に対する指導に関する事項を必ず盛り込むこととされ、この学校保健計画の内容については、学校運営状況に関する情報の提供と同様に、原則として保護者等の関係者に周知を図ることとされている。

3　学校環境衛生基準と学校の適切な環境の維持

　文部科学大臣は、学校における環境衛生にかかる事項について、児童生徒等及び職員の健康を保護する上で維持されることが望ましい基準（学校環境衛生基準）を定めるものとし、学校の設置者は、当該基準に照らしてその設置する学校の適切な環境の維持に努めなければならないこととされている（第6条第1項・第2項）。

　文部科学大臣が定める「学校環境衛生基準」（文部科学省告示第60号平成21・3・31）では、①教室等の環境にかかるものとして、換気、保温、採光及び照明、騒音等の検査項目とその検査方法・基準、②飲料水等の水質及び施設設備にかかるものとして、飲料水の水質、飲料水に関

する施設設備等の検査項目とその検査方法・基準、③学校の清潔、ネズ
ミ、衛生害虫等及び教室等の備品の管理についての検査項目とその方
法・基準、④水泳プールにかかるものとして、プールの水質、施設設備
の衛生状態の検査項目とその方法・基準などが定められている。

　学校の校長は、文部科学大臣が定める当該基準に照らし、**適正を欠く
事項があると認めた場合には、遅滞なく、改善に必要な措置を講じ、ま
たは当該措置を講ずることができないときは、学校の設置者に対し、そ
の旨を申し出るものと定められている**（第6条第3項）。

4　養護教諭の役割

　学校に**必置の養護教諭**（ただし、高等学校については高校設置基準で
努力義務化）その他の職員は、相互に連携して、児童生徒等の心身の状
況を把握し、健康上の問題があると認めるときは、遅滞なく、児童生徒
等に対して必要な指導を行うとともに、必要に応じ、その保護者に対し
て必要な助言を行うこととされている（第9条）。

　近年、メンタルヘルスに関する課題やアレルギー疾患等の現代的な健
康課題が生ずるなど児童生徒等の心身の健康問題が多様化、深刻化して
いる中、これらの問題に学校が適切に対応することが求められているこ
とから、学校においては、児童生徒等の心身の健康に関し行われる「**健
康相談**」（第8条）や学級担任等の行う「**日常的な健康観察**」による児
童生徒等の健康状態の把握、健康上の問題があると認められる児童生徒
等に対する指導や保護者に対する助言を「**保健指導**」として位置付け、
養護教諭を中心として、関係教職員の協力の下で実施すべきことが定め
られている。

5　学校の保健管理

　学校における**保健管理**については、学校環境衛生検査の実施のほか、
まず**就学児の健康診断と児童生徒等への毎学年定期の健康診断**がある。
就学児の健康診断は、市町村の教育委員会の責任において実施すべきも

のとされ、小学校への就学予定者の就学に当たって行われる健康診断で
あり（第11条）、この健康診断の結果に基づき、治療を勧告し、保健上
必要な助言を行い、あるいは、就学義務の猶予免除または特別支援学校
への就学に関し指導を行う等適切な措置をとらなければならないことが
規定されている（第12条）。また、定期の健康診断は、児童生徒等及び
職員に対し毎学年定期に行われる健康診断であって（第13条、第15条）、
それぞれ診断の結果に基づく適切な措置についての規定が設けられてい
る（第14条、第16条）。

コラム【就学時健康診断と特別支援学校への就学の指導】

　市町村教育委員会は、毎年10月１日現在で10月末日までに、当該市町村
に住所を有する者で当該年度中に満６歳に達する就学予定者についてあら
かじめ学齢簿を作成しなければならないこととされている（学校教育法施
行令第１条・第２条、学校教育法施行規則第31条）。

　学校保健安全法第11条では、これらの就学予定者に対してあらかじめ就
学前の健康診断を行うこと（11月末までに実施）が定められており、この
健康診断の結果に基づき、就学義務の猶予、免除または特別支援学校への
就学に関し適切な指導を行うこととされる。就学児の健康診断等により、
学校教育法施行令第22条の３に定める視覚障害者、聴覚障害者、知的障害
者、肢体不自由者、病弱者である者のうち、当該市町村の教育委員会が、
その者の障害の状態、その者の教育上必要な支援の内容、地域における教
育の体制の整備の状況その他の事情を勘案して、その住所の存する都道府
県の設置する特別支援学校に就学させることが適当であると認める者（認
定特別支援学校就学者という）について、市町村教育委員会は、その氏名
及び特別支援学校に就学させるべき旨を、都道府県教育委員会に12月末ま
でに通知するとともに、その者の学齢簿の謄本を送付する取扱いとなって
いる（学校教育法施行令第11条）。

　都道府県教育委員会は、市町村教育委員会から通知を受けた就学予定者
の保護者に対し、１月末までに、特別支援学校の入学期日の通知、就学す
べき学校の指定を行わなければならない（同法施行令第14条）という仕組
みとなっている。

6　感染症の予防

　学校における保健管理については、感染症の予防が挙げられ、児童生徒等が感染症にかかっており、かかっているおそれがあるときは、出席を停止させることができることとされる（学校保健安全法第19条）。

　感染症に関する出席停止は、感染症予防の緊急性にかんがみ、教育の場、集団生活の場として望ましい学校環境を維持するとともに、感染症にかかった本人に速やかに治療させることにより健康な状態で教育を受けることができるようにする、という見地から行われるものである。

　出席停止の対象となる学校感染症としては、学校保健安全法施行規則第18条において、3種に分けて次のように定めている。

①第1種　エボラ出血熱、クリミア・コンゴ出血熱、痘そう、南米出血熱、ペスト、ジフテリアなど

②第2種　インフルエンザ、百日咳、麻しん、流行性耳下腺炎、風しんなど

③第3種　コレラ、細菌性赤痢、腸管出血性大腸菌感染症、腸チフス、パラチフス、流行性角結膜炎など

　なお、現在、感染拡大が続く「新型インフルエンザ等感染症」については、第1種の感染症と見なして、取り扱われている。

　このような学校感染症が発生した場合の対応については、感染症の種類にしたがい、第1種の感染症にかかった者については、治癒するまで、第2種の感染症にかかった者については、例えば、インフルエンザにあっては、発症した後5日を経過し、かつ、解熱した後2日を経過するまで、また、麻しんにあっては、解熱した後3日を経過するまで、第3種の感染症にかかった者については、症状により学校医等において感染のおそれがないと認めるまで、出席停止の期間が定められている（学校保健安全法施行規則第19条）

　校長は、児童生徒に対し出席停止の措置をとる場合は、その理由と期間を明らかにして、中学生以下にあってはその保護者に、高校生以上にあっては本人に指示しなければならない（学校保健安全法施行令第6条

第1項）。また、校長は、出席停止の指示をしたときは、その旨を学校の設置者に報告しなければならない（同施行令第7条）。

　また、**学校の設置者が、感染症予防上必要があるときは、臨時に学校の全部又は一部の休業を行うことができることとされている**（学校保健安全法第20条）。<u>臨時休業は臨時に学校の全部または一部の休業を行うもので、感染症の流行防止のためのより強力な措置であるといえる。児童生徒等の欠席率が通常時に比べ急速に高くなったときや、罹患した児童等が急激に多くなったとき、校長は学校医等と相談の上、教育委員会に連絡し、教育委員会は時機を失することなく速やかに臨時休業の措置をとる必要がある。</u>

　感染症予防に関し、校長が出席停止を行った場合（学校保健安全法施行令第7条により校長の設置者への出席停止の報告義務が課されている）、あるいは、学校の設置者が臨時休業を行った場合、学校の設置者は、保健所に連絡するものと定められている（学校保健安全法第18条）。

　学校保健に関する事務の処理に当たっては、関連の公衆衛生法規、例えば、感染症の予防及び感染症の患者に対する医療に関する法律、結核予防法、予防接種法などの規定に十分留意しなければならないことはもとよりである。

　感染性または学習に支障を生じる恐れのある疾病の治療に対する医療費の援助については、学校保健安全法第24条において、地方公共団体は、その設置する小中学校、義務教育学校、中等教育学校前期課程、特別支援学校の小・中学部の児童生徒が、感染性または学習に支障を生ずるおそれのあるものにかかり、学校において治療の指示を受けたときは、その治療のための医療に要する費用について、生活保護法に規定する要保護者及びそれに準ずる程度に困窮している者（準要保護者）に該当する児童生徒の保護者に対して必要な援助を行うこととされている。

コラム【感染症などの非常時のオンライン学習の取扱い】
　令和3年2月、文部科学省初等中等教育局長名による「感染症や災害等

の非常時にやむを得ず学校に登校できない児童生徒に対する学習指導について（通知）」が発出された。

　この通知では、感染症や災害の発生等の非常時に、臨時休業または出席停止等によりやむを得ず学校に登校できない児童生徒に対する学習指導の考え方や、オンラインを活用した学習指導を含めた自宅等における学習の取扱い等について示している。

　具体的には、非常時にやむを得ず登校できない児童生徒に対して教師による学習指導を行う際には、日々その状況を適宜把握し、児童生徒の学習の改善や教師の指導改善に生かすとともに、学習の状況や成果は学校における学習評価に反映することができるとしている。

　また、非常時に通知で示す方法によるオンラインを活用した学習指導を実施したと校長が認める場合には、指導要録の「指導に関する記録」の別記として、オンラインを活用した学習指導の記録を学年ごとに作成することを求めている。

7　学校の保健管理の体制

　これらの諸活動を効果的に達成するため、都道府県の教育委員会の事務局に**学校保健技師**（学校における保健管理に関する専門的事項について学識経験がある者）を、また、学校に、**学校医**、**学校歯科医**、**学校薬剤師**を置くとともに、**保健主事**（**指導教諭**、**教諭**または**養護教諭**をもって充てる）、**養護教諭**（児童の養護をつかさどる）が置かれ、保健主事が中心となって運営される**「学校保健委員会」**が設置されるなど、組織的な取り組みが行われている。

　地方教育行政法第21条においては、「校長、教員その他の教育関係職員並びに生徒、児童及び幼児の保健、安全、厚生及び福利に関すること」（第9号）、「学校その他の教育機関の環境衛生に関すること」（第10号）については、教育委員会が管理執行する事務とされている。個々の事務については、学校保健安全法の定めるところにより処理されることとなり、教育委員会としては、学校における保健管理等について、管理

権に基づき必要な措置を講ずることが期待されており、学校における保健管理等について学校に対し必要な命令、財政措置、指導助言等を行うこととなる。

Ⅱ　学校安全

　学校は、子どもが一日の大半を過ごす活動の場であるとともに、非常災害時には地域住民の緊急避難場所としての役割も果たすことから、その安全性の確保は極めて重要な課題とされる。

1　学校安全計画の策定

　学校安全に関しては、学校の設置者は、児童生徒等の安全確保を図るため、学校において、事故、加害行為、災害等により児童生徒等に生ずる危険を防止し、及び事故等により児童生徒等に危険または危害が現に生じた場合において適切に対処することができるよう、学校の施設設備及び管理運営体制の整備充実その他の必要な措置を講ずるよう努めるものとされている（学校保健安全法第26条）。

　学校安全の対象としては、①校舎、運動場などの当該学校の敷地内のほか、②当該学校の敷地外であって、学校の設置者の管理責任の対象となる活動が行われる場所（農場などの実習施設等）が想定される。なお、通学路における児童生徒等の安全については、通学路を含めた地域社会における治安を確保する一般的な責務は当該地域を管轄する地方公共団体が有するものであるが、**学校において定める「学校安全計画」**に基づき、各学校において児童生徒等に対する通学路における安全指導を行うこととするとともに（同法第27条）、警察やボランティア団体など地域の関係機関・関係団体等との連携に努めることとされている（同法第30条）。

　学校保健安全法第26条にいう「加害行為」とは、他者の故意により、児童生徒等に危害を生じさせる行為を指すものであり、学校に侵入した

不審者が危害を加えるような場合等が想定されている。ただし、この「加害行為」には、いじめや暴力行為など児童生徒同士による傷害行為も含まれるものと考えられ、この場合、いじめ等の発生防止については、基本的には生徒指導の観点から取り組まれるべき事項ではあるが、いじめ等により児童生徒等が身体的危害を受けるような状態にあり、当該児童生徒等の安全を確保する必要があるような場合には、学校安全の観点から取り組みの対象とされる。

　学校においては、児童生徒等の安全確保を図るため、①学校の施設設備の安全点検、②児童生徒等に対する通学を含めた学校生活その他の日常生活における安全に関する指導、③職員の研修その他学校における安全に関する事項について「学校安全計画」を策定し、これを実施しなければならないこととされている（同法第27条）。

　この学校安全計画は、学校において必要とされる安全に関する具体的な実施計画であり、毎年度、学校の状況や前年度の学校安全の取り組み状況等を踏まえ、作成されるべきものであって、**学校においては、「生活安全（防犯を含む）」、「交通安全」及び「災害安全（防災）」に対応した総合的な安全対策を講ずることが求められており、これらの課題に的確に対応する計画を策定することが重要である。**

　学校環境の安全確保のため、校長は、学校の施設または設備について、児童生徒等の安全の確保を図る上で支障となる事項があると認めた場合には、遅滞なく、その改善を図るために必要な措置を講じ、または当該措置を講ずることができないときは、学校の設置者に対して、その旨を申し出るものとされている（同法第28条）。学校の施設設備の安全点検については、校舎等からの落下事故、学校に設置された遊具による事故などが発生していること等も踏まえ、施設設備の不備や危険個所の点検確認を行うとともに、必要に応じて補修、修繕等の改善措置を設置者に要請することとなる。

2　危険等発生時対処要領の作成

　また、学校においては、児童生徒等の安全確保のため、当該学校の実情に応じて、**危険等発生時において学校の職員が取るべき措置の具体的内容を定めた対処要領を作成する**ものとされ、校長は、この対処要領の職員に対する周知、訓練の実施その他の危険発生時において職員が適切に対処するために必要な措置を講ずるものとされている（同法第29条第1項・第2項）。

　学校においては、事故等により児童生徒等に危害が生じた場合において、当該児童生徒等及び関係者の心身の健康回復のため、スクールカウンセラー等による児童生徒等へのカウンセリングなどの必要な支援を行うものとすることとされている（同法第29条第3項）。

コラム【児童虐待防止法と学校の教職員の責務】

　「児童虐待の防止等に関する法律」においては、「児童虐待」とは、保護者がその監護する児童（18歳に満たない者をいう）について行う行為をいうとされ、具体的には、①児童の身体に外傷が生じ、または生じるおそれのある暴行を加えること、②児童にわいせつな行為をすること、または児童をしてわいせつな行為をさせること、③児童の心身の正常な発達を妨げるような著しい減食または長時間の放置、保護者以外の同居人による①、②または次に掲げる行為と同様の行為の放置その他の保護者としての監護を著しく怠ること、④児童に対する著しい暴言または著しく拒絶的な対応、児童が同居する家庭における配偶者に対する暴力その他の児童に著しい心理的外傷を与える言動を行うことが該当する。

　同法第4条第2項では、国及び地方公共団体は、児童相談所等関係機関の職員及び学校の教職員、児童福祉施設の職員など児童の福祉に職務上関係のある者が児童虐待を早期に発見し、その他児童虐待の防止に寄与できるよう、研修等必要な措置を講ずるものとすると規定している。

　第5条では、学校、児童福祉施設、病院その他児童の福祉に業務上関係のある団体及び学校の教職員、児童福祉施設の職員、医師、保健師、弁護士その他児童の福祉に職務上関係のある者は、児童虐待を発見しやすい立場にあることを自覚し、児童虐待の早期発見に努めなければならないとさ

れるとともに、これらの者は、児童虐待の予防その他の児童虐待の防止な
らびに児童虐待を受けた児童の保護及び自立の支援に関する国及び地方公
共団体の施策に協力するよう努めなければならないとされている。

　第6条では、児童虐待を受けたと思われる児童を発見した者は、速やか
に、これを市町村、都道府県の設置する福祉事務所もしくは児童相談所に
通告しなければならないと規定しており、児童虐待を発見しやすい立場に
ある学校の教職員の役割と責任は重いものがあるといえる。

Ⅲ　災害共済給付制度

　学校管理下における児童生徒等の災害（負傷、疾病、傷害、死亡）に
ついて、児童生徒等の保護者に対して、医療費、障害見舞金または死亡
見舞金の支給を行う制度として、国の独立行政法人である「日本スポー
ツ振興センター」が行う災害共済給付の制度が設けられている（独立行
政法人日本スポーツ振興センター法第16条）。

　この災害共済給付制度は、学校の設置者が保護者等の同意を得て日本
スポーツ振興センターとの間に災害共済給付契約を結び、共済掛金を支
払うことによって行われるものである。

　災害共済給付の対象となる学校は、小学校、中学校、義務教育学校、
高等学校、中等教育学校、高等専門学校、特別支援学校、幼稚園、幼保
連携型認定こども園又は専修学校であり、学校種別ごとの共済掛金の額
は、義務教育諸学校で920円、高等学校では全日制2,150円、定時制980
円、通信制280円、高等専門学校では1,880円、幼稚園では270円などと
なっており（同法施行令第7条）、当該共済掛金については、義務教育
諸学校では4～6割の間で、その他の学校では6～9割の間で学校の設
置者が定める額を保護者が負担し、残りを学校の設置者が負担する仕組
みとなっている（同法施行令第10条）。

　学校の管理下における児童生徒等の災害の範囲については、同法施行

令第5条第2項において、

① 児童生徒等が、法令の規定により学校が編成した教育課程に基づく授業を受けている場合、

② 児童生徒等が学校の教育計画に基づいて行われる課外指導を受けている場合、

③ 児童生徒等が休憩時間中に学校にある場合その他校長の指示または承認に基づいて学校にある場合、

④ 児童生徒等が通常の経路及び方法により通学する場合、

⑤ これらのほか、学校の寄宿舎に居住する児童生徒等が当該寄宿舎にあるとき、

などが該当することとされている。

　なお、児童生徒等の死亡でその原因である事由が学校の管理下において生じたもののうち、①学校給食に起因することが明らかであると認められる死亡、②学校の管理下において生じた一定の疾病に直接起因する死亡、③学校の管理下において発生した事件（例えば、いじめによる暴力など）に起因する死亡についても、災害共済給付制度の給付対象となる（同法施行令第5条第1項、同法施行規則第24条）。

　災害共済給付の給付金額については、

　「負傷・疾病」については、医療費として健康保険並みの療養に要する費用の額の10分の4とされ、

　「障害」については、障害見舞金が4,000〜88万円（通学中の災害の場合2,000〜44万円）、

　「死亡」については、死亡見舞金が3,000万円（学校の管理下で運動などの行為と関連なしに発生した突然死の場合は1,500万円、通学中の場合1,500万円）

　となっている（同法施行令第3条第1項）。

Ⅳ　食育・学校給食

1　学校給食法の制定

　昭和29年に制定された「**学校給食法**」は、学校給食の法的根拠を明らかにするとともに、その第２条において、「**義務教育諸学校における教育の目的を実現するため**」に**教育の一環として学校給食が実施**されるものであることが法的に位置付けられている。

　その後、学習指導要領においても学校給食が「特別活動」に位置付けられ、今日に至っている（現行の小学校学習指導要領第４章特別活動では、学級活動における内容として、「学校給食と望ましい食習慣の形成」が盛り込まれている）。

　さらに、「**食に関する指導**」は、学校給食の時間以外にも、**家庭科、技術・家庭科や体育科、保健体育科をはじめとした各教科や特別活動、総合的な学習の時間など、学校の教育活動全体を通じて広く行われてきており**、学校においては、従来から、いわゆる「**食育**」に関する取り組みが推進されてきている。

　平成20年３月に改訂された小学校学習指導要領では、総則において、「特に、学校における食育の推進……については、体育科の時間はもとより、家庭科、特別活動などにおいてもそれぞれの特質に応じて適切に行うよう努めることとする」とされ、例えば、家庭科では、「食に関する指導については、家庭科の特質に応じて、食育の充実に資するよう配慮すること」、また、特別活動では、「食育の観点を踏まえた学校給食と望ましい食習慣の形成」など「食育」の推進にかかわる内容が盛り込まれることとなった。

2　改正学校給食法と食育の推進

　平成20年に改正された「学校給食法」では、法律の目的に、学校給食が児童生徒の食に関する正しい理解と適切な判断力を養う上で重要な役割を果たすものであることの認識に立って、「**学校における食育の推進**」

が明確に位置付けられ（第1条）、学校給食の目標（第2条）について
も食育推進の観点から見直しが行われるとともに、第10条においては、
「栄養教諭」が学校給食を活用した食に関する実践的な指導を行うこと
とされたところであり、学校における教育活動全体を通じた食育の推進
が政策課題とされている。

　学校給食法では、「学校給食」とは、義務教育諸学校において児童生
徒に対して実施される給食をいうものとされ、**義務教育諸学校の設置者**
は、当該義務教育諸学校において学校給食が実施されるように努めなけ
ればならないこととされている（第4条）。

　学校給食の実施については、義務教育諸学校の設置者は、給食実施に
必要な施設設備に要する経費、学校給食に従事する職員に要する給与そ
の他の人件費、給食実施に必要な施設設備に要する経費を負担すること
とされ、これら経費以外の学校給食に要する経費（食材費）は、保護者
の負担とされている。

　なお、**国は、生活保護法における要保護者で同法による教育扶助を受**
けていない者に対して、市町村が学校給食費を補助する場合に、これに
要する経費の一部を補助するほか（学校給食法第12条第2項）、**市町村**
では、生活保護法に規定する要保護者に準ずる者（「準要保護者」）**に対**
しても経費を援助する仕組みとなっている。

　学校給食施設の整備に関しては、学校給食における食中毒の発生を防
ぎ、食の安全を確保するため、衛生管理の充実強化等に必要な施設の整
備を行うため、義務教育諸学校等の施設費の国庫負担に関する法律第12
条に基づき、地方公共団体が作成する義務教育諸学校等施設の整備に関
する施設整備計画において定める「ドライシステム化推進」のための学
校給食施設整備事業（新増築）に対しては2分の1を、また、学校給食
施設整備事業（改築）に対しては3分の1の交付金が交付される仕組み
となっている。

3　学校給食実施基準及び学校給食衛生管理基準

　改正学校給食法では、新たに、文部科学大臣は、児童生徒に必要な栄養量その他の学校給食の内容及び学校給食を適切に実施するために必要な事項について維持されることが望ましい基準として「**学校給食実施基準**」を定めるものとされ、学校給食を実施する義務教育諸学校の設置者は、学校給食実施基準に照らして適切な学校給食の実施に努めるものとされている（第8条）。

　また、文部科学大臣は、学校給食の実施に必要な施設設備の整備及び管理、調理の過程における衛生管理その他の学校給食の適切な衛生管理を図る上で必要な事項について維持されることが望ましい基準として「**学校給食衛生管理基準**」を定めるものとされ、義務教育諸学校の校長または共同調理場の長は、学校給食衛生管理基準に照らし、衛生管理上適正を欠く事項があると認めた場合には、遅滞なく、その改善のために必要な措置を講じ、または当該措置を講ずることができないときは、当該義務教育諸学校もしくは共同調理場の設置者に対し、その旨を申し出ることとされている（第9条）。

4　栄養教諭制度と食育の推進

　学校における「食育」推進を図るため、平成16年の学校教育法の改正により新たに、任意設置の職として「**栄養教諭**」の制度（学校教育法第37条第2項）が創設された。栄養教諭は、「**児童の栄養の指導及び管理をつかさどる**」（同法第37条第13項）職として、従来の学校栄養職員とは別途に新たな職として設けられ、平成17年度から栄養教諭の配置が開始された。

　平成20年の学校給食法の改正では、学校における食育をいっそう推進するため、学校給食を活用した食に関する指導について新たに規定し、児童生徒が健全な食生活を自らいとなむことができる知識・態度を養うため、学校給食において摂取する食品と健康の保持増進との関連性についての指導、食に関して特別の配慮を必要とする児童生徒に対する個別

的な指導その他の学校給食を活用した食に関する実践的な指導を行うことを栄養教諭の職務として明確化している。また、この場合、校長は、当該指導が効果的に行われるよう、学校給食と関連付けつつ当該義務教育諸学校における**食に関する指導の全体的な計画を作成する**ことその他の必要な措置を講ずるものとするとされている（同法第10条第１項）。

コラム【食育基本法と食育推進基本計画】

　平成17年６月、「食育を、生きる上での基本であって、知育、徳育及び体育の基礎となるべきものと位置付けるとともに、様々な経験を通じて『食』に関する知識と『食』を選択する力を習得し、健全な食生活を実践できる人間を育てる食育を推進することが求められている」（食育基本法前文）との認識に立って、「食育に関し、基本理念を定め、及び国、地方公共団体等の責務を明らかにするとともに、食育に関する施策の基本となる事項を定める」（第１条）ことを目的とする「食育基本法」が制定されている。

　同法では、第５条において、食育において家庭が重要な役割を有していることを認識するとともに、「子どもの教育、保育等を行う者にあっては、教育、保育等における食育の重要性を十分自覚し、積極的に子どもの食育の推進に関する活動に取り組むこととなるよう、行われなければならない」と規定し、学校関係者の役割を明らかにしている。

　同法第20条では、食育推進の基本施策として、「国及び地方公共団体は、学校、保育所等において魅力ある食育の推進に関する活動を効果的に促進することにより子どもの健全な食生活の実現及び健全な心身の成長が図られるよう、学校、保育所等における食育の推進のための指針の作成に関する支援、食育の指導にふさわしい教職員の設置及び指導的立場にある者の食育の推進において果たすべき役割についての意識の啓発その他の食育に関する指導体制の整備、学校、保健所等又は地域の特色を活かした学校給食等の実施、教育の一環として行われる農場等における実習、食品の調理、食品廃棄物の再利用等様々な体験活動を通じた子どもの食に関する理解の促進、過度の痩身又は肥満の心身の健康に及ぼす影響等についての知識の啓発その他必要な施策を講ずるものとする」と規定している。

　同法第16条の規定に基づき定められる政府の「**食育推進基本計画**」（平

成18年３月策定）においては、学校、保健所等の食育の推進に関し、①指導体制の充実…栄養教諭の全国配置の促進、学校での食育の組織的・計画的な推進等、②子どもへの指導内容の充実…学校としての全体的な計画の策定、指導時間の確保、体験活動の推進等、③学校給食の充実…学校給食の普及・充実と「生きた教材」としての活用、学校給食での地産地消の推進、単独調理方式の効果等の周知・普及等、④食育を通じた健康状態の改善等の推進…食生活の健康等への影響の調査とこれに基づく指導プログラムの開発等が盛り込まれている。また、平成23年度からの５年を期間とする「第２次食育推進基本計画」では、「家庭における共食を通じた子どもへの食育の推進」などの重点課題が盛り込まれている。なお、令和３年現在では、第４次の「食育推進基本計画」が策定・実施されている。

参照条文（抄）

[学校保健安全法]

第4条　学校の設置者は、その設置する学校の児童生徒等及び職員の心身の健康の保持増進を図るため、当該学校の施設及び設備並びに管理運営体制の整備充実その他の必要な措置を講ずるよう努めるものとする。

第5条　学校においては、児童生徒等及び職員の心身の健康の保持増進を図るため、児童生徒等及び職員の健康診断、環境衛生検査、児童生徒等に対する指導その他保健に関する事項について計画を策定し、これを実施しなければならない。

第6条　文部科学大臣は、学校における換気、採光、照明、保温、清潔保持その他環境衛生に係る事項について、児童生徒等及び職員の健康を保護する上で維持されることが望ましい基準を定めるものとする。

3　校長は、学校環境衛生基準に照らし、学校の環境衛生に関し適正を欠く事項があると認めた場合には、遅滞なく、その改善のために必要な措置を講じ、又は当該措置を講ずることができないときは、当該学校の設置者に対し、その旨を申し出るものとする。

第8条　学校においては、児童生徒等の心身の健康に関し、健康相談を行うものとする。

第9条　養護教諭その他の職員は、相互に連携して、健康相談又は児童生徒等の健康状態の日常的な観察により、児童生徒等の心身の状況を把握し、健康上の問題があると認めるときは、遅滞なく、当該児童生徒等に対して必要な指導を行うとともに、必要に応じ、その保護者に対して必要な助言を行うものとする。

第11条　市町村の教育委員会は、学校教育法第17条第1項の規定により翌学年の初めから同項に規定する学校に就学させるべき者で、当該市町村の区域内に住所を有するものの就学に当たつて、その健康診断を行わなければならない。

第12条　市町村の教育委員会は、前条の健康診断の結果に基づき、治療を勧告し、保健上必要な助言を行い、及び学校教育法第17条第1項に規定する義務の猶予若しくは免除又は特別支援学校への就学に関し指導を行う等適切な措置をとらなければならない。

第13条　学校においては、毎学年定期に、児童生徒等の健康診断を行わなければならない。

2　学校においては、必要があるときは、臨時に、児童生徒等の健康診断を行うものとする。

第14条　学校においては、前条の健康診断の結果に基づき、疾病の予防処置を行い、又は治療を指示し、並びに運動及び作業を軽減する等適切な措置をとらなければならない。

第19条　校長は、感染症にかかつており、かかつている疑いがあり、又はかかるおそれのある児童生徒等があるときは、政令で定めるところにより、出席を停止させることができる。

第20条　学校の設置者は、感染症の予防上必要があるときは、臨時に、学校の全部又は一部の休業を行うことができる。

第26条　学校の設置者は、児童生徒等の安全の確保を図るため、その設置する学校において、事故、加害行為、災害等により児童生徒等に生ずる危険を防止し、及び事故等により児童生徒等に危険又は危害が現に生じた場合において適切に対処することができるよう、当該学校の施設及び設備並びに管理運営体制の整備充実その他の必要な措置を講ずるよう努めるものとする。

第27条　学校においては、児童生徒等の安全の確保を図るため、当該学校の施設及び設備の安全点検、児童生徒等に対する通学路を含めた学校生活その他の日常生活における安全に関する指導、職員の研修その他学校における安全に関する事項について計画を策定し、これを実施しなければならない。

第28条　校長は、当該学校の施設又は設備について、児童生徒等の安全の確保を図る上で支障となる事項があると認めた場合には、遅滞なく、その改善を図るために必要な措置を講じ、又は当該措置を講ずることができないときは、当該学校の設置者に対し、その旨を申し出るものとする。

第29条　学校においては、児童生徒等の安全の確保を図るため、当該学校の実情に応じて、危険等発生時において当該学校の職員がとるべき措置の具体的内容及び手順を定めた対処要領を作成するものとする。

［学校保健安全法施行令］

（保健所と連絡すべき場合）

第5条　法第18条の政令で定める場合は、次に掲げる場合とする。

　一　法第19条の規定による出席停止が行われた場合

　二　法第20条の規定による学校の休業を行つた場合

（出席停止の指示）

第6条　校長は、法第19条の規定により出席を停止させようとするときは、その理由及び期間を明らかにして、幼児、児童又は生徒（高等学校（中等教育学校の後期課程及び特別支援学校の高等部を含む。以下同じ。）の生徒を除く。）にあつてはその保護者に、高等学校の生徒又は学生にあつては当該生徒又は学生にこれを指示しなければならない。

2　出席停止の期間は、感染症の種類に応じて、文部科学省令で定める基準による。

（出席停止の報告）

第7条　校長は、前条第1項の規定による指示をしたときは、文部科学省令で定めるところにより、その旨を学校の設置者に報告しなければならない。

［学校保健安全法施行規則］

第5条　法第13条第1項の健康診断は、毎学年、6月30日までに行うものとする。

第20条　令第7条の規定による報告は、次の事項を記載した書面をもつてするものとする。

一　学校の名称

二　出席を停止させた理由及び期間

三　出席停止を指示した年月日

四　出席を停止させた児童生徒等の学年別人員数

五　その他参考となる事項

［学校給食法］

第4条　義務教育諸学校の設置者は、当該義務教育諸学校において学校給食が実施されるように努めなければならない。

第8条　文部科学大臣は、児童又は生徒に必要な栄養量その他の学校給食の内容及び学校給食を適切に実施するために必要な事項について維持されることが望ましい基準を定めるものとする。

2　学校給食を実施する義務教育諸学校の設置者は、学校給食実施基準に照らして適切な学校給食の実施に努めるものとする。

第9条　文部科学大臣は、学校給食の実施に必要な施設及び設備の整備及び管理、調理の過程における衛生管理その他の学校給食の適切な衛生管理を図る上で必要な事項について維持されることが望ましい基準を定めるものとする。

2　学校給食を実施する義務教育諸学校の設置者は、学校給食衛生管理基準に照らして適切な衛生管理に努めるものとする。

第10条　栄養教諭は、児童又は生徒が健全な食生活を自ら営むことができる知識及び態度を養うため、学校給食において摂取する食品と健康の保持増進との関連性についての指導、食に関して特別の配慮を必要とする児童又は生徒に対する個別的な指導その他の学校給食を活用した食に関する実践的な指導を行うものとする。この場合において、校長は、当該指導が効果的に行われるよう、学校給食と関連付けつつ当該義務教育諸学校における食に関する指導の全体的な計画を作成することその他の必要な措置を講ずるものとする。

［学校教育法］

第12条　学校においては、別に法律で定めるところにより、幼児、児童、生徒及び学生並びに職員の健康の保持増進を図るため、健康診断を行い、その他その保健に必要な措置を講じなければならない。

第37条　小学校には、校長、教頭、教諭、養護教諭及び事務職員を置かなければならない。

2　小学校には、前項に規定するもののほか、副校長、主幹教諭、指導教諭、栄養教諭その他必要な職員を置くことができる。

12　養護教諭は、児童の養護をつかさどる。

13　栄養教諭は、児童の栄養の指導及び管理をつかさどる。

［学校教育法施行規則］

第45条　小学校においては、保健主事を置くものとする。

3　保健主事は、指導教諭、教諭又は養護教諭をもつて、これに充てる。

4　保健主事は、校長の監督を受け、小学校における保健に関する事項の管理に当たる。

第16章　学校事故と法

Ⅰ　学校の安全管理と学校事故

　学校においては、事故の要因となる学校環境や児童生徒等の学校生活などにおける行動の危険を早期に発見し、それらを速やかに除去するとともに、万が一事故が発生した場合には、適切な応急措置や安全措置がとれるような体制を確立して児童生徒等の安全の確保を図ることが必要である。

　「学校事故」とは、学校が自らの責任において実施する**教育活動中**に、**①教員など当該教育活動の実施について責任を有する者の故意または過失により発生した事故、②学校の施設設備の設置管理に瑕疵があり、それが原因で発生した事故**のことをいうものとされる。

　学校事故における「教育活動中」とは、各教科の授業時間はもとより、放課後の部活動や学校が計画して実施する臨海学校、林間学校等、学校が自らの責任において計画実施する教育活動の時間も含まれるものである。

　学校内における教育活動はいかなる場合においても児童生徒等の人身事故が生じないよう、万全の策を講じて実施される必要があるが、万一不幸にして学校事故が生じ、それによって児童生徒等が死傷した場合には、通常それに伴い、さまざまな法律問題が生じることとなる。これを関係者の責任という観点から見れば、**①民事責任、②刑事責任、③行政上の責任**という３つの類型に分けることができる。

　これらについて、次に述べることとしたい。

II　民事責任

　民事責任は、学校事故により現実に生じた被害者の損害を補てんさせることによって、加害者と被害者の間の権利利益の均衡を図ろうとするものである。

1　教員の故意または過失による責任

　教員の故意または過失により違法に他人に損害を加えたときは、国公立学校の場合、国家賠償法により、国または公共団体がこれを賠償することとされており（第1条第1項）、教員自身が損害賠償の責任を負わない仕組みとなっている。ただし、**教員に故意または重大な過失があったときは、国または公共団体は、その公務員に対して求償権を有する**こととされている（同法第1条第2項）。

> **コラム【国立大学法人法制定後の国立学校における国家賠償法の適用の関係】**
>
> 　国立学校については、平成16年度から、「国立大学法人法」に基づき、国とは別個の法主体である「国立大学法人」によって設置運営される学校となり、これにより、国立大学法人の役職員等が行った行為等が他人に損害を及ぼした場合、その損害賠償の責任主体となるのは基本的に当該国立大学法人となる。
>
> 　しかしながら、独立行政法人については、国家賠償法第1条の適用においては、当該独立行政法人に属するものの行為が、公権力の行使に該当するか否かの判断が重要であって、それが公権力行使に該当すれば、当該者の属する法人は同条第1項の責任主体となるとされており（独立行政法人制度研究会編『独立行政法人制度の解説』）、国家賠償法上の賠償責任を負う主体となりうることとされ、国立大学法人の職員による職務行為についても、独立行政法人と同様に、国家賠償法上の「公務員」による「公権力の行使」に該当することがありうることとなる。
>
> 　平成21・3・24の東京地裁判決では、「国立大学法人は、独立行政法人通則法51条（みなし公務員）を準用するものでないから、国立大学法人の設置・運営する大学大学院の職員は、みなし公務員ではない……しかし、

国家賠償法1条1項にいう『公務員』は、国家公務員法、地方公務員法等の定める『公務員』に限られないことは言うまでもなく、<u>国又は公共団体が行うべき公権力を実質的に行使する者も、同条項にいう『公務員』に含まれると解される</u>」とし、国立大学法人は国家賠償法第1条第1項にいう「公共団体」にあたり、その職員が行う職務は純然たる私経済作用を除いては一般に公権力の行使に当たると解するのが相当である旨、示している。

2 「公権力の行使」と教員の教育活動

　国家賠償法第1条では、「国又は公共団体の公権力の行使に当る公務員が、その職務を行うについて、故意又は過失によつて違法に他人に損害を加えたとき」が要件とされる。「**公権力の行使**」については、公権力の行使を公権力作用、すなわち、国家統治権に基づく優越的意思の発動としてなす作用に限るとする「**狭義説**」の考え方があるが、<u>公権力作用に限らず、国または公共団体の行為のうち私経済作用に属する行為を除き非権力的公行政作用もこれに含まれるとする「**広義説**」が通説・判例とされており</u>、この説によれば、**権力作用に加えて、非権力的な公行政作用も含まれることとなり、公立学校の教員の教育活動もその対象となる**。

　国家賠償法第1条にいう「公権力の行使」にかかる裁判例としては、「国家賠償法第1条第1項によれば、公共団体の公権力の行使に当たる公務員がその職務を行うにつき過失により違法に他人に損害を加えたときは、公共団体が損害を賠償する責に任ずる旨定めてある。そして、右公権力の行使というのは必ずしも統治権の優越的意思が発現される場合だけに限らず、公共団体の私経済作用を除いた非権力的公行政作用も含むと解するのが相当である」（広島地裁判決　昭和46・4・15）と判示されるなど、広義説に立つ判決が多くを占めている。昭和62年の**最高裁判決**においては、「**国家賠償法1条1項にいう『公権力の行使』には、**

公立学校における教師の教育活動も含まれるものと解する」（公立中学校水泳飛び込み事故国家賠償事件最高裁判決　昭和62・2・6）と判断が示されたところである。

　ちなみに、私立学校における学校事故については、国公立学校に国家賠償法が適用されるのとは異なり、私人間の関係を規律する民法が適用されることとなり、民法第709条の規定により「故意又は過失によって他人の権利又は法律上保護される利益を侵害した者は、これによって生じた損害を賠償する責任を負う」こととされ、損害賠償の責任については、民法第715条第1項において「ある事業のために他人を使用する者は、被用者がその事業の執行について第三者に加えた損害を賠償する責任を負う」と規定されており、基本的には、私立学校の教員等の使用者である学校法人が損害賠償の責任に当たることとなる。

　ただし、民法において、「使用者が被用者の選任及びその事業の監督について相当の注意をしたとき、又は相当の注意をしても損害が生ずべきであったときは」、使用者責任を免れることとされており（第715条第1項ただし書き）、また、使用者が損害賠償責任を負った場合に、使用者である学校法人から被用者である教員に対する求償権の行使は妨げられていない（第715条第3項）。

3　教員の「故意又は過失」

　国公立学校における学校事故が国家賠償法の適用対象となるかどうかについては、教員の教育活動にかかる職務が「公権力の行使」に該当するかどうかの問題だけではなく、国家賠償法第1条第1項にいう公務員が「その職務を行うについて、故意又は過失」によって「違法に他人に損害を加えた」かどうかが問題とされる。

　国家賠償法により国または公共団体が損害賠償責任を負うのは、①学校の計画実施する教育活動に当たるという、教員が果たすべき職務を行うについてなされたものであること（したがって、例えば、日曜日などに教職員が学校の児童生徒を連れて海や山に行き事故が発生したような

場合には、「職務」に関連する損害とはいえないこととなること）、②事故に至る加害行為が教職員の故意または過失に基づいていること（すなわち、通常教職員の「故意」による学校事故は想定しにくいが、問題は、教職員の「過失」による事故であって、いかなる場合に過失があったと判断するか個々の事例に即して判断されるべきとしても、一般的には、教員には、児童生徒等の安全を確保するための「注意義務」が求められており、通常予見される危険への配慮義務、児童生徒等の心身の発達段階に応じた注意義務を欠いた場合には「過失」が問題とされること）、③加害行為により損害が発生していること（すなわち、教職員による加害行為と児童生徒等の損害の発生に「相当因果関係」がなければならず、例えば、教員による懲戒行為の結果、生徒が自殺をするなどの事例は通常生ずべき結果としては考えられず法律上の相当因果関係はないとされること）、これら3つの要件が具備された場合となる。

　以上の3要件にかかる裁判例をみると、まず、教職員の職務と児童生徒等の事故との関連については、昭和49年の高松地裁判決では、「公立小学校の学級担任の教員ないし学校長が親権者等の法定監督義務者に代わって生徒を監督すべき義務があることは学校教育法上明らかであるが、右監督義務は、親権者のそれのように当該児童の全生活関係にわたるものではなく、学校における教育活動ないしこれに準ずる生活関係に限局されるべきことは、小学校教員の地位、権限、職務内容等に鑑み、当然の事理というべきである」（運動会準備作業後児童石灰塊命中事件高松高裁判決・昭和49・11・27）と示し、教職員の職務上の監督義務の範囲は、学校における教育活動ないしこれに準ずる生活関係に限局されるとされる。

　次に、児童生徒の事故における教職員の故意過失の判断にかかる裁判例をみると、一般的には、故意による場合（「一定の結果の発生とそれが違法であることを知りながら行う場合」）はほとんど見られず、過失（「普通に尽くさなければならない注意を怠る場合」）が問題とされる事例が主たるものであるが、「学校設置者である被告の安全配慮義務は、

学校長以下その監督下にある教諭を含む職員全体を通して具体化される
のであるから、右職員らが、学校設置者の支配管理のもとに**教育業務に
関連して生徒に対する危険の発生を未然に防止するために尽くすべき注
意義務もまた被告の負うべき安全配慮義務の内容となるというべき**」
（公立中学校理科実験事故国家賠償事件静岡地裁判決　平成元・12・20）
と判示し、**教職員の尽くすべき安全配慮義務に欠ける行為は過失に当た
る**と認定されている。

　この安全配慮義務ないし注意義務については、臨海学校における生徒
の溺死事故にかかる損害賠償事件においては、「本件事故は決して不可
抗力な事故ではなく、教職員が前記注意義務（再説すれば事故当日の水
泳場設定にあたり附近の海底の地形潮流を調査し、安全性を確かめるべ
き注意義務、生徒を入水させるに当り本件澪ないし異常流につき生徒に
警告を与えるべき注意義務ないし澪筋に生徒が落ち込まないよう標示竿
からの生徒の逸脱を防止するため厳重に監視すべき注意義務）を果たし
ていれば事前にこれを防止し得たものというべく、本件事故はこれら教
職員の右注意義務けたいに基因するというべきである」（臨海学校異常
潮流生徒溺死事件津地裁判決　昭和41・4・15）と判断され、**水泳訓練
のように危険を伴う教育活動の実施に当たっては、教職員には高い注意
義務**が求められている。

　また、学校プールにおける水泳指導の事故にかかる損害賠償事件にお
いて、「学校のプールにおいて、注意力に乏しくまだ泳げない者も多数
いる児童を対象に水泳練習を実施する場合には、その指導監督にたずさ
わる者は児童にプールの性状を認識させじゅうぶんに注意を促すと共
に、万一に備えて常にプール内の動静に注目し、事故の発生を防止すべ
き注意義務を負うことは多言を要しない」とし、水泳開始後の個々の児
童の動静に対する注意を欠き、その時の状態に応じて適宜の処置をとら
なかったことは過失責任があるとするものがある（学校水泳プール事故
慰謝料請求事件松山地裁西条支部判決　昭和40・4・21）。

　さらに、**学校の部活動などにおける事故**についても、中学校のクラブ

活動（柔道）の指導監督者である教員が柔道の練習があることを知りながら何らの配慮もせず、他の用務のため学校を退出したことについて、「被告教員は本件柔道練習についての指導監督義務を放棄したに等しく同被告においてすくなくとも実技指導の者がくるまで自ら指導監督に当たるなり、他にこれを依頼するなどし、生徒の生命身体の安全確保につき適切な措置をとっていたならば、本件事故の発生を防止しえたであろうと考えられるので、この点に同被告の過失が存するものといわねばならない」（柔道クラブ生徒負傷事件熊本地裁判決　昭和45・7・20）と判断し、学校の放課後の部活動などにおいても、**指導教員不在の結果、教員の安全配慮義務を欠いたまま行われた部活動により発生した事故に対する教員の過失責任が認定**された事例がある。

　これに対し、教職員に過失がないとされた事例としては、中学校の製図授業中に生徒が定規を半分に折って他の生徒に貸そうとして、その破片が他の生徒の目に当たり失明する障害が起きた事故では、「教員が中学校の製図の授業において、順次個別指導をすることは、授業の性質上必要なことであるが、個別指導中においてもなおかつ、教卓にいて終始生徒を見張ると同じように、教育全体に目を離さないように要求することは他人に不可能なことを求めるものである。したがって、個別指導中に生徒が定規の貸し借りに際してこれを二つに折ろうとしている動作に気がつかなかったとしても、通常、二つに折ることが全く予想もされなかった動作であるから、教員が指導上払うべきであった注意義務を怠ったということにはならず、したがって、教員に過失があったとは認められない」（製図授業中定規破片生徒負傷事件宇都宮地裁判決　昭和35・1・12）と判示している。この事例は、**生徒の通常予測できない行為についてまで注意義務を払わなかったことに義務懈怠があったとは認められない**とする裁判例である。**教師には、結果発生の「予見可能性」がなかったことから注意義務違反は問われない**という判断に加えて、15歳の生徒による事故であることから、「是非善悪の弁識力を具有していたとみるべき」年齢であると判断され、このことから、**児童生徒の発達段階**

により教職員に求められる注意義務の程度は異なり、是非善悪の弁識力を備えているとみられる者の行為による結果発生を回避するほどの高い注意義務は求められていないとされたものである。

　このことは、高校生の宿泊研修中の水死事件の事例においても、「高等学校の教員は、親権者等の法定監督義務に代り、高校における教育活動及びこれと密接に関連する生活関係の範囲において、生徒の生命身体の安全につき指導監督すべき職務上の義務を有する。しかし、その義務の内容、程度は、既に満15歳に達している高校生の心身の発達の程度がほぼ成人に近く、したがって、このような生徒は、自己の行為によってどのような結果あるいは責任が生ずるかを認識し得るだけの判断能力を有しており、自己の行為につき自主的な判断で責任をもって行動することを期待し得るから、高校教員としても、逐一生徒の行動及びその結果を指導監督するまでの義務はなく」との判示され、このような高校生の能力を前提とした適切な指導監督、すなわち、このような能力を有する生徒が通常の自主的な判断・行動をしてもなお生命身体に危険を生じるような事故の発生が客観的に予測される場合に、それに応じた事前の適切な指導監督を行えば足りると解されている（宿泊研修中生徒水死事件札幌地裁判決　昭和51・2・27）。

　したがって、同じ状況下においても小学生の児童に対しては注意とともに事故が起こらないよう細心の注意を払って指導監督することが要請されるものの、高校生に対しては単に事前に十分に注意を与えるなどすればよいわけである。このように、一般に児童生徒等の成長に伴う自己の行動による結果についての弁識能力の高まりにつれて、教師の注意義務の内容や程度は概して低くなるといえる。

　なお、教職員が児童生徒の安全確保のため尽くすべき「安全配慮義務」については、児童生徒の安全にかかわる事故の危険性を具体的に予見し、その予見に基づいて事故の発生を未然に防止すべき措置をとるべき注意義務が求められることは判例上も明らかである。平成20・9・17の高松高裁判決では、高等学校の生徒の課外クラブ活動としてのサッ

カーの交流試合中に落雷により負傷した事故について、学校側の不法行
為責任が認められた。判決では、「教育活動の一環として行われる学校
の課外のクラブ活動においては、生徒は担当教諭の指導監督に従って行
動するのであるから、担当教諭は、できる限り生徒の安全にかかわる事
故の危険性を具体的に予見し、その予見に基づいて当該事故の発生を未
然に防止する措置を執り、クラブ活動中の生徒を保護すべき注意義務を
負うものというべき」であり、しかるに、「試合の開始直前ころには、
本件運動場の南西方向の上空には黒く固まった暗雲が立ち込め、雷鳴が
聞こえ、雲の間で放電が起きるのが目撃されていた……上記雷鳴が大き
な音ではなかったとしても、同校サッカー部の引率者兼監督であった教
諭としては、上記時点ころまでには落雷事故発生の危険が迫っているこ
とを具体的に予見することが可能であったというべきであり、また、予
見すべき注意義務を怠ったものというべきである」との判断を示してい
る。

4　学校の施設設備の瑕疵による責任

　次に、学校事故では、学校の施設設備の管理に不備があったため児童
生徒等に生じた事故が問題となる。
　国家賠償法第2条第1項では、「道路、河川その他の公の営造物の設
置又は管理に瑕疵があつたために他人に損害を生じたときは、国又は公
共団体は、これを賠償する責に任ずる」と定められている。ここにいう
「公の営造物」とは、行政主体により公の目的に供用される有体物ない
し物的設備をいうものとされ、学校の校舎、プール、鉄棒、臨海学校の
飛び込み台など、さまざまな学校施設・設備がその例に該当する。国家
賠償法第2条第1項にいう「設置又は管理の瑕疵」とは、営造物の設
定・建造に不完全な点があること、または営造物の維持、修繕、保管に
不完全な点があることをいうとされる。どのような場合に「不完全な
点」があるとされるかは、個々具体的に判断されるべきであるが、一般
的には、営造物が通常予想される危険に対して通常備えるべき安全性を

備えているかどうかによって判断される。

　この国家賠償法第２条にいう公の営造物の設置管理の瑕疵に基づく国または公共団体の賠償責任は、その設置管理に当たる公務員の故意過失の有無は問題とならず、客観的に営造物の設置管理に瑕疵があれば、それだけで国または公共団体は損害賠償責任を負わなければならないというものであり、「無過失責任」が課されているのである。

　具体の裁判例としては、夏季休暇中に学校プールにおいて中学生がプール底の排水口のふたが開いていたために足を吸い込まれ溺死した事件では、「本件プールを使用する者が、まだ心身ともに成人になりきっていない義務教育中の中学生であることを考えたとき、鉄蓋が生徒の力で移動され、排水口が開いてしまうことのないよう、鉄蓋をたやすく移動しないように設計しなかった点は、本件プールの設置者の手落ちである。そうして、鉄蓋が移動しているままで、本件プールを使用させた学校側に、本件プールの管理に手落ちがあった。このように本件プールは、通常具有すべき安全性を欠如していたわけで、これが設置、管理上の瑕疵であるから、本件プールの設置、管理者である被告市は、国家賠償法第２条第１項によって賠償する義務がある」（夏季休暇中プール生徒溺死事件京都地裁判決　昭和48・7・12）と判示され、**学校プールの排水口の鉄蓋が開いている状況のままで、生徒に使用させることは、プールが通常備えているべき安全性を欠いていたとされ、その結果生じた死亡事故について設置者の損害賠償責任ありとされたものである。**

　また、小学校の体育館の天井裏から誤って小学生が墜落し死亡するという事件においては、「本件天井の状況のもとでは、現に過去にも天井裏から墜落するという事故が発生したことでもあるから、判断力に乏しい半面、好奇心と行動力が旺盛でこわいもの知らずの児童が、学校側の注意に反して鉄ばしごを登り天井改め口から本件天井裏に入って遊ぶことは十分予測しえたと考えるべきであり、被告としては、固定された鉄ばしごをはずし、必要な時だけ移動用はしごを用いるとか、……あるいは天井改め口に本件事故後に設けたような蓋板を取り付けて施錠してお

くなどして、児童が天井裏に入ることができないような措置を講じておくべきであったといわなければならない」（体育館天井踏み破り児童墜落死事件大阪地裁判決　昭和51・2・27）と判示し、**学校の体育館の天井が本来備えるべき安全性を欠いていたことによる設置者の管理の責任を認め、損害賠償責任を課した裁判例**がある。

　一方、営造物の設置管理の瑕疵を否定した裁判例としては、中学校の技術科の工作の授業時間中、電気かんなを生徒が使用し誤って手指を切断する重傷を負った事件では、動産である電気かんなが国家賠償法第2条にいう営造物を構成するとしながら、本件電気かんなを「定置使用する場合の安全装置のない電気かんなを備え付けたことあるいは小木片を削るための送材板を備え付けておかなかったことが、ただちに営造物を構成する物的設備の瑕疵とはならない」（中学生電気かんな使用負傷事件広島地裁三次支部判決　昭和42・8・30）とし、国家賠償法第2条に基づく設置者の損害賠償責任は認容しなかった。ただし、この裁判例では、営造物の瑕疵とはならないが、授業中の安全対策を講じなかった教員に過失責任があるとし、同法第1条に基づく損害賠償責任を認めている。

　なお、**私立学校の場合は、民法が適用**されることとなり、学校の施設・設備の設置管理の瑕疵により、児童生徒等に損害が発生した際には、**民法第717条に基づき、損害の賠償の責任を負う**こととなる。

Ⅲ　刑事責任

　刑事責任は、犯罪を犯した者に対して刑罰を科するということであるから、裁判所の審理を通じて行われることとなる。国家賠償法に基づき、学校の教職員の故意または過失により児童生徒等に違法に損害を生じたときに問われる**「民事上の責任」**については、**被害者救済の観点から、教職員の過失の認定が緩やかに行われる傾向がある**のに対して、「刑事上の責任」の場合には、教職員個人の責任を追及し、場合により

刑罰を科するものであることから、教職員の過失の認定は慎重になされる傾向があり、安易に教職員の責任を問うことのないようになっている。

　どのような場合に、どのような刑事責任が課されるかは、刑法をはじめとする刑罰法令の定めるところによる。

　刑法では、「罪を犯す意思がない行為は、罰しない」（第38条第１項）と規定し、犯意ある故意による行為を罰するのが原則であるが、「法律に特別の規定がある場合は、この限りでない」（第38条第２項）と定めていることから、例外として「過失」で足りる罪があることとなる。この過失による行為としての**過失犯が成立するためには**、「**結果発生の予見可能性と予見義務、及び結果の発生を未然に防止するための措置を取る可能性とその義務が存在しなければならない**」（最高裁判決　昭和42・5・25）とされている。

　学校事故における教職員の故意または過失により児童生徒に損害が生じた事例では、教職員の故意による児童生徒等の損害は通例想定できないが、学校教育法第11条で禁じられている**教員の違法な体罰により児童生徒等に損害が生じた場合には**、**教員の体罰は、刑法第35条にいう「正当行為」とはいえず、「故意による行為」として刑法上の罪**（たとえば、**暴行罪、傷害罪、傷害致死罪など）が問われることとなる。**

　学校教員の違法な体罰による刑法上の暴行傷害の罪が問題とされた裁判例としては、昭和30・5・16大阪高裁判決が挙げられる。ここでは、教員による「殴打はこれによって傷害の結果を生ぜしめるような意思を以てなされたものではなく、またそのような強度のものではなったことは推察できるけれども、しかしそれがために右殴打行為が刑法第208条にいわゆる暴行に該当しないとする理由にはならない」と判断された。

　また、教職員が尽くすべき注意義務を尽くさず児童生徒等に違法に損害を加えた場合には、業務上過失致死傷等の罪に該当する場合があり、刑法第211条に規定する「業務上必要な注意を怠り、よって人を死傷させた者」として「５年以下の懲役若しくは禁錮又は100万円以下の罰金

に処」せられることがある。

　学校教員の過失により児童生徒等に損害が生じた事例で**当該教員の業務上の過失責任**が問われたものとしては、高等学校生徒会山岳部の登山において登山計画の不備及び実施上の注意義務違反により生徒を死亡せしめた場合に刑法上の業務上過失致死罪に該当するとされた裁判例がある（「先ず事前にコース、気象状態、岩質、地形等について十分な調査を遂げた上、これらの諸条件に相応する装備、食糧その他の携行品を整える等周到な準備をし、登攀（とうはん）を開始した後であっても岩壁等の難所に遭遇した場合は、ただちに登攀することなく予め岩壁の全容を観察して前後の措置を判断し、仮に登攀可能と判断しても途中において危険を予知する場合は潔く引き返す等、緩急に応じて応急の措置を執り、以て事故の発生を未然に防止すべき業務上の注意義務があるものといわなければならない。しかるに被告人はこの義務に違背し、コースを誤るとともに、一行の経験、技倆、装備、体力等の判断を誤って登攀を継続し、生徒２名を転落せしめたものであり、刑法211条の業務上過失致死罪に当たる」札幌地裁判決　昭和30・7・4）。

Ⅳ　行政上の責任

　行政上の責任とは、教育公務員である**公立学校の教職員に対する公務員法上の責任追及**である。

　行政上の責任は、公務員法上、**教職員が行った非違行為に対する懲戒処分**という形をとるが、これは、国や地方公共団体が使用者としての立場から独自の判断によって雇用関係にある公務員に対して公務員関係の秩序維持という観点から行われる一種の制裁措置である。

　地方公務員法第29条では、職員が「**職務上の義務に違反し、又は職務を怠つた場合**」には、**懲戒処分が課される**こととなり、地方公務員である公立学校の教職員がこれに該当する場合には、**免職、停職、減給、戒告**のうちいずれかの処分を行うことができるとされている。

　学校事故が発生した場合、関係教職員の処分が問題とされることがあるが、違法な体罰による児童生徒等の損害の発生の場合は格別として、一般的には、常識的に妥当な配慮をしてその職務を行っている限り、行政上の責任が問われることはなかろう。

　なお、私立学校の場合には、校長や教職員に対する行政上の責任が追及されることはないが、学校事故に関連して、当該教職員の職務義務違反や職務怠慢といった事実があるとすれば、学校法人の定める就業規則に反する行為として、懲戒の対象になることが考えられる。

参照条文（抄）

[国家賠償法]

第1条　国又は公共団体の公権力の行使に当る公務員が、その職務を行うについて、故意又は過失によつて違法に他人に損害を加えたときは、国又は公共団体が、これを賠償する責に任ずる。

2　前項の場合において、公務員に故意又は重大な過失があつたときは、国又は公共団体は、その公務員に対して求償権を有する。

第2条　道路、河川その他の公の営造物の設置又は管理に瑕疵があつたために他人に損害を生じたときは、国又は公共団体は、これを賠償する責に任ずる。

2　前項の場合において、他に損害の原因について責に任ずべき者があるときは、国又は公共団体は、これに対して求償権を有する。

第3条　前2条の規定によつて国又は公共団体が損害を賠償する責に任ずる場合において、公務員の選任若しくは監督又は公の営造物の設置若しくは管理に当る者と公務員の俸給、給与その他の費用又は公の営造物の設置若しくは管理の費用を負担する者とが異なるときは、費用を負担する者もまた、その損害を賠償する責に任ずる。

2　前項の場合において、損害を賠償した者は、内部関係でその損害を賠償する責任ある者に対して求償権を有する。

[民法]

第709条　故意又は過失によって他人の権利又は法律上保護される利益を侵害した者は、これによって生じた損害を賠償する責任を負う。

第712条　未成年者は、他人に損害を加えた場合において、自己の行為の責任を弁識するに足りる知能を備えていなかったときは、その行為について賠償の責任を負わない。

第714条　前2条の規定により責任無能力者がその責任を負わない場合において、その責任無能力者を監督する法定の義務を負う者は、その責任無能力者が第三者に加えた損害を賠償する責任を負う。ただし、監督義務者がその義務を怠らなかったとき、又はその義務を怠らなくても損害が生ずべきであったときは、この限りでない。

第715条　ある事業のために他人を使用する者は、被用者がその事業の執行について第三者に加えた損害を賠償する責任を負う。ただし、使用者が被用者の選任及びその事業の監督について相当の注意をしたとき、又は相当の

　注意をしても損害が生ずべきであったときは、この限りでない。

2　使用者に代って事業を監督する者も、前項の責任を負う。

3　前2項の規定は、使用者又は監督者から被用者に対する求償権の行使を妨げない。

［刑法］

第35条　法令又は正当な業務による行為は、罰しない。

第38条　罪を犯す意思がない行為は、罰しない。ただし、法律に特別の規定がある場合は、この限りでない。

第209条　過失により人を傷害した者は、30万円以下の罰金又は科料に処する。

第210条　過失により人を死亡させた者は、50万円以下の罰金に処する。

第211条　業務上必要な注意を怠り、よって人を死傷させた者は、5年以下の懲役若しくは禁錮又は100万円以下の罰金に処する。重大な過失により人を死傷させた者も、同様とする。

［地方公務員法］

第29条　職員が次の各号の一に該当する場合においては、これに対し懲戒処分として戒告、減給、停職又は免職の処分をすることができる。

二　職務上の義務に違反し、又は職務を怠つた場合

【主要参考文献】

宮澤俊義著　芦部信喜補訂『全訂日本国憲法』（日本評論社）

佐藤幸治著『憲法』〔第3版〕（青林書院）

橋本公亘著『日本国憲法』（有斐閣）

芦部信喜著『憲法』新版　補訂版（岩波書店）

小林孝輔・芹沢斉編『基本法コンメンタール』〔第4版〕憲法（日本評論社）

林修三著『判例解説』憲法編2（ぎょうせい）

樋口陽一　佐藤幸治　中村睦男　浦部法穂著『憲法Ⅱ』（青林書院）

兼子仁著『教育法』〔新版〕（有斐閣）

米沢広一著『憲法と教育15講』（北樹出版）

文部省調査局長・辻田力、東京大学教授・田中二郎監修　教育法令研究会著『教育基本法の解説』（国立書院）

田中耕太郎著『教育基本法の理論』（有斐閣）

文部科学省編集『文部科学時報』平成15年5月臨時増刊号『中央教育審議会答申』～新しい時代にふさわしい教育基本法と教育振興基本計画のあり方について～（ぎょうせい）

田中壮一郎監修　教育基本法研究会編著『逐条解説　改正教育基本法』（第一法規株式会社）

市川昭午著『教育基本法を考える』（教育開発研究所）

永井憲一編『基本法コンメンタール』教育関係法（日本評論社）

宗像誠也著『改訂新版教育基本法』（新評論）

木田宏著『教育行政法』昭和58年（良書普及会）

木田宏著『遂条解説　地方教育行政の組織及び運営に関する法律』平成15年（第一法規）

鈴木勲著『教育法規の理論と実際』昭和51年（教育開発研究所）

鈴木勲編著『逐条学校教育法』〔第7次改訂版〕平成21年（学陽書房）

文部省地方課法令研究会編著『教育関係判例集』昭和46年（第一法規）

文部省『学制百年史』昭和47年（帝国地方行政学会）

文部科学省学校管理運営法令研究会『第５次全訂　新学校管理読本』平成21年（第一法規）

田中二郎著『新版　行政法』昭和51年（弘文堂）

学校教務研究会編集『詳解学校運営必携第３次改訂版』平成９年（ぎょうせい）

菱村幸彦著『新訂第４版　やさしい教育法規の読み方』平成20年（教育開発研究所）

樋口修資著『教育行政と学校経営』平成20年（明星大学出版部）

中央教育審議会答申　教育課程審議会答申　教育職員養成審議会答申　臨時教育審議会答申など

著　者

樋口修資（ひぐち・のぶもと）
　1953（昭和28）年生まれ。東京大学教育学部卒業。放送大学大学院
　文化科学研究科修了。
　文部科学省初等中等教育局担当審議官、政策評価審議官、
　スポーツ・青少年局長を経て、明星大学教授。
　その他、聖心女子大学非常勤講師、東京学芸大学経営協議会委員、
　（独）教職員支援機構評議員、放送大学学園評価委員など。
【著書】
『寄附行為認可審査基準からみた大学新増設の実務』（霞出版）
『背景と実態から読み解く教育行財政』（明星大学出版部）（共著）
『最新　教育の行政・制度と学校の管理運営』（明星大学出版部）
『現代公教育との対話』（明星大学出版部）
『教育原理』（明星大学出版部）（共著）
『首長主導改革と教育委員会制度』（福村出版）（共著）
『いじめ・体罰防止の新規準と学校の対応』
　（教育開発研究所）（共著）
『校長・教頭のリーダーシップとマネジメント術』
　（教育開発研究所）（共著）
『教育法規の要点がよくわかる本』（教育開発研究所）（共著）
『教育法規キーワード90』（教育開発研究所）
『学校をブラックから解放する』（学事出版）（共著）
など。

教職志望者のための教育法の基礎

2021年12月15日　初版第1刷発行

著　者　樋　口　修　資
発行者　落　合　一　泰
発行所　明　星　大　学　出　版　部
　　　　〒191-8506
　　　　東京都日野市程久保2-1-1
　　　　電話　042-591-9979

ISBN 978-4-89549-229-4　　　　　©Nobumoto Higuchi 2021
印刷・製本　信濃印刷株式会社